こんなふうに
出題される
日本史

関東
難関私大・
センター試験
対策用

川﨑英明 編

山川出版社

はじめに

　この本は，いわゆる日本史用語集ではありません。歴史用語を導きの糸として，それがどのような大学・学部で，他のどのような事項と関連して出題されているのかということがわかるように作成したものです。

　教科書は，学習指導要領に基づいて編集・執筆されていて，時代や分野が細かく区分されているので，その区分を超えてしまうと，関連のある事項が関連あるように理解できないということが往々にして起こります。そして，それが入試問題を解く際の障害となっていることも少なくありません。そこで，入試に出たなりの関連を大切にして，受験生の理解を助け，入試に役立ててもらおうというのが，この本を執筆した意図です。

　この本の構成は，次の通りです。
① 　山川出版社『詳説日本史』に基づいて，単元を構成し，その該当ページを示しています。
② 　2015年度センター試験，2014年度関東主要私立大学入試(一部の国公立大2次試験を含む)までの問題を検討して作成されています。紙数の関係で，明示してある出題大学は2007年度入試以降のものですが，各項目の内容には，過去15年分の入試が含まれています。
③ 　『詳説日本史』では，新課程版を基本としつつ，旧課程版にしかない歴史用語や叙述も削除せずに示してあります。山川出版社の新版『日本史用語集』で削除された用語についても，出題されたものについては削除せずに示してあります。

　受験生の皆さんが，この本を使用して入試に役立ててくださるとともに，歴史学習に興味を持ち，将来にわたって歴史を学んでくださるようになれば，これに勝る幸せはありません。

　　　　　　　　　　　　　　　　　　　　　　　　　　　川﨑　英明

もくじ

第 I 部 原始・古代

第1章 日本文化のあけぼの ……… 2
1. 文化の始まり ……… 2
2. 農耕社会の成立 ……… 4
3. 古墳とヤマト政権 ……… 8

第2章 律令国家の形成 ……… 13
1. 飛鳥の朝廷 ……… 13
2. 律令国家への道 ……… 16
3. 平城京の時代 ……… 21
4. 天平文化 ……… 28
5. 平安王朝の形成 ……… 31

第3章 貴族政治と国風文化 ……… 37
1. 摂関政治 ……… 37
2. 国風文化 ……… 40
3. 地方政治の展開と武士 ……… 43

第 II 部 中世

第4章 中世社会の成立 ……… 48
1. 院政と平氏の台頭 ……… 48
2. 鎌倉幕府の成立 ……… 53
3. 武士の社会 ……… 56
4. 蒙古襲来と幕府の衰退 ……… 61
5. 鎌倉文化 ……… 66

第5章 武家社会の成長 ……… 74
1. 室町幕府の成立 ……… 74
2. 幕府の衰退と庶民の台頭 ……… 83
3. 室町文化 ……… 88
4. 戦国大名の登場 ……… 94

第 III 部 近世

第6章 幕藩体制の確立 ……… 100
1. 織豊政権 ……… 100
2. 桃山文化 ……… 108
3. 幕藩体制の成立 ……… 110
4. 幕藩社会の構造 ……… 123

第7章 幕藩体制の展開 ……… 127
1. 幕政の安定 ……… 127
2. 経済の発達 ……… 130
3. 元禄文化 ……… 136

第8章 幕藩体制の動揺 ……… 141
1. 幕政の改革 ……… 141
2. 宝暦・天明期の文化 ……… 146
3. 幕府の衰退と近代への道 ……… 150
4. 化政文化 ……… 159

第 IV 部 近代・現代

第9章 近代国家の成立 ……… 164
1. 開国と幕末の動乱 ……… 164
2. 明治維新と富国強兵 ……… 171
3. 立憲国家の成立と日清戦争 ……… 183
4. 日露戦争と国際関係 ……… 195
5. 近代産業の発展 ……… 203
6. 近代文化の発達 ……… 208

第10章 二つの世界大戦とアジア ……… 213
1. 第一次世界大戦と日本 ……… 213
2. ワシントン体制 ……… 219
3. 市民生活の変容と大衆文化 ……… 225
4. 恐慌の時代 ……… 227
5. 軍部の台頭 ……… 233
6. 第二次世界大戦 ……… 241

第11章 占領下の日本 ……… 253
1. 占領と改革 ……… 253
2. 冷戦の開始と講和 ……… 259

第12章 高度成長の時代 ……… 264
1. 55年体制 ……… 264
2. 経済復興から高度成長へ ……… 268

第13章 激動する世界と日本 ……… 271
1. 経済大国への道 ……… 271
2. 冷戦の終結と日本社会の動揺 ……… 273

第Ⅰ部

原始・古代

第1章 日本文化のあけぼの

1 文化の始まり

《日本列島と日本人》 p.8-9

更新世
トウヨウゾウ
ナウマンゾウ

地質年代が出た。旧課程版では，動物について「北からは（ マンモス ）や（ ヘラジカ ），南からは（ ナウマンゾウ ）や（ オオツノジカ ）などがやってきた。」とされた。これら動物も頭に入れておくとよいかも。
青学大(2/15)14, 東洋大(2/9)12, 早大(文)12, 東洋大(2/11)10, 駒澤大(経)10, センター08

浜北人
港川人
山下(町)洞人

日本で発見された人骨はすべて（ 新人 ）である。港川人は，ほぼ完全な骨格を復元できている。
青学大(2/13)14, 明治大(文)11, 立教大(2/12)10

《旧石器時代人の生活》 p.9-11

打製石器

旧石器時代人の最も古い石器の形は（ 握斧 ）【＝ハンドアックス】という。この時代が稀に入試に出るときは，このような世界史的問題も出る。金属器のないことも重要。局部磨製石斧が発見されたことが出たことがある。
青学大(2/13)14, 早大(文)14

岩宿遺跡

この遺跡名と都道府県名＝（ 群馬 ）県，発見者＝（ 相沢忠洋 ），発見された打製石器は（ 黒曜石 ）製であったこと等を記憶せよ。遺跡は，これから出てくるものも含めて必ず現都道府県名とセットで覚えることが入試にとっては必要。大分県（ 早水台 ）【旧石器～縄文】，長崎県（ 福井洞穴 ）【旧石器～草創期縄文，細石器と土器出土】等も出たことがある。
上智大(外神総法)14, 駒澤大(2/7)14, 国士舘大(2/1)14, 高経大(前)12, 慶応大(商)12, 青学大(全)11, 明治大(文)11, 津田塾大(学芸)11, 上智大(経神)09, 中央大(文)09, 青学大(経)07

ナイフ形石器
尖頭器
細石器

p.10の「旧石器時代の石器と使用法」のナイフ形石器の図が出た。細石器が出る場合，それを答えさせるヒントとして p.10-11の「（ 中国東北部 ）から（ シベリア ）にかけて著しく発達した」文化である点が出るので注意せよ。細石器からこれらの地名が問われることもある。
青学大(2/13)14, 駒澤大(2/6)14, 中央大(文)13・12, 法政大(文法営)13, 立教大(全)12, 青学大(全)11, 駒澤大(経)10, 東洋大(2/11)10

テント式の小屋 立教大(全)12

《縄文文化の成立》 p.11-12

落葉広葉樹林
照葉樹林

（ ブナ ）（ ナラ ）と落葉広葉樹，（ シイ ）と照葉樹を結び付けて覚えよ。「落葉広葉樹」と「照葉樹」を区別させる問題が出た。
東洋大(2/9)12, 早大(商)11

縄文時代	縄文時代始期の年代は，p.11で「約1万3000年前」とあるが，異なる教科書もある。大学入試は『詳説日本史』を基準に出されることが多いが，注意を要する。縄文時代は（　草創　）期・（　早　）期・（　前　）期・（　中　）期・（　後　）期・（　晩　）期に分かれる。（　前期　）に海面高がピークとなったといわれる。土器としては，草創期の（　隆起線文　）土器も出た。晩期の（　亀ヶ岡　）遺跡【　青森　県】は芸術的な土器で知られる。（　磨消縄文　）の土器が出た遺跡としても取り上げられている。p.12の土器の写真が出ることが結構ある。鹿児島県（　上野原　）遺跡が縄文早期の定住が分かる遺跡として出ている。釣針，石鏃・石皿等も出るが，（　石匙　）が「さじ」としては使用されず万能ナイフとして使用されたらしいこと，（　石斧　）が土掘り具らしいことも出た。 慶応大(文)14，上智大(外神総法)14，立教大(全)12，早大(文)12，青学大(全)11，中央大(文)11，早大(法)11，駒澤大(文)(経)10，早大(文)10，中央大(文)09，立教大(2/12)09，センター08
年代測定方法	（　年輪年代法　）（　炭素14年代法　）【関連して加速器質量分析法も】が出た。 慶応大(文)14，駒澤大(2/7)14

《縄文人の生活と信仰》 p.12-15

【植物の】管理・保護・増殖・栽培	これは案外出る。草創期から前期かけての（　福井　）県（　鳥浜　）貝塚が要チェック。ここで（　ヒョウタン　）等の種子が確認されている。この遺跡で（　丸木舟　）が出土したことも出た。クリ・トチ・ドングリ・ヤマイモ・ゴマ等が出たこともある。正誤問題選択肢で「資源を確保すると同時に，それらの種子を播いて本格的に栽培した。」と出た。p.13では「本格的な農耕の段階には達していなかった。」とあり，「本格的」がこの文を誤文とするポイントとなっていた。教科書をよく読むことの大切さがわかる。 青学大(2/15)14，武蔵大(全)14，明治大(商)11，國學院大(全)11，早大(文)08
貝塚	大森貝塚は，アメリカ人（　モース　）が発見。正解を宮城県東松島市の（　里浜　）貝塚とする問題が出た。他の大森・加曽利・津雲・鳥浜が宮城県ではないことから正解にたどり着かせる問題といえる。神奈川県で骨角製釣針，イヌの骨が発見されたことから（　夏島　）貝塚を答える問題が出た。東京都（　中里　）貝塚が貝の加工場と考えられると出た。弥生期の事項を選択する問題でこれが正解ではなかったが，縄文期の事実としては正しい。漁労に（　網　）が使用されていたことも出た。 センター15・14，中央大(経)14，東洋大(2/9)14，中央大(文)13，明治大(商)13，慶応大(商)12，立教大(全)12，上智大(経神)09，中央大(文)09，センター08
竪穴住居 三内丸山遺跡	三内丸山遺跡を特徴付けるのは「　六つの巨大な柱穴　」と，「（　集合住居　）と考えられる大型の竪穴住居」である。これらがこの遺跡名を答えさせるキーワードとなっている。この遺跡では（　クリ　）林の管理が明らかとなり，原始農耕があったこと，縄文中期が中心であること，発見された黒曜石が北海道の（　白滝　）産であることも出た。これが縄文後・晩期の遺跡の選択肢として出たが，三内丸山は前期～中期の遺跡であり，晩期の代表的遺跡は芸術的土器の出土で知られる（　亀ヶ岡　）遺跡である。亀ヶ岡

第1章　日本文化のあけぼの　3

遺跡は弥生前期の遺跡とも重なっており，優れた（　漆　）工芸もあった。環状集落の問題では，代表的遺跡として，千葉県（　加曽利　）貝塚，（　姥山　）貝塚等がある。弥生時代の環濠集落と混同しないように。
青学大(2/15)14，上智大(外神総法)14，法政大(経)14，武蔵大(全)14，中央大(文)13，明治大(商)13，立教大(全)12，早大(文)12，國學院大(全)11，中央大(文)11，明治大(文)11，中央大(文)09，早大(文)08

黒曜石
ひすい
これらの遺物が出題された場合には，必ずといっていいほど主な産出地が出るので覚える。p.14の地図や各種図録には，産地の詳細が載っているが，黒曜石…長野県（　和田峠　）・大分県（　姫島　），ひすい【硬玉】…新潟県（　姫川　）流域，サヌカイト…大阪府・奈良県の県境（　二上山　）が最もよく出る。位置も覚えよう。その他黒曜石では伊豆諸島の（　神津島　）・栃木県（　高原山剣ヶ峰　）原産地遺跡群，サヌカイトでは香川県（　国分台周辺　）も出たことがある。広域交易の証拠としてイモガイ【イモイガイ】の腕輪が出たことがある。
学習院大(経)14，慶応大(文)14，早大(文)14，早大(文化)13，中央大(文)12，國學院大(全)10，駒澤大(文)10，立教大(2/12)09

石棒
土偶
「土偶」「石棒」の2語を使ってアニミズムによって行われる風習を説明する問題【60字】等が出た。長野県（　棚畑　）遺跡出土の土偶【国宝】が出たこともある。
中央大(経)14，武蔵大(全)14，早大(文)13，首都大(前)12，聖心女子大(文)11，駒澤大(文)10，センター09，青学大(文)09，法政大(法文営)09，早大(文)08

抜歯
屈葬
（　叉状研歯　）を含め出ている。屈葬では，縄文後・晩期の岡山県（　津雲　）貝塚で170体ほどの人骨が出ている。
聖心女子大(文)13，早大(法)11，青学大(文)10，青学大(文)09，青学大(営)09

2 農耕社会の成立

《弥生文化の成立》 p.15-17

水稲耕作
水稲耕作という用語が問われることはあまりなく，（　九州北部　）が問題になることの方が多い。佐賀県（　菜畑　）遺跡，福岡県（　板付　）遺跡等で縄文時代晩期の水稲耕作が確認されていることはよく出る。近年では，縄文時代前〜中期の（　南溝手　）遺跡【岡山県】等で，プラントオパールが発見されているが，稲を食用としていたらしいことと水田で稲作をすることはかなり隔たりがある。中国における農耕の発展が出ているので，（　黄河　）中流域のアワ・キビ，（　長江　）下流域のイネと押さえておくことも大切だ。水稲耕作の伝播は，雲南(中国)・アッサム(インド)→長江下流域→（　山東　）半島付近→朝鮮半島西岸→九州北部が通説。南西諸島を経由したとする（　柳田国男　）の説を紹介しているものもある。弥生文化の名はこの様式の土器が東京の本郷弥生町にある（　向ヶ岡　）貝塚にちなんでいることが出た。青森県（　砂沢　）遺跡や（　垂柳　）遺跡で水田跡が発見され，本州最北端まで弥生時代に水稲耕作が広まっていたことが確認されている。砂沢遺跡については弥生前期と考えられる（　遠賀川式土器

）が確認されていると正文選択問題で出た。水稲農耕に関しては，これと並行して狩猟・漁労も盛んだったことが出ているのでそのことは念頭においておいた方がいい。弥生文化の広がりの例外は，北海道＝（　続縄文　）文化，南西諸島【沖縄周辺】＝（　貝塚　）文化。北海道では，7世紀以降も（　擦文　）文化，（　オホーツク　）文化が誕生したが，これらも狩猟・漁労に基礎をおく文化であった。

青学大(2/15)14，中央大(経)14，早大(文)13，首都大(前)13，早大(文)12，慶応大(商)12，立教大(全)12，慶応大(法)11，早大(法)11，明治大(文)11，青学大(全)11，上智大(経)11，学習院大(文)10，成蹊大(経)10，センター09，青学大(営)09，上智大(経神)09，中央大(文)09，立教大(2/12)09，明学大(全)08，学習院大(法)07

弥生土器　　用途が多様化し，形状が変化したことを理解する。（　赤焼き　）を覚え，古墳時代の（　土師器　）とつなげ，（　須恵器　）の灰色と比較することがポイント。

早大(文)12

《弥生人の生活》 p.17-19

石包丁
脱穀用具　石包丁による（　穂首刈り　）はよく出る。図版としても出る。また，竪杵が脱穀用具であることも出た。

センター15，法政大(文法営)13，青学大(営)09，センター08，学習院大(文)07

鉄製工具　鉄製工具は，（　朝鮮　）半島と共通の物もある。（　鉄製の刃先をもつ農具　）が出た。

早大(文)14，青学大(営)09

機織り　機織り技術と関連して（　紡錘車　）が出た。（　唐古・鍵　）遺跡【奈良県】，（　登呂　）遺跡【静岡県】で機の部品が出土している。

学習院大(文)13，法政大(文営人)10

湿田・乾田　地下水位の高低と湿田・乾田の関係が出た。

東洋大(2/9)14，早大(文)14，上智大(経)11，明治大(文)11

高床倉庫　青学大(2/15)14，関東学院大(2/5)13，早大(文)13，上智大(経)11

環濠集落　（　吉野ヶ里　）遺跡【佐賀県】が代表的遺跡。「（　二重　）の環濠」「（　望楼　）かと思われる掘立柱の建物跡」がキーワード。「首長のための特別な居住地域があり」と説明されている。その他に（　唐古・鍵　）遺跡【奈良県，サヌカイト　製の石鏃が出土】，（　池上曽根　）遺跡【大阪府】，（　逆茂木　）が発見された朝日遺跡【愛知県】，方形周溝墓群がある（　大塚遺跡　）【神奈川県】，（　夜臼式土器　）が出土した板付遺跡【福岡県】等が出た。環濠集落ではないが，稲作生産用具が多数出た（　山木遺跡　）【静岡県】も記憶しておきたい。

上智大(外神総法)14，東洋大(2/9)14，法政大(経社現)14，首都大(前)13，駒澤大(仏文経)13，慶応大(商)12，中央大(文)12，早大(文化)12，青学大(経)11，上智大(経)11，法政大(経社スポ)11，明学大(全)11，学習院大(文)10，駒澤大(文)10，東洋大(2/11)10，法政大(文営人)10，センター09，早大(文)08

高地性集落　（　紫雲出山　）遺跡【香川県】を覚えておけば，まず大丈夫。

第1章　日本文化のあけぼの　**5**

	青学大(2/7)14，法政大(経社現)14，駒澤大(仏文経)13，青学大(経)11，センター09
甕棺墓 支石墓	この二つがよく出るが，これらが存在する（　九州北部　）を答えることが多い。また，副葬品に関して，青銅製の中国鏡30数面や青銅器の武器が出土した甕棺墓のある（　須玖岡本　）遺跡【福岡県】もよく出る。副葬品の一般的状況についても出た。 上智大(外神総法)14，早大(文)14，立教大(全)12，上智大(経)11，青学大(経)11，明学大(全)11，センター09，明学大(全)08，駒澤大(仏文経法)07
方形周溝墓	東京都の（　宇津木　）遺跡ではじめてこの学術用語が使用されたことが出た。 専修大(法経ネ)06
墳丘墓	（　楯築　）墳丘墓【岡山県】，（　四隅突出　）型墳丘墓【山陰地方】等が出ている。これら墳丘墓から（　特殊器台　）が出土したと出た。 早大(国際)14，首都大(前)13，駒澤大(2/6)12，青学大(全)11，法政大(経社スポ)11，明学大(全)11，早大(文)11
青銅製祭器	近畿…（　銅鐸　），瀬戸内海中部…（　平形銅剣　），九州北部…（　銅矛　）（　銅戈　）等が主に分布すると，かつてはよく出た。代わってよく出るのは，大量の青銅器が出土した（　神庭荒神谷　）遺跡【島根県】。銅剣358本，銅矛16本，銅鐸6個である。その遺跡の近くで銅鐸39個が出た（　加茂岩倉　）遺跡も出た。その他青銅祭器やその機能の変化について出た。 上智大(外神総法)14，東洋大(2/9)14，早大(文)14，青学大(営)13，法政大(文法営)13，早大(文)13，東洋大(2/9)12，早大(文営)11，上智大(経)11，明治大(商)11，学習院大(経)10，法政大(文営人)10，センター09，青学大(営)09，駒澤大(文法営)09，中央大(文)09，法政大(法文営)09，早大(文)08，駒澤大(仏文経法)07
《小国の分立》 p.19-21	
『漢書』地理志	（　前漢　）の正史。後漢の（　班固　）が編纂。「地理志」はその一部。紀元前1世紀の福岡県（　須玖岡本　）遺跡や同県三雲南小路遺跡から多くの青銅鏡を副葬した甕棺が出土しており，中国との関係が注目される。須玖岡本遺跡は（　奴　）国の王墓，三雲南小路遺跡は（　伊都　）国【魏志倭人伝に登場する】の王墓といわれる。 国士舘大(2/1)14，東経大(2/9)13，慶応大(商)12，中央大(経)11，明学大(全)11，青学大(全)10，駒澤大(全)10，獨協大(国経法)10，学習院大(法)08
楽浪郡	楽浪郡は，紀元前108年，前漢の（　武帝　）が，（　衛氏朝鮮　）を滅亡させて，朝鮮半島においた楽浪，真番，臨屯，玄菟の4郡の一つ。現在の（　ピョンヤン　）が中心であった。 早大(法)14，中央大(経)11，明学大(全)11，駒澤大(文法営)09
『後漢書』東夷伝	南北朝時代の宋の（　范曄　），晋の（　司馬彪　）が編纂した後漢の正史。小国の王が中国の皇帝に遣い等を送った意図を60字で説明する問題が出た。 日本大(法)14，早大(法)14，首都大(前)13，早大(文)13，学習院大(文)11，上智大(文法総)11，中央大(経)11，法政大(経社スポ)11，駒澤大(全)10，センター09，成城大(経)09，専修大(全)09，立教大(文)09，早大(社)09

第I部　原始・古代

印綬	印章とそれに付属する組紐。1784年に(志賀島)で発見された「金印」がこれにあたるといわれる。奴国の使者が後漢の都(洛陽)に赴いて印綬を受けたこと，金印の発掘地等が出題されている。「蛇紐の金印が他国でも発見されている」が正文として出題された。その例としては(テン)族があげられる。 法政大(文法営)13，慶応大(商)12，聖心女子大(文)12，明学大(全)11，早大(文)11，駒澤大(全)(経)10，獨協大(国経法)10，法政大(経社営)10，國學院大(全)09，駒澤大(文法営)09，中央大(文)09，立教大(文)09，慶応大(文)08

《《邪馬台国連合》》　p.21-22

「魏志」倭人伝	南北朝時代の晋の(陳寿)が編纂。成立は『後漢書』より古い。邪馬台国論争として位置が取りざたされているが，入試には位置問題はそれほど出ない。対立する国=(狗奴)国，一大率を置いた国=(伊都)国といった周辺の国に関する問題は出る。邪馬台国の政治・国家の特徴を論述する問題が出ている。編者・魏の都(洛陽)・親魏倭王の称号を卑弥呼に与えた皇帝(明帝)らを記憶した上で，主な語句の史料中の穴埋めを確認せよ。 学習院大(経)14，東洋大(2/8)14，日本大(法)14，法政大(文法営)13，早大(国)13，駒澤大(2/6)13・12，学習院大(文)11，國學院大(全)11，神奈川大(2/9)11，聖心女子大(文)11，中央大(文)11，中央大(経)11，立教大(2/12)11，早大(文)11，センター10，慶応大(文)10・09，駒澤大(文法営)09，千葉大(前)08，学習院大(法)08，慶応大(文)08，早大(教)08
帯方郡	後漢末期，楽浪郡の南を分割して設置された郡。 関東学院大(2/5)12，上智大(神総外)10
景初2年	史料中の「景初2年」は実は「景初3年」の誤りで，西暦(239)年のことである。西暦年は覚えよ。 國學院大(全)10，上智大(神総外)10
卑弥呼	(鬼道)がキーワード。卑弥呼を立てて，(ようやく戦乱はおさまり)，魏に使いを送ったことが重要。 センター14，早大(教)(商)14，立教大(2/12)10，國學院大(全)10
大夫難升米	大夫の名，史料中「天子」は(明)帝で，卑弥呼に称号を与えた皇帝である。 中央大(経)11，青学大(全)10，上智大(神総外)10
親魏倭王 銅鏡	邪馬台国が史料問題として出たとき，「親魏倭王」は最も問われる用語である。銅鏡に関する「魏志」倭人伝の叙述は，教科書にも史料集にもあまり載らないが，入試では非常に重要で出題例が多い。この銅鏡が，(三角縁神獣鏡)ではないかということ。その鏡と思われるもの【景初三年銘のもの】が(神原神社)古墳【加茂岩倉遺跡や荒神谷遺跡に近い】から出土していることが出ている。また，2010年1月奈良県の(桜井茶臼山)古墳【3世紀末～4世紀初め】でこれまで最多の81面の銅鏡が発見され，そのうちに正始元年【240年】銘の銅鏡の破片があったことから，この銅鏡が卑弥呼が魏から贈られた物ではないかとの説が出ている。和泉黄金塚古墳【大

第1章　日本文化のあけぼの　7

阪府】の（　画文帯神獣鏡　）も卑弥呼の鏡ではないかとして出題されたことがある。一方，同じ奈良県桜井市にある（　纒向　）遺跡は，関東から九州までの土器が集まる都市的大規模集落で，卑弥呼の墓ではないかとの説もある（　箸墓古墳　）にも近いことから，ここが邪馬台国の中心地ではないかとの説もある。史料集にはあまり収録されない部分から，印綬や銅鏡の他に，（　織物　）（　刀　）等が授けられたことが出た。邪馬台国の官名としては（　一大率　）が出る。

センター14，慶応大(文)14，上智大(外神総法)14，早大(教)(商)14，立教大(文)13，青学大(2/7)12，駒澤大(2/6)12，早大(文)11，駒澤大(全)10，千葉大(前)09，駒澤大(文法営)09，成城大(経)09，明治大(文)08，センター07，中央大(文)07，青学大(文)07

壱与　壱与【壹与】は，（　魏　）に代わった（　晋　）の都（　洛陽　）に，266年，使者を送ったといわれるが，このことが比較的よく出る。国名，都【魏の都も同じ】を覚えよ。

中央大(文)13，早大(国)13，青学大(2/7)12，法政大(文営人)10，立教大(2/12)10，早大(教)08，中央大(文)07

3 古墳とヤマト政権

《古墳の出現とヤマト政権》 p.23

前方後円墳　前方後円墳は，（　鹿児島　）県から（　岩手　）県まで発見され，（　朝鮮　）半島南部でも発見されている。埋葬施設や副葬品に（　画一的な特徴　）をもっていることがヤマト政権との関わりで重視される。

東洋大(2/9)14，法政大(文法営)13，中央大(文)12，中央大(法)11，駒澤大(文)10，法政大(文営人)10，青学大(文)07

竪穴式石室　早大(商)13，青学大(営)09，駒澤大(文経法)07

箸墓古墳　（　特殊器台　）や（　円筒　）埴輪が出土していることが出た。センター試験新傾向問題で，その年度の日本史平均点の低下を招いた問題の一つが，この古墳に関する問題であったと考えられる。

学習院大(法)14，上智大(外神総法)14，慶応大(商)12，駒澤大(2/6)12，立教大(全)12，上智大(経)11，明学大(全)11，國學院大(全)10，上智大(神総外)10，駒澤大(文法営)09，中央大(文)09

《前期・中期の古墳》 p.23-25

副葬品　前期の（　三角縁神獣鏡　）等銅鏡や（　腕輪　）形石製品等の多い副葬品が，中期の鉄製武器・武具の占める割合が高くなり，（　馬具　）等も加わるという変化は，被葬者の（　司祭者　）的性格から（　武人　）的性格へと変化を示すといわれる。このことは古墳に関する問題で最もよく出る事項の一つである。なぜなら，当時の国際関係を反映しているからであり，日本が騎馬の習慣を受容したことと結び付いているからである。また，碧玉製の（　腕輪【鍬形石】　）が副葬品にあったことが出た。副葬品の変遷についての論述【90字】が出たこともある。

早大(商)14，青学大(2/7)13，中央大(文)13，法政大(文法営)13，立教大(異経法)13，早

8　第Ⅰ部　原始・古代

大(文)(商)13，法政大(経社スポ)12，センター11，首都大(前)11，明学大(全)11，上智大(神総外)10，東洋大(2/11)10，センター09，青学大(営)09，早大(社)08

円筒埴輪
器財埴輪

円筒埴輪は弥生時代の（ 特殊器台 ）から成立したとする説がある。また，筑紫国造（ 磐井 ）の墓ともいわれる福岡県（ 岩戸山 ）古墳は，石人・石馬が並べられていたことが出た。

駒澤大(2/6)13，中央大(文)13，法政大(文法営)13，駒澤大(文)10，立教大(2/12)09，青学大(営)09

大型の前方後円墳

最大の（ 大仙陵 ）古墳が出た。岡山県（ 造山 ）古墳は全国4位の規模を持つものであるが，近畿以外の巨大古墳例としても出た。また，全長210mで5世紀後半の（ 太田天神山 ）古墳【群馬県】が東日本最大の古墳だと出ている。

学習院大(法)14，国士舘大(2/1)14，立教大(異経法)13，慶応大(商)12，東洋大(2/9)12，東経大(全)11，明学大(全)11，立教大(2/12)11，早大(法)11，中央大(文)10，法政大(経)10

《東アジア諸国との交渉》 p.26-27

百済
加耶
新羅
高句麗
好太王碑

馬韓→（ 百済 ），弁韓→（ 加耶【伽耶】【加羅】 ）諸国，辰韓→（ 新羅 ）を覚えよ。好太王碑は，子の（ 長寿王 ）が建てたといわれる。高句麗との交戦で倭に騎馬技術が伝わった。高句麗と交戦したのが邪馬台国であるという誤文が出たことがあるから気をつけよう。この時期の日本と朝鮮半島との関係はよく出る。

青学大(2/15)14，駒澤大(2/6)14，関東学院大(2/5)14，青学大(営)13，國學院大(2/2)13，早大(国際)13，津田塾大(学芸)12，東洋大(2/9)12，明治大(文)12，國學院大(全)11，成蹊大(経)11，中央大(経)11，法政大(文法営)11，青学大(全)10，上智大(神総外)10，成城大(経)10，東経大(全)10，獨協大(国経法)10，法政大(文営人)10，センター09，上智大(総外文)09，立教大(2/12)09，学習院大(法)08，明学大(全)08，法政大(経ष)07

『宋書』倭国伝
倭の五王
武の上表文

史料の内容に関わる問題が出ている。ワカタケル大王時代が古代国家形成過程でもつ意味が論述問題で出た。少ないが，讃からの五王がどの天皇にあたるかの問題も出ている。「武」の名「 ワカタケル 」が「 稲荷山古墳鉄剣 」と「 江田船山古墳鉄刀 」の銘文に出てくることと関連した問題は多い。また，（ 百済 ）が，武の要求に関わらず，与えられた称号に含まれていないことを答えさせる問題が入試に出ることがある。（ 高句麗 ）については，武自身が称号に含めることを願い出ていない。（ 安東大将軍倭国王 ）という称号を答えさせる問題もよく出る。

青学大(2/7)14，学習院大(法)14，関東学院大(2/5)14，駒澤大(2/6)14，武蔵大(全)14，立教大(全)14，東大(前)13，慶応大(商)12，聖心女子大(文)12，センター10，青学大(全)10，慶応大(文)10，上智大(神総外)10，成城大(経)10，専修大(全)10，獨協大(国経法)10，法政大(経社現)10，上智大(経神)09，成城大(文芸)09，立教大(文)09，千葉大(前)08，慶応大(文)08，青学大(文)07

《大陸文化の受容》 p.27-28

渡来人

（ 王仁 ）→西文氏，（ 阿知使主 ）→東漢氏，（ 弓月君 ）→秦氏を覚えよ。（ 王仁 ）は，『論語』を日本に伝えたとされる。秦氏の（ 秦河勝 ）は厩戸王との関係で重要。（ 品部 ），（ 錦織部 ）も出た。

青学大(営)13，学習院大(文)13，立教大(異経法)13，慶応大(法)11，東女大(2/8)11，法

第1章　日本文化のあけぼの　**9**

政大(法文営)11，立教大(2/13)11，学習院大(経)10，日本大(商)10，法政大(経社現)10，中央大(法)09，早大(教)07

儒教の伝来	五経博士の一人に（ 段楊爾 ）がいたことが出た。五経博士の渡来は（ 継体 ）天皇の時と考えられる。また，（ 医 ）（ 易 ）（ 暦 ）の各博士が渡来したことも出た。 慶応大(法)11，東経大(全)11，東女大(2/8)11，立教大(2/13)11，早大(教)09，立教大(全)08
仏教の伝来	公式伝来以前から（ 司馬達等 ）らの渡来人が信仰していたこと，公式伝来は（ 聖[明]王 ）【百済】から（ 欽明天皇 ）へとされること，国内で，仏教受け入れ賛成の中心が（ 蘇我稲目 ）で，反対の中心が（ 物部尾輿 ）であったことが出た。また，538年説の根拠の一つが「（ 元興寺 ）縁起」であることが出た【もう一つが『 上宮聖徳法王帝説 』，552年説は『 日本書紀 』】。日本にもたらされた仏教は，（ 北伝 ）仏教に属し，（ 西域 ）→（ 中国 ）→（ 朝鮮半島 ）を経て伝えられたことが出た。 明治大(文)14，立教大(異経法)14，早大(商)14，青学大(2/13)13，慶応大(法)13，駒澤大(2/6)13，上智大(総外法神)13，聖心女子大(文)13，上智大(外神総法)12，成城大(文芸)11，獨協大(国経法)11，法政大(経社現)11，明治大(全)11，学習院大(経)10，東洋大(2/9)10，法政大(経社現)10，立教大(2/12)10，早大(法)(商)10，慶応大(文)09，中央大(法)09，日女大(文)09，法政大(法文営)09，学習院大(法)08

《古墳文化の変化》 p.28-29

横穴式石室	埋葬施設の変化【竪穴式石室→横穴式石室】によってどのようなことが可能になったかを論述する問題が出た。（ 追葬 ）について説明すればよい。この横穴式石室が朝鮮半島と共通していることが指摘されている。（ 藤ノ木 ）古墳が出たことがある。 中央大(経)14，東洋大(2/9)14，國學院大(2/2)13，中央大(文)13，早大(商)13，首都大(前)11，青学大(文)10，法政大(経社現)10，明学大(全)10，日本大(文理)08，早大(社)08
形象埴輪	（ 馬 ）形の動物埴輪の写真が出たことがある。 センター08，明治大(文)08，早大(社)08
群集墳	倭の五王の頃の国家・政治の様子を論述する問題が出た。5世紀後半から6世紀にかけて近畿地方以外では巨大前方後円墳が造営されなくなった点がヤマト政権の性格変化の論証として重要で，ここを指摘すべきである。群集墳では（ 新沢千塚 ）古墳群【奈良県】，（ 岩橋千塚 ）古墳群【和歌山県】，（ 吉見百穴 ）【埼玉県】が出た。6世紀前半の後期古墳時代にも外濠を含めた兆域が350mある大型の（ 今城塚 ）古墳【大阪府】が造営されており，越前から大伴金村らによって迎えられた（ 継体 ）天皇の墓とされることが出た。この天皇の晩年に（ 磐井の乱 ）があったことも出た。また，古墳ではないが，難波宮近くにある古墳時代の（ 法円坂 ）遺跡【大阪府】で大規模な倉庫群が発見されていることが出た。装飾古墳についても代表例を覚えよ。 学習院大(法)14，上智大(外神総法)14，青学大(2/7)13，上智大(総外法神)13，早大(商)13，慶応大(商)12，國學院大(全)11，中央大(文)10，千葉大(前)08，早大(社)08

10　第Ⅰ部　原始・古代

《古墳時代の人びとの生活》 p.29-31

須恵器
（　ろくろ　）で作り，（　あながま　）で焼いたことも出ている。弥生土器の系譜を引く（　土師器　）とセットで覚えよ【p.30の須恵器の写真が出た】。
武蔵大(全)14，青学大(2/7)13，中央大(文)12，津田塾大(学芸)12，立教大(全)12，青学大(全)11，中央大(法)11，東経大(全)11，青学大(文)10，東洋大(2/11)10，法政大(経社現)(文営人)10，駒澤大(文法営)09，センター08，学習院大(法)08

祈年の祭
新嘗の祭
祈る内容と季節を覚えておこう。センター試験では，これまで教科書の範囲内で，一度出題した問題はあまり出さないように作成されてきたが，08年に続き11年でも出たことは記憶すべきだろう。
早大(文化)14，聖心女子大(文)13，青学大(2/7)12，早大(国)12，センター11，中央大(法)11，東経大(全)11，上智大(神総外)10，東女大(2/8)10，青学大(文)09，法政大(法文営)09，センター08

祭祀の対象
太占の法
盟神探湯
天照大神を祀る（　伊勢神宮【内宮】　），大国主神を祀る（　出雲大社　），玄界灘の（　沖ノ島　）を神として祀る（　宗像大社　）の沖津宮，三輪山を神体とする（　大神神社　）が出た。なお，大和三山は（　天香久山　）（　畝傍山　）（　耳成山　）で三輪山は入っていない。（　太占の法　）は読み方，（　盟神探湯　）は漢字表記が出た。汚れをはらう（　祓　）も出た。
中央大(文)14，早大(文化)(教)14，青学大(2/7)12，早大(国際)12，上智大(神総外)10

黒井峯遺跡
三ツ寺遺跡
ともに古墳時代を代表する遺跡である。群馬県の三ツ寺Ⅰ遺跡は豪族が村落から離れた場所に環濠や柵列をめぐらせた居館に住んでいた例として出る。ともにp.30の図版にある。古墳時代の集落は，（　竪穴住居　）と（　平地住居　）が併存していることが出た。また，5世紀頃からは，竪穴住居でも作りつけの（　カマド　）がともなうようになったことも出た。
早大(文)14，法政大(文法営)13，中央大(文)11

《古墳の終末》 p.31-32

八角墳
6世紀末から7世紀初めに各地の有力な首長たちが営んでいた（　前方後円墳　）の造営が終わる。これはヤマト政権が首長連合体制から中央集権体制へと変化を遂げていく現われと考えられていることが出る。7世紀中頃からの近畿の大王の墳墓も八角墳となる。これまで取り上げられなかった事項であるが，新課程版に掲載されたことにより，今後，出題されそうな事項である。

《ヤマト政権と政治制度》 p.32-33

稲荷山古墳出土鉄剣
江田船山古墳出土鉄刀
石上神宮七支刀
隅田八幡神社人物画像鏡
倭の五王の（　武　）に相当する（　ワカタケル　）を表わすと考えられる漢字表記が稲荷山鉄剣【埼玉県】と江田船山古墳鉄刀【熊本県】にあることが最も重要。稲荷山鉄剣の①「杖刀人」という官職は『日本書紀』には登場しないこと，②先祖の名が刻まれていること，③斯鬼宮＝（　シキノミヤ　）の表記があること，三つがポイント。また，江田船山古墳鉄刀には魚や馬の象眼もある。石上神宮（　七支刀　）が，『日本書紀』に出てくる百済から贈られた七枝刀であると考えられていることも出た。人物画像鏡の「癸未」は（　443　）年・（　503　）年の2説がある。この鏡には「意柴沙加宮」＝（　オシサカノミヤ　）の表記があり，稲荷山鉄剣とともにヤマト政権に関係

第1章　日本文化のあけぼの

する宮名と考えられている。これら宮名が出た。
青学大(2/7)14，学習院大(法)14，慶応大(文)14，中央大(文)14・13，日本大(法)13，早大(商)13，高経大(前)12，聖心女子大(文)11，明治大(商)11，上智大(神総外)10，聖心女子大(文)09，センター08，慶応大(文)08，駒沢大(全)08

氏姓制度

近畿の葛城・平群・蘇我等の地名を氏とした有力豪族には（ 臣 ）が，大伴・物部等の職掌を氏とした有力豪族には（ 連 ）が与えられたことが出た。祭祀を司る（ 中臣氏 ）が連であったことも出た。（ 岡田山1号 ）古墳【島根県】出土の大刀銘（ 各田卩臣【額田部臣】 ）に関する問題が出た。
センター15，学習院大(法)14，東洋大(2/9)14，成蹊大(経)13，法政大(文法営)13，東経大(全)11，法政大(経社スポ)11，立教大(2/12)11，センター10，青学大(全)10，上智大(神総外)10，法政大(経社現)10，立教大(2/12)09，法政大(経社)08，明学大(全)08，立教大(全)07

磐井の乱

「（ 近江毛野臣 ），衆六万を率ゐて，（ 任那 ）に往かんと欲す。（ 新羅 ）に破られたる…」「大将軍（ 物部大連麁鹿火 ），親ら賊帥磐井と，筑紫の御井郡に交戦す」といった穴埋めが出た。屯倉は磐井の子が自らの死罪を免れるために献上したという説がある。また，この乱が倭の（ 加耶 ）救援出兵に際してであったこと，鎮圧したのが物部大連麁鹿火であることが出た。九州北部最大の（ 岩戸山 ）古墳【福岡県】が磐井の墓と考えられ，この古墳では埴輪の代わりに（ 石人 ）（ 石馬 ）が立てられていることが出た。現在の県名が出た。
日本大(法)14，青学大(営)13，駒澤大(2/6)13，中央大(文)13，上智大(総文法)12，明治大(文)12，早大(文化)12，青学大(経)12，上智大(文法経)11，神奈川大(2/9)11，法政大(文法営)11，学習院大(文)10，神奈川大(2/9)10，法政大(文法人)10，早大(社)10，学習院大(法)08，明学大(全)08

名代・子代

名代・子代として，長谷部・春日部・（ 穴穂部 ）・（ 舎人部 ）・（ 刑部 ）等がある。屯倉を耕作する民【 田部 】ではないことに注意。
センター15，学習院大(経)13，法政大(文法営)13，法政大(経)10，日本大(文理)08，青学大(文)07

国造

6世紀には地方豪族が任じられ，当該地方の支配権をヤマト政権から保証された。こうした地方豪族が，大王のもとに子女を（ 舎人 ）や（ 采女 ）として出仕させたこと，特産物を貢進したこと，ヤマト政権の軍事行動にも参加したことが出た。
学習院大(法)14，法政大(法文営)11

第2章 律令国家の形成

1 飛鳥の朝廷

《東アジアの動向とヤマト政権の発展》 p.34-36

朝鮮半島での影響力後退
(大伴金村)が失脚した結果，大連を(物部尾輿)が独占した。加耶西部の地域に対する(百済)の支配権確立が失脚の理由とされる。朝鮮半島での高句麗・新羅・百済等の位置関係が出た。
センター14，立教大(異経法)14，國學院大(2/2)13，上智大(総外法神)13，聖心女子大(文)12，立教大(経法異)12，中央大(法)11，獨協大(国経法)11，法政大(法文営)11，神奈川大(2/9)10，成城大(文芸)10，慶応大(法)09，明学大(全)08，青学大(文)07

蘇我馬子
物部守屋
崇峻天皇
仏教の受容については，(蘇我稲目)と(物部尾輿)・(中臣鎌子)が対立し，百済伝来の仏像が難波堀江に捨てられるという事件も起こったと出た。祭祀の担当であった(中臣)氏は崇仏に反対であった。(崇峻)天皇を馬子の命により暗殺したのが(東漢直駒)【「やまとのあやのあたいこま」と読む。「あたい」は姓で「東漢駒」ともいう】であるという問題が出た。
センター14，学習院大(経)14，神奈川大(2/6)14，立教大(異経法)14，上智大(総外法神)13，聖心女子大(文)13，日本大(法)13，中央大(文)12，立教大(経法異)12，学習院大(法)11，駒澤大(全)11，神奈川大(2/9)11，成城大(文芸)11，獨協大(国経法)11，法政大(法文営)11，明治大(法)11，センター10，法政大(文営人)10，立教大(2/12)10，法政大(法文営)09，学習院大(経)08，東洋大(文)08

推古天皇
特に即位の宮名(飛鳥豊浦宮)がよく出る。教科書中の系図をよく出題する大学があるので，天皇家系図等を確認することが大切。推古天皇が(任那)の回復を目的に(新羅)征討を試み，(来目)皇子を派遣したが皇子は九州で病死し，征討は中止されたことも出た。
聖心女子大(文)14，上智大(総外法神)13，関東学院大(2/5)12，聖心女子大(文)12，高経大(前)11，東経大(全)11，東洋大(2/14)10，成城大(経)09，慶応大(文)08

厩戸王
父が誰かがよく出る。=(用明)天皇
高経大(前)11，東経大(2/9)10，法政大(経社現)10

冠位十二階
関東学院大(2/5)14，神奈川大(2/6)14，東洋大(2/8)14，東洋大(2/8)13，聖心女子大(文)12，高経大(前)11，中央大(法)11，獨協大(国経法)11，法政大(経社スポ)11，センター10，東洋大(2/14)10，学習院大(法)08，東洋大(文)08，法政大(経社総)08

憲法十七条
「十二に曰く」の条文の意味を簡潔に論述する問題が出た。「三に曰く」の「詔」と「十二に曰く」の「王」を説明しながら，この時代の社会と政治を400字以内で説明する問題も出た。史料中の(国司)がこの時代にはないこと，百姓とは(公民)の意味であること。三宝とは何か=(仏)(法)(僧)といったことを記憶せよ。史料の穴埋め問題も多いので注意。
立教大(異経法)14，早大(商)14，神奈川大(2/6)13，東経大(2/9)13，東洋大(2/8)13，

明治大(文)13，上智大(外神総法)(総文法)12，中央大(経)12，立教大(経法異)12，高経大(前)11，法政大(法文営)11，明治大(法)11，國學院大(全)10，東女大(2/8)10，早大(教)10，上智大(外法総)09・08，筑波大(前)08，早大(社)08

| 遣隋使
小野妹子 | （　『隋書』倭国伝　）には，600年にも遣隋使が派遣されている記事があるが（　『日本書紀』　）にはない。前者史料の「多利思比孤」は，用明天皇・推古天皇・厩戸王という説があるが，誰であるか不明である。後者にはこの名は出てこない。かつて「多利思比孤」は誰かという問題が出て，「推古天皇」を正解とした大学があった。「タリシヒコ」は男性の名と考えられ，先に書いたように誰かは不明である。もし，まだ「多利思比孤」は誰かという問題を出す大学があって語群に，用明天皇・推古天皇・厩戸王のいずれか一人があったら，それを選択するしかない。また，600年に遣隋使が派遣されたのであれば，（　小野妹子　）は人名のわかる最初の遣隋使であっても，必ずしも最初の遣隋使とはいえない。『日本書紀』での彼の官位（　大礼　）を記憶しておこう。冠位十二階の第5位に当たる官位である。また，妹子は中国で（　蘇因高　）と呼ばれている。遣隋使史料が多く出るので，史料の解説をよく読むこと。関連事項としては，遣隋使に同行した2名が大化改新時に国博士となっていること【（　南淵請安　）は国博士になっていないが，（　中大兄皇子　）（　中臣鎌足　）らは彼の塾に通っており，大化改新に影響を与えた】。隋からの使者が（　裴世【清】　）であることを覚えておくこと。来日した彼が，（　難波津　）から大和川・初瀬川をさかのぼり，（　海石榴市【ツバキチ】　）で歓迎を受けたことが出た。遣隋使の史料には『日本書紀』と『隋書』倭国伝があるわけだから，どちらの史料がどのような内容か覚えておく必要がある。史料名を問う問題が出た。
学習院大(経)14，日本大(法)14，早大(法)(教)14，東経大(2/9)13，東洋大(2/8)13，上智大(外神総法)12，中央大(文)12，津田塾大(学芸)12，明治大(法)11，駒澤大(全)11，中央大(法)11，明治大(法)11，慶応大(法)11，上智大(文総外)11，成城大(法)11，中央大(法)10，法政大(経社現)10，國學院大(全)09，成城大(経)09，立教大(2/12)09，早大(社)09，学習院大(法)08，慶応大(文)08，明治大(法)08 |

《《飛鳥の朝廷と文化》》　p.36-37

| 飛鳥文化 | 飛鳥文化が朝鮮半島の（　百済　）（　高句麗　），中国の（　南北朝　）時代の文化的影響を多く受け，（　西アジア　）（　インド　）（　ギリシア　）の文化ともつながる特徴を持った文化であることが出た。p.36の該当部分にはゴシックの重要語句はないが，ほぼその通りの叙述がされている。教科書を読むことの重要性は明らかだ。
明治大(文)14，学習院大(法)13，國學院大(2/3)13，東洋大(2/8)13，上智大(法外)11，東経大(全)11，東洋大(2/9)10，法政大(経社現)10 |
| 飛鳥寺【法興寺】
百済大寺
四天王寺
法隆寺 | （　蘇我馬子　）が創建した飛鳥寺は，高句麗の（　清岩里廃寺　）と同じ伽藍配置。飛鳥寺は（　法興寺　）とも呼ばれ，平城京に移って（　元興寺　）となった。ここに住した（　恵慈　）は高句麗僧で，厩戸王の師である。氏の創建した寺院としてもう一つ秦氏の（　広隆寺　）を覚えよ。この寺は山背国太秦にあり，葛野寺・蜂岡寺とも呼ばれた。建立した（　秦河勝　）は，厩戸王に近侍した渡来人である。厩戸王が（　新羅　）から伝来した仏像を贈った『日本書紀』にある】ことをヒントに彼の人名を答える問題も出た。広隆寺には新羅風の有名な弥勒菩薩「半跏思惟像」があるが，これが厩戸王 |

が贈った仏像であるかは不明。同様の仏像が，(中宮寺)【法隆寺域内にあり，厩戸王が母の御所を寺とした】にある。光背の有無，髪型から双方の「半跏思惟像」が区別できるようにしておこう。(舒明)天皇創建と伝えられる百済大寺は，後に(大官大寺)となり，平城京造営後は，そこに移って(大安寺)となったといわれる。異説があるが一応知っておきたい。法隆寺若草伽藍をめぐる問題は案外出る。この伽藍をめぐる論争を50字で論述させる問題が出た。p.36の注③を見ておくこと。また，次のような史料問題が出た。

> 蘇我馬子宿禰大臣，諸皇子と諸臣に勧めて，(物部)大連を滅ぼさむことを謀る。(中略)乱を平めて後に，(ある皇子の発願により)摂津国に四天王寺を造る。大連の奴の半ばと宅とを分けて，大寺の奴・田荘とす。田一万頃を以て迹見首赤檮に賜ふ。蘇我大臣，亦本願の依に飛鳥の地に(法興寺)を起つ。

史料集にはあまりない史料と思われるが難しくはない。また，『続日本紀』に僧(道昭)の火葬記事が載っていることが問題として出て，仏教の浸透による葬送形式の変化が指摘された。法隆寺の焼失は670年，天武天皇期だといわれる。伽藍建築が，(礎石)【 掘立柱 であったそれまでと対比せよ】・(瓦)を用いた新技法であったことも重要。

青学大(2/13)14，明治大(文)14，立教大(全)14，早大(法)14，駒澤大(2/7)13，上智大(総外法神)13，中央大(経)(文)12，明治大(商)12，首都大(前)11，学習院大(法)11，上智大(法外)11，東経大(全)11，獨協大(国経法)11，法政大(経社現)11・10，センター10，青学大(全)10，学習院大(経)10，上智大(文経外)10，早大(教)10，青学大(営)09，慶応大(文)09，國學院大(全)09，中央大(法)09，成城大(学芸)08，獨協大(法国)07

法隆寺金堂釈迦 三尊像 鞍作鳥	中国北朝の(北魏)様式である。鞍作鳥の祖父は(司馬達等)で，継体天皇期に渡来し，私宅で仏像を礼拝していたと『扶桑略記』にある。(釈迦如来像)【飛鳥寺】も出た。 聖心女子大(文)14，立教大(異経法)14，駒澤大(2/7)13，成城大(文芸)11，青学大(全)10，法政大(経社現)10
玉虫厨子	宮殿部と須弥座の側面に仏教説話の絵画が描かれていることは覚えよ。特に，宮殿部の観音像から見て須弥座左側面の(捨身飼虎図)がよく出る。 慶応大(商)14，中央大(法)14，國學院大(2/3)13，東洋大(2/8)13
天寿国繍帳	厩戸王の死後，妃の(橘大郎女)が作らせた。天寿国とは王が往生したとされる国。 早大(商)13
観勒 曇徴	これは頻出の部類に属する。(百済)の僧観勒が(暦法)を，高句麗の僧曇徴が(彩色)(紙)(墨)の技法を伝えたという。 中央大(法)14，青学大(2/13)13，國學院大(2/3)13，東洋大(2/9)13，立教大(経法異)12，成城大(経)10，法政大(経社現)10，明学大(経社法)10，慶応大(文)09，早大(教)09，学習院大(法)08

第2章 律令国家の形成　15

2 律令国家への道

《大化改新》 p.38-39

山背大兄王
中大兄皇子
中臣鎌足
蘇我蝦夷
蘇我入鹿

蘇我入鹿が討たれたのが（ 飛鳥板蓋宮 ）であることを覚えよ。また，『藤氏家伝』によれば，蘇我入鹿は遣唐使で帰国した僧（ 旻 ）の堂で周易を学んだという。

センター14，武蔵大（全）14，立教大（異経法）14，上智大（総外法神）13，青学大（2/7）12，慶応大（商）12，立教大（経異）12，青学大（経）11，成城大（文芸）11，東経大（全）11，東女大（2/8）11，獨協大（国経法）11，法政大（法文営）（法社）11，明治大（政経）10，早大（教）10，青学大（文）09，学習院大（法）09，上智大（法）09，成蹊大（経）09，明学大（全）09，東経大（全）08，青学大（文）07

高向玄理
旻

遣隋使との関連で覚える。高向玄理【留学は608～640年】は，『日本書紀』に（ 漢人 ）とあるように渡来人の子孫。実は旻【留学は608～632年】も同じ。

東洋大（2/8）14，武蔵大（全）14，立教大（異経法）14，法政大（経社現）10，成城大（経）10，センター07

難波宮

（ 軽皇子 ）が，即位して孝徳天皇となり，難波（ 長柄豊碕宮 ）に遷都した。一時焼失し，聖武天皇により同じ場所に難波宮が造営された。

青学大（2/13）14，東洋大（2/8）14，獨協大（国経法）13，青学大（経）11，上智大（法）09，慶応大（文）08

改新の詔

史料問題がよく出る。また，（ 評 ）が地方行政組織として各地に設置され，大宝律令の規定でなくなったことはよく出る。通常史料集には掲載されない改新の詔「以五十戸宛（ 仕丁 ）一人之糧。一戸庸布一丈二尺，庸米五斗。凡（ 采女 ）者貢郡少領以上姉妹及子女形容端正者。従丁一人，従女二人。以一百戸宛（ 采女 ）一人糧。庸布・庸米・皆准（ 仕丁 ）」の部分から，空欄を答えさせる問題が出た。

中央大（文）13，明治大（文）13，立教大（文）13，早大（文）13，青学大（文）11，東経大（全）11，法政大（法文営）11，センター10，東洋大（2/11）10，上智大（外法総）09，早大（社）09，学習院大（経）08，上智大（外法総）08

斉明天皇

女性天皇。（ 皇極 ）天皇の重祚。（ 中大兄皇子 ）の母。百済の救援要請を受けての出軍拠点＝（ 朝倉 ）宮で没。

高経大（前）12，立教大（経法異）12，学習院大（法）09・08，センター07

《律令国家への道》 p.39-40

白村江の戦い
百済の滅亡
高句麗の滅亡

このあたりは，古代史でもよく出るランキング上位。白村江の戦いの敗戦以降の防衛施設＝城を絶対覚えよ。（ 大野城 ）＝大宰府の背後の山頂，（ 基肄城 ）＝大宰府の南側，といった場所で特定させる問題もある。高地性集落と誤解させる問題が出た。伊予国（ 熟田津 ）から筑紫国の大津を経て白村江に向かったとある。（ 阿倍比羅夫 ）も参戦している。百済復興の中心人物（ 鬼室福信 ）が出た。彼は，倭にいた百済の王族豊璋を国王に向かえることとヤマト政権の支援を要請した。しかし，その後豊璋と対立し，白村江の戦い直前に殺害された。

関東学院大（2/5）14，国士舘大（2/1）14，日本大（法）14，早大（法）14，青学大（2/7）13，

	國學院大(2/2)13，東洋大(2/9)13，高経大(前)12，明治大(文)12，立教大(経法異)12，東京大(前)11，青学大(文)11，成蹊大(経)11，中央大(法)11，早大(教)11，学習院大(経)10，上智大(文総外)10，専修大(全)10，センター09，学習院大(文)09，上智大(総外文)09，立教大(2/13)09，早大(政経)09，学習院大(法)08，慶応大(文)08，成城大(学芸)08，センター07，青学大(文)07
近江大津宮 天智天皇	近江国が畿内ではなく（ 東山道 ）にあることに注意。斉明天皇が661年に没して，天智天皇が668年に即位するまで天皇は空位であった。この間の中大兄皇子の（ 称制 ）が出た。 学習院大(経)14，日女大(文)14，青学大(営)13，慶応大(文)13，神奈川大(2/6)13，東経大(2/9)13，立教大(全)12，高経大(前)11，中央大(法)11，法政大(法文営)11，上智大(文総外)10，法政大(法社)10，学習院大(法)09，上智大(法)09，法政大(文営)09，早大(政経)09，慶応大(文)08
庚午年籍	氏姓を示す根本台帳であるが，現存しない。また，天智天皇期の庚午年籍と持統天皇期の（ 庚寅年籍 ）を混同されるパターンの問題はよく出る。また，天智天皇期の近江令に関する問題が出ている。 学習院大(文)14，聖心女子大(文)14，日本大(法)14，法政大(営文人)14，学習院大(法)12，早大(教)11，早大(文)10，慶応大(商)09，上智大(法)09，早大(政経)09，立教大(全)07
壬申の乱 大海人皇子 大友皇子	大海人皇子が（ 美濃 ）に移り，東国の豪族の動員に成功したことは押さえておきたい。また，大海人皇子の子（ 高市皇子 ）が活躍したことも出た。 慶応大(文)13，国士舘大(2/1)12，法政大(法文営)11，専修大(全)10，成城大(文芸)09，東経大(全)09，法政大(文営)09，立教大(2/13)09，早大(政経)09，慶応大(文)07
天武天皇 八色の姓	天武天皇期の政治・国家の様子を論述する問題が出た。この時期の政治を（ 皇親政治 ）と呼ぶことが出た。また「天皇」の称号が使用されたこと。「八色の姓」の（ 道師 ）という称号は，授与例が見出せないこと等が出た。最上位が（ 真人 ）であることも出た。 聖心女子大(文)14，東洋大(2/8)14，武蔵大(全)14，立教大(全)14，青学大(営)13，慶応大(文)13，早大(法)13，明治大(文)(商)12，法政大(経社スポ)11，早大(教)11，千葉大(前)08，國學院大(全)08，立教大(全)07
富本銭	富本銭は（ 飛鳥池 ）から大量に発見され，実用貨幣であったとの見解が強まった。 法政大(2/8)14，青学大(営)13，慶応大(文)13，成蹊大(経)13，東洋大(2/9)13，早大(商)13，青学大(2/7)12，国士舘大(2/1)12，早大(文)12，中央大(経)12，國學院大(全)10，立教大(2/13)09，中央大(文)08
持統天皇 飛鳥浄御原令 庚寅年籍	日本大(法)14，慶応大(文)13，上智大(総外法神)13，成蹊大(経)13，東洋大(2/9)13，立教大(経法異)12，明治大(法)12，青学大(経)11，立教大(2/12)11，法政大(法文営)11，青学大(文)11・10，成蹊大(経)11，青学大(文)10，法政大(法社)10，専修大(全)10，慶応大(商)09，上智大(法)09，中央大(法)09，立教大(2/13)09，学習院大(文)(法)09，成城大(学芸)08，國學院大(全)08
藤原京	畿内の宮都の位置が地図上で出ることがある。藤原京は，後の平城京の南に位置し，平城京朱雀大路と（ 下ツ道 ）でつながっていることが出た。

第2章 律令国家の形成　　*17*

また，藤原京が3代の天皇（　持統天皇　）（　文武天皇　）（　元明天皇　）の都であったことが出た。京と宮の違いも認識せよ。大和三山の位置も確認しておくと良い。

成蹊大(経)14，中央大(文)14，日本大(商)14，武蔵大(全)14，早大(法)14，慶応大(文)13，東洋大(2/9)13，早大(法)13，立教大(経法異)12，学習院(法)11，成城大(文芸)11，早大(教)11，学習院大(文)09，上智大(法)09，中央大(法)09，立教大(2/13)09

《白鳳文化》 p.40-41

薬師寺
大官大寺

藤原京の四大寺は，大官大寺・薬師寺・（　飛鳥寺【元興寺】　）（　川原寺【弘福寺】　）。大官大寺は，もと舒明天皇の発願で百済大寺と称し，次に高市大寺となり，677年大官大寺になったというが，異説もある。その後，平城京に移して大安寺と呼ばれ，（　南都七大寺　）の一つに数えられた。

國學院大(2/3)13，国士舘大(2/1)12，学習院大(法)11，國學院大(全)10，青学大(文)07

興福寺仏頭

もと山田寺の薬師三尊像の本尊の頭部だといわれる。山田寺は，乙巳の変で中大兄皇子側についた蘇我氏一族の（　蘇我倉山田石川麻呂　）の氏寺。石川麻呂は後に中大兄皇子に滅ぼされた。こうした史実との関連から入試に出ることがある【本書 p.71-72「大仏様」参照】。また，この時期の代表的な仏像の一つである法隆寺（　阿弥陀三尊　）像は，橘三千代の念持仏であると出た。

青学大(2/15)14，日本大(法)14，成蹊大(経)13，早大(文)11

高松塚古墳壁画

古墳の天井壁画は図案から（　星宿図　）と呼ばれる。（　中国　）や（　朝鮮半島　）の影響があることも重要。また，（　キトラ　）古墳【奈良県】の四神の壁画も出た。

中央大(法)14，駒澤大(2/7)13，高経大(前)12，上智大(法外)11，中央大(文)11，聖心女子大(文)09，成城大(学芸)08

《大宝律令と官僚制》 p.41-42

大宝律令

制定は（　文武天皇　）期であったこと，刑部親王は（　天武天皇　）の子であること。（　律　）は刑法で，（　令　）が行政・租税・土地制度等に関する法律であることを確認せよ。律令制は形式的には，1885年の（　内閣　）制度発足まで続いていたことを指摘させる問題もあった。

日本大(法)14，法政大(営文人)14，関東学院大(2/5)13，成蹊大(経)13，早大(文)13，明治大(商)12，高経大(前)11，青学大(文)11，上智大(法外)11，法政大(営人)11，立教大(法経異)11，早大(文)11，青学大(文)10，國學院大(法)10，東女大(2/8)10，慶応大(商)09，成城大(文芸)09，國學院大(全)08

太政官
八省
神祇官

八省のなかで，文官の人事を扱うのが（　式部　）省，同じ省のなかで官吏養成のための「大学」を管轄していたのが（　大学寮　）であること，陰陽寮は，（　中務　）省に属すること，（　左右兵衛府　）の兵衛は，中下級貴族・地方豪族の子弟がなったこと，裁判・刑罰を扱うのが（　刑部　）省で仏事や外交を扱うのが（　治部　）省であること，（　内務　）省は，このときの律令官制にはないこと等が出ている。地方官では，国の「かみ」が（　守　）【中央の省は（　卿　）】であるとが出，国の「すけ」は（　介　）であると出た。神祇官の四等官（　伯　）（　副　）（　祐　）（　史　）の長官＝伯く

らいは記憶していた方が良い。
センター14，東大(前)14，青学大(2/7)14，法政大(営文人)14，早大(文化)(商)14，青学大(営)13，中央大(文)13，法政大(経社現)13，学習院大(法)12，國學院大(全)11，中央大(法)11，法政大(文営人)11，センター10，青学大(文)10，東女大(2/8)10，東洋大(2/14)10，早大(社)10，上智大(外法総)09，法政大(経社現)09，早大(教)09，法政大(経社)07

七道	七道の範囲を地図の上で確認せよ。上野国が（ 東山 ）道であること，陸奥・出羽から近江国に至るまでが（ 東山 ）道であること，讃岐国が（ 南海 ）道であることも出た。南海道が四国と淡路島だけでなく（ 紀伊 ）国を含むことは押さえたい。七道でないものの選択【北海道・中山道】が出た。 早大(文化)13，中央大(文)12，法政大(経社スポ)11，青学大(文)10，センター09，日本大(文理)08
国・郡・里	四等官のなかでも地方の「国」のものがよく出題される。郡の四等官も出たことがある。また，「郡」が，大化改新～大宝律令で（ 評 ）であったことが出た。しかし，『（ 常陸国 ）風土記』に評が出てくるが全国的に設置されたかは不明という立場で出題された問題もある。また，「里」が（ 50 ）戸程度を単位としていることが出た。郡司の役所は郡家で（ ぐうけ ）と読む。郡司にかつての（ 国造 ）などの伝統的な地方豪族が任じられたことが出た。 センター15・14，東洋大(2/8)14，法政大(経社現)13，学習院大(法)12，明治大(文)12，國學院大(全)11，法政大(文営)09，明学大(全)09，早大(社)(文)08
摂津職	教科書によっては「摂津」に「摂津職」が置かれた旨を書いてあるものがある。摂津国には，国司が置かれず摂津職が置かれたのであるから，それでもよいが，①摂津国は副都である（ 難波宮 ）が置かれた非常に重要な地であること，②水運の中心であった（ 難波津 ）があることの2点から，あえて摂津職が置かれていたと考えられるので，「難波には摂津職」というp.42の記述の意味を理解しておこう。 早大(文化)13，中央大(文)13
大宰府	大宰府は，「大」であって「太」ではない【現在の市名は太宰府市】。また，その重要な役目に関連する出題があるので，その役割をp.42で理解せよ。その他，大宰府が（ 遠 ）の朝廷と呼ばれていたこと。また，博多に外国使節接遇のため，はじめ（ 筑紫館 ）が置かれ，それが（ 鴻臚館 ）となったこと等が出た。他に九州各国の（ 調庸 ）は一度大宰府に集められてから一定量が都に送られ，残りは大宰府で使われたことが出た。 青学大(2/7)14，上智大(経神)09，東女大(現)09，法政大(経社)08
官位相当制 蔭位の制	官位制度に関し細かく出題されたことがある。官位相当制という語句。位階は（ 30 ）段階あること，位田・職田・功田・賜田等がもらえること，（ 職田 ）以外は輸租田であること，（ 功田 ）・（ 賜田 ）は子孫に伝えることができること，蔭位の制は，（ 21 ）歳以上になると与えられること，そうした土地給付のほかに，年2回与えられる現物給与＝（ 季禄 ）があること等が出た。また，調・庸・雑徭が免除されるが租は免除さ

第2章 律令国家の形成　**19**

	れないことが出た。貴族・官人は重罪でなければ実刑を免れたことも出たことがある。 成蹊大(経)13，法政大(経社現)(文営人)13，成城大(経)12，法政大(経社現)10，早大(社)10，法政大(文営)09
五刑	貴族や役人に刑罰を免除される特権があったが，（ 八虐 ）には免除がないことが出た。（ 郡司 ）が（ 笞 ）罪までの裁判権を持ったことも出たので覚えておこう。 中央大(文)14，早大(文化)14，早大(社)10

《民衆の負担》　p.43-44

戸籍 計帳 口分田・位田・ 職田・乗田	戸籍と計帳がどのような税の台帳なのか確認せよ。戸籍上の家族＝（ 郷戸 ）は実際の家族とは異なり編成されたもので，平均的な人数は（ 25 ）人程度であること，この下に10人程度の小家族からなる（ 房戸 ）が設けられたこと【8世紀前半の一時期】等が出題された。また，戸籍が（ 30 ）年保存されることや，正倉院に（ 下総 ）国の戸籍の一部が残っていることが出た。口分田についても出た。戸籍から口分田の面積を計算させている。「乗田」についても出た。この田は口分田・位田・職田給与でも残った田を賃租したもの。負担である「地子」は収穫の五分の一程度。春植え付け前に地子を払うのを（ 賃 ），秋収穫時に払うのを（ 租 ）といった。「令」の「公田賃租の条」が出た。また，この史料とともに「憲法十七条」「大化改新詔」等が出た。「一に曰く」等と始まるのが「憲法十七条」，「其の一に曰く」等と始まるのが「大化改新詔」，「凡そ…は」と始まるのが「令」である。神社に与えられた戸を（ 神封 ）ないし（ 神戸 ）と呼ぶこと。神社に与えられた田＝（ 神田 ）は不輸租田であったことが出た。 東洋大(2/8)14，明治大(営)(商)14，早大(文化)14，神奈川大(2/6)13，成蹊大(経)13，学習院大(法)12，慶応大(商)12，明治大(文)12，早大(文化)12，立教大(2/12)11，学習院大(文)10，専修大(全)10，法政大(法文営)10，早大(社)10，センター09，慶応大(法)09，法政大(経社現)(文営)09，上智大(外法総)08，法政大(経社総)08，早大(教)08，青学大(文)07
租 調 庸 雑徭 運脚	調・庸・雑徭を（ 課役 ）といい，租は含まないこと，租は主に諸国で貯蔵され，調・庸は中央に納められたこと，雑徭は（ 国司 ）の命令で年間（ 60 ）日を限度に課されること等が重要である。雑徭のことを「 くさぐさのみゆき 」と呼ぶことがある。調として出される特産物として，西海道で（ 真綿 ）【蚕の繭を煮た物を引き伸ばして綿にした物】を産することが出た。調の（ 副物 ）【「そわつもの」と読む】についても出題されることもある。運脚の役夫には（ 雇役の民 ）もいた。また，50戸に2名の割合で中央政府の雑用に従事する（ 仕丁 ）が，正丁に課されたこと，特定の位階及び官職を有する者に与えられる従者である（ 資人 ）も出た。 センター14，東洋大(2/8)14，法政大(経社現)14，明治大(営)14，立教大(文)14，早大(文化)(文)14，学習院大(営)(経)13，成蹊大(経)13，中央大(文)13，早大(商)13，首都大(前)12，明治大(文)12，早大(文)12，学習院大(文)10，國學院大(全)10，専修大(全)10，東洋大(2/11)10，早大(文)(社)10，学習院大(法)09，東海大(2/7)09，東女大(現)09，法政大(経社現)09，早大(文)(教)(社)08
出挙 義倉	公出挙は，国衙や郡衙が（ 正 ）倉の稲を借り，（ 春 ）に貸し付け，（ 秋 ）の収穫時に元利の稲を徴収した。利稲は（ 5 ）割で，事実上国

20　第Ⅰ部　原始・古代

家の租税となり，諸国の重要な財源となった。私出挙の利稲は（ 10 ）割であった。義倉というと江戸時代の寛政の改革が浮かぶが，このときも毎年（ 粟 ）等を出させて備荒貯蓄した。
<small>センター14，早大（文化）14，学習院大（文）10，早大（社）10，センター09，成蹊大（経）09，法政大（経社現）09，学習院大（経）08</small>

軍団
衛士
防人

諸国の軍団勤務は交替で（ 10 ）日ずつ，防人は（ 東国 ）出身者が多く任期3年であったが，757年から東国でなく（ 西海道 ）7国から動員された。なお東国とは（ 関東 ）（ 中部 ）地方のことであり，東北地方のことではない。衛士は（ 3 ）年任期【後に1年】で勤務。衛士が（ 衛士 ）府に属したことが出た。しかし，9世紀初めには，（ 五衛府 ）【衛門府・左右衛士府・左右兵衛府】は（ 六衛府 ）【左右近衛府・左右衛門府・左右兵衛府】となり，衛士府はなくなった。防人を80字以内で説明する論述問題が出た。
<small>青学大（2/7）14，法政大（2/8）14，早大（文）14，関東学院大（2/5）13，明治大（文）12，法政大（経社スポ）11，國學院大（全）10，中央大（文）10，早大（文）10，東大（前）08，東経大（全）08，法政大（経社）07</small>

五色の賤

（ 陵戸 ）（ 官戸 ）（ 家人 ）（ 公奴婢 ）（ 私奴婢 ）。「大寺院や豪族のなかには，数百人を超える奴婢を所有したものもあった。」ことを覚えよ。
<small>法政大（経社現）14，法政大（経社スポ）11，法政大（経社現）09，法政大（経社総）08</small>

3 平城京の時代

《遣唐使》 p.44-45

遣唐使

8世紀にはほぼ20年に1度派遣された。留学生のなかには，聖武天皇時の（ 橘諸兄 ）政権で重用された（ 吉備真備 ）（ 玄昉 ）【717年の遣唐使船で渡唐し，733年派遣の遣唐使船で帰還した】がいる。はじめは朝鮮半島沿岸部を通る（ 北路 ）が利用されていたが，（ 新羅 ）との関係が悪化した8世紀後半からは危険な（ 南路 ）を利用することとなった。唐の皇帝玄宗に重用された（ 阿倍仲麻呂 ）も出る。「天の原ふりさけみれば春日なる三笠の山に出でし月かも」という彼の歌が出た。大化改新で左大臣となった（ 阿倍内麻呂 ）はよく誤った語句として登場する。遣唐使船は（ 4 ）隻が通常であり「よつのふね」といわれた。また，白村江の戦い前後も遣唐使は送られていたが，669年から702年までは断絶した。このときの669年派遣大使が（ 河内鯨 ）で，702年派遣大使が（ 粟田真人 ）であったことが出た。遣唐使は，838年が実質的には最後であって，（ 新羅 ）船9隻を雇い入れて帰国した。
<small>学習院大（経）14，武蔵大（全）14，立教大（全）14，早大（法）14，獨協大（国経法）13，早大（国）13，國學院大（2/3）12，学習院大（経）10，成城大（経）10，國學院大（全）09，上智大（経神）09，学習院大（法）08，日本大（文理）08，センター07</small>

渤海

渤海の使節は九州を経由しないルートであったので，越前国の（ 松原客院 ）と平城京の（ 鴻臚館 ）で接遇された。中国・朝鮮の使節は博多の

第2章 律令国家の形成 **21**

鴻臚館が多かった。また，渤海の都城跡から（　和同開珎　）が発見されたことが以前出たことがある。敦賀で交易があり銭が用いられ，国内水運が利用されたことが指摘されている。日本からの輸出品として（　漆器　）（　麻　），渤海からの輸入品として（　毛皮　）が挙げられている。渤海が日本に使節を派遣してきた727年は，聖武天皇の時代である。新羅との関係も出た。渤海が唐・新羅に進出する動きに応じて（　藤原仲麻呂　）が新羅攻撃を計画したが実現しなかったことが出た。

青学大(2/7)14，学習院大(経)14，成城大(経)14，國學院大(2/2)13，中央大(法)13，東経大(2/9)13，早大(国)13，成城大(経)12，津田塾大(学芸)12，成蹊大(経)11，法政大(文営人)11，学習院大(経)10，法政大(経社現)10，上智大(総外文)09，センター08

《奈良の都平城京》　p.45-47

平城京　遷都は（　元明天皇　）の時。北部中央に（　平城宮　）。ここに内裏，大極殿・朝堂院，二官八省等があった。中国の（　長安　）に倣ったこと，面積がその約（　4　）分の1であることが問題に出た。また，（　条坊　）制の数え方を知っていなければ解きにくい問題が出た。条は北から数字の若い順，坊は中央の朱雀大路から東西へ広がる形で数字の若い順であることを一応覚えておくこと。条坊制を答えさせる問題文がp.45-46の文章に酷似していたことがある。また，p.45内の「平城京図」キャプションと同じ文章があったこともある。裏内の大極殿・（　朝堂院　）の名称，中国と違い全体を囲む羅城の城壁がなかったこと等の平城京の特徴も出る。平城宮が（　羅城　）門を入って朱雀大路の突き当たり，平城京の北にあることが出た。左右に市が開かれ（　市司　）が監督し，正午から日没まで市が立ったとしている。宮や市の位置や外京の有無等藤原京との違いも見ておくこと。主な寺院の位置も知っておきたい。平城京とその周辺の東大寺・西大寺・薬師寺・元興寺等の位置を知っていないと解けない問題が出た。平城京の造営は（　藤原不比等　）が主唱したとされる。関連問題として近江大津宮→（　飛鳥浄御原宮　）→（　藤原京　）→平城京という問題が出た。

学習院大(経)14，成蹊大(経)14，聖心女子大(文)14，中央大(文)14，東洋大(2/9)14，法政大(経社現)(営文人)(2/8)14，立教大(全)14，早大(法)14，中央大(文)13，青学大(全)11，中央大(経)11，法政大(経社現)(法社)11，東経大(全)10，東洋大(2/11)10，法政大(文営人)10，学習院大(法)09，上智大(法)09，センター08，慶應大(文)08，獨協大(経法国)07

大安寺　移転した寺院は（　大官大寺　）→大安寺，（　飛鳥寺　）【法興寺】→元興寺，
元興寺　（　山科寺　）【鎌足の私寺の山階寺が不比等によって奈良に移された】→飛
興福寺　鳥厩坂寺→興福寺，藤原京（　薬師寺　）→薬師寺。総国分寺である（　東
薬師寺　大寺　）や（　西大寺　）が建てられた。国分尼寺の中心（　法華滅罪之寺
国分寺　　）の来歴が出た。（　藤原不比等　）の邸宅が娘である光明皇后の皇后宮
国分尼寺　となり，それが後に寄進されて法華滅罪之寺となり，さらに法華寺となった。

青学大(営)14，青学大(全)11，中央大(文)08，日本大(商)06

和同開珎　銭は和（　同　）で，元号は和（　銅　）であること，この時の天皇が（　元明　）天皇であったことに注意せよ。また，この銭は，唐の（　開元通宝　）を模したものである。（　長門　）国に鋳銭司【使とも】が置かれた。711年に，この銭の流通を目指した（　蓄銭叙位令　）が出たことも覚えよ。和

同開珎には，銀貨と銅貨があり，銀銅の順に出された。本朝【皇朝】十二銭の最後が10世紀半ばの（　村上　）天皇期に鋳造された（　乾元大宝　）であったことも重要である。この時期，陸奥の（　金　），越の（　石油　），対馬の（　銀　），周防の（　銅　）などが発見されていることが出た。

青学大(営)14，成蹊大(経)14，聖心女子大(文)14，津田塾大(学芸)14，東洋大(2/8)14，法政大(営文人)(2/8)14，慶応大(文)13，成蹊大(経)13，早大(商)13，高経大(前)12，上智大(総文法)12，東洋大(2/8)12，早大(文)12，慶応大(文)11，成城大(経)11，中央大(経)11，東経大(全)10，東洋大(2/9)10，法政大(文営人)10，千葉大(前)09，明治大(政経)09，センター08，中央大(文)08

《地方官衙と「辺境」》　p.47-49

駅家
駅路・伝路
三関

都と国府をつなぐ駅路，駅路と郡家などをつなぐ伝路。三関の名称と位置も確認せよ。（　鈴鹿関　）（　不破関　）（　愛発関　）。

センター14，法政大(2/8)14，青学大(営)13，関東学院大(2/5)12，センター09

蝦夷
城柵

この東北地方在住の人々に対する支配領域拡大は，p.48にあるように7世紀半ばに（　唐　）が（　高句麗　）を攻撃し，東アジアの緊張が高まったこととと関連している。（　渟足柵　）【647年】（　磐舟柵　）【648年】等の城柵が設置された。これら城柵が（　越　）の国にあったこと【越前・越中・越後全体】が出た。また，（　孝徳　）天皇期に設けられたことが出た。一連の出来事を国際情勢と関連して理解せよ。

青学大(文)11，センター09，早大(教)07

阿倍比羅夫

658〜660年に彼は越の国守であった。（　白村江　）の戦いにも従軍したことが出た。

法政大(2/8)14，上智大(総外法神)13，駒澤大(2/7)12，学習院大(経)11，上智大(文法総)11，神奈川大(2/9)11，成蹊大(経)10，学習院大(法)09，早大(教)07

出羽国
出羽柵
秋田城

出羽国は，越の北部と陸奥の一部を割いて（　712　）年に設置された。この前後に出羽柵が築かれたと考えられる。その後，北進に伴い出羽柵は北へ移され，これが秋田城となったと考えられている。秋田城が築かれた後の759年に雄物川上流に（　雄勝城　）が築かれた。

法政大(2/8)14，駒澤大(2/6)13，高経大(前)12，駒澤大(2/7)12，成城大(経)12，立教大(2/12)10，東女大(現)09

多賀城

8世紀における日本海側・太平洋側の政策は蝦夷の制圧が重点であった。「（　夷　）を以て（　夷　）を征する」政策であったことが出ている。多賀城は，724年に築かれ，（　陸奥国府　）となった。また，太平洋側で759年（　桃生城　）が築かれた。869年の（　貞観地震　）で施設に大きな被害が出た。災害の歴史が取り上げられることが増えた。

立教大(全)14，成城大(経)12，神奈川大(2/9)11，法政大(法文営)11，立教大(2/12)10，東女大(現)09，法政大(法文営)07

薩摩国
大隅国

この地域には（　隼人　）と呼ばれた人々が住んでいた。（　大伴旅人　）が征隼人持節大将軍に任ぜられたことが出た。薩摩国は702年，大隅国は713年に置かれて，種子島・屋久島等の薩南諸島の島々も中央政府に貢進するようになった。

駒澤大(2/6)13, 学習院大(経)11, 成蹊大(経)10・09, 東女大(現)09

《藤原氏の進出と政界の動揺》 p.49-52

奈良時代の政治過程

奈良時代の一連の政治過程は多くの大学で出題される。「古代国家は内乱にどう対処したか」という論述問題が出たこともある。

早大(教)13, 上智大(外神総法)12, 中央大(文)12, 青学大(経)11, 学習院大(法)11, 國學院大(全)11, 駒澤大(全)11, 上智大(神総法外)11, 聖心女子大(文)11, 成城大(文芸)11, 獨協大(国経法)11, 日女大(文)11, 法政大(文営人)(法社)11, 明治大(文)11, 早大(政経)(文)(社)11, 上智大(文法総)10, 東洋大(2/12)10, 立教大(2/12)10, 中央大(法)09, 明学大(全)09, 中央大(文)08, 東経大(全)08, 東大(前)08, 東洋大(文)08, 日本大(文理)08, 明学大(経社)08, センター07

藤原不比等

不比等は、娘宮子を文武天皇【「気高い天皇と称された」と問題文にあった】の妻とし、その子=（ 首皇子 ）【後の（ 聖武天皇 ）】にも娘の（ 光明子 ）を嫁がせた。不比等は鎌足の（ 次男 ）で、妻に（ 県犬養橘三千代 ）がいることが出ている。この妻と先夫美努王との間にできた子が、後の権力者（ 橘諸兄 ）【=葛城王】である。したがって橘諸兄と光明子は異父兄妹である。

青学大(文教)13, 獨協大(国経法)13, 早大(文)(教)13, 学習院大(法)12, 上智大(神経法外)11, 日女大(文)11, 法政大(法社)11・10, 早大(社)11, 上智大(外法経)09, 早大(社)08

長屋王
長屋王の変

（ 天武 ）天皇の孫、（ 高市 ）皇子の子である。なお、この天皇の子（ 大津 ）皇子が謀叛の疑いで捕らえられ自殺したことが出ている。長屋王には、吉備内親王のほかに妻がおり、それは不比等の娘長娥子である。それでも武智麻呂らは長屋王を自殺に追い込んだ。また、平城京から長屋王邸跡が発見され、約4万点に及ぶ木簡が出た。そのなかには「長屋親王宮」と書かれたものがある。長屋王が新羅からの使者を宴席に招いたという記録もあり権力の絶大さが偲ばれる。721年右大臣【大納言から】→723年（ 三世一身 ）法制定→724年左大臣【藤原不比等死後】→729年長屋王の変という流れである。長屋王の変に関する史料問題で、「左京の人従七位下漆部造君足・無位中臣宮処連東人ら、密を告げて『左大臣正二位長屋王、私かに左道を学びて国家を傾けんと欲す』とまうす。この夜、使を遣して固く三関を守らしむ。よって、式部卿従三位藤原朝臣（ 宇合 ）・衛門佐従五位下佐味朝臣虫麻呂(中略)らを遣して、六衛の兵を将ゐて長屋王の宅を囲ましむ。」が出た。宇合の名とともに三関=（ 不破 ）（ 鈴鹿 ）（ 愛発 ）が出てくる。この史料は、比較的よく出るので知っておこう。

青学大(2/13)14, 学習院大(文)14, 聖心女子大(文)14, 東洋大(2/9)14, 日女大(文)14, 武蔵大(全)14, 法政大(全)(異経法)14, 法政大(経社現)13, 早大(社)14, 国士舘大(2/1)12, 中央大(経)12, 青学大(経)11, 上智大(神総法外)11, 法政大(法社)11, 早大(社)11, 学習院大(経)10, 立教大(2/12)10, 中央大(文)09, 東経大(全)08, 東洋大(文)08, 慶応大(文)07

光明子

光明皇后は（ 悲田院 ）や（ 施薬院 ）を作った。これらも仏教で（ 善行 ）をつむものとして考えられていた。

中央大(経)12, 日女大(文)11, 中央大(法)(文)09, 専修大(全)08

藤原四家

武智麻呂=（ 南家 ）【734年右大臣】、房前=（ 北家 ）、宇合=（ 式家 ）

），麻呂＝（　京家　）。この４人は，平安初期・中期の問題に関連して出ることが多い。
中央大(文)13，國學院大(2/3)12，早大(国)12，國學院大(全)11，駒澤大(全)11，青学大(文)10，上智大(外法総)09，成城大(経)08，東経大(全)08

橘諸兄 吉備真備 玄昉	吉備真備・玄昉は717年に遣唐使と渡唐し，733年遣唐使とともに帰国した。この時玄昉は5000巻余りの仏教経典を持ち帰ったという。吉備真備は，（　右大臣　）にまで昇進した。吉備氏は吉備地方【岡山県】を根拠地とする豪族で，鉄・塩を資源として栄えたという。この地方には国内4位の規模を持つ（　造山　）古墳があり，古墳時代に大きな勢力であったことがわかる。玄昉は，文武天皇夫人（　宮子　）の看病をして出世したが，後に失脚し筑紫の（　観世音寺　）【天下三戒壇の一つ】別当として左遷された。 学習院大(経)14，武蔵大(全)14，学習院大(経)13，法政大(経社現)13，聖心女子大(文)12，明治大(商)12，学習院大(法)11，駒澤大(全)11，法政大(法社)11，明治大(文)11，上智大(文法総)10，成城大(文芸)10，立教大(2/12)10，法政大(文営)09，明治大(商)09，中央大(文)08，東洋大(文)08，明学大(経社)08
藤原広嗣	広嗣＝藤原（　式　）家出身，広嗣が排除を求めた人物＝（　吉備真備　）（　玄昉　）らが出ることが多い。広嗣の官職は大宰少弐でこの反乱は（　九州北部　）で起こった。 学習院大(経)14，明治大(文)14，立教大(全)14，慶応大(文)13，獨協大(国経法)13，聖心女子大(文)12，明治大(商)12，学習院大(法)11，法政大(法社)11，上智大(文法総)10，東洋大(2/11)10，立教大(2/12)10，法政大(法社人)09，明学大(全)09，中央大(文)08，東洋大(文)08，青学大(文)07
聖武天皇 遷都	首皇子が皇太子となった頃，遠江・三河地方で大地震があったとある。ここで注意しなければならないのは，聖武天皇は，（　恭仁京　）→（　紫香楽離宮　）→（　難波京　）→（　紫香楽宮　）と移っているが，紫香楽離宮には遷都されておらず，大仏造立の詔が出されたのは，聖武天皇がこの紫香楽離宮にいる時であったことである。したがって，大仏造立の詔が出された時の都は，恭仁京である。 学習院大(経)14，成蹊大(経)14，聖心女子大(文)14，法政大(営文人)14，立教大(全)14，学習院大(法)13，駒澤大(2/7)13，東経大(2/9)13，早大(法)(文化)13，國學院大(2/3)12，上智大(外神総法)12，中央大(文)12，早大(教)12，法政大(文営人)11
鎮護国家思想	『　金光明最勝王経　』や『仁王護国般若波羅蜜経』に説かれる思想で，経典名の一部が国分寺の名称にも入った。 駒澤大(2/7)13，早大(政経)11，青学大(文)09，明学大(全)09
国分寺 国分尼寺	国分寺＝（　金光明四天王護国之寺　）【僧　20　人を置く】，国分尼寺＝（　法華滅罪之寺　）【僧尼　10　人を置く】。国分寺は「護国」を，国分尼寺は「滅罪」を祈った。写すべき経典は，（　金光明最勝王経　），（　法華経　）とされた。総国分寺は（　東大寺　）である。東大寺は，華厳宗の（　良弁　）が開山した金鐘寺が，742年に大和国分寺とされ，さらに746年に総国分寺である東大寺として造営されてできたものである。良弁は，初代東大寺別当となっている。東大寺創建当時の建物は，（　法華堂　）（　転害門　）（　正倉院　）である。国分尼寺の中心は平城京の法華滅罪之寺である。この寺が（　藤原不比等　）邸→（　光明皇后　）宮→法華滅罪之寺とし

第2章　律令国家の形成　**25**

てできた。

学習院大(文)14, 明治大(文)14, 立教大(全)14, 早大(法)13, 青学大(2/7)12, 國學院大(2/3)12, 獨協大(国経法)11, 上智大(文法総)10, 中央大(経)10, センター09, 中央大(法)09, 法政大(法文営)09, 早大(社)09, 成城大(学芸)08, 東経大(全)08, 早大(教)08, センター07

大仏造立　この大仏は(盧舎那仏)である。(華厳)経に基づくもので, ボロブドゥールと同じ思想である。大仏用の金が不足した時, 陸奥国守百済王敬福から陸奥で発見された金が東大寺にもたらされたという。聖武天皇と光明子の唯一の男子＝基皇子は728年にわずか1歳で没した。この皇子の供養塔が建てられた場所に, 金鐘寺が営まれ, 東大寺となった【本書 p.25-26「国分寺・国分尼寺」参照】。基皇子の死が, 皇位継承権を持つ長屋王の呪いであると噂され, これが聖武天皇の長屋王に対する不信感を生んで, 長屋王の変の遠因となったともいわれる。盧舎那仏は他に(唐招提寺金堂)にも安置されているが, これは(乾漆像)である。

青学大(2/15)14, 学習院大(文)14, 慶応大(商)14, 中央大(文)14, 明治大(文)14, 立教大(全)14, 立教大(文)13, 成城大(文芸)11, 聖心女子大(文)11, 法政大(文営人)11, 上智大(文法総)10, 東洋大(2/11)10, 早大(法)10, 慶応大(文)09, 専修大(全)09, 法政大(経社情)09, 明学大(全)09, 東経大(全)08

開眼供養　この儀式の中心を担った「菩提僊那」が(インド)人の僧であったことが出た。この儀式で仮面劇が上演されたが, この劇を何というかという問題が出た。(伎楽)を選択する。当時越中守であった(大伴家持)が祝意の長歌を詠んだとある。

学習院大(文)14, 中央大(経)14, 立教大(全)(異経法)14, 学習院大(法)13, 早大(政経)11, 上智大(文法総)10, 早大(法)10, 早大(教)09, 専修大(全)08

藤原仲麻呂　仲麻呂は光明皇太后のために(紫微中台)を作り, その長官となった。また, 内相と呼ばれていたとある。(安史の乱)に乗じて新羅攻撃を企てた。p.45注②では,「渤海が唐・新羅に進出する動き」に応じて新羅攻撃を計画したとなっている。この記述の線で新羅攻撃計画に関する問題が出た。

青学大(2/7)14, 国士舘大(2/1)13, 中央大(法)13, 立教大(文)13, 中央大(文)12, 明治大(商)12, 立教大(経法異)12, 立教大(2/12)11, 早大(文)11, 学習院大(法)09, 上智大(外法総)09, 慶応大(文)08, 國學院大(全)07, 慶応大(文)07

橘奈良麻呂　諸兄の子。757年(藤原仲麻呂)打倒の反乱を起こし, 鎮圧される。奈良麻呂の孫に(橘嘉智子)がおり, 平安初期の嵯峨天皇の妻となった。この女性が大学別曹(学館院)の創設者である。

立教大(経法異)12, 立教大(2/12)10, 東洋大(2/11)10

養老律令　すでに718年に藤原不比等らにより完成されていた。律令各(10)巻, 仲麻呂政権下で, 757年に施行された。また, この頃, 新羅征討計画が持ち上がっていたことも出ている。

法政大(営文人)14, 早大(商)14, 中央大(法)13, 國學院大(全)10, 法政大(社法)10, 早大(教)10, 学習院大(法)09, 上智大(経外)09, 学習院大(法)08, 慶応大(文)08

恵美押勝の乱　仲麻呂は(近江)国で敗死, 淳仁天皇は淡路に流された。流された場所

を地図から選ぶ問題が出たことがある。
青学大(2/7)13，慶応大(法)13，聖心女子大(文)13，東洋大(2/9)13，立教大(文)13，上智大(文法総)(神総法外)11，東経大(全)10，立教大(2/12)10，上智大(外法総)09，法政大(法文営)09，立教大(2/12)09，専修大(全)08，中央大(文)08，東洋大(文)08，日本大(文理)08，慶応大(文)07，成城大(社)07

称徳天皇	（ 孝謙 ）天皇の重祚。この天皇以来，江戸期の（ 明正 ）天皇まで女性天皇は生まれなかったことが出ることがある。
加墾禁止令	橘諸兄政権下で（ 墾田永年私財法 ）が出たが，道鏡政権下の765年に加墾禁止令により一時開墾が禁止され【寺社を除く】，道鏡の追放後復活した。また，この頃（ 西大寺 ）等の造営がなされた。 中央大(経)14，中央大(文)12，中央大(法)09，慶応大(文)07
宇佐八幡神託事件 道鏡	宇佐八幡宮の場所も地図で出た。道鏡は失脚して下野（ 薬師寺 ）の別当となり，そこで死去した。 中央大(経)14，獨協大(経国法)14，明治大(営)14，青学大(2/7)13，明治大(商)12，学習院大(法)11，上智大(文法総)10，立教大(2/12)10，東経大(全)10，上智大(外法総)(経神)09，立教大(2/12)09，中央大(法)(文)08，獨協大(社法国)07
光仁天皇	（ 天智 ）天皇の孫【父は施基皇子】。 法政大(経社現)13，慶応大(商)11

《民衆と土地政策》 p.52-54

百万町歩開墾計画	『 和名類聚抄 』に当時全国90万町歩の総田数であったとあることが，出た。同書は（ 源順 ）の百科漢字辞典。 法政大(営文人)14，法政大(文営人)11，学習院大(文)10，センター07，慶応大(文)07
三世一身法	（ 養老七年の格 ）であることを記憶しよう。 センター15，明治大(営)14，早大(文化)14，慶応大(商)12，聖心女子大(文)12，明治大(商)12，センター11，國學院大(全)11，法政大(文営人)11，学習院大(文)10，青学大(文)07，慶応大(文)07
墾田永年私財法	この法が（ 天平十五年の格 ）であること，こうして開墾された墾田が輸租田であったこと，墾田の面積は身分に応じて制限されていたこと，等を記憶せよ。また，農民の自力開墾地を（ 治田 ）【＝百姓治田】といい，小規模経営の輸租田であった。道鏡政権下の765年に寺社を除いて開墾が一時禁止され，772年に再び解禁された。このことの史料問題が出た。解禁の時に，（ 位階 ）等による開墾制限が撤廃された。班田収授法には，墾田に関する規定がなく，この法がそれを補う役割も持っていたと指摘している問題文もある。 獨協大(経国法)14，明治大(文)14，立教大(文)14，学習院大(経)13，国士舘大(2/1)13，立教大(2/6)13，首都大(前)12，國學院大(2/3)12，早大(文化)12，センター11，中央大(法)11，学習院大(文)10，早大(法)10，慶応大(文)09，明治大(商)09，早大(商)09，学習院大(経)08，法政大(経社総)08，センター07，青学大(文)07，慶応大(商)07
初期荘園	貴族・寺院・地方豪族の私有地が拡大した。特に（ 東大寺 ）等の大寺院が中心。国司・郡司の協力のもと近隣（ 班田農民 ）・浮浪者等を動員し

第2章 律令国家の形成 *27*

て灌漑施設を作り，原野を開墾した。労働力が付近の農民中心であるため，荘園内部に耕作者が居住しないことに特徴があった。この初期荘園の特徴を問う問題が出ている。(郡司)の弱体化にともない，10世紀頃までには多く衰退したとも出ている。

獨協大(経国法)14，明治大(商)14，早大(教)11

浮浪
逃亡　この時期の浮浪は本貫から離れているものの所在明確で調・庸を納めること，逃亡は所在不明で調・庸を納めないことを指している。『続日本紀』から史料問題が出て，「…遂に王臣に仕へて，或は資人を望み，…」の王臣を答えさせている。また，「上級貴族の供人として課役が免除される身分」という文に，(資人)と答えさせているものもある。中世の(強訴)(逃散)と混同しないように。

学習院大(法)12，東海大(2/7)09，早大(社)09，学習院大(経)08，上智大(経神)07

4　天平文化

《天平文化と大陸》　p.54-55

天平文化　「聖武天皇時代の年号をとって名付けられた国際色豊かな貴族文化」という説明から，天平文化を答えさせる問題が出た。

中央大(経)12

《国史編纂と『万葉集』》　p.55-56

古事記　(天武)天皇が(稗田阿礼)によみならわせた内容を(太安万侶)が筆録。6世紀半ばに完成していたとされる「 帝紀 」「 旧辞 」をもとに作成。これらと推古朝の「天皇記」「国記」を混同しないように。古事記の内容は神話・伝承から推古朝【(小治田)の御代】まで。古事記完成時の天皇は(元明)天皇であることも記憶せよ。

早大(文化)12，帝京大(経法文)11，法政大(文営文)11，センター10，青学大(全)10，上智大(文法総)10，明治大(政経)10，明学大(経社法)10，中央大(文)09，日本大(文理)08

日本書紀　(舎人親王)を中心に編纂。この親王は(天武)天皇の子。(紀清人)や『古事記』を編纂した(太安万侶)らも関わったと出た。完成時の天皇は(元正)天皇である。漢文編年体で書かれる。中国式の(列伝)は採用されなかった。その後の五つの正史と合わせた六国史を覚えよ。『 続日本紀 』『 日本後紀 』『 続日本後紀 』『 日本文徳天皇実録 』『 日本三代実録 』。最後の三代実録の三代は，清和・陽成・光孝の三天皇である。(藤原時平)(菅原道真)らによる。これら『日本書紀』に続く国史もよく出題される。『日本後紀』は徳政論争に登場する(藤原緒嗣)らの編纂であること，嵯峨天皇期はこの書の扱う時期にあたること等が出ている。(承和の変)の記事が『続日本後紀』にあることも出た。

学習院大(文)14，法政大(営文人)14・13，立教大(全)14，早大(国際)14，慶応大(文)13，國學院大(2/3)13，立教大(2/6)13，早大(法)13，学習院大(法)12，成城大(経)12，早大(文化)(商)12，学習院大(法)11，慶応大(法)(文)11，帝京大(経法文)11，法政大(法社)11，明治大(政経)11・10，立教大(2/12)11，早大(教)11，國學院大(全)10，中央大(文)09，明治大(文)08

28　第Ⅰ部　原始・古代

風土記	ほぼ完全に現存しているのは『　出雲国風土記　』だけ。他に(　常陸　)(　播磨　)(　豊後　)(　肥前　)の一部が残存。風土記は713年に筆録が命じられたのであって、『古事記』『日本書紀』のように完成ではない。年号を問題とすることが多い大学もあるので注意。 早大(国際)14, 青学大(2/7)13, 國學院大(2/3)13, 帝京大(経法文)11, 学習院大(文)10, 上智大(文法総)10, 中央大(文)09, 東洋大(文)08
懐風藻	(　淡海三船　)(　石上宅嗣　)らが活躍。成立年代が出ている。(　大友皇子　)らの壬申の乱以前の作品も収録されている。石上宅嗣は(　芸亭　)と名付けた図書館のような施設を学問をする人に開放したといわれる。淡海三船は『唐大和上東征伝』という鑑真の伝記を撰修したことが出た。 早大(教)13, 上智大(外神総法)12, 中央大(経)12, 駒澤大(文営経)11, 上智大(文法総)10, 東洋大(2/11)10, 早大(教)10, 中央大(文)09, 東洋大(文)08
万葉集	貧窮問答歌で知られる作者(　山上憶良　)をはじめ、(　大伴旅人　)、(　大伴家持　)、有間皇子、(　柿本人麻呂　)、(　山部赤人　)らが出た。「あをによし奈良の都は咲く花の薫ふがごとく今盛りなり」が(　小野老　)の歌であることも出た。庶民の歌もあり、(　防人歌　)は出る。万葉仮名についても出た。万葉集収録の歌は759年までのもので、このとき(　藤原仲麻呂　)が権力を握っていた時期である。 日本大(法)14, 法政大(経社現)14, 立教大(異経法)14, 早大(文)14, 國學院大(2/3)13, 上智大(総文法)12, 明治大(文)12, 学習院大(文)11, 慶応大(法)11, 上智大(神総法外)11, 法政大(法社)11, 東洋大(2/11)10, 日本大(商)10, 上智大(経神)09, 成蹊大(経)09, 法政大(文営)09, 東経大(全)08, センター07
大学 国学	大学は(　五　)位以上の貴族の子弟が入学、(　式部　)省大学寮の管轄である。儒教の経典を学ぶ(　明経道　)、法律を学ぶ(　明法道　)等が授業にあり、9世紀からは漢文・歴史等を学ぶ(　紀伝道　)が生まれた。 センター14, 駒澤大(文営経)11, 慶応大(法)10, 中央大(経)10, 東経大(全)09, 法政大(文営)09, センター08, 國學院大(全)07

《《国家仏教の展開》》 p.56-57

南都六宗 南都七大寺	(　三論　)(　成実　)(　法相　)(　倶舎　)(　華厳　)(　律　)。信仰を異にする教団ではなく、仏教教学を研究する学派のような存在。法相宗は、玄奘三蔵から(　道昭　)が学んだ。(　義淵　)の弟子玄昉・(　行基　)を記憶せよ。華厳宗の(　良弁　)も重要。律宗は(　鑑真　)の渡来で盛んになった。南都七大寺では、(　東大寺　)＝華厳宗、(　興福寺　)＝法相宗は抑えよ。また、鎌倉仏教でも、法相宗の(　貞慶　)【解脱】、華厳宗の(　明恵　)【高弁】、律宗の(　叡尊　)(　忍性　)が重要だから南都六宗のなかでこの三宗を重点とするのがよい。他の南都七大寺は、(　大安寺　)(　薬師寺　)(　元興寺　)(　法隆寺　)(　西大寺　)である。 一橋大(前)14, 学習院大(文)14, 慶応大(商)14, 早大(商)14, 聖心女子大(文)13, 中央大(経)13, 立教大(文)13, 東洋大(2/11)10, 早大(商)10, 中央大(法)09, 専修大(全)08, 明治大(文)08, 早大(政経)08
鑑真	たびたびの渡航失敗に関わらず来日し、授戒の際に重要な戒律のあり方を伝えた。『　唐大和上東征伝　』には、彼が薬として甘味を運んできたこと

第2章 律令国家の形成　29

が書かれている。（ 聖武 ）太上天皇，（ 光明 ）皇太后，（ 孝謙 ）天皇が授戒を受けた。授戒は，始め東大寺のみで行われたが，後に九州の（ 筑紫観世音寺 ），東国の（ 下野薬師寺 ）でも行われるようになり，これらは，（ 本朝【天下】三戒壇 ）といわれた。鑑真が創建した（ 唐招提寺 ）は天武天皇の子である新田部親王の旧邸があった場所に建った。

学習院大（経）14，聖心女子大（文）14，上智大（外神総法）12，学習院大（経）11，慶応大（法）11，成城大（文芸）11，日女大（文）11，明治大（全）11，立教大（2/13）11，東洋大（2/9）10，明学大（経社）10，専修大（全）08

行基

民衆への布教と社会事業を行う。後に，（ 大僧正 ）に任ぜられ大仏造営に協力。社会事業は善行であり，福徳を生むという仏教思想に基づく。彼は（ 布施屋 ）（ 橋 ）（ 港湾 ）等を作り生前から菩薩と仰がれ，死後は（ 文殊菩薩 ）の化身といわれた。光明皇后の設けた（ 悲田院 ）や（ 施薬院 ）もこの善行にあたる。行基の史料は『続日本紀』にある。

センター15，慶応大（商）14，早大（文化）（商）14，獨協大（国経法）13，法政大（経社現）13，早大（商）13，青学大（2/7）12，上智大（外神総法）12，首都大（前）11，学習院大（法）11，日女大（文）11，法政大（経社現）11，立教大（2/13）11

神仏習合思想

仏と神は本来同一であるとする思想。神と仏の位置付けをめぐり，神道の側から諸派が出ているので，神道の歴史との関連を記憶することが大切。明治初期の神仏分離までの流れがテーマ問題として出せる。具体的には（ 神宮寺 ）が建設され始めたことが出た。また，仏教の政治化をきらって山林にこもり修行をする僧らが，平安新仏教の母体となったという p.57の文章の主旨が問題として出たこともある。

東洋大（2/9）14，法政大（経社現）11，中央大（経）10，センター08

《天平の美術》 p.57-60

仏像

従来からある木像や金銅像のほかに（ 塑像 ）（ 乾漆像 ）の重要な仏像が作成されたことが大切。したがってこの時代の仏像が出題される場合には，その名称と造像方法をともに記憶しておかないと正解を得られない。

慶応大（法）13，國學院大（2/3）13，中央大（経）12，立教大（経法異）12，首都大（前）11，学習院大（法）11，上智大（法外）11，成蹊大（経）11，聖心女子大（文）11，学習院大（経）10，慶応大（文）10，東洋大（2/9）10，成城大（文芸）08，日本大（文理）08

正倉院宝庫

聖武太上天皇の遺品，正倉院文書を収めていた。「筑前国嶋郡川辺里」の戸籍が収められてる。建築に（ 校倉造 ）が見られる。

学習院大（経）14，早大（国際）14，獨協大（国経法）13

絵画

（ 鳥毛立女屏風 ）の樹下美人図がトルファン盆地アスタナ出土の樹下美人図の影響を受けていること，（ 螺鈿紫檀五絃琵琶 ）には熱帯樹とラクダが描かれていることが出た。正倉院の宝物の香木である蘭奢待を後に（ 織田信長 ）が切り取ったという話を出した問題もある。

中央大（法）（文）14，聖心女子大（文）12，首都大（前）11，成城大（文芸）11，東洋大（2/11）10，早大（法）10，中央大（法）09，成城大（文芸）08

工芸品

（ 鳥毛立女屏風 ）（ 瑠璃杯 ）が出た。年代の確かな最古の印刷物とい

30　第Ⅰ部　原始・古代

われる（　百万塔陀羅尼　）も出た。
獨協大（国経法）13, 早大（商）13

5　平安王朝の形成

《《平安遷都と蝦夷との戦い》》　p.60-61

桓武天皇　（　光仁　）天皇と（　高野新笠　）【渡来系氏族の血を引く】の子であることが出た。
早大（教）12, 学習院大（法）11, 慶応大（商）11, 中央大（経）（文）11, 立教大（2/12）11, 駒澤大（文経営）10

長岡京
平安京　長岡京・平安京が出たところで，これまでの主要な京や宮の位置関係を把握せよ。長岡京は桓武天皇によって造営開始。長岡京造営の建議をし，造営の中心となったのが（　藤原種継　）【式家】であったこと，長岡京遷都に伴い難波宮は解体された。難波宮副都体制が桓武天皇に嫌われたこと，港である難波津が土砂堆積により港として機能しなくなっていたこと等が理由といわれる。平安京が（　和気清麻呂　）の建議によることが出た。これら遷都に関係して桓武天皇の弟（　早良親王　）の廃太子，大伴氏・佐伯氏の排除についても出た。平安遷都の意義は①難波京を副都とする平城京の双都体制を嫌った，②寺社の権力を嫌った，③水陸交通の便を求めた，④天皇権力の強化を求めた，といわれている。平安京の右京【西側】がもともと湿地で早くからさびれたことが p.60の「平安京図」キャプションにふれられているが，このことが（　慶滋保胤　）著の『　池亭記　』に出てくることを記憶せよ。彼の主著は『　日本往生極楽記　』である。10世紀後半，平安宮がたびたび火災にみまわれ，天皇が貴族の邸宅に移り住んだこと【この仮住まいを（　里内裏　）という】も出た。その他（　羅城　）門を挟んで東西２寺があったこと，平安宮の南に接して（　神泉苑　）という禁苑【ここで初めての（　御霊会　）が行われたといわれる】があったこと，海外使節を接遇する鴻臚館が東西にあり，主に（　渤海　）使の接遇に使われたこと，鴨川の河原で「大般若経」を供養したのが（　空也　）であったことも出た。平安京遷都の際に，（　山背　）国を山城国と改めた。
上智大（外総文）14, 成蹊大（経）14, 聖心女子大（文）14, 中央大（文）14, 早大（文化）14, 学習院大（文）13, 聖心女子大（文）13, 東洋大（2/8）13, 法政大（経社現）13, 青学大（2/7）12, 早大（教）12, 慶応大（文）11, 中央大（経）11, 明治大（政経）（商）11, 立教大（全）11, 学習院大（法）10, 國學院大（全）10, 駒澤大（文経営）10, 上智大（法）（外法総）09, 早大（商）09, 慶応大（文）08, 早大（社）08, 獨協大（経法国）07

伊治呰麻呂　780年に反乱を起こし，一時は（　多賀城　）を陥落させる。伊治呰麻呂という名は差別的にヤマト政権が付けたものである。帰順していたときは（　郡司　）の職にあったことが出た。帰順した蝦夷が（　俘囚　）と呼ばれた。この反乱では陸奥按察使（　紀広純　）が殺害されている。
法政大（2/8）14, 早大（文）14, 駒澤大（2/7）12, 筑波大（前）11, 慶応大（商）11, 神奈川大（2/9）11, 上智大（文法総）11, 立教大（法経異）11, 早大（法）11, 成蹊大（経）10, 専修大（前）10, 東女大（現）09, 早大（商）09, 法政大（法文経営）07, 早大（教）07

阿弖流為　法政大（2/8）14, 早大（政経）14, 駒澤大（2/7）12, 早大（法）11, 専修大（全）10, 法政大（法

第2章　律令国家の形成　*31*

| 紀古佐美 | 文営)07 |

| 坂上田村麻呂
胆沢城
志波城 | 坂上田村麻呂は，渡来系（ 東漢氏 ）出身といわれる。桓武天皇に重用され，（ 大納言 ）まで昇任した。征夷大将軍は，本来東国の司令官で，当時九州の隼人との戦いには関係なかったという点も出た。802年，（ 胆沢城 ）を築き，（ 阿弖流為 ）を帰順させて，（ 鎮守府 ）を（ 多賀城 ）からここに移した。さらに803年には北上川上流に（ 志波城 ）を建設した。平安期最後の征夷大将軍は811年に任命された（ 文室綿麻呂 ）であり，彼が最後の城柵（ 徳丹城 ）を築いた。
関東学院大(2/5)14，上智大(外総文)14，聖心女子大(文)14，法政大(2/8)14，高經大(前)12，駒澤大(2/7)12，青学大(文)11，学習院大(法)11，神奈川大(2/9)11，慶應大(商)11，上智大(文法総)11，早大(法)11，成蹊大(経)10，成城大(文芸)10，専修大(全)10，東經大(全)10，東洋大(2/14)10，法政大(経法現)10，明学大(全)10，センター09，中央大(文)09，東經大(全)09，東女大(現)09，早大(政経)09 |

| 徳政論争 | 二大事業【東北地方での戦いと平安京造営】の停止を建議した（ 藤原緒嗣 ）は式家の出で，平安初期には式家の人物がよく登場することを記憶せよ。また，論争に敗れた（ 菅野真道 ）は，『 続日本紀 』の編者でもある。
成蹊大(経)14，早大(文化)13，慶應大(文)12，駒澤大(2/7)12，明治大(政経)11，立教大(2/12)11，國學院大(全)10，上智大(外法総)09，獨協大(経法系)09，國學院大(全)07，獨協大(経法国)07，法政大(法文営)07 |

《平安時代初期の政治改革》 p.62-63

| 健児 | （ 郡司 ）の子弟や有力農民の志願者を採用し，軍団と兵士を廃止した。（ 東北 ）と（ 九州 ）が除かれている点がよく出題されるところ。
センター15，聖心女子大(文)14，学習院大(経)13，東洋大(2/9)13，法政大(経社現)13，青学大(2/7)12，慶應大(文)12，慶應大(商)11，東洋大(2/11)10，法政大(経社現)10，上智大(法)09，法政大(経社)07 |

| 勘解由使 | 新任国司から前任国司に与えられる（ 解由状 ）の審査。
青学大(2/7)14，学習院大(経)13，法政大(経社現)13，國學院大(2/3)12，東經大(現)10，法政大(経社現)10・09，学習院大(法)09，成城大(経)09 |

| 平城太上天皇の変【薬子の変】 | 平城太上天皇が，平城京へ移ってその再遷都をねらい，嵯峨天皇と対立【二所朝廷】。天皇方は挙兵して鎮圧。これにより平安初期に栄えた藤原（ 式 ）家が衰えていく。嵯峨・仁明・淳和3天皇の系図的な関係が選択肢で問われたことがある。
上智大(文法)14，学習院大(経)13，立教大(文)(異経法)13，早大(政経)13，慶応大(文)12，早大(教)(商)12，学習院大(法)10，國學院大(全)10，駒澤大(文経営)10，上智大(外法総)09，成城大(経)08 |

| 蔵人頭
蔵人所 | 平城太上天皇の変【薬子の変】に際して嵯峨天皇が設置。いわば秘書官長の役目。p.62で「（ 藤原冬嗣 ）らが任命された」と正確に書いているが，「ら」とは（ 巨勢野足 ）である。また，このときの蔵人には『令義解』編者であった（ 清原夏野 ）もいる。藤原北家繁栄のもとを築いた冬嗣が父内麻呂のために建立した興福寺の（ 南円堂 ）が北家繁栄の象徴として以後 |

信仰を集めたことが出た。蔵人頭は（　令外官　）として最も出題されるものであるが、令外官10官の設置順が問われた。図表などで確認しておくと良い。

<small>上智大(文法)14、聖心女子大(文)14、中央大(文)14、東洋大(2/9)14、学習院大(経)13、東洋大(2/8)13、法政大(経社現)13、成城大(経)12、早大(商)12、高経大(前)11、慶応大(商)11、上智大(文総外)11、法政大(経社スポ)11、明治大(文)11、早大(文)11、センター10、学習院大(法)10、東洋大(2/11)10、上智大(外法総)09、聖心女子大(文)09、法政大(文営)08、センター07、成城大(社)07</small>

検非違使　これにより、律令官制にある（　弾正台　）の権限はほとんどなくなったと出た。

<small>成蹊大(経)14、慶応大(商)11、法政大(経社スポ)11、センター10、東女大(2/8)10、東経大(全)08、東洋大(文)08、法政大(経社総)08</small>

弘仁格式
貞観格式
延喜格式
類聚三代格
令義解
令集解

弘仁格式は藤原冬嗣らの編纂。（　格　）は律令規定の補足・修正、（　式　）は施行細則。これまで出たものを分類・編集し実用に供した。後の『　貞観格式　』『　延喜格式　』と併せて（　三代格式　）という。前者は（　清和　）天皇期に（　藤原氏宗　）らが編纂、後者は（　醍醐　）天皇期に（　藤原時平　）らが編纂した。現存するものとしては、三代格式の格のみを編集した『　類聚三代格　』と式では『　延喜式　』がある。『延喜式』のなかの「神名帳」に記載されている神社が（　式内社　）であること、（　駅家　）が列挙してあることが問われた。令【養老令】の解釈を公式に統一するために出されたのが『　令義解　』で、これには（　清原夏野　）・（　小野篁　）らが関わっている。「『令義解』が編纂された理由を簡潔に記せ。」という論述問題が出された。また、令の注釈を集めた『　令集解　』が（　惟宗直本　）によって編まれた。この書には、（　大宝令　）も記載されていることが出た。『日本三代実録』の史料が出て、そのなかに記載されている格式は何かを問う問題が出た。これは『貞観格式』である。『日本三代実録』の三代が（　清和　）（　陽成　）（　光孝　）天皇であると分かれば推測できる。なお、貞観格の成立年は、多賀城が大被害を受けた（　貞観地震　）や（　新羅　）の海賊の博多襲撃と同じ年、すなわち869年である。

<small>慶応大(法)14、中央大(文)14、獨協大(経国法)14、早大(文化)14、学習院大(経)13、神奈川大(2/6)13、関東学院大(2/5)13、法政大(文営人)13、明治大(文)13、早大(商)13、首都大(前)12、高経大(前)11、上智大(文総外)11、中央大(文)11、立教大(2/12)11、青学大(文)10、國學院大(全)10、東洋大(2/11)10、法政大(経社現社)10、早大(教)10、学習院大(法)09、慶応大(商)09、國學院大(全)08、中央大(経)08、東女大(文理文系)07</small>

《《地方と貴族社会の変貌》》　p.63-64

偽籍　この実態を伝えるものとして（　阿波　）国・（　周防　）国の戸籍が現存しているということが出た。

<small>獨協大(経国法)14、明治大(商)14、立教大(文)14、関東学院大(2/6)13、東経大(現)10、東洋大(2/11)10、法政大(法文営)10、東海大(2/7)09、早大(文)08</small>

班田収授法　班田収授は6年1班から（　12　）年1班へ。雑徭期間60日→（　30　）日。
雑徭　　　　公出挙利率5割→（　3　）割。
公出挙の変更

<small>東洋大(2/8)13、法政大(経社現)13、成城大(経)12、立教大(2/12)11、法政大(経社現)10、学習院大(法)09、明治大(文)08</small>

第2章　律令国家の形成　**33**

直営方式	823年（ 公営田 ）を設置【 大宰府 で】，879年（ 官田 ）を設置【元慶官田ともいう 畿内 で】。中央の各官庁も（ 諸司田 ）を設置した。 学習院大(経)13，関東学院大(2/6)13，成城大(経)12，センター11，学習院大(経)11，國學院大(全)11，立教大(2/12)11，早大(文)11，東経大(現)10，東洋大(2/11)10，法政大(法文営)10，東海大(2/7)09，学習院大(経)08，早大(社)08，東女大(文理文系)07
勅旨田 賜田	「延喜の荘園整理令」が史料として出，その勅旨開田に関する規定等が出た。それによると「勅旨開田」は「空閑・荒廃の地」を占めるといえども「黎元の産業」【民衆の生業】の便を奪うので「停止すべき」である，としている。また，史料中の「天平神護元年の格」とは，道鏡政権時代に出されたいわゆる（ 加墾禁止令 ）のことである。「養老七年の格」=（ 三世一身法 ），「天平十五年の格」=（ 墾田永年私財法 ）は常識だが，ここまで押さえると強い。 慶応大(商)12，日女大(文)10，法政大(法文営)10，東海大(2/7)09，学習院大(経)08
院宮王臣家	東海大(2/7)09，法政大(経社総)08

《唐風文化と平安仏教》 p.64-66

弘仁・貞観文化	（ 嵯峨 ）（ 清和 ）両天皇治政時の年号から弘仁・貞観文化といわれることが出た。また，（ 文章経国 ）という言葉が出た。 東洋大(2/9)14，國學院大(2/3)13，東洋大(2/8)13
勅撰漢詩集	三つの勅撰漢詩集の年代順が出た。『 凌雲集 』→『 文華秀麗集 』→『 経国集 』。また，『凌雲集』が（ 嵯峨 ）天皇，『経国集』が（ 淳和 ）天皇のときであることが出た。ちなみに『文華秀麗集』も（ 嵯峨 ）天皇時代。 学習院大(法)14，聖心女子大(文)14，青学大(2/13)13，学習院大(経)13，法政大(法文営)12，早大(文化)12，首都大(前)11，中央大(文)10，東洋大(2/14)10，学習院大(法)09，法政大(経社総)08，東女大(文理文系)07
日本霊異記	（ 景戒 ）著。彼は（ 薬師寺 ）の僧である。このなかの（ 長屋王 ）の変に関わる部分が史料問題で出た。防人のエピソードが載っていることも出た。 青学大(2/7)14，立教大(経法異)12，國學院大(全)10，専修大(全)08
類聚国史	（ 菅原道真 ）編纂により（ 六国史 ）を分類編集した物。彼の著作としては『 菅家文草 』がある。その他，斎(忌)部氏の歴史を書いた『 古語拾遺 』が出た。 早大(文化)12
性霊集 文鏡秘府論	（ 空海 ）の著作。性霊集は，空海の詩等を弟子の真済がまとめたもの。正式には『遍照発揮性霊集』。『文鏡秘府論』は評論。空海が設立し庶民にも門戸を開いたといわれる（ 綜芸種智院 ）は，空海死後衰退したとある。 立教大(異経法)14，東女大(2/8)11，國學院大(全)10，中央大(法)08，東女大(文系)07
大学別曹	和気氏=（ 弘文院 ），藤原氏=（ 勧学院 ）【冬嗣が設立】，在原氏・皇

族＝（ 奨学院 ），橘氏＝（ 学館院 ）【嵯峨天皇の皇后橘嘉智子が設立】等，大学での学問は（ 明経道 ）（ 紀伝道 ）等が盛んとなった。律令の研究が明経道であることが出た。

学習院大(経)13, 中央大(経)13, 早大(文化)13, 駒澤大(文営経)11, 東女大(2/8)11, 立教大(2/12)11, 中央大(文)10, 東洋大(2/11)10, 東洋大(2/14)10, 國學院大(全)09, 東経大(全)09, センター08, 中央大(法)(文)08

天台宗 台密

最澄が教えを受け，唐から帰国して開いた。最澄が，804年に遣唐使に従って入唐したことが出た。彼が大乗戒壇設立を目指して南都の仏教勢力と闘い，『 顕戒論 』を著したことが出た。また，天台僧養成のために『 山家学生式 』を著した。伝教大師の諡号は（ 清和 ）天皇から与えられたが，「（ 嵯峨 ）天皇より」とする誤文が出題されている。

学習院大(経)14, 上智大(外総文)14, 日本大(法)14, 武蔵大(全)14, 明治大(営)(文)14, 学習院大(法)13, 國學院大(2/2)13, 上智大(文総法)13, 早大(政経)13, 國學院大(2/3)12, 法政大(法文営)12, 早大(商)12, 上智大(法外)11, 法政大(経社現)11, 東洋大(2/14)10, 早大(商)10, 高経大(前)09, 中央大(法)09, 法政大(法文営)09, 明学大(経社)08, センター07

真言宗 東密

空海も最澄と同じ804年に入唐し，『 三教指帰 』を著して仏教に身を投じた。長安で2年間密教を学んで帰国し，真言宗を開いた。（ 嵯峨 ）天皇から賜った（ 教王護国寺 ）も根本道場となった。

学習院大(経)14, 慶応大(商)14, 津田塾大(学芸)14, 日本大(法)14, 武蔵大(全)14, 明治大(営)14, 学習院大(法)13, 慶応大(法)13, 中央大(経)13, 慶応大(文)12, 法政大(法文営)12, 早大(商)12, センター11, 首都大(前)11, 青学大(全)11, 駒澤大(文営経)11, 成城大(文芸)11, 法政大(経社現)11, 早大(商)10, 法政大(法文営)09, 早大(政経)08, 上智大(外)(経神)07

円仁 円珍

唐から帰国した両者によって天台宗は本格的に密教化した【台密】。10世紀末以降，円仁派＝（ 山門 ）派＝（ 延暦寺 ），円珍派＝（ 寺門 ）派＝（ 園城寺 ）【三井寺】に分裂・対立した。円仁は，天台宗3世座主で『 入唐求法巡礼行記 』という著作がある。円仁の渡航は遣唐使船，帰りは新羅船であった。円珍は5世座主，『 行歴紀 』を著した。

学習院大(経)14, 津田塾大(学芸)14, 学習院大(文)13, 上智大(文総法)13, 成城大(経)12, センター11, 聖心女子大(文)11, 学習院大(経)10, 東洋大(2/14)10, 立教大(2/12)10, 高経大(前)09, 学習院大(文)09, 中央大(法)09, 法政大(法文営)09, 明学大(経社)08, 早大(政経)08, 学習院大(文)07, 上智大(外)07

修験道

役行者＝（ 役小角 ）を覚えよ。中心は天台宗系は（ 聖護院 ）。真言宗系は，室町期から醍醐寺（ 三宝院 ）である。

中央大(文)13, 学習院大(法)11, 立教大(全)11, 東洋大(2/11)10, 立教大(2/12)10

神仏習合の風潮 強まる

天平期から明治期の神仏分離までの流れをまとめよ。

聖心女子大(文)13, 早大(商)10, 東洋大(2/11)10

《《密教芸術》》 p.66-67
仏像

製作形式の（ 一木造 ）は，山岳修行と関係が深い。深山の木材を利用して製作したということである。衣文の形式…（ 翻波式 ）等を特徴として記憶せよ。薬師寺鎮守休丘八幡宮の神体（ 僧形八幡神像 ）はよく出る。鎌倉期の（ 快慶 ）作（ 東大寺 ）僧形八幡神像も出るので混同しないよ

第2章 律令国家の形成　**35**

うに。観心寺（　如意輪観音　）像も出る。
聖心女子大(文)14，立教大(異経法)14，國學院大(2/3)13，早大(法)13，学習院大(文)12，早大(国)12，上智大(法外)11，立教大(2/12)11，センター10，中央大(文)10，法政大(経社現)10，中央大(法)09，法政大(法社人)09，明治大(法)09，慶応大(文)07，上智大(外)07，東女大(文理文系)07

絵画　　園城寺（　不動明王　）像【黄不動】は，（　円珍　）が感得した姿を描かせたといわれる。（　神護寺　）両界曼荼羅は，高雄曼荼羅とも呼ばれ，（　空海　）が唐から持ち帰った物を模写した物といわれる。「一定の儀式により自らが仏と成る仏教のあり方」を（　密教　）という。それを示した請来目録を空海が朝廷に提出しているが，その仏教世界を図像で示したのが曼荼羅だといわれる。
慶応大(商)14，中央大(文)10

三筆　　学習院大(経)13，法政大(法文営)12，学習院大(文)11，駒澤大(文経営)10，上智大(法外)10，中央大(文)08，慶応大(文)07，東女大(文理文系)07

第3章 貴族政治と国風文化

1 摂関政治

《藤原氏北家の発展》 p.68-69

藤原北家　（ 藤原不比等 ）の四子のうち（ 房前 ）から出た家系。称徳天皇死去後，（ 光仁 ）天皇擁立の中心となった（ 藤原百川 ）は藤原宇合の子で式家，（ 藤原永手 ）は房前の子で北家であった。冬嗣の蔵人頭就任後，藤原家の中心となった。p.68の系図がほぼそのまま出て，この期の問題が出されたことがある。項目として載らない問題を列挙すると，醍醐天皇期に『意見封事十二箇条』が提出されたこと，刀伊の来襲時，それと戦った（ 藤原隆家 ）は大宰府の権帥であったこと，その隆家は，（ 藤原伊周 ）とともに道長と争っていること，「尾張国郡司百姓等解」で訴えられた（ 藤原元命 ）の解任は一条天皇期であったこと，藤原兼家が，外孫一条天皇を即位させるため，花山天皇を出家させたこと，『紫式部日記』に，紫式部が仕えた（ 彰子 ）の出産等の記事が載っていること，清少納言の仕えた（ 定子 ）が『枕草子』の「香炉峰の雪」に登場すること等が出ている。この当時の藤原氏の動きを後世で批判し，幕末に影響を与えた人物として（ 頼山陽 ）が出題されている。著作『日本外史』『 日本政記 』も出た。
上智大（文総外）11，明治大（政経）07

承和の変　（ 恒貞親王 ）の謀反事件【良房の陰謀か】。（ 橘逸勢 ）は，橘奈良麻呂の孫にあたる。（ 伊豆 ）へ流罪となった。（ 伴健岑 ）は，（ 隠岐 ）へ流罪となった。恒貞親王は，廃皇太子。皇太子は道康親王【後の（ 文徳 ）天皇】となった。道康親王の妻に良房の子（ 明子 ）がおり，後の（ 清和 ）天皇を産んだ。この事件の半年後，良房は大納言に昇進した。
中央大（文）14，日本大（法）14，立教大（文）14，法政大（経社現）13，成城大（経）12，立教大（全）12，早大（商）12，慶応大（商）11，聖心女子大（文）11，早大（文）11，神奈川大（2/9）10，駒澤大（文経営）10，東経大（現）10，日本大（商）10，聖心女子大（文）09，成城大（経）08，中央大（法）（文）08，センター07，慶応大（文）07，國學院大（全）07，成城大（社）07，東女大（文理文系）07，明治大（政経）07

藤原良房　誰の外祖父かが出ることがある。（ 清和 ）天皇の外祖父である。清和天皇は清和源氏の祖，『 日本三代実録 』の三代のうちの一人。この書が出た。清和天皇治世下で，（ 貞観地震 ）が発生した。
聖心女子大（文）14，早大（文化）14，学習院大（経）13，中央大（文）13，法政大（経社現）13，早大（文）13，立教大（全）12，早大（商）12，明治大（文）11，駒澤大（文経営）10，上智大（外法総）09，日本大（文理）08，成城大（社）07，東女大（文理文系）07，日女大（文）07

応天門の変　応天門放火事件。伴善男が左大臣（ 源信 ）を陥れるために放火したといわれる。伴善男・伴中庸・紀夏井らが配流。これにより名族伴【大伴】氏が没落した。応天門は（ 朱雀門 ）の内側で，朝堂院へと入る所にある。図表で確かめよう。『 伴大納言絵巻 』の図版が出た。
日本大（法）14，中央大（文）13，法政大（経社現）13，立教大（文）13，センター10，明治大（政経）10，聖心女子大（文）09，成城大（経）08，中央大（法）08

第3章　貴族政治と国風文化　*37*

| 藤原基経 | 基経は(陽成)天皇を退位させ,(光孝)天皇を擁立し,関白となった。基経が権力を握っていた878年,苛政と飢饉のため蝦夷が反乱を起こし,秋田城を落城させるという反乱があった。(元慶の乱)という。
法政大(経社現)13,上智大(外神総法)12,慶応大(商)11,上智大(文総外)11,学習院大(法)10,駒澤大(文経営)10,津田塾大(学芸)09,法政大(文営)08 |
|---|---|
| 阿衡の紛議 | 藤原基経が,宇多天皇の出した勅書を撤回させた事件。関白の政治的地位が確立したとされる。この宇多天皇の勅書を書いた(橘広相)は罰せられた。
日本大(法)14,慶応大(商)11,上智大(文総外)11,学習院大(法)10,神奈川大(2/9)10,駒澤大(文経営)10,上智大(外法総)09,中央大(文)08,法政大(文営)08,國學院大(全)07 |
| 菅原道真 | 宇多天皇の時(蔵人頭),醍醐天皇の時には(右大臣)となって重く用いられた。しかし,醍醐天皇の時,(藤原時平)の策謀により,娘婿である(斉世)親王の即位を企てたと訴えられたため大宰権帥に左遷された。(昌泰の変)といい,この名称が出た。菅原道真の編著作を覚えよ。『 類聚国史 』と『 菅家文草 』。
上智大(文法)14,日本大(法)14,青学大(営)13,立教大(文)13,成城大(経)12,聖心女子大(文)12,上智大(文総外)11,神奈川大(2/9)11,上智大(法外)10,成城大(文芸)10,東経大(現)10,早大(社)10,上智大(外法総)09,成城大(経)08,専修大(文)08,中央大(法)08,明治大(全)08,明治大(政経)07,早大(教)07 |
| 延喜・天暦の治 | 醍醐天皇期に(延喜)の荘園整理令,『 日本三代実録 』編纂,(延喜)格式編纂,『(古今)和歌集』編纂。村上天皇期に,(乾元大宝)の鋳造,『(後撰)和歌集』編纂が行われた。親政の合間の朱雀天皇期に,(藤原忠平)が天皇幼少期に摂政,成人した後関白をつとめた。彼の子実頼が(小野宮)流の,師輔が(九条)流の祖となった。小野宮流からは頼忠以降摂関は出ず,九条流から出るようになった。藤原実資は実頼の孫にあたり摂関期の重要史料『 小右記 』=『小野宮右大臣日記』を著した。
学習院大(法)14,神奈川大(2/6)14,上智大(外総文)14,首都大(前)13,青学大(営)13,学習院大(文)13,青学大(文)11,慶応大(商)11,日女大(文)11,上智大(法外)10,法政大(法文営)10,早大(商)09,國學院大(全)08 |
| 安和の変 | (醍醐)天皇の子,左大臣(源高明)が娘婿(為平親王)擁立の陰謀をしたとして大宰権帥に左遷された事件。(源満仲)の密告であった。p.69の「その後は,ほとんどつねに摂政または関白が置かれ,その地位には藤原忠平の子孫がつくのが例となった」がポイント。源高明は儀式書『 西宮記 』を書いた。
神奈川大(2/6)14,中央大(文)14,立教大(異経法)14,首都大(前)13,中央大(法)13,法政大(文営人)13,早大(文)13,中央大(文)12,慶応大(文)(商)11,明治大(文)11,センター10,神奈川大(2/9)10,上智大(法外)10,成城大(経)08,専修大(文)08,東洋大(文)08,法政大(文営)08,國學院大(全)07,成城大(社)07,明治大(政経)07 |

《摂関政治》 p.69-71

| 藤原道長 | 摂関家では(藤原兼通)と(藤原兼家),(藤原道長)と(藤原伊周)の争いがあった。道長は(4)人の娘を中宮【皇后】や皇太子妃 |

とし，（ 後一条 ）（ 後朱雀 ）（ 後冷泉 ）3天皇の外祖父であり，（ 30 ）年にわたって権勢を振るった。（ 法成寺 ）を建立し，そのため御堂関白と呼ばれたが，実は関白に就任していないことに注意。日記は『 御堂関白記 』。藤原実資の『 小右記 』が史料問題によく出る。この書は，公式行事の式次第を子孫に残すのが大きな目的であったと出た。

国士舘大(2/1)14，上智大(文総外)13，法政大(文営人)13，立教大(文)13，早大(文)13，上智大(外神総法)12，聖心女子大(文)12，青学大(文)11，慶応大(文)11，聖心女子大(文)11，上智大(経)10，東経大(現)10，首都大(前)09，慶応大(法)09，聖心女子大(文)09，法政大(経社現)09，早大(商)09，法政大(文営)08，東洋大(文)08，センター07，青学大(文)07

藤原頼通　（ 3 ）天皇，（ 50 ）年にわたって摂政・関白を務めたことは重要。しかし，養女嬉子は後朱雀天皇中宮となったが早世し，娘寛子も後冷泉天皇の皇后となるが皇子を産まなかったため，天皇の外祖父にはならなかった。
法政大(文営人)13

摂関政治　摂関政治期の「国政の審議はどのように行われていたか。太政官や公卿の関与のあり方に注目して」論述する問題が出た。p.70の19行目以降を参考にすると良い。
東大(前)14

《国際関係の変化》　p.71-72

遣唐使派遣の中止　（ 菅原道真 ）の建議。（ 宇多 ）天皇の時である。遣唐使は630年から20回計画され3回は停止，20回目で中止になったので，実施されたのは16回。702年に（ 山上憶良 ），717年に阿倍仲麻呂・（ 吉備真備 ）・（ 玄昉 ），804年に（ 最澄 ）・（ 空海 ）・（ 橘逸勢 ）らが留学生【僧】となっている。中止の背景には，（ 新羅 ）の海賊に出会うこと，唐が（ 安史の乱 ）以降衰退を続けていたこと，（ 新羅 ）や（ 唐 ）の商人の来航が頻繁になっていたことがあげられる。この中止となった遣唐使の副使は（ 紀長谷雄 ）である。9世紀には2回のみであったこと，唐の状況が僧（ 中瓘 ）の情報によることが出題された。この関係でよく出る史料は『菅家文草』である。
学習院大(経)14，上智大(外総文)14，日本大(商)14，武蔵大(全)14，青学大(営)13，東経大(2/9)13，早大(国)13，國學院大(2/3)12，津田塾大(学芸)12，駒澤大(全)11，東洋大(2/14)10，法政大(経社現)10，成城大(経)09，立教大(2/12)09，学習院大(法)08，慶応大(商)08，明治大(全)08，國學院大(全)07，早大(教)07

宋の建国　960年に宋が建国。宋の商人が（ 博多 ）に頻繁に来航して貿易を行った。律の規定で日本人の渡航は禁止されていたが，巡礼を目的とする僧には許可される場合があり，（ 奝然 ）（ 成尋 ）らは，宋商人の船で渡宋した。奝然は，釈迦如来像を持ち帰り，（ 清凉寺 ）を建てた。
学習院大(経)(法)14，青学大(営)13，中央大(法)13，神奈川大(2/9)10，東経大(現)10，成城大(経)09，センター07，國學院大(全)07

渤海の滅亡 遼の建国　渤海は698年建国。渤海使は727〜926年の約200年間。このほかに，1019年，（ 藤原隆家 ）が中心となり，（ 刀伊 ）の来襲を阻止したことも知っておきたい。高麗は日本に国交を求めたが，日本から国家の使節が送られることはなかった。

第3章　貴族政治と国風文化

関東学院大(2/5)14, 早大(国)13, 津田塾大(学芸)12, 成蹊大(経)11, 学習院大(経)10, 神奈川大(2/9)10, 東経大(現)10, 法政大(経社現)10, 上智大(総外文)09, センター07, 國學院大(全)07

2 国風文化

《国文学の発達》 p.72-73

平がな / 方かな
(9)世紀から用いられ始め,(11)世紀の初めに字形がほぼ一定した。旧課程版 p.64「日本人特有の感情や感覚を生き生きと伝えることが可能になって…」と類似の選択肢が出た。『詳説日本史』は原文と類似の問題文や選択肢文が出ることも多いので,教科書をしっかり読んでおきたい。
中央大(経)10, 立教大(全)07

古今和歌集
(醍醐)天皇の命による。仮名の序があり,これが公的な文書に平仮名が登場するきっかけとなったことが出題された。同時に和歌漢詩文集である『和漢朗詠集』【11世紀初め頃に成立】も出た。この漢詩集の撰者である藤原公任には『 北山抄 』という儀式書がある。
中央大(法)13, 法政大(法文営)12, 慶応大(商)11, 上智大(法外)10, 中央大(法)08

竹取物語
『 源氏物語 』に「物語の出てはじめの祖」とある。
立教大(全)11, 慶応大(法)09

伊勢物語
法政大(法文営)12, 慶応大(商)08

源氏物語
作者の紫式部は,藤原為時の娘。花山天皇が即位すると為時は式部丞・六位蔵人に任じられたが,これが式部の由来である。藤原道長の娘(彰子)に仕えた。『源氏物語絵巻』は(院政)期の作品であるので思い違いし易い。関連で『紫式部日記』も出る。その他の物語として,『 宇津保物語 』のなかに牛馬耕の場面があると書く問題があった。
上智大(文総外)13, 関東学院大(2/5)12, 早大(教)12, 立教大(全)11, 神奈川大(2/9)10, 國學院大(全)10, 早大(教)10, 慶応大(商)08, 青学大(文)07

枕草子
作者清少納言は,(一条)天皇の皇后であり藤原道隆の娘である(定子)に仕えたことが出た。清少納言の父は(清原元輔)で,兄は(清原致信)ある。
慶応大(文)11, 神奈川大(2/9)10, 國學院大(全)10, 中央大(法)10

土佐日記
10世紀初めの成立であることを知っていると解ける問題が出た。
立教大(全)14, 早大(教)14, 上智大(法外)10, 神奈川大(2/9)10, 早大(教)08

蜻蛉日記
國學院大(2/3)13

《浄土の信仰》 p.73-75

密教
国風文化期の仏教=(浄土教)となりがちであるが, p.73にあるように,

40　第Ⅰ部　原始・古代

現世利益を求める貴族と強く結び付いて，大きな勢力を保持していたのが密教であることは忘れてはならない。
中央大(法)13，センター10

本地垂迹説　天照大神→（　大日如来　），八幡神→（　阿弥陀如来　）というように，神と仏を対応させ仏を本とした。神仏習合が進化した訳である。
慶応大(商)14，東洋大(2/9)14，早大(商)14，國學院大(2/3)13，聖心女子大(文)13，中央大(経)13，上智大(法外)10，東洋大(2/11)10，法政大(法社人)09，センター08

御霊信仰　（　御霊会　）の流行。政治的敗者が怨霊となって祟るのを防ぐため，怨霊や疫神を祀って疫病や飢饉等から逃れようとした。863年に行われた神泉苑での御霊会が史料の初見であることが出た。また，この信仰に基づいて早良親王＝（　御霊　）神社，後醍醐天皇＝（　天龍　）寺，平将門＝（　神田　）明神があるという問題が出た。最も著名なのは，菅原道真＝（　北野神社【天満宮】　）である。
聖心女子大(文)14，日女大(文)14，中央大(経)13，早大(法)13，國學院大(全)11，中央大(法)11，早大(国)12，早大(法)11，青学大(文)10，東女大(文理文系)07

浄土教　現世利益でなく，（　阿弥陀如来　）を信仰して来世での極楽往生を願う信仰。（　末法思想　）の流行が拍車をかける。10世紀半ばに市聖（　空也　）が出た。空也は，左大臣（　藤原実頼　）らの協力を得て，『大般若経』の供養を鴨川の河原で実施する等している。空也が庶民から貴族まで幅広く崇敬されたこと等が問題に書かれている。空也像は京都（　六波羅蜜寺　）にあり，慶滋保胤『日本往生極楽記』にも空也が登場する。次いで（　源信　）が出て『往生要集』を著した。『往生要集』が中国（　宋　）王朝にも送られて高く評価されたことが問題文中に書かれている。源信は，慶滋保胤『　日本往生極楽記　』を推奨しており，慶滋保胤は勧学会と呼ばれる集まり【法華経を講じて，阿弥陀仏を念じる集まり】の中心であったらしいことがこの書物のなかに書かれている。また，慶滋保胤の書いた『　池亭記　』で，右京【西京】の衰えと左京【東京】の繁栄が描かれていることが出た。浄土教の代表的論者とその著作，代表的な建築・美術品を挙げさせている問題もある。藤原頼通が宇治の別荘を寺院としたのが，1052年（　末法　）に入る年だったこと，この寺院に定朝作の（　阿弥陀如来像　）が入れられたのがその翌年であると出た。
一橋大(前)14，東洋大(2/7)14，青学大(2/7)13，学習院大(文)13，國學院大(2/3)13，中央大(経)13，上智大(外神総法)12，聖心女子大(文)12，法政大(法文営)12，首都大(前)11，青学大(全)11，慶応大(商)11，上智大(法外)11・10，成城大(文芸)11，明治大(全)11，早大(文)11，中央大(経)10，東洋大(2/11)10，法政大(経社現)10，早大(商)10，高崎大(前)09，明学大(全)09，早大(教)(社)09，國學院大(全)08，上智大(経神)07

《国風美術》　p.75-77
寝殿造
大和絵　寝殿造については「　白木造　」「　檜皮葺　」がキーワード。寝殿造は（　襖　）や（　屏風　）で仕切られ，そこに唐絵とともに，大和絵が描かれるようになった。大和絵の初期の代表的作家は（　巨勢金岡　）で比較的よく出題される。室町時代の東山文化で（　土佐光信　）が出て土佐派の基礎を固めた。また，（　狩野正信　）（　狩野元信　）父子が出て，大和絵と水墨画を融合させ，狩野派をおこした。そして，桃山文化の狩野派の隆盛へつ

第3章　貴族政治と国風文化　*41*

ながるのである。
青学大(営)14, 中央大(法)14, 上智大(法外)11, 中央大(経)10

三跡【三蹟】

三筆は(嵯峨天皇)(空海)(橘逸勢)で, 唐風の書である。もし, 作品の写真等が出たら, 漢字に読めるものが多い場合は三筆の作品, 読めないものが多い場合は三跡の作品と, まず, 考えてみよう。もちろん例外はあり, この見方が絶対ではないが。三筆の作品としては空海の(風信帖), 三跡の作品としては小野道風の(屏風土代), 藤原佐理の(離洛帖)を覚え, 語群から判断せよ。また, 長らく小野道風と考えられていた(秋萩帖)が, 十分な検証ができないことから, 教科書から消されている。資料集【図録】等では,「伝小野道風」となっているものもある。大学によっては, 小野道風として出ることも考えられる。出た場合, 屏風土代があればそれを選択し, 秋萩帖しか語群になく, しかも,「正答なし」の選択肢もない場合は秋萩帖を書くということになろう。三跡の藤原行成の末流が(世尊寺)流と呼ばれることが出た。
青学大(文)11, 上智大(法外)11・10, 法政大(経社現)10, 中央大(法)09, 上智大(外)07

法成寺

(藤原道長)が創建したこの寺院は, 現存しないが問題にはよく出る。道長の晩年は, 娘たちの死など不幸が続き, 彼は, 浄土思想を篤く信奉したと書く問題があった。
学習院大(文)14・13, 成城大(経)14, 東洋大(2/8)14, 慶応大(文)11, 明治大(全)11, 早大(商)10, 専修大(文)08, 明学大(経社)08, 上智大(外)07

平等院鳳凰堂

(藤原頼通)が1052年に宇治の別荘を寺としたもの。頼通が史料中宇治殿と呼ばれる根拠である。定朝作(阿弥陀如来像)が阿弥陀堂である鳳凰堂に安置される。
上智大(外神総法)12, 首都大(前)11, センター10, 上智大(経)10, 法政大(経社現)10, 学習院大(文)09, 聖心女子大(文)09, 早大(商)09, 専修大(文)08, 法政大(法文営)08

定朝

浄土教の流行に伴い, 阿弥陀堂を建設し阿弥陀如来像を安置する貴族が増え, その需要に応えるかたちで定朝工房が(寄木造)【分業による造像】の仏像を製作したといわれる。定朝の父は仏師(康尚)である。定朝の様式は, 円派・院派・(慶)派に受け継がれる。特に慶派は, 興福寺が(平重衡)による焼き打ちから復興する際の造像の中心であった(康慶)から, 子の(運慶), 弟子の(快慶), 孫の(湛慶)へとつながるので流れを理解しておきたい。その他, 法界寺(阿弥陀如来像)が出た。この像は定朝様式であるが定朝作とはされていない。
成城大(経)14, 中央大(法)14, 立教大(異経法)14, 慶応大(法)13, 中央大(法)13, 法政大(法文営)12, 青学大(全)11, 慶応大(商)11, 上智大(法外)11・10, 東洋大(2/11)10, 法政大(法文営)08

聖衆来迎図

弘仁・貞観文化期の密教絵画(曼荼羅)に対し, 浄土教では聖衆来迎図と対比して記憶するとよい。
中央大(文)14, 中央大(法)13, 聖心女子大(文)09, 明学大(経社)08

《貴族の生活》 p.77-78

束帯・衣冠
女房装束
元服・裳着

束帯の前に垂らす（ 平緒 ），直衣・狩衣等が出題された。また，貴族の衣服は（ 絹 ）を用い，仏教の影響で（ 獣肉 ）を食べないことが出題され，10・11世紀の貴族の食事が，庶民のそれとどう異なるかの論述問題も出た。正装としての束帯，簡略化した衣冠，女房装束等が出た。

中央大（法）13，法政大（経社現）13，中央大（文）12，駒澤大（全）11，法政大（経社現）10，聖心女子大（文）09，中央大（法）08

年中行事
祈禱

（ 大祓 ）（ 賀茂祭 ）等の神事，（ 灌仏 ）等の仏事，（ 叙位 ）（ 除目 ）等の政務に関することが出た。吉凶の判断や祈禱には（ 陰陽五行説 ）の影響が大きいことが出た。建物内に（ 年中行事御障子 ）があったことをヒントに（ 清涼殿 ）を答えさせる問題が出た。語群のなかに（ 具注暦 ）が出た問題もある。これは，季節や日の吉凶を書き込んだ暦で，（ 陰陽寮 ）で作成された。

一橋大（前）14，早大（教）14，青学大（2/7）13，中央大（法）13，法政大（文営人）13，中央大（文）12

3　地方政治の展開と武士

《受領と負名》 p.78-80

延喜の荘園整理令

醍醐天皇治世，（ 藤原時平 ）らが実施。「延喜の荘園整理令」が史料として出た。史料中の「天平神護元年の格」とは，道鏡政権時代に出された，いわゆる（ 加墾禁止令 ）である。「養老七年の格」＝（ 三世一身法 ），「天平十五年の格」＝（ 墾田永年私財法 ）は常識だが，「天平神護元年の格」まで押さえると強い。この整理令の出た902年以降，班田を命じる史料が見られなくなっており，班田収授法の実施による租調庸の取り立ては不可能となっていた。

獨協大（国経法）14，学習院大（経）13，國學院大（2/2）13，学習院大（法）11，國學院大（全）11，東洋大（2/11）10，東洋大（2/14）10，日女大（文）10，法政大（法文営）10，センター09，一橋大（前）08，法政大（経社総）08，明治大（文）08，明治大（政経）07

意見封事十二箇条

（ 三善清行 ）が（ 醍醐 ）天皇に提出。史料問題も出る。通常の高校学習用史料集に抜粋されている箇所より広範囲に出題されたこともあった。律令の規定も問題にできる史料なので是非しっかり読んでおきたい。

獨協大（国経法）14，青学大（2/7）13，学習院大（法）13，早大（文化）13，学習院大（法）11，センター09，慶応大（商）09，法政大（経社現）09，中央大（法）08，早大（社）08

守
受領

9世紀末〜10世紀前半，国司の交替制度を整備し，任国に赴任する最上席者＝【通常は守】に大きな権限と責任を負わせた。交替制度の整備は『延暦交替式』【編者：菅野真道　ら】，『貞観交替式』【編者：南淵年名ら】がすでにあったが，（ 醍醐 ）天皇が『延喜格式』編纂の一環として『延喜交替式』の編纂を命じ，橘澄清らによって921年に完成した。交替の際に一国の財産等を前任者から引き継ぐことに由来して受領と呼ばれるようになった。

学習院大（法）13，上智大（経）10，法政大（法文営）10，法政大（経社総）08，早大（文）（社）08

第3章　貴族政治と国風文化　　43

国衙の役割増大	律令制発足当時は中央から派遣され任期のある国司に対し，(国造)等に系譜を持つ地方有力者で任期のない郡司が実質的支配の中心であった。しかし，この時期になると郡司とその機関である(郡家)の機能が衰退し，その代わり国衙の内部にさまざまな機関が生まれた。たとえば田の管理を行う(田所)等がその例である。 センター09
官物 臨時雑役	官物は，(租)(調)(庸)や(公出挙)の利稲の系譜を引き，臨時雑役は(雑徭)に由来する。課税方式が律令制の原則からどのように変化したかを50字で説明する論述問題が出た。 首都大(前)13，学習院大(法)(経)13
田堵 負名	田堵が耕作を請け負う田地を名という徴税単位に分割し，税の納入請負人＝負名の名が付けられた。史料として『 新猿楽記 』が出され，(大名)の田堵が問われた。 獨協大(国経法)14，法政大(経社現)14，首都大(前)13，学習院大(法)(経)13，首都大(前)12，上智大(総文法)12，早大(文化)12，法政大(経社スポ)11，法政大(法文営)10，センター09，慶応大(商)09，立教大(文)09，明治大(文)08，早大(文)08，慶応大(商)07
尾張国郡司百姓等解	「解」が提出されたのが(一条)天皇の時代であったことが出た。永延2年は988年である。この史料の内容として正しいものを選択する問題が出た。また，『今昔物語集』に登場する藤原陳忠についても出た。 センター15，神奈川大(2/6)14，早大(文化)13，聖心女子大(文)12，明治大(文)11，立教大(2/12)11，法政大(経社現)09，立教大(文)09，早大(社)08，青学大(文)07
成功 重任 遙任 目代	交替時以外は任国に赴かなくなった受領が目代を派遣した。目代が派遣された国衙を(留守所)という。「自らは京にいて任国に赴任しない」国司を何と呼ぶか，現地では誰がどのように政務を行ったかを50字で説明する論述問題が出た。 首都大(前)13，日本大(法)13，上智大(外神総法)12，法政大(法文営)10，法政大(経社現)09，早大(社)08，法政大(経社総)08，日本大(文理)08，青学大(文)07

《荘園の発達》 p.80-81

初期荘園	8～9世紀にできる。貴族・寺社が自ら開発ないし買収した荘園。国郡制に依存して経営されていたので10世紀までに衰退。(墾田地系荘園)ともいう。初期荘園は，内部に耕作者が居住せず，付近の農民が動員されており，開発の中心は大寺院であったとある。このような観点から，古地図で初期荘園を判断させる問題も出たことがある。 早大(文化)12，センター11，早大(教)11，中央大(法)11，法政大(法文営)10，センター09，青学大(文)07
寄進地系荘園	「鹿子木荘」史料中の領家・預所・本家を答えさせた。鹿子木荘の場所(国名)＝(肥後国)，この史料の出典＝『 東寺百合文書 』が出た。開発領主が荘官となったが，上級荘官の名称として預所・荘司・田所等，下級荘官の名称として下司・公文等がある。荘園の職の序列が出た。下から名主職→預所職→領家職→本家職である。また，開発領主が在庁官人となる

のは，大宰府においても同様であった。領家・本家と本所の概念の違いを認識しておきたい。p.81注①に「実質的な支配権をもつものを本所といった。」という説明がある。

センター15，学習院大(法)13，慶応大(法)13，國學院大(2/2)13，上智大(文総外)13，法政大(文営人)13，早大(文)13，首都大(前)12，センター11，学習院大(経)11，國學院大(全)11，中央大(法)11，法政大(経社スポ)11，立教大(2/12)11，早大(教)11，青学大(文)10，法政大(法文営)10，早大(社)09，日本大(文理)08

不輸の権
不入の権
官省符荘
国免荘

不輸の権は（ 官物 ）（ 臨時雑役 ）等の免除。不入の権は（ 検田使 ）【耕作状況調査，官物・臨時雑役の負担量決定のため国衙から派遣される者】等の立ち入りを拒む権利。（ 不入 ）の権を「国家的警察権の排除」という言葉から答えさせている。官省符荘，国免荘が出た。

学習院大(法)13，法政大(文営人)13，学習院大(経)11，慶応大(商)11，中央大(法)11，早大(教)11，法政大(法文営)10，学習院大(経)09，慶応大(商)07

《地方の反乱と武士の成長》 p.81-83

平将門の乱

東国の大半を占領して新皇と称す。（ 朱雀 ）天皇の時代である。将門は桓武平氏の祖平高望【高望王】の孫，高望は上総介として関東に入り，その子で将門の父良将は，鎮守府将軍であった。将門は（ 常陸 ）（ 下野 ）（ 上野 ）の3国の国府を攻め落とし，自ら国司を任命したことが出た。鎮圧した（ 平貞盛 ）は，将門に殺害された平国香の子であったことが出た。『 将門記 』から史料が出る。

学習院大(文)14，神奈川大(2/6)14，早大(政経)14，首都大(前)13，中央大(文)13，法政大(文営人)13，上智大(総文法)12，中央大(法)12，センター11，上智大(文総外)11，東経大(全)10，明学大(全)10，上智大(経神)09，早大(教)09，東女大(文)08，日本大(文理)08，早大(教)07

藤原純友の乱
承平・天慶の乱

（ 伊予 ）の国府，（ 大宰府 ）を攻め落とす。朝廷ははじめ純友に官位を与えて懐柔しようと試みた。藤原純友が伊予の（ 国司 ）【伊予掾】であったこと，伊予国府や大宰府を攻め落としたこと，小野好古・源経基が，それぞれ（ 追捕使 ）の長官・次官であったこと，等が出た。平将門の乱とあわせて承平・天慶の乱という。

青学大(2/7)14，東経大(2/9)14，早大(政経)14，学習院大(文)13，中央大(文)13，法政大(文営人)13，上智大(文総外)11，中央大(文)11，神奈川大(2/9)10，明学大(全)10，聖心女子大(文)09，中央大(文)09，日女大(文)08，センター07

刀伊の来襲

藤原隆家は，藤原道隆の子で，兄伊周とともに道長と争う。出雲に左遷された後，許され中納言に復帰，（ 大宰権帥 ）を兼務して来襲を撃退した。刀伊は，高麗・（ 対馬 ）（ 壱岐 ）を襲った後，九州北部に来襲した。この時の様子が『 小右記 』に記されている

青学大(2/7)14，駒澤大(2/6)14，國學院大(2/2)13，青学大(文)11，学習院大(経)11，学習院大(経)10，首都大(前)09

滝口の武者【武士】

9世紀末に宮中警護を目的とし，清涼殿東庭北側の滝口に詰所が置かれた。

東経大(2/9)14

《源氏の進出》 p.83-84

清和源氏

清和天皇の孫六孫王が臣籍降下して（ 源経基 ）と名乗った。その子（

第3章　貴族政治と国風文化　　45

（　源満仲　）は，摂津国多田荘に土着して（　安和の変　）で働きを見せ，摂関家の保護を受けるようになった。当初，摂関家のもとで受領として活動した。子（　頼信　）は，藤原道長に仕え，（　河内　）守となった。平忠常の乱で，鎮圧に活躍し，以降関東地方に勢力を伸ばした。（　頼義　）は陸奥守として子（　義家　）とともに（　前九年　）合戦で安倍氏を滅ぼした。義家は（　後三年　）合戦で武家の棟梁の地位を固め，院の昇殿を許された。源氏の氏神は（　石清水八幡宮　）で，後に，源頼朝が鎌倉に幕府を開いた際，源頼義が勧請していた鶴岡若宮を現在地に遷し整備した。それが鶴岡八幡宮である。
早大（政経）14，上智大（文総法）13，立教大（2/12）11，青学大（文）07，中央大（文）07

平忠常の乱
乱の起きた年号，（　上総　）国で起きたこと，鎮圧した武将名＝（　源頼信　）が出た。忠常の弟将恒は（　武蔵　）平氏の祖といわれる。この乱は（　藤原頼通　）が権勢を振るっていた時期にあたる。
中央大（法）12，明治大（文）12，青学大（文）11，上智大（文法総）11，明学大（経社法）11，センター10，学習院大（法）10，東経大（全）10，上智大（経神）09，日女大（文）08，青学大（文）07

前九年合戦
後三年合戦
源氏の東国進出をまとめよ。（　源頼信　）…1028年（　平忠常　）の乱を鎮圧→子（　源頼義　）【陸奥守兼鎮守府将軍　】・その子（　源義家　）…1051～1062年前九年合戦で（　安倍　）氏【（　俘囚　）の長】を滅ぼす→源義家…1087年清原氏の内紛に際して藤原【　清原　】清衡【中尊寺金色堂を建立した人物】を助けて内紛征圧【後三年合戦】。この時期の関連として，史料『百練抄』の「　公験　」の説明文の選択が出た。「官から下される証明書で多くは土地所有権に関わる証拠書類」である。また，前九年・後三年の時期に近い（　永長　）の大田楽について出た。（　大江匡房　）『洛陽田楽記』に記事がある。
東経大（2/9）14，上智大（文総法）13・12，中央大（法）12，明治大（文）12，青学大（文）11，学習院大（経）11，慶応大（文）11，國學院大（全）11，上智大（文法総）11，明学大（経社法）11，センター10，学習院大（経）10，成蹊大（経）10，成城大（文芸）10，専修大（全）10，立教大（2/12）10，上智大（経神）09，法政大（経社）09，センター08，専修大（文）08，日本大（文理）08，青学大（文）07，中央大（文）07，法政大（経社総）07

源義親
1107〜08年，義家の嫡男義親が九州の任地で略奪を働いたことにより追討を受けた。追討使は（　平正盛　）。
上智大（文総法）13，明治大（商）08

第 II 部

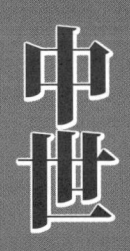

中世

第4章　中世社会の成立

1　院政と平氏の台頭

《延久の荘園整理令と荘園公領制》 p.86-87

後三条天皇　（ 後朱雀 ）天皇と（ 禎子内親王 ）の子。
上智大（外神総法）12，中央大（文）12，学習院大（法）（経）11，学習院大（法）10，上智大（経）10

延久の荘園整理令　荘園整理令は，実はたびたび発令されている。天皇の代替わり時が基本である。記憶すべきは，（ 延喜 ）【醍醐天皇】・（ 寛徳 ）【後冷泉天皇】・延久【後三条天皇】の荘園整理令である。延喜令の史料が出された問題では，「勅旨開田」【＝勅旨により院や宮などに与えた開墾田や空閑地】や院・宮・貴族による百姓の田地舎宅の買い取り，開地荒田の占有を停止するよう定めていることが出た。寛徳令は，延久令の「寛徳二年【1045年寛徳令の出た年】以後の新立荘園を停止すべし」との関連で記憶せよ。延久の荘園整理に関しては，効果は相当にあったらしく，（ 慈円 ）の『 愚管抄 』にも記述がある。これは史料として重要でたびたび出題されている。また，（ 石清水八幡宮 ）の34ヵ所の荘園の内，13ヵ所の権利が停止されたこともたびたび出る。いわゆる（ 宣旨枡 ）は，太閤検地による（ 京枡 ）への統一まで使われたことは必須の知識。また，内裏が焼失した時期と荘園整理令が出た時期とを比較して，荘園整理令は，内裏の再建のような国家的事業の財源確保と関連があると指摘する問題があった。具体的には，1039年の内裏焼失後に出された整理令で，不輸特権荘園にも課税する（ 一国平均役 ）制度が始まったとして，この用語の選択を求めている。また，1040年の整理令には，荘園・公領の区別が曖昧であった（ 国免荘 ）【国司によってその任中に限り不輸が認められた荘園】も課税の対象とするという側面もあったと指摘している。国司による（ 郡 ）（ 郷 ）（ 保 ）単位の再編成も出ている。
国士舘大（2/1）14，青学大（営）13，成蹊大（経）13，早大（文）13，上智大（外神総法）12，中央大（文）12，青学大（文）11，学習院大（経）11，慶応大（商）11，中央大（法）11，早大（教）11，学習院大（法）10，上智大（経）10，中央大（文）10，明学大（経社法）10，慶応大（商）09，法政大（経社現）09，明治大（商）09，早大（商）09，学習院大（法）08，上智大（外法総）08，専修大（文）08，明治大（文）08，慶応大（商）07，明治大（政経）07

記録所　記録荘園券契所＝記録所は，「朝所」【平安宮の太政官北東隅の建物。朝食所，朝膳所ともある。内裏焼失等のとき，天皇御在所ともなった。】に開設され，天皇が整理の判断をした。記録所では，（ 寄人 ）と呼ばれる学識の優れた中下級貴族が実務にあたったが，そのなかでも学者の家柄で位階も高かった（ 大江匡房 ）は重要。後三条天皇の蔵人でもあり，後に白河上皇にも仕えた。彼には『 江家次第 』という有職故実書，往生伝の『 続本朝往生伝 』【慶滋保胤の『日本往生極楽記』に続くという意味で「続」が付く】をはじめ多数の著作がある。記録所は，鎌倉幕府成立後，頼朝の要請に従い（ 九条兼実 ）によって朝廷で再興された。このときの記録所は，荘園整理よりも，朝廷における所領の公正な裁判を進めるためのものであ

った。この記録所は（ 後鳥羽 ）上皇の院政で院庁に吸収されたが（ 後嵯峨 ）天皇時に復活，朝廷で継続した。但し，後嵯峨院政が開始されると，院の文殿が訴訟の中心機関となり，執権（ 北条時頼 ）の要請により，ここに院の（ 評定衆 ）が置かれた。建武の新政時の記録所の機能はこの訴訟機関という線に沿ったものである。
聖心女子大(文)14，早大(文)13，学習院大(経)11，学習院大(法)08

荘園公領制　荘・郡・郷等が並立する荘園と公領で構成される体制。負名であった田堵らが次第に権利を強め，（ 名主 ）と呼ばれた。（ 年貢 ）・（ 公事 ）・（ 夫役 ）を領主に納めた。これらは官物・臨時雑役の系譜をひくものである。
法政大(経社現)14，成蹊大(経)14・13

《《院政の開始》》　p.87-88

白河天皇（上皇・法皇）
鳥羽天皇（上皇・法皇）
（ 後三条 ）天皇と藤原茂子の子。堀河天皇に譲位して上皇となる。上皇の御所は一般に（ 仙洞御所 ）と呼ばれるが，平安時代に入ってから，天皇の御所から離れて別に営まれるのが普通となった。白河上皇は壮大な（ 鳥羽殿 ）を営んだ。鳥羽上皇も拡張したが，鳥羽上皇によって初めて作られたものではないことに注意。白河院政は，『神皇正統記』にも叙述があり，史料問題で出ることがある。p.87の系図が穴埋めでそのまま出題されたこともある。摂関政治期の道長・頼通・彰子，院政期の鳥羽・後白河，後の安徳・後鳥羽などが問われた。『 中右記 』が史料問題で出る。これは，中御門家の右大臣藤原宗忠の日記で，院政期の重要史料である。
上智大(文総外)13，立教大(異経法)13，早大(法)(商)(教)13，上智大(外神総法)12，青学大(文)11，上智大(文総外)11，成蹊大(経)11，聖心女子大(文)11，明治大(法)11

北面の武士　○○の武士【武者】をまとめよ。（ 滝口の武者 ）…9世紀末に設けられ，宮中の警備にあたった。（ 北面の武士 ）…11世紀末に設けられ，院の御所の警備にあたった。（ 西面の武士 ）…13世紀初め，後鳥羽上皇が院の軍事力強化のため設けた。承久の乱の主な軍事力。乱後に廃止。
上智大(外神総法)14，獨協大(経国法)14，明治大(文)13，上智大(外神総法)12，中央大(法)(文)12，センター10，中央大(文)10，明学大(経社法)10，國學院大(全)08，法政大(経社)07

院庁下文
院宣
『神皇正統記』が史料として出され，（ 受領 ）や（ 院宣 ）を穴埋めし，著者名（ 北畠親房 ）を答える問題が出た。
上智大(外神総法)14，東経大(2/9)14，法政大(経社現)13，立教大(文)13，上智大(外神総法)12，中央大(文)12，明治大(法)11，センター10，中央大(文)10

院への荘園集中　院の荘園を一般に（ 仙洞御領 ）という。それに対し摂関家の荘園は一般に（ 殿下渡領 ）という。鳥羽上皇と後白河上皇の荘園群が有名。それぞれ（ 八条院領 ），（ 長講堂領 ）という。鎌倉後期から南北朝期にかけての対立では，（ 持明院統 ）の長講堂領，（ 大覚寺統 ）の八条院領がそれぞれ財政基盤であった。
上智大(外神総法)14，聖心女子大(文)14，早大(国際)14，学習院大(経)13，法政大(文法営)13，明治大(商)13，早大(文)(教)13，東洋大(2/9)12，立教大(経法異)12，上智大(文

第4章 中世社会の成立　**49**

法総)10, 法政大(経社法)10, 学習院大(法)08, 専修大(文)08, 獨協大(文法国)07

六勝寺
高野詣
熊野詣

法勝寺…(白河)天皇, (尊勝)寺…堀河天皇, 最勝寺…(鳥羽)天皇, 円勝寺…鳥羽天皇の皇后待賢門院, 成勝寺…崇徳天皇, 延勝寺…近衛天皇により, それぞれ創建された。創建時は全員天皇の時である【円勝寺を除く】。法勝寺が平安京の東にあることが出た。高野詣・熊野詣も覚えておこう。

青学大(2/7)14, 日本大(法)13, 東大(前)12, 上智大(外神総法)12, 中央大(法)12, 東洋大(2/9)12, 明治大(法)11, 明学大(経社法)10

《院政期の社会》 p.88-90

僧兵
強訴

延暦寺=(北嶺)=(山)法師=(日吉神社)神輿, 興福寺=(南都)=(奈良)法師=(春日神社)神木を覚えよ。

青学大(2/7)14, 津田塾大(学芸)14, 東経大(2/9)14, 東洋大(2/9)14, 獨協大(経国法)14, 法政大(文法営)13, センター11, 神奈川大(2/9)11

奥州藤原氏

繁栄のなかで, 清衡…(中尊寺), 基衡…(毛越寺), 秀衡…(無量光院)を建立した。

東洋大(2/9)14, 日本大(商)14, 成蹊大(経)13

《保元・平治の乱》 p.90-91

保元の乱

史料問題で『保元物語』が出たことがある。慈円の父が, 天皇方の関白(藤原忠通)であること, その忠通の父が(藤原忠実)であったことが出た。忠実は, 忠通の弟(藤原頼長)に肩入れし, 氏長者を継がせるなどして事実上保元の乱の原因と作った一人である。頼長の日記が『 台記 』であることも出た。また, 律令の五刑の(死)は約350年間停止されていたが, 保元の乱の折に復活し, (源為義)(平忠正)が死刑になったことが出た。

センター14, 学習院大(経)14, 上智大(外神総法)14, 東経大(2/9)14, 早大(文化)(政経)14, 東洋大(2/8)13, 青学大(2/7)12, 中央大(法)(文)12, 学習院大(経)11, 上智大(文法総)11, 明学大(経社法)11, 立教大(全)11, 早大(商)11, センター10, 上智大(経)10, 東洋大(2/11)10, 日本大(商)10, 慶応大(法)09, 聖心大(文)09, 法政大(法社人)09, 東洋大(文)08, 慶応大(文)(商)07, 明治大(政経)07

平治の乱

学習院大(文)(経)14, 聖心女子大(文)14, 獨協大(国経法)14, 法政大(営文人)14, 早大(商)13, 東洋大(2/8)13, 中央大(法)(文)12, 学習院大(文)12, 東洋大(2/9)12, 成蹊大(経)11, 明学大(経社法)11, 中央大(法)11, 早大(商)11, 大東大(営)08, 法政大(文営)08, 慶応大(商)07, 法政大(経社)07

《平氏政権》 p.91-93

桓武平氏

桓武天皇の孫高望王が臣籍降下して平高望と名乗ったが, その子孫。平高望が, 上総介となって関東地方に土着して勢力を持ったが, (平忠常)の乱以降, 関東で源氏より劣勢となった。しかし, 院が源氏の勢力を抑えるため桓武平氏のなかの伊勢平氏を取り立て, 平氏は勢力を伸ばす。平正盛が(源義親)を討伐したこと, その子(平忠盛)が西国の受領を歴任したこと, 平清盛が妹(滋子)を後白河の后とし【高倉天皇生母】, 娘(盛子)を藤原忠通の子基実に嫁がせたこと, 清盛が(六波羅)に住んだこと, 等が出たことがある。清盛は, 地方武士団の一部を(地頭)

に任命するかたちで彼らを家人化した。鎌倉幕府以前からこの言葉があったことに留意せよ。敦盛・宗盛・徳子・維盛らが出た。宗盛が（　右近衛大将　）の官職になったことが出た。
中央大(経)14, 法政大(営文人)14, 立教大(全)14, 早大(国際)14, 上智大(文経法)13, 早大(教)13, 中央大(法)12, 青学大(全)11, 学習院大(法)11, 慶応大(文)11, 上智大(文法総)11, 明学大(経社法)11, 東洋大(文)08, 慶応大(商)07, 法政大(経社)07

日宋貿易

（　大輪田泊　）が摂津国であること，（　音戸瀬戸　）が現広島県呉市であることが出ており，場所を知っておくことの重要性がわかる。また，（　九条兼実　）の日記『玉葉』から，日宋貿易に関する記事が史料問題として出された。この問題文は専門的であったが，求められている解答は語群もあり基礎的な知識が多かった。（　後白河　）上皇【法皇】が清盛の（　福原　）山荘において宋人と会ったこと，高倉天皇が綸旨を九条兼実に宛て，「宋銭の使用を公認するか」諮問したこと【貨幣鋳造権は改元とともに古来から天皇の大権であった】，綸旨は直接には（　蔵人頭　）の職にあった土御門通親から，九条兼実の（　家司　）である藤原基輔に宛てられたこと，等がその内容である。日宋貿易では貿易品が出る。p.92注②でまとめよ。
センター14, 駒澤大(2/6)14, 成蹊大(経)14, 成城大(経)14, 津田塾大(学芸)14, 武蔵大(全)14, 立教大(異経法)14, 早大(法)14, 慶応大(文)13, 東経大(2/9)13, 青学大(2/7)12, 聖心女子大(文)12, 津田塾大(学芸)12, 中央大(文)11, 法政大(法社)11, 明学大(経社法)11, 駒澤大(全)10, 國學院大(全)09, 専修大(全)09, 東洋大(3/8)09, 立教大(2/12)09, 國學院大(全)07

鹿ヶ谷の陰謀

後白河法皇の近臣（　藤原成親　）（　俊寛　）らが京都郊外で平氏打倒のはかりごとをめぐらせているのが発覚。藤原成親は配流された備前で殺害され，俊寛は（　薩摩　）へ配流された。俊寛の没年は不明である。
学習院大(経)14, 獨協大(国経法)14, 中央大(文)12, 上智大(文法総)11, 成蹊大(経)11, 上智大(総外文)09, 慶応大(商)07

後白河法皇の幽閉

後白河法皇を幽閉し，多数の貴族の官職を奪った。平氏一族で全国30余国の（　知行国　），500カ所以上の（　荘園　）を支配する。このような平氏の貴族的性格について30字の論述問題が出た。『平家物語』が史料として出た。
学習院大(法)11, 上智大(文法総)10, 慶応大(商)07

《《院政期の文化》》 p.93-95

梁塵秘抄

後白河法皇の撰。貴族間に流行した（　今様　）等の雑歌の集成。「今様」の部分を，例えば「催馬楽」等として誤文とすることがある。
学習院大(経)14, 早大(国際)14, 上智大(文経外)13, 早大(商)13, 明治大(商)12, 早大(文化)12, 学習院大(経)11, 國學院大(全)11, 中央大(文)10, センター09, 学習院大(文)09, 法政大(文営)08

栄華【花】物語

宇多天皇から堀河天皇までの編年体で書かれた歴史物語。藤原道長の栄華を賛美。

大鏡
今鏡

『大鏡』は（　藤原道長　）を中心とする藤原全盛時代を批判的に叙述。はじめての（　紀伝体　）【和文体】かな史書。『今鏡』は『大鏡』に次ぐ歴史書であ

第4章　中世社会の成立　*51*

	る。 青学大(2/13)14, 早大(国際)14, 慶応大(法)09
将門記	平将門の乱を漢文で記す。中央や現地の史料を駆使して書かれているという。 青学大(2/13)14
陸奥話記	前九年合戦の経過を叙述する。 中央大(文)09
今昔物語集	インド・中国・日本の仏教及び民間説話を和漢混淆文で叙述。この書に関し「仏教説話を含まず」とある正誤文問題が出たことがあるが，この文は誤文ということになる。 法政大(文営人)10, 大東大(文)08
田楽 猿楽	庶民だけでなく，貴族にも流行。御霊会や大寺院の法会でも演じられた。1096年に田楽が大流行したことが出た。これを（　永長の大田楽　）という。 國學院大(全)11, センター09
阿弥陀堂	この時期の代表的建築物は，畿内以外の地方にあるというのがポイントである。浄土教が地方へと広がり，地方の有力者によって阿弥陀堂が営まれたと考えたい。従って，この時期の建築物は，現都道府県名とセットで記憶することが重要である。（　三仏寺投入堂　）【鳥取県三朝町】，（　中尊寺金色堂　）【岩手県平泉町】，（　富貴寺大堂　）【大分県豊後高田市】，（　白水阿弥陀堂　）【福島県いわき市】は覚えよう。奥州藤原氏は（　清衡　）→（　基衡　）→（　秀衡　）→（　泰衡　）で，最後の泰衡が頼朝に滅ぼされた。中尊寺は（　清衡　）が建立。毛越寺は（　基衡　）が建立。秀衡は，（　無量光院　）を建立。白水阿弥陀堂はその名称が一般的で教科書にもそうあるが，寺院名は（　願成寺　）であり，この寺院名で出た。 東洋大(2/9)14, 早大(国際)14, 青学大(営)13, 中央大(文)13, 立教大(2/6)13, 青学大(2/7)12, 聖心女子大(文)12, 明治大(商)12, 学習院大(経)11, 上智大(法外)11, 明治大(全)11, 立教大(2/12)10, 日本大(商)10, センター08
蓮華王院千手観音像 臼杵磨崖仏	蓮華王院が（　法住寺御所　）近くに造営されたことが出た。p.91図版のキャプションを参照。 中央大(経)14, 立教大(全)14, 上智大(法外)11, 明学大(経社法)11
絵巻物	絵と詞書を織りまぜて時間の進行を表現する絵巻物が，この時期に発展した。絵は（　大和絵　）の技法で描かれた。『源氏物語絵巻』が国風文化期ではなく，この時期の作品であることに注意。「　詞書　」・「　引目鈎鼻　」・「　吹抜屋台　」という特徴が出た。主人公の僧命蓮の生国＝信濃国から姉の尼公が信貴山まで訪ねて来る内容の「尼公の巻」を「女性の旅の様子が描かれている」と説明して『　信貴山縁起絵巻　』を答えさせる問題が出た。p.95の同絵巻キャプション「動的な線描で庶民の生活や風俗を描く」は，『信貴山縁起絵巻』の説明としてよく使われる部分だが，この説明を知っているだけでは，答えにたどり着くことは難しい問題といえる。また，

第Ⅱ部　中世

この絵巻を，平安末に焼失する以前の（　東大寺　）大仏と大仏殿を描いたのではないかと思われる画面があると出題したものもある。他に『　伴大納言絵巻　』【応天門の変を描く】，（　厳島神社平家　）納経が出た。『　扇面古写経　』も出た。この作品の絵は，庶民の当時の生活が偲ばれる場面があると出てくる。清盛は安芸守に任官した後，厳島神社を海上神として崇敬した。

東洋大(2/9)13，法政大(文法営)13，早大(文)(商)13，早大(文化)12，学習院大(経)11，上智大(法外)11，聖心女子大(文)11，法政大(文営人)10，立教大(2/12)09，日女大(文)07

2　鎌倉幕府の成立

《源平の争乱》　p.95-96

以仁王
源頼政

1180年，平氏打倒の挙兵をすると同時に，諸国武士団に挙兵を呼びかける（　令旨　）を発した。この語句が正誤文問題等でよくキーワードとなる。挙兵が山城国の（　宇治　）であったことが出ている。また，『玉葉』から史料が出た。

学習院大(経)14，獨協大(経国法)14，早大(文)14，立教大(文)13，立教大(経法異)12，上智大(文総外)11，中央大(文)11，成蹊大(経)11，日本大(商)10，上智大(総外文)09，立教大(2/13)09，学習院大(法)08，法政大(文営)08

福原遷都

1180年6月，平氏は福原遷都を実施【11月には京へ戻る】。『方丈記』は，この福原遷都の史料問題としてよく出る。福原が旧（　摂津　）国か，また，現（　兵庫　）県かが出た。福原に近い（　大輪田泊　）が日宋貿易の中心地であったことも思い出せ。

慶応大(法)12，中央大(文)11，駒澤大(全)10，上智大(経)10，東洋大(2/14)10，学習院大(法)09，上智大(法)(総外文)09，立教大(2/12)09，専修大(法経文)07，東洋大(法)07

治承・寿永の乱

1180年の以仁王・源頼政挙兵から，平氏の滅亡までをいう。この過程が多くの大学で出題されている。『玉葉』の同じ箇所の史料が出た。議奏公卿に就いた摂関家の人物を選択する問題があり，その正解であった（　九条兼実　）が，この日記『玉葉』の著者である。戦いのあった場所の旧国名が問われ，地図が出た。石橋山（　相模国　），富士川（　駿河国　）【平氏方の大将　平維盛　が出た】，倶利伽羅峠（　越中国　と　加賀国　の境），一の谷（　摂津国　），屋島（　讃岐国　），壇の浦（　長門国　）等。この乱のさなか，頼朝や義仲は，（　養和　）（　寿永　）といった年号は使用せず，（　後鳥羽　）天皇【安徳天皇の次】が即位するまでは「治承」を使っていたといわれる。また，頼朝の鎌倉入りについて，鎌倉が（　源頼義　）以来源氏とゆかりの深い土地だと出た。戦いで活躍した「悲劇の武将」源義経については，室町時代初期に成立した『　義経記　』があることが出ている。年代整序問題が出た。流れを正確に理解しておきたい。（　平重衡　）の南都焼打ちについては，鎌倉文化の「芸術の新傾向」項目で取り上げる。

学習院大(経)14，上智大(外総文)14，成蹊大(経)14，獨協大(経国法)14，法政大(営文人)14，立教大(異法系)14，青学大(2/7)13，学習院大(法)13，聖心女子大(文)13，法政大(文法営)13，学習院大(法)11，國學院大(全)11，上智大(文総外)11，成蹊大(経)11，

第4章　中世社会の成立

中央大(文)11，獨協大(国経法)11，立教大(2/12)11，早大(商)11，センター10，学習院大(経)10，國學院大(全)10，駒澤大(全)10，大東大(2/5)10，東女大(文)10，東洋大(2/9)(2/11)10，日本大(商)10，早大(文)10，上智大(総外文)(法)09，聖心女大(文)09，立教大(2/13)09，学習院大(法)08，法政大(文営)08，明治大(法)08，慶応大(商)07，立教大(全)07

養和の飢饉　1181年から3年程度続いた大飢饉。『方丈記』が史料として出た。養和の飢饉は(　西日本　)中心で平氏の基盤に打撃を与えたことが指摘されている。
慶応大(法)12，中央大(法)12，早大(国)12，東洋大(2/11)10，早大(文)10，立教大(全)07

《鎌倉幕府》　p.96-98

寿永二年十月宣旨　頼朝が(　後白河上皇　)から得た，東国の支配権を承認された宣旨。ここでいう東国とは，古代以来の地域区分で(　東海　)道・(　東山　)道のことである。頼朝は北陸道についても願ったが，後白河上皇は(　源義仲　)に配慮して含めなかった。(　九条兼実　)の日記『玉葉』が出た。
センター14，立教大(異経法)13・12，学習院大(法)11，上智大(文総外)11，学習院大(経)10，上智大(総外文)(法)09，明治大(法)09，学習院大(法)08，明治大(法)08

侍所
公文所
問注所
　設置の時期を，治承・寿永の乱の進行と結びつけて記憶せよ。戦いの開始→御家人統制の必要→侍所。寿永二年十月宣旨→支配機構の必要→公文所・問注所，等と記憶するとよい。各機関の初代長官を覚えておくこと。侍所(　和田義盛　)，公文所(　大江広元　)，問注所(　三善康信　)。侍所の次官は(　所司　)といい，初代は(　梶原景時　)。この次官名が室町幕府の侍所長官名となっていく。大江広元は，公家であったが武家大江氏の始祖でもある。戦国大名毛利氏は，広元の四男季光が父から相模国毛利荘を譲られ「毛利」と名乗ったのが始まりである。また，中国地方との関わりは，承久の乱の新恩で，安芸国吉田荘を受けたことが始まりである。
東洋大(2/8)14，慶応大(法)13，成蹊大(経)13，聖心女子大(文)13，法政大(経社現)13，学習院大(経)12，成城大(経)12，早大(文)12，学習院大(法)11，國學院大(全)11，獨協大(国経法)11，國學院大(全)10，東洋大(2/9)(2/11)10，上智大(総外文)09，中央大(文)09，明学大(経法)09，千葉大(前)08，専修大(全)08，明治大(政経)08

守護
地頭
　きっかけは後白河法皇が出した頼朝追討の宣旨であるが，これに対し頼朝の命により軍団を率いて京に向かい，交渉にあたったのが(　北条時政　)であった。頼朝に設置を建議したのは(　大江広元　)である。『吾妻鏡』『玉葉』が史料としてよく出る。1185年，源義経の追討宣旨を得たのを大義名分として，一国ごとに有力御家人を，国地頭と総追捕使に任命し，同時に，御家人を平氏没官領，謀反人の旧領等の地頭に任命した。また，これらの者が，公領・荘園を問わず1段あたり(　5升　)の兵糧米(戦時に兵の食糧や軍事費として使われる米)を徴収することを朝廷に認めさせた。しかし，翌年には，荘園領主等の反対に押されて，国地頭と全国的な兵糧米の徴収を廃止した。その結果，平氏没官領，謀反人の旧領等の地頭による兵糧米の徴収と，総追捕使が残った。この総追捕使が守護と呼ばれるようになり，地方の守護・地頭体制ができあがった。従っていつの時点で守護が設置されたのかという点には諸説ある。
　守護の権限について次のように述べている問題文があった。「平氏と戦っているあいだ，頼朝の軍勢が各国の国衙を占領していたため，国司や知

行国主は収税などの業務を妨げられていた。戦乱の終息にともなって国衙の支配は朝廷側に返却され，守護の業務は幕府と各国の御家人との連絡に限定された。このあと数年のうちに，国別に御家人を率いる守護が将軍の軍事・警察権限の執行を国別に分担するという定め，いわゆる（　大犯三カ条　）【選択肢あり】ができあがっていったとみられる」。大犯三カ条の成立過程がよくわかる。大犯三カ条については，1310年に（　刈田狼藉　）を取り締まる権限が加わり，室町幕府に引き継がれたとある。また，守護の権限について50字で説明する論述問題が出ている。大犯三カ条には挙げられていないが，守護は地方行政にも関与したこと，（　東国　）出身の有力御家人が任命されたことが出た。大和国の守護職は，（　興福寺　）に委ねられたことがある。問題文に（　大乗院　）という語句が入っていることから寺名を推測させる問題であった。また，この1185年，（　九条兼実　）【『玉葉』の著者】が摂政となり，頼朝と組んで後白河の独裁を抑えるため議奏公卿を置いたといわれる。この語句が選択肢で出た。地頭の権限について出た。鎌倉幕府の成立過程を，「後白河法皇・藤原泰衡・壇ノ浦・地頭」の四語を使用して説明する問題が出た。

学習院大（経）14，神奈川大（2/6）14，東洋大（2/8）14，法政大（営文人）14，立教大（文）14，成蹊大（経）13，東洋大（2/9）13，法政大（文教）13，立教大（異経法）13，早大（文）13，筑波大（前）12，上智大（総文法）12，中央大（文）12，早大（商）12，学習院大（法）11，上智大（文総外）11，獨協大（国経法）11，早大（商・社）11，センター10，学習院大（経）10，東洋大（2/11）10，センター09，聖心女大（文）09，中央大（文）09，明学大（経法）09，学習院大（法）08，専修大（文）08，慶応大（商）07

京都守護
鎮西奉行

地方の役職について出た。京都守護は，京都で朝廷と交渉した北条時政がそのまま初代に任命され，1186年まで在京した。2代目は頼朝の同母姉妹の夫である一条能保，3代目はその子高能が任命されている。ともに貴族であって御家人ではない。鎮西奉行の初代は（　天野遠景　）であった。

立教大（2/12）11，成城大（経）09，法政大（法文営）09

奥州藤原氏の滅亡
奥州総奉行

奥州では滅亡まで奥州藤原氏が（　白河　）関から外の浜【外が浜】まで支配していたとされる。奥州の大勢力が滅亡して奥州総奉行が設置されたと覚えよ。しかし，その実態はあまりわかっていない。

青学大（2/7）14，日本大（法）14，法政大（文営人）13，立教大（2/12）11

源頼朝
鎌倉幕府

1190年に（　右近衛大将　）と権大納言に任ぜられているが，この職は在京の職であったので辞した。ここで『吾妻鏡』が史料としてよく出る。史料中，二品とは二位のことであり，従二位であった頼朝を指している。右近衛大将は辞したが，その後も，頼朝は（　右大将家【軍】　）と史料で表わされる事が多い。『建武式目』では頼朝を（　右幕下　）と記している。この呼称から頼朝を答える問題が出た。鶴岡八幡宮は源頼義が建立した鶴岡若宮を起源とするが，頼朝は，改めて山城国（　石清水八幡宮　）の神霊を鎌倉に請来し，現在の場所に神社を建てて祀った。頼朝は，『神皇正統記』で（　承久の乱　）について書かれた部分にも登場する。この史料はよく出るので確認しておこう。

青学大（2/7）14，上智大（外神総法）14，法政大（営文人）14，駒澤大（2/7）13，日本大（法）13，立教大（異経法）13，早大（商）12，慶応大（文）11，國學院大（全）11，上智大（文総外）11，國學院大（全）10，東洋大（2/9）（2/14）10，日女大（文）10，明学大（経法）09，立教大

第4章　中世社会の成立　55

(文)09，専修大(文)08

《幕府と朝廷》　p.98-100

本領安堵 新恩給与	土地支配に関わる権限を認めること。 早大(教)14，立教大(法経異)11，センター10，慶応大(商)09
番役 軍役	戦時の動員は軍役，平時は番役である。番役には（　京都大番役　）（　鎌倉番役　）等がある。 青学大(2/7)14，成蹊大(経)14，國學院大(2/2)11，法政大(文営人)11，立教大(法経異)11，センター10，慶応大(商)09
大田文	大田文は一国内の荘園・公領の荘園領主・地頭の氏名や田地の面積等を調査し書類にしたもの。本来は国衙の土地台帳であったが，しだいに幕府が在庁官人に命じて作られるようになった。国衙の任務が守護を通して幕府に吸収されていく例としている。 立教大(2/12)11，学習院大(経)10
関東知行国 関東御領	頼朝の知行国と荘園。荘園は（　平家没官領　）500カ所以上であった。 学習院大(法)11

3　武士の社会

《北条氏の台頭》　p.100-101

13人の合議制	何人の合議制か問われることが多い。（　大江広元　）・（　三善康信　）の貴族出身の頼朝側近が入っていることも注意。他は中原親能，二階堂行政，（　梶原景時　）・足立遠元・安達盛長・八田知家・（　比企能員　）・（　北条時政　）・（　北条義時　）・三浦義澄・（　和田義盛　）。 学習院大(法)13，法政大(法文営)12，学習院大(法)11，立教大(全)11，駒澤大(経)10，青学大(文)08，東洋大(文)08
比企氏の乱 執権	1203年，頼家が病気で重態のとき，北条時政は，頼家の子一幡と弟千幡に全国守護・地頭の任命権を分割相続させた。回復して，これに怒った頼家が舅の（　比企能員　）と謀って時政を除こうとしたのが契機で，北条時政が比企能員を討った。この経過が『吾妻鏡』にあり，これに基づく問題文が出た。頼家を修善寺に幽閉。源実朝を3代将軍とした。1204年頼家は暗殺された。頼家の子一幡も比企能員とともに滅ぼされた。これで時政は大江広元と並んで政所別当となり，時政の署名で将軍の命令＝（　下知状　）が伝えられることとなった。執権の始まりである。 青学大(2/7)13，学習院大(法)13，法政大(経社現)13，学習院大(法)11，上智大(文総外)11，獨協大(国経法)11，学習院大(経)10，慶応大(文)10，中央大(文)09，明学大(経法)09，青学大(文)08，東洋大(文)08
畠山重忠	1205年6月，北条時政が畠山重忠父子を殺害した。時政は，後妻牧の方の娘婿（　平賀朝雅　）【頼朝の養子】の讒言から，畠山重忠父子を殺害したが，この背景には武蔵国の国司に任命されていた平賀氏と武蔵武士団の中心で

56　第Ⅱ部　中世

あった畠山氏との対立があったといわれる。畠山攻めに反対していた先妻の子義時【反対であったが父の命で実際に攻めたのは義時である】・政子と時政の対立はこのとき決定的になったといわれる。時政は，頼家にかわって将軍となっていた実朝を殺して，平賀朝雅を将軍に就けようとして失敗し，引退させられた。平賀朝雅は殺されている【牧氏の乱】。
学習院大(法)11・10，駒澤大(経)10，日本大(文理)08

北条義時 / 和田義盛

北条義時が和田義盛を滅ぼした＝和田合戦。これで義時は（ 侍所 ）の別当となり，政所の別当とともに，両者をかねた。執権の地位が確立し北条氏の世襲となる。義時が（ 徳宗 ）と号したので，北条の嫡流を得宗家というが，得宗家以外からの執権が出ていることを p.100の系図で確認せよ。
国士舘大(2/1)14，東洋大(2/8)(2/9)14，法政大(営文人)14，学習院大(経)12，上智大(総文法)12，東洋大(2/9)12，学習院大(法)11・10，獨協大(国経法)11，駒澤大(経)10，上智大(総法外)10，センター09，法政大(文営)09，明治大(政経)09，明学大(経法)09，青学大(文)08

源実朝 / 摂家将軍

1219年に実朝が暗殺された。暗殺した頼家の子（ 公暁 ）が出た。実朝暗殺により，源氏の嫡流は途絶え，1219年に（ 藤原【九条】道家 ）の幼少の子が鎌倉に下った。4代将軍に就任したのは承久の乱後の1226年である。p.101には藤原頼経とあるが，この時期から藤原北家の摂家は，分かれ始めており，頼経は九条家の出であったので（ 九条頼経 ）とも呼ばれる。この呼び名で選択肢となることもあるので注意【もともと幼名で京都から来たので，来た時から「頼経」という名ではない】。頼経は，「北条義時追討の宣旨」で「縦に将軍の名を帯ぶると雖も，猶以て幼稚の齢に在り」とある。後に，京都に送還された【 宮騒動 】。
学習院大(経)14，聖心女子大(文)14，駒澤大(2/7)13，上智大(経外法神)13，学習院大(経)12，法政大(文営)09，明学大(経法)09

《承久の乱》 p.101-102

後鳥羽上皇 荘園を集中し，（ 西面の武士 ）を設けて軍事力を強化した。治承・寿永の乱のさなか，平氏が安徳天皇をつれて都落ちしている時期に神器なしで即位。従って在位時期が安徳天皇と一部重なる。3代将軍源実朝の時期には，実朝との良好な関係を介して幕府を影響下に置こうとした意図が見受けられるが，実朝暗殺を機に倒幕の意思を固めたともいわれる。
センター14，青学大(2/13)13，上智大(総外法神)13，聖心女子大(文)13，明治大(文)13，中央大(法)12

承久の乱 史料としては，「北条義時追討の宣旨」，『吾妻鏡』にある北条政子の演説や『神皇正統記』がよく出る。幕府軍の総大将は北条泰時であった。京都に攻め上ることを躊躇する御家人も多く，出陣が遅れれば混乱すると読んだ大江広元や三善康信の提案で，総大将以下わずか計18騎での急いだ出陣であったという。乱の結果，後鳥羽上皇は（ 隠岐 ），土御門上皇は（ 土佐 ）→（ 阿波 ）【土御門上皇は乱に関係なく幕府は罰しなかったが上皇自らが父後鳥羽上皇に申し訳ないとして配流を申し出たともいわれる】，順徳上皇は（ 佐渡 ）へ配流された。また，（ 仲恭 ）天皇は，4歳で即位したが，乱の敗北でわずか70日で廃位された。この天皇が歴代天皇に加えられたのは明治になってからである。乱の前，後鳥羽上皇の動きに対し，

第4章 中世社会の成立 *57*

それを諫める目的で(慈円)が『愚管抄』を書いた。また，南北朝期に(北畠親房)が書いた『神皇正統記』でも，「上ノ御トガ」として後鳥羽上皇に賛同せず幕府に理解を示している。北条政子の演説も史料問題として出る。正誤問題で乱後，幕府が「皇位の継承にも干渉するようになった」は正文である。p.102にも書かれているが，史料問題ではっきりする。仲恭天皇廃位の後を継いだのは(後堀河)天皇【この天皇が出題されているので注意】で，父の(守貞親王)が皇位を経ず上皇となり後高倉院として院政を行なった【この問題は，江戸時代寛政の改革時の尊号一件と関連する】。次いで四条天皇が即位したが天皇は年少で急逝した。その皇位継承で朝廷は順徳上皇の子の(忠成王)を候補としたが，執権北条泰時は乱の関係者の子は良くないとして土御門上皇の子を天皇とするよう迫った。その結果，即位したのが(後嵯峨)天皇である。

青学大(2/7)14，学習院大(経)14，聖心女子大(文)14，法政大(営文人)14，青学大(2/7)13，学習院大(法)13，慶応大(法)13，駒澤大(2/7)13，上智大(経外法神)13，聖心女子大(文)13，明治大(文)(法)(商)13，早大(文)13，学習院大(経)12，上智大(総文法)12，法政大(法文営)12，早大(文)12，学習院大(文)(法)11，神奈川大(2/9)11，上智大(文総外)11，聖心女子大(文)11，帝京大(1/31)11，法政大(法文営)11，早大(政経)(商)11，國學院大(全)10，駒澤大(経)10，上智大(総法外)10，中央大(文)10，東女大(2/8)10，東洋大(2/9)(2/11)10，日女大(文)10，筑波大(前)09，慶応大(法)09，上智大(法)09，法政大(法社人)09，明治大(政経)09，専修大(文)08

六波羅探題　六波羅探題は北方と南方があり，初代北方が(北条泰時)，初代南方が(北条時房)であった。
センター15，神奈川大(2/6)14，早大(国際)14，立教大(異経法)13，上智大(総文法)12，帝京大(1/31)11，國學院大(全)10，上智大(総法外)10，東洋大(2/11)10，法政大(文営)09，東女大(文系)08，東洋大(文)08，明治大(文)08

新補率法　乱後に後鳥羽上皇方貴族・武士の所領3000余ヵ所以上を没収し，地頭を置いた。これまで給与の少なかった土地では新たな基準を適用した。よく出る史料は執権北条義時から北条時房への書簡である。したがって，史料中の前陸奥守が(北条義時)，相模守が(北条時房)である。出典『新編追加』は式目追加【御成敗式目の追加法令】を内容ごとにまとめた物。編者不明，室町時代の成立といわれる。新補率法の内容に「 山や川からの収益の半分 」があることが見落とされがちなので注意しよう。
学習院大(文)14，青学大(営)13，聖心女子大(文)13，立教大(異経法)13，早大(文)13，上智大(総文法)12，上智大(法外)11，帝京大(1/31)11，法政大(法文営)11，早大(政経)11，東洋大(2/9)10，日本大(経)07

《《執権政治》》　p.102-104
北条泰時
北条時房
連署
評定衆

泰時は義時の正室・継室【後妻】の子ではなく，順調に執権となったわけではない。義時の継室【後妻】であった伊賀の方は，子(北条政村)【後に7代目執権となる】を執権にしようと画策し，泰時を支持する北条政子がこれを排除して泰時は執権となった。しかし，泰時を支持する政子や(大江広元)【初代公文所の別当】が1225年に相次いで死去し，泰時の権力は不安定であった。そのことが(六波羅探題)にいる叔父北条時房を呼び戻し連署【後にこう呼ばれるが最初は執権複数制を敷いたと考えられ，現に「 両執権 」と呼ばれていた】とし，評定衆を選んで合議制の政治を行った大きな要因であった。評定衆は，後に北条氏から多く任命されるよ

うになっていったことが出ている。後の北畠親房は『 神皇正統記 』で泰時を高く評価し、「(前略)泰時，心ただしく，政すなおにして，人をはぐくみ，物におごらず，(公家)の御ことをおもくし，(本所)のわずらひをとどめしかば(中略)…徳政をさきとし，(法式)をかたくす。己が分をはかるのみならず，親族ならびにあらゆる武士までもいましめて，高(官位)をのぞむ者なかりき(後略)」と述べている。この史料が出た。
中央大(文)14, 東北大(2/9)14, 立教大(文)14, 青学大(2/7)13, 学習院大(法)13, 関東学院大(2/5)13, 國學院大(2/3)13, 聖心女子大(文)13, 東洋大(2/9)13, 日本大(法)13, 法政大(経工現)13, 学習院大(経)12, 上智大(総文法)12, 成城大(経)12, 獨協大(国経法)12, 神奈川大(2/9)11, 聖心女子大(文)11, 帝京大(1/31)11, 慶応大(文)10, 駒澤大(経)10, 上智大(総法外)10, 東女大(2/8)10, 上智大(法)09, 中央大(文)09, 法政大(文営)09, 明治大(政経)09, 立教大(2/13)09, 東洋大(文)08, センター07

摂家将軍

頼経の父九条道家は，(九条兼実)【『玉葉』の著者】の孫にあたる。頼経は，成長すると，執権の権力を抑えるため将軍権力を伸長させようとする一部御家人や名越北条家と連携する。泰時の死をきっかけにこの動きは表面化するが，4代執権北条(経時)は，頼経に，子(頼嗣)に将軍位を譲らせ【これを行った4代執権の名が出題された】，5代執権北条時頼は，名越北条家の主立った者を配流・自害に追い込み，頼経を京に送還させた。これを(宮騒動)という。また，頼嗣も1251年には，やはり謀叛の疑いで，京都に送り返された。実はこの一連の動きは，承久の乱の後の皇位継承と摂関家の動きに関係しているといわれる。頼経の父(九条道家)は，承久の乱で廃位した仲恭天皇の外戚で，また，(四条)天皇急逝後，朝廷が皇位継承者とした忠成王の外戚でもあった。しかし，(順徳上皇)の子の忠成王の即位は(北条泰時)が阻止した。こうした確執が摂家将軍問題に反映していたようだ。道家は，宮騒動の後，朝廷の幕府との窓口に当たる(関東申次)から排除され，子の一条実経も摂政を罷免されている。
学習院大(経)14, 聖心女子大(文)14, 学習院大(経)12, 獨協大(国経法)12

御成敗式目

条文が(51)カ条だったことと，p.102の「この式目は(頼朝)以来の(先例)や，(道理)と呼ばれた武士社会の慣習・道徳に基づいて，(守護)や(地頭)の任務と権限を定め，(御家人)同士や御家人と(荘園領主)とのあいだの紛争を(公平)に裁く基準を明らかにしたもので，武家の最初の整った法典となった。」は絶対に記憶せよ。この記述は繰り返し出ている重要部分である。ここでいう先例とは「右大将家之例」であり，頼朝が作り上げた決まりのこと。多くの大学で史料問題で出されるところだ。御成敗式目の史料問題では右大将家とは誰か=(源頼朝)や，大犯三カ条に関する穴埋め，地頭や本所の箇所の穴埋め等がよく出る。「右大将家」に関しては，『建武年間記』にある「二条河原落書」にも「四夷ヲシツメシ鎌倉ノ右大将家ノ掟ヨリ」とあり，このことが問題として使われている。また，室町時代の「建武式目」でも頼朝が(右幕下)と呼ばれている。室町時代でも御成敗式目が基本法典とされ，追加法は「(建武)以来追加」と呼ばれる等，出題は鎌倉時代とは限らないので注意したい。「北条泰時書状」では誰に宛てたものか必ず記憶せよ。北条泰時→北条(重時)【そのときの(六波羅探題)】である。この史料でも，「 どうり 」「 律令 」等の言葉は記憶したい。また，関連して，この当時(

第4章 中世社会の成立 59

(公家)法・(本所)法・(武家)法がそれぞれ効力を持っていたことを押さえよ【p.103】。なお，当時の訴訟で原告を(訴人)，被告を(論人)と呼ぶことが出たことがある。一部難関大では「 悔返し権 」等も出ている。これは「いったん親が子に譲った家督でも子の親に対する不孝があった場合，親は家督を取り戻す権利がある」ということである。この式目が泰時指揮下で法曹系の評定衆によって作成されたことが指摘されている。

センター15，中央大(文)14，東洋大(2/8)14，立教大(文)14，神奈川大(2/6)13，慶応大(法)13，上智大(総外法神)13，成蹊大(経)13，聖心女子大(文)13，上智大(総文法)12，法政大(法文営)12，明治大(法)(文)12，神奈川大(2/9)11，上智大(法外)11，帝京大(1/31)11，獨協大(国経法)11，明治大(法)11，早大(法)(政経)11，駒澤大(経)10，上智大(総法外)10，東女大(2/8)10，東洋大(2/9)10，法政大(法社)10，センター09，青学大(文)09，慶応大(商)09，上智大(法)(外法経)09，法政大(文営)09，明治大(政経)09，立教大(文)09，一橋大(前)08，上智大(外法経)08，中央大(文)08，東洋大(文)08，早大(商)(社)08

宝治合戦
(北条時頼)が(三浦泰村)一族を滅ぼした。これは宮騒動に遠因をおくものである。『 葉黄記 』【(後嵯峨)天皇に近侍した中納言葉室定嗣の日記。姓と中納言の官職(中国では黄門)から題名がとられた】から史料問題が出た。史料集には通常掲載されないが，史料中の「若狭守(泰村)〈三浦これなり〉」から，宝治合戦とわかる。「重時」は当時も六波羅探題。宝治合戦は執権の姻戚にも関連しているといわれる。頼朝・政子夫婦の配慮から北条氏と三浦氏との姻戚関係は古く，泰時の正室も(三浦義村)の娘であったが，泰時の子時氏の正室は(安達景盛)の娘であった。時氏は早逝で執権とならなかったが，子の(経時)・(時頼)兄弟【母はともに安達景盛の娘】が執権となり，姻戚関係の軸が変わった。宝治合戦の折には，まず安達氏が三浦氏に対し，戦端を開いたといわれる。時頼は，執権引退後出家して(最明寺)入道と称した。これを知らないと答えられない問題が出ている。この宝治合戦で大江広元を祖とする(毛利)氏は三浦方につき，敗れて安芸に地頭として土着した。これが後の中国地方の戦国大名へとつながっていく。

神奈川大(2/6)14，学習院大(文)14，国士舘大(2/1)14，学習院大(文)(法)13，國學院大(2/3)13，法政大(経社現)13，学習院大(経)12，上智大(総文法)12，帝京大(1/31)11，獨協大(国経法)12，法政大(法文営)11，早大(教)(社)10，國學院大(全)10，駒澤大(経)10，上智大(総法外)10，学習院大(法)08，センター07

引付【衆】
北条時頼が設置。御家人たちの所領に関する訴訟を専門に担当し敏速公平な裁判を目指す。(評定衆)のなかから頭人が選ばれ，そのもとに，数人の引付衆が集まって裁判原案を作成した。原案は評定にかけて決定した。

東洋大(2/8)14，神奈川大(2/6)13，慶応大(法)13，聖心女子大(文)13，学習院大(法)11，神奈川大(2/9)11，帝京大(1/31)11，センター10，上智大(総法外)10，東女大(2/8)10，早大(教)(社)10，青学大(文)09，中央大(文)09，学習院大(法)08

院の評定衆
朝廷に政治の刷新と制度改革を要求。後嵯峨上皇による院政であったので，できたのは院評定衆。【本書p.48-49「記録所」参照】

早大(教)13，中央大(文)13，学習院大(法)13，國學院大(2/3)13，学習院大(経)12・11，獨協大(国経法)12，上智大(文総外)11，青学大(文)09，早大(文)08

皇族将軍
後嵯峨上皇の子(宗尊親王)が6代将軍に就任。彼の兄弟が(後深草

)天皇と(亀山)天皇であり，後にそれぞれ持明院統と大覚寺統を形成し，対立して鎌倉幕府滅亡の一因と南北朝対立の原因となった。皇族将軍は4代続いた。宗尊親王→惟康親王→久明親王→守邦親王。宗尊親王は，1266年謀叛に関連したかどで将軍を解任された。
青学大(2/7)14，学習院大(文)(法)13，駒澤大(2/7)13，上智大(総文法)12，獨協大(国経法)12，帝大(1/31)11，立教大(全)11，國學院大(全)10，上智大(総法外)10，早大(社)10，明学大(経法)09，学習院大(法)08，東洋大(文)08

《《武士の生活》》　p.104-105

在地の武士
屋敷
直営地

p.104の「開発領主の系譜を引き，先祖以来の地に住み着いて，所領を拡大してきた」の記述は重要。また，(館)と直営地も重要。屋敷については『 一遍上人絵伝 』のものがよく使われる。図版の出る入試を受ける者には特に大切。また，直営地を(佃)(門田)(正作)(用作)等と称することを覚えよ。p.104注③にある。

惣領制

(本家)と分家の集団を(一門)や(一家)と呼び，宗家の首長を(惣領)，他を(庶子)と呼ぶ。戦時には惣領が一門の指揮官となった。教科書 p.105注①にあるように，女性の地位は比較的高く，相続は(分割相続)が原則であった。女性が御家人や地頭になる例もあった。しかし，次第に女子の相続は(一期)となり，死後，一門に返還するようになっていった。
立教大(文)14，学習院大(法)13，法政大(経社現)13，國學院大(2/3)12，上智大(神総法外)11，國學院大(全)11，早大(社)11，センター10，法政大(文営人)10，慶応大(法)09，立教大(全)07

《《武士の土地支配》》　p.105-107

武芸

鍛錬として(流鏑馬)(笠懸)(犬追物)等を行った。(騎射三物)という。笠懸の場面を描いた『 男衾三郎絵巻 』がよく出るが，『犬追物図屏風』の犬追物も見ておく必要がある。騎乗の武士が集まり，鹿や猪を弓矢で仕留める(巻狩)が出た。
青学大(2/13)14，立教大(文)14，早大(文化)13，立教大(全)11，センター10，センター08，青学大(文)07，立教大(法)07

地頭請所
下地中分

p.106の下地中分図は，図版として出ることがあるので注意。これが(松尾神社)の荘園で東郷荘であることが出た。教科書 p.106図版キャプション「分割線の左右には幕府の(執権)・(連署)が認定した(花押)がすえられている。」に関する問題が出た。
センター14，早大(教)14，青学大(営)13，國學院大(2/3)12，早大(社)11，駒澤大(文)10，法政大(経社総)09，上智大(経神)07，明治大(法)07

4　蒙古襲来と幕府の衰退

《《蒙古襲来》》　p.107-109

日宋貿易

正式国交なし。しかし通商は盛んであった。日本の南宋との関係で最も大切な港であったのは，現在の寧波である。この都市は，唐では(明州)，

第4章　中世社会の成立　**61**

	南宋では(慶元府)・元では(慶元路)，明・清で(寧波)となる等，名称が変化するので注意。
元	チンギス＝ハンの建国したモンゴル帝国は，(フビライ＝ハン)が，1271年，国号を(元)と定め，首都を(大都[北京])に置いた。南宋強略の一環として朝鮮【当時は(高麗)】を服属させ，日本にも朝貢を要求してきた。チンギス＝ハンの後継者オゴタイが(金)を滅ぼした。また，高麗は服属させられていたが，滅亡させられていないので，文永の役では高麗軍であって旧高麗軍ではない。高麗は服属させられた後も，済州島を根拠地として元に抵抗を続けていた。その例が(三別抄)の乱である。高麗についても出ている。(大越)国＝ベトナムもフビライに侵攻されたことが出た。ベトナムは戦いに勝利して服属していない。 関東学院大(2/5)14，駒澤大(2/6)14，上智大(文法)14，武蔵大(全)14，上智大(文総外)13，法政大(経社現)13，早大(法)(国)13，青学大(全)11，國學院大(全)11，早大(社)11，法政大(文営)10，東洋大(2/8)09
文永の役	最初の朝貢要求は1268年で，このとき(北条時宗)は，まだ執権ではなく，その要求直後に執権に就任した。時宗は(8)代目であったことが出た。1271年，元の政治家趙良弼が(高麗)から(大宰府)に来て朝貢を要求したが，鎌倉幕府は拒否した。1274年，元・高麗軍計約3万人が(対馬)(壱岐)を攻めた後，(博多)湾に上陸。日本側は苦戦したが，元軍は内部での対立もあり撤退した。元軍はもともと駐屯する計画はなかったらしい。入試によく出るのは，①元・高麗軍は，朝鮮半島の港から出撃したこと，②(対馬)(壱岐)2島を攻めてから(博多)湾に入り上陸したことで，後の弘安の役との違いを覚えよ。このとき戦った九州の御家人(竹崎季長)と，彼が残した『 蒙古襲来絵巻 』は重要。彼が(肥後)国の御家人であったことは出る。この絵巻は①甲佐大明神の恩に報いるため，②武功を子孫に伝えるため，という理由から作成された。直接的に恩賞をもらうために作成されたのではない。また，問題として出る図版はモンゴルの兵器(てつはう)が描かれている場面が多いので，文永の役のみを扱っているように思ってしまうが，この絵巻には弘安の役も登場する。 関東学院大(2/5)14，駒澤大(2/6)14，上智大(文法)14，中央大(文)14，上智大(文総外)13，法政大(経社現)13，早大(法)13，青学大(全)11，学習院大(経)11，國學院大(全)11，早大(社)11，上智大(総外法)10，上智大(法)09，東洋大(2/8)09，立教大(2/12)09，学習院大(経)08，成城大(経)07
異国警固番役	異国警固番役は，1271年の元の朝貢要求に対して始まった制度といわれ，命令は九州の(少弐)氏らに出され，少弐氏は，鎮西奉行として活躍したとある。しかし，入試で異国警固番役がいつ始まったかを問う問題はあまり見ない。それよりも文永の役後に強化されて，一部非御家人にも課されたこと【主に異国警固番役の一部である石築地役を負担】を理解せよ。石築地とは，防塁＝石塁のことである。 上智大(文法)14，武蔵大(全)14，上智大(文総外)13，聖心女子大(文)13，法政大(文営人)13，早大(国)13，國學院大(全)11，センター10，慶応大(文)10，上智大(総外法)10，早大(社)10，國學院大(全)09，東洋大(2/8)09，学習院大(経)08，國學院大(全)08

62　第Ⅱ部　中世

弘安の役	（ 長門 ）（ 周防 ）（ 安芸 ）の御家人に長門警固番役が課せられたことが出た。1281年，（ 南宋 ）を滅亡させた元は，旧南宋の兵士を含め14万人の大軍で襲来。博多湾への上陸を日本側が阻んでいるうちに暴風雨によって損害を受け撤退。弘安の役は，（ 江南軍 ）＝征服した南宋の兵を動員して（ 慶元路 ）【 明州 】から出発【約10万人】，（ 東路軍 ）＝元・高麗軍で朝鮮半島の（ 合浦 ）出発【約4万人】が組織されていた。上陸されなかったことを記憶せよ。また，①敵国降伏の祈禱が各地で行われ，元軍撤退後（ 神国思想 ）が広がったこと，②弘安の役後も緊張関係は続いたが，経済関係は深まったこと，が指摘されている。特に，豊前国の（ 宇佐八幡宮 ）等が，この祈禱後，崇敬保護された。 上智大(文法)14, 上智大(文総外)13, 早大(法)13, 早大(社)11, 学習院大(経)08

《蒙古襲来後の政治》 p.109

鎮西探題	九州地方の政務・裁判・御家人の指揮を統轄。北条一門からこの役職が出た。鎮西探題が置かれた一つの大きな理由は，御家人の所領をめぐる訴訟に対応するためである。困難な闘いを強いられながら恩賞を十分与えられなかった元寇の影響で，九州地方で御家人の訴訟が増えた。しかし，元の3度目の襲来に備える立場から，九州御家人が鎌倉まで出向いてくることは避けたい幕府は，訴訟の判断をできる人物を九州に常駐させるようになるのである。初代の鎮西探題は，北条兼時と北条時家であった。鎮西探題が（ 博多 ）に置かれたことが出た。ちなみに鎮西探題設置まで置かれていた（ 鎮西奉行 ）の初代は天野遠景であった。鎮西探題設置以外での重要な変化は，全国の荘園【＝本所一円地】・公領の武士を動員できる権利を幕府が朝廷から得たことである。 武蔵大(全)14, 慶応大(法)(商)13, 上智大(文総外)13, 法政大(経社現)13, 東洋大(2/8)12, 國學院大(全)11, 早大(社)10, 國學院大(全)09, 上智大(法)09, 東洋大(2/8)09, 法政大(文営)09, 立教大(2/8)09, 学習院大(経)08
得宗	得宗とは，北条氏嫡流のことで，義時の号（ 徳宗 ）に由来するといわれる。この勢力の秘密会議を（ 寄合 ）という。得宗の家臣を（ 御内人 ），その代表は（ 内管領 ）という。 東経大(2/9)14, 学習院大(法)13, 上智大(文総外)13, 早大(法)13, 神奈川大(2/9)11, 中央大(文)09, 学習院大(経)08, 國學院大(全)08, 中央大(文)08, 立教大(全)07
霜月騒動	安達泰盛は，幕政の中心にあった有力御家人で，執権（ 北条貞時 ）の外祖父にあたった。蒙古襲来時の（ 御恩 ）奉行でもある。竹崎季長の『蒙古襲来絵巻』にも登場する。また，彼は，（ 弘安の徳政 ）の中心人物で，九州地方の御家人の所領保護政策を打ち出していた。彼の勢力増大を恐れた内管領（ 平頼綱 ）が滅ぼした。しかし，1293年，執権貞時は平頼綱を滅ぼし幕府の実権を握り，同時に安達氏の地位が回復された。これを（ 平禅門の乱 ）という。ところでこの頃から侍所の次官＝（ 所司 ）として御内人が就任していた。室町幕府の侍所長官の職名はここから来ている。 国士舘大(2/1)14, 武蔵大(全)14, 早大(文)14, 学習院大(法)13, 上智大(総外法神)13, 法政大(経社現)13, 早大(法)13, 学習院大(経)12・11・10, 獨協大(国経法)12, 早大(文)12, 慶応大(文)10, 国士舘大(法)10, 上智大(総法外)10, 明学大(全)10, 早稲田大

第4章 中世社会の成立　63

（文）10，中央大（文）08，学習院大（経）08，國學院大（全）08，立教大（全）07

《琉球とアイヌの動き》 p.109-110

貝塚文化
グスク
按司

南西諸島【沖縄周辺】＝貝塚文化は，12世紀頃，農耕生活が始まり，その頃からグスクが形成された。グスクの指導者である（ 按司 ）が成長すると，次第に（ 城 ）が形成されるようになった。

センター13，早大（教）13，上智大（経）11，センター09

続縄文文化
アイヌ文化

北海道では，続縄文文化に続いて，7世紀以降も（ 擦文 ）文化，（ オホーツク ）文化が誕生したが，これらも狩猟・漁労に基礎を置く文化であった。13世紀にはアイヌの文化も生まれた。14世紀には，十三湊を根拠地とする（ 安藤【安東】 ）氏が交易を行っていた。

センター13，早大（文）12，上智大（経）11，センター09

《社会の変動》 p.110-111

二毛作

（ 麦 ）を裏作として畿内・（ 西日本 ）一帯で普及。裏作が麦であることはよく出る。幕府から領主に対し裏作に税を課すことを全国的に禁止する命令が出たことが出題されている【出典は『新編追加』】。この史料中の「 依怙 」【「えこ」と読む】は（ 利益 ）という意味と考えればよいだろう。また，この命令は執権北条長時，連署北条政村が出した。この時期に多収穫米である（ 大唐米 ）が輸入・栽培されたことも覚えよ。インディカ種に属し，粒が細長く粘り気に欠け最低の評価を受けていたが，水の少ない地域でも栽培できたため，災害に強く，農民の生活の助けとなった。日本では「赤米」と呼ばれる。

青学大（2/13）14，日本大（法）14，成蹊大（経）13，早大（文化）13・12，青学大（営）12，早大（教）12，上智大（経）11，中央大（法）11，東洋大（2/8）11，早大（社）11，法政大（文営経）10，明治大（法）10，國學院大（全）09・08，駒澤大（全）08，中央大（経）08，法政大（経社総）08，成城大（経）07

肥料
牛馬耕
鉄製農具

肥料は（ 刈敷 ）（ 草木灰 ），牛馬耕【 犁 を引かせた】や鉄製農具の使用が広がった。（ 鍬 ）（ 鋤 ）（ 鎌 ）等。鉄製農具の広がりに関しては，p.110にある「鍛冶…などの手工業者は，農村内に住んで商品をつくり，」という叙述と関連して理解したい。

青学大（2/13）14，中央大（文）14，日本大（法）14，早大（教）12，駒澤大（文営経）11，上智大（経）11，東洋大（2/8）11，早大（社）11，法政大（文営経）10，センター08，國學院大（全）08，成城大（経）07，中央大（経）08，法政大（総社経）08

荏胡麻

荏胡麻は青紫蘇の変種で煎って潰して油を取った。菜種油が普及するまでは灯油として照明用に使われていた。この時期からの普及が特徴的で，鎌倉期の農業の発展の代表的産物である。商品作物として鎌倉時代に生産されたのは荏胡麻だけではないが，室町時代の商品作物が各種出題されるのに対して，鎌倉時代のものとしては，荏胡麻がほとんどである。ぜひ覚えよ。ただ，この時期の商品作物として藍・楮も挙げられている問題も出たことがある。

青学大（営）12，上智大（経）11，東洋大（2/8）11，早大（社）11，法政大（文営人）10，法政大（経社総）08，國學院大（全）07

64　第Ⅱ部　中世

鍛冶・鋳物師 紺屋	鋳物師の読み方に注意。（　いもじ　）である。 駒澤大(文営経)11，東洋大(2/8)11
三斎市	応仁の乱後の（　六斎市　）と区別できているかを確認するためよく出る。定期市の様子がわかる史料としてよく出されるのが『　一遍上人絵伝　』のなかで出てくる（　備前　）国（　福岡　）の場面である【p.110を参照】。近年では，『一遍上人絵伝』という史料名，「福岡」という地名，「備前国」という旧国名を出題しているので，これらを正確に記憶せよ。 成城大(経)13，駒澤大(文営経)11，上智大(経)11，東洋大(2/8)11，明治大(法)10，慶応大(法)09，國學院大(全)09，上智大(法)09，早大(文)09，中央大(経)08，法政大(経社総)08，上智大(経神)07
見世棚	常設店舗のことである。もともとは陳列棚のことで，この意味で使われることもあるが，店舗そのものを意味することもある。この時代の「京都・奈良・鎌倉等には高級品を扱う手工業者や商人が集まり，定期市のほかに常設の小売店(見世棚)も出現した【もみられるようになった：旧版教科書】。」と室町時代の「京都などの大都市では見世棚(店棚)をかまえた常設の小売店が一般化し，」の違いが正誤文問題で出るので，しっかり区別しよう。 成城大(経)13，駒澤大(文営経)11，明治大(法)10，中央大(経)08，上智大(経神)07
座	平安時代後期から天皇家や大寺社に特権を与えられていた畿内の商工業者が結成した同業者団体。座は鎌倉期から見られることは，入試で出ることがある。しかし，詳しく取り上げられる場合は，室町期の大山崎油座等が中心である。座には本所があり，本所に座役を納めることで特権を得ていた。本所が天皇家である者は（　供御人　），本所が神社である場合は（　神人　），本所が寺である場合は（　寄人　）といわれる。 センター15，日本大(法)14，東洋大(文)11，法政大(文営人)10，慶応大(法)09，中央大(経)08，明治大(法)07
問 問丸	商品の中継・委託販売・運送を行う。鎌倉期の問題文で「商品の保管や運送を請け負い，取り引きを仲介する（　問丸　）が現れ，遠隔地間の商品取引に活躍した。」とし，室町期の問題文では「（　問丸　）はやがて卸売商に専業化し（　問屋　）となった。」【文中（　）は問題では，記号で答えさせている】としている。この変化を理解しておく必要がある。また，商品の売買手段としては，貨幣が多くなってきていたが，米などの現物による取り引きがなくなってしまったわけではない。一部荘園では年貢銭納も行われていた。 成城大(経)13，東洋大(2/9)13，駒澤大(文営経)11，上智大(経)11，東洋大(2/8)11，慶応大(法)09，上智大(法)09，早大(文)09，中央大(経)08，國學院大(全)07，上智大(経神)07，明治大(法)07
借上	鎌倉時代の高利貸業者。借上には，（　女性　）も進出していたことが正誤問題の選択肢として出た。p.111の『　山王霊験記絵巻　』の図版は問題に出る。 成蹊大(経)14，早大(文化)13，東洋大(2/8)11，慶応大(文)10，上智大(法)09，中央大(経)08，上智大(経神)07

第4章　中世社会の成立　　65

為替	成蹊大(経)14, 早大(文化)14, 東洋大(2/8)11, 青学大(営)10, 國學院大(全)09, 中央大(経)08, 上智大(経神)07
紀伊国阿氐河荘民の訴状	この史料はよく出る。この荘園の本所は（ 円満院門跡 ），領家は（ 寂楽寺 ），地頭は（ 湯浅宗親 ）である。荘民が訴えた先は，幕府ではなく荘園領主であること，現（ 和歌山 ）県にあったこと等が出た。他に近衛家の荘園である奥山荘も出たことがある。奥山荘は初代侍所の別当（ 和田義盛 ）の弟が地頭をしていた。阿氐河荘のある旧国名と，訴状が出された西暦年が問われたことがある。 早大(文化)13, 早大(社)11, 國學院大(全)10, 駒澤大(文)10, センター07, 立教大(全)07

《《幕府の衰退》》 p.112-113

御家人の窮乏 永仁の徳政令	史料問題に出た。史料中の（ 御家人 ）（ 本主 ）（ 凡下 ）（ 年紀 ）等の空欄補充が出た。この法令の政策意図を社会背景とともに論述させる問題が出た。この法令は執権（ 北条貞時 ）の時に出された。 成蹊大(経)14, 法政大(2/8)14, 明治大(文)14, 上智大(文総外)(総外法神)13, 聖心女子大(文)13, 早大(文化)13, 東洋大(2/8)12, 筑波大(前)11, 早大(社)11, 青学大(文)10, 慶応大(文)10, 上智大(経法外)(文法総)10, 東女大(2/8)10, 明学大(全)10, 國學院大(全)09, 立教大(文)(2/12)09, 中央大(経)08
悪党	『峰相記』から史料問題が出された。 上智大(総外法神)13

5 鎌倉文化

《《鎌倉文化》》 p.113
《《鎌倉仏教》》 p.113-116

鎌倉仏教の特徴	平安期までの仏教は基本的に学問と各種修行で成り立っていたが，民衆に対する布教という考えは，例外的であった。浄土教の流行が従来なかった布教という考えを仏教に与え，これに取り組んだのが鎌倉新仏教の開祖たちである。新仏教の共通の特徴は，簡単な修行を一つ選んでそれだけをやる【易行・選択・専修という】ことで，浄土系は，（ 念仏 ）で阿弥陀仏を信仰し【南無阿弥陀仏】，法華系は，（ 題目 ）で法華経を信仰し【南無妙法蓮華経】，禅宗系は，（ 坐禅 ）という修行方法で，自力での悟りを求めた。
浄土宗	法然【源空】が（ 天台 ）の教学を学んだこと，専修念仏の教えを説いたこと，中心寺院が知恩院であること，摂関家の（ 九条兼実 ）が信仰し，法然が主著『 選択本願念仏集 』を彼に呈したこと，兼実の日記は『 玉葉 』であること【弟が『 愚管抄 』を著した慈円であることも記憶せよ】，法然が死の直前「 一枚起請文 」を書いたこと等が多数出ている。『一枚起請文』が史料として出た。また，法然の（ 土佐 ）【実は讃岐】への流罪の一因が法相宗（ 貞慶 ）の『 興福寺奏状 』であることも知っておくと良い。この流罪は（ 後鳥羽 ）上皇の院政期に起きていることが出ている。 慶応大(商)14, 東経大(2/9)14, 東洋大(2/9)14, 日女大(文)14, 青学大(2/7)13, 中央

66　第Ⅱ部　中世

大(経)13，学習院大(文)12，慶応大(法)12，國學院大(全)11，上智大(法外)11，早大(文)11，青学大(全)10，上智大(経)10，明学大(全)10，立教大(2/12)10，早大(社)10，学習院大(文)09，上智大(法)09，成城大(文芸)09，東女大(現)09，センター07

浄土真宗

親鸞は，流罪となった越後，その後の関東で地方武士・庶民の生活と接し，戒律を破って生活している者も救われると考え（ 悪人正機説 ）を唱えた【現在の悪人とは定義が異なる】。著書『 教行信証 』【正式には『顕浄土真実教行証文類』という】ではこの言説は出てこない。弟子の唯円の書いた『 歎異抄 』に出てくる。この書の「弥陀の本願には，（ 老少善悪 ）のひとをえらばれず，ただ信心を要とすとしるべし」の空欄補充が出た。あまり史料集に載っていない箇所である。法然・親鸞の教えの特徴とそれに対する旧仏教側の活動を説明する論述問題が出た。

慶応大(商)14，国士舘大(2/1)14，武蔵大(全)14，青学大(文)13，東洋大(2/8)13，東大(前)12，上智大(総文法)12，中央大(文)11，明治大(文)11，明学大(全)10，早大(社)10，青学大(全)10，上智大(経)10，成城大(経)10，高経大(前)09，東女大(現)09，法政大(文営)08

時宗

「遊行寺」【「ゆぎょうじ」と読む】という別称から（ 清浄光寺 ）を出させているので注意。開祖の布教を書きつづった『 一遍上人絵伝 』という絵巻物は，布教の様子だけでなく，当時の「市場」を知る史料として p.110にも登場し，図版問題で使われる。武士の館を示したものも使われることがある。宗教に直結する絵伝の図版としては，p.114の（ 踊念仏 ）が重要。一遍は熊野で悟りを開いたといわれること，一遍には海外渡航経験がないことが出ている。室町将軍の同朋衆で号に「阿弥」がつく人物がいるが，これは時宗に由来していること【同朋衆が皆時宗信者というわけ訳ではないにせよ，一遍が「賤民身分」にも差別なく布教したといわれることを考慮すると時宗がその人々に影響を持っていたと考えられよう】等にも触れている問題文がある。

中央大(法)14，武蔵大(全)14，早大(国)13，國學院大(全)11，早大(文)11，上智大(経)10，早大(社)10，上智大(法)09，成城大(文芸)09，専修大(全)09，慶応大(法)07

日蓮宗

浄土系【念仏系】の流行に抗して，日本の仏教で古来から重視されてきた（ 法華経 ）を信仰の対象としたが，法華経そのものを読むことではなく，題目を唱えることを第一としたところに，専修念仏と同じ発想がある【易行】。『 立正安国論 』が1260年に前執権（ 北条時頼 ）に献じられたものであることも重要。日蓮は，執権（ 北条長時 ）によって伊豆に配流となった。後に（ 佐渡 ）にも配流されている。

武蔵大(全)14，東洋大(2/8)13，慶応大(法)12，上智大(総文法)12，國學院大(全)11，上智大(法外)11，明治大(文)11，センター10，上智大(経)10，成城大(経)10，早大(社)10

臨済宗

栄西は，天台教学を学んだこと，（ 宋 ）に渡り禅宗を伝えたこと，茶の苗を持ち帰り喫茶の習慣を伝えたこと【『 喫茶養生記 』を著わす】等がよく出る。栄西が3代（ 源実朝 ）の病気【二日酔いとも】に際して茶を献じた史料問題が出題された【史料は『吾妻鏡』】。栄西が高山寺の（ 明恵 ）に茶の種を献じ，明恵が栂尾や宇治で栽培に取り組んだと伝えられることが出た。その明恵は法然に対して『 摧邪輪 』を著わした僧である。栄西が幕府に保護されたこと【（ 寿福寺 ）を建てる。この寺は後に鎌倉五山第

第4章 中世社会の成立 *67*

3位となるが，創建は建長寺・円覚寺より古い。但し，禅寺の体裁は後】，『 興禅護国論 』を著わしたこと等は必須知識。栄西が密教の祈禱にも優れていたことが出ている。また，この宗派は（ 公案問答 ）という師との対話が特徴。

成蹊大(経)14，東洋大(2/9)14，武蔵大(全)14，立教大(全)(文)14，早大(文)14，学習院大(文)13，上智大(文総外)13，中央大(経)13，東経大(2/9)13，明治大(商)13，早大(法)13，慶応大(法)11，駒澤大(全)11，上智大(法外)11，立教大(2/12)11，國學院大(全)10，駒澤大(文経)10，上智大(経)10，成城大(経)10，首都大(前)09，早大(教)09，法政大(法文経)08，慶応大(法)07，東海大(政)07

曹洞宗

道元は栄西より50歳あまり年少で，（ 南宋 ）に渡り修行した。唯ひたすら座禅する（ 只管打坐 ）を唱え，臨済宗と異なり幕府との結び付きを求めなかった。懐奘が道元の言説を記録した『 正法眼蔵随聞記 』が出た。このなかに（ 末法 ）思想を否定する言説があると出題された。

センター14，駒澤大(2/6)14，東洋大(2/9)14，立教大(文)14，東経大(2/9)13，上智大(総文法)12，法政大(法文営)12，高経大(前)11，國學院大(全)11，上智大(法外)11，首都大(前)09，成城大(文芸)09

華厳宗

（ 明恵 ）【高弁ともいう】は，承久の乱で後鳥羽上皇方の敗兵を匿い捕らえられたが，後に（ 北条義時 ）の帰依を受けた。著書『摧邪輪』は，法然の『 選択本願念仏集 』への反論である。彼は栂尾の（ 高山寺 ）を再興したこと等が出た。茶の栽培については，上の「臨済宗」の項目を参照。

武蔵大(全)14，学習院大(文)12，慶応大(法)11，上智大(法外)11，上智大(経)10，立教大(2/12)10，早大(社)10

法相宗

（ 貞慶 ）【解脱ともいう。笠置寺に住む】が（ 興福寺奏状 ）で法然を批判。これが法然の四国配流の契機となった。

武蔵大(全)14，学習院大(文)12，早大(文)11，上智大(経)10，立教大(2/12)10，早大(社)10，中央大(文)07

律宗

（ 叡尊 ）は，西大寺で戒律を復興。弟子（ 忍性 ）は社会事業に関し，旧仏教勢力のなかで断然よく出る。多くの問題には，社会事業の対象が当時（ 非人 ）と呼ばれていた被差別民の救済も含まれていたことが書かれている。また，ハンセン病の患者を文殊菩薩の化身と考え救済したともある。旧仏教問題には必ずといっていいくらい出る。（ 北山十八間戸 ）は現奈良県にあるが，忍性が鎌倉の（ 極楽寺 ）中興の祖であることが出ている。極楽寺でも社会事業が行われている。鎌倉幕府の保護は，臨済宗と律宗が中心であったことは理解しておこう。他の旧仏教の僧では，俊芿が（ 泉涌寺 ）を再興したこともできたら覚えておこう。この泉涌寺に（ 四条天皇 ）が葬られてからこの寺は皇室の菩提寺となった。

中央大(経)13，法政大(文法営)13，早大(国)13，上智大(総文法)12，法政大(文法営)12，上智大(法外)11，中央大(文)11，上智大(経)10，立教大(2/12)10，國學院大(全)08，早大(商)08，中央大(文)07

建長寺
円覚寺

建長寺…北条（ 時頼 ）…開山（ 蘭溪道隆 ），円覚寺…北条（ 時宗 ）…開山（ 無学祖元 ）と覚えよう。円覚寺は，蒙古来襲時の犠牲者を慰霊する目的で建立された。また，この寺の舎利殿は，（ 禅宗 ）様の代表的

建築である。
成蹊大(経)14, 武蔵大(全)14, 立教大(全)14, 早大(文)14, 上智大(文総外)13, 明治大(商)13, 早大(法)13, 國學院大(全)11, 上智大(法外)11, 中央大(文)11, 立教大(2/13)11, 國學院大(全)10, 上智大(経)10, 成城大(経)10, 明学大(全)10, 首都大(前)09, 学習院大(経)09, 國學院大(全)09, 成城大(文芸)09, 東洋大(2/8)09, 慶応大(法)07

伊勢神道 伊勢神宮外宮の神職(度会家行)によって形成。従来の本地垂迹説とは反対に, 神を主とし仏を従とする(神本仏迹説)を『 類聚神祇本源 』を著して唱えた。元寇の結果が, 日本を特別視し, 日本の神を主とする思想を生み出したと考えると時代の流れがつかみやすい。神仏習合思想の展開のなかで生まれる「仏」と「神」の関係を天平文化から明治期の神仏分離まで各種神道の展開と関連して理解しておくとよい。ちなみに鎌倉時代には, 真言宗系の(両部)神道【胎蔵界・金剛界の両界(両部)から】と天台宗系の(山王)神道【近江日吉神社が中心, 日吉神道ともいう】も成立した。
津田塾大(学芸)14, 東洋大(2/9)14, 成蹊大(経)13, 早大(文化)13, 中央大(法)11, 立教大(2/12)10

《中世文学のおこり》　p.116-117

西行 西行が(北面の武士)であったことを記憶せよ。また, 松尾芭蕉が『 笈の小文 』で崇敬する歌人として西行を挙げているとある。
国士舘大(2/1)14, 上智大(外総文)14, 中央大(経)14, 東洋大(2/9)14, 高経大(前)11, 立教大(全)(2/12)11, 成城大(経)10, 法政大(法文営)10, 上智大(総外文)09, 専修大(文)08, 明治大(文)08

新古今和歌集 (後鳥羽)上皇が命じた勅撰集。編者について藤原定家だけでなく, (藤原家隆)が出た。これに採用された歌の数は, 1位が(西行), 2位が(慈円)であることが出た。
学習院大(法)14, 国士舘大(2/1)14, 明治大(文)13, 成蹊大(経)13, 國學院大(全)11・10, 立教大(2/13)11, 明治大(文)08, 成城大(経)07

源実朝 彼の『 金槐和歌集 』と, 師である定家の日記が『 明月記 』であることが出た。
国士舘大(2/1)14, 上智大(外総文)14, 中央大(経)14, 駒澤大(2/7)13, 法政大(法文営)12, 高経大(前)11, 國學院大(全)10, 東洋大(2/9)10, 聖心女子大(文)09, 専修大(全)08, 慶応大(法)07

古今著聞集 (橘成季)の撰。
中央大(経)14, 学習院大(経)11, 成城大(経)07

鴨長明 『 方丈記 』は平氏の(福原)遷都, (養和)の飢饉, 朱雀門・大極殿の火災等に関する史料として出題されることがある。鴨長明は, 藤原俊成編の『 千載和歌集 』に一首載る。後鳥羽上皇が(和歌所)を再興すると, その寄人となった。
国士舘大(2/1)14, 上智大(外総文)14・13, 立教大(全)14, 成蹊大(経)13, 東洋大(2/9)13, 慶応大(法)12, 成城大(経)10, 大東大(2/5)10, 東洋大(2/9)10

兼好法師 『 徒然草 』を著わす。卜部兼好はかつて吉田兼好といわれたが, 卜部家

第4章　中世社会の成立　**69**

本流が吉田と改姓したのは後のことであり，また兼好は支流であるので，近年は「吉田」は誤りであるといわれる。教科書では兼好法師と書かれるのが一般的。二条為世に学んだ二条派を代表する歌人でもあった。『徒然草』は鎌倉末期の作と記す。
国士舘大(2/1)14，上智大(外総文)14，早大(政経)13，慶応大(法)11，東女大(現)09

海道記
「京都から鎌倉へ旅をし…鎌倉に到着しあちらこちら見てまわっているとき，船着き場に商人が大勢集まってにぎやかであった様子に目を止めている」という問題文で海道記の内容を伝えている。
センター06

十六夜日記
作者は（　阿仏尼　）。播磨国細川荘の争論解決に鎌倉に赴いた時の紀行文である。京都・鎌倉間の紀行文であるので，『海道記』と似ているので注意。
立教大(異経法)14，慶応大(法)13，明治大(文)13，慶応大(文)10

とはずがたり
作者は（　後深草院二条　）。後深草上皇をはじめ数人の男性との愛の遍歴と出家後の修行の旅を書いた日記。
慶応大(法)07

保元物語
（　源為朝　）を主人公に保元の乱を描いた。
立教大(文)14，成城大(経)07

平家物語
琵琶法師によって（　平曲　）として語られて親しまれたことが出た。また，「此の一門にあらざる人は皆人非人なるべし」という（　平時忠　）の言葉に前後する部分がよく史料として出る。
学習院大(法)14，上智大(外総文)14，立教大(文)14，明治大(文)13，上智大(法外)11，上智大(文法総)10，成城大(文芸)09，東女大(現)09

源平盛衰記
『　平家物語　』と内容はほぼ同じで異本の一種と見られる。
早大(文)10

愚管抄
筆者（　慈円　）は（　九条兼実　）の弟。父は，保元の乱当時関白だった（　藤原忠通　）。後鳥羽上皇の信任を受け（　天台座主　）に任ぜられる。後鳥羽上皇の倒幕計画に反対し，この書で道理に合わない行動は成功しがたいと説いた。この書のキーワードは（　道理　）と（　末法思想　）である。
学習院大(法)14，国士舘大(2/1)14，上智大(外総文)14，聖心女子大(文)14，東洋大(2/9)14，早大(政経)(文)14，上智大(文総外)13，明治大(文)(商)13，早大(文化)12，立教大(経法異)12，上智大(法外)11，東洋大(2/11)10，法政大(経社現)09，早大(文)08，明治大(文)08，専修大(全)08，慶応大(法)07，立教大(全)07，成城大(経)07

吾妻鏡
1180～1266年のことが叙述されており，鎌倉時代の史料問題に度々登場するので史料集を見ておくこと。宗尊親王が京都に到着するところで終わっているということから，この書に書かれていない史実はなにかという問題が出た。答えは（　宝治合戦　）であった。また，（　徳川家康　）が愛読したといわれている。
学習院大(文)14，立教大(異経法)14，早大(文化)13，学習院大(法)09・08，慶応大(法)09

百練抄	（ 冷泉 ）天皇から（ 後深草 ）天皇【亀山天皇即位】までを記した編年歴史書。 立教大(全)14
元亨釈書	（ 虎関師錬 ）の著。日本最初の仏教通史。
万葉集註釈	（ 仙覚 ）の著。『 仙覚抄 』ともいう。 立教大(全)11
禁秘抄	（ 順徳天皇 ）著の有職故実書。『 禁中抄 』ともいう。 津田塾大(学芸)11, 法政大(法文営)11
有職故実	有職故実の研究が貴族社会で盛んになったのは，権力を武士に奪われ，昔を懐かしむ後ろ向きさの表われと考えよ。そうすれば，記憶しやすい。よく出るのは承久の乱の関連で順徳天皇の『 禁秘抄 』と，南北朝の動乱の関連で北畠親房の『 職原抄 』である。 獨協大(国経法)13
金沢文庫	（ 北条実時 ）が開設。北条義時の孫にあたる。彼の時から金沢氏と名乗ったので，問題には北条実時とも金沢実時とも出るので注意。 国士舘大(2/1)14, 上智大(外総文)14, 東洋大(2/9)13, 東女大(文)11, 学習院大(法)10, 大東大(2/7)10, 学習院大(法)09, 東経大(全)09

《《芸術の新傾向》》 p.117-119

大仏様	（ 東大寺南大門 ）が代表的建築。1180年の平重衡による南都焼打ちで東大寺や興福寺が焼失した。東大寺は宋人の（ 陳和卿 ）の協力を得ながら（ 重源 ）が大勧進職となって再建された【（ 栄西 ）が重源とともに中国から帰国した関係から，栄西が2代目の大勧進職となった】。（ 周防国 ）が東大寺造営料国に指定され，ここから材木が東大寺造営のために運ばれたことが史料として出『 吾妻鏡 』，日本の材木は質がよく，重源は中国の阿育王寺舎利殿造営のため日本の木材を送ったことがあること【『 玉葉 』も指摘されている。平氏政権下の日宋貿易で日本からの主要輸出品として木材が挙げられているが【p.92注②】，鎌倉時代に入っても木材が中国に送られていたことがわかる。大仏様の説明として p.118の写真のキャプションをよく読んでおくこと。また，興福寺の再建に関しては，興福寺が（ 藤原 ）氏の氏寺である関係から，当時の藤原氏の氏の長者であった（ 九条兼実 ）を中心に実施された。特に南円堂の再建が有名である。この堂は，北家繁栄のもとを築いた（ 藤原冬嗣 ）創建であるため重視された。東金堂については，山田寺の薬師三尊像が衆徒によって奪取され本尊とされたこと，これが後の火災で破損し，本尊頭部が新しい本尊の台座に納められて1937年に発見され，これが（ 興福寺仏頭 ）と呼ばれていること，等を記憶せよ。興福寺に関しても出ることがある。また，院政期の六勝寺造営と，重源の勧進等による東大寺再建の理念の違いを説明する論述問題が出た。 センター14, 国士舘大(2/1)14, 駒澤大(2/6)14, 上智大(外総文)14, 早大(文化)14, 国士舘大(2/1)13, 駒澤大(2/6)13, 成蹊大(経)13, 法政大(文法営)13, 東大(前)12, 國學

第4章 中世社会の成立 71

院大(全)11，上智大(法外)11，立教大(2/12)11，駒澤大(文経)10，学習院大(法)(文)09，國學院大(全)09，成城大(文芸)09，専修大(全)09，学習院大(文)08，成城大(経)07

禅宗様　（　円覚寺舎利殿　）が代表的建築。室町期北山文化の（　金閣　）や東山文化の（　銀閣　）の一部に取り入れられていることも重要。これについてもp.118の写真のキャプションをよく読んでおくこと。
上智大(外総文)14，センター10，國學院大(全)09，センター08，東洋大(経営)07

和様
折衷様　鎌倉時代は建築がポイントで，特に様式とセットで覚えておくことが必要である。
学習院大(経)11，明治大(商)11，國學院大(全)09，國學院大(全)07

奈良仏師　（　運慶　）・湛慶・快慶らがいる。東大寺（　僧形八幡神　）像【　快慶作】，東大寺南大門（　金剛力士　）像【　運慶・快慶　ら作】，興福寺（　無著　）（　世親　）像【　運慶　ら作】等の作品がある。国風文化期の（　定朝　）の流れを汲んでおり，本拠は興福寺である。運慶の父（　康慶　）は，上記「大仏様」で述べた興福寺復興で造像の中心となった。運慶の子が（　湛慶　）であって快慶ではないことは常識。興福寺の像になっている無著と世親は兄弟のインド僧である。快慶は（　安阿弥陀仏　）と号したので，彼の残した優美で親しみやすい仏像様式を（　安阿弥　）様という。快慶の東大寺僧形八幡神像が出た。
上智大(外総文)14，学習院大(文)13，駒澤大(2/6)13，獨協大(国経法宇)13，法政大(文法営)13・12，高経大(前)11，國學院大(全)11，早大(文)11，学習院大(文)09，成城大(文芸)09，専修大(全)09，成城大(経)07

似絵
頂相　似絵は個人の肖像画で（　藤原隆信　）（　藤原信実　）が代表的作家。頂相は禅宗僧侶の師僧の肖像画で，それを崇拝する習慣が生まれた。社会に写実的な肖像が出てきたことは注目される。院政期の絵巻に登場する貴族たちが引目鉤鼻で個性がないのは写実的に絵を描かれると魂が抜けるという迷信に基づいているからであるといわれる。そこから抜け出す精神が育ったということか。藤原信実の（　後鳥羽上皇　）像が出た。
中央大(法)(文)14，青学大(文教)13，慶応大(法)13，国士舘大(2/1)13，駒澤大(2/6)13，獨協大(国経法)13，早大(文)13，法政大(法文営)12，高経大(前)11，成城大(文芸)11，センター10，成城大(文芸)09，専修大(全)09，成城大(経)07

絵巻物　円伊の『　一遍上人絵伝　』は文化の問題としてでなく，産業の発達の問題として，よく図版で登場する【本書p.65「三斎市」参照】。高階隆兼の『　春日権現験記　』のほか，『北野天神縁起絵巻』，『平治物語絵巻』，『後三年合戦絵巻』も出た。（　蒙古襲来絵巻　）は，（　肥後　）国の御家人（　竹崎季長　）の蒙古襲来時の活躍を描く。また，蒙古襲来時の御恩奉行であった（　安達泰盛　）も登場するし，元軍の兵器であった（　てつはう　）が描かれているのでそれも出ることがある。（　男衾三郎絵巻　）は，地方武士の生活を描いていて，史料となる。笠懸の図はよく使われる。もう一つ『犬追物図屛風』の犬追物も見ておく必要がある。
国士舘大(2/1)13，上智大(法)09，専修大(全)09，センター08，青学大(文)07，慶応大(法)07，立教大(法)07

青蓮院流	（　尊円入道親王　）【　尊円法親王　】は伏見天皇の皇子で（　天台座主　）となった。 上智大(外総文)14, 駒澤大(2/6)13, 早大(文化)13
刀工	備前（　長光　），京都（　藤四郎吉光　），鎌倉（　正宗　）ら。越中（　郷義弘　）や伯耆（　大原安綱　）【平安期】も出た。 上智大(外総文)14, 聖心女子大(文)11, 専修大(全)09
瀬戸焼	有田・薩摩・萩・平戸・高取など江戸期の陶芸と区別が必要な問題が出た。瀬戸焼は，（　得宗　）家の領地に組み込まれて発展したという。他に（　常滑焼　）も出た。 学習院大(法)14, 武蔵大(全)14, 早大(法)14, 東洋大(2/9)13, 津田塾大(学芸)12, 國學院大(全)11, 法政大(法文営)08, 成城大(経)07

第4章　中世社会の成立

第5章 武家社会の成長

1 室町幕府の成立

《鎌倉幕府の滅亡》 p.120-121

持明院統
大覚寺統

院政の開始は、直系の後宇多天皇が即位した亀山上皇の方が早く、後深草上皇が亀山上皇に代わって院政を開始したのは、直系伏見天皇が即位した後である【p.120の系図で確認せよ】。両統迭立を幕府が裁定したのが（ 1317 ）年で（ 文保の和談 ）と呼ばれること、大覚寺統の経済基盤が（ 八条院領 ）、持明院統の経済基盤が（ 長講堂領 ）であること、（ 後嵯峨 ）天皇の後に分かれたこと、最初の両統の天皇名が持明院統＝（ 後深草 ）天皇、大覚寺統＝（ 亀山 ）天皇、合一時の天皇持明院統＝（ 後小松 ）天皇、大覚寺統＝（ 後亀山 ）天皇であったこと、等が出ている。また、後醍醐天皇の子（ 義良 ）親王が、後醍醐没後に後村上天皇になったという難問が出た。親王名を記憶するのは大変だが、後醍醐の次に後村上というのは、後醍醐天皇が（ 延喜・天暦 ）の治を理想としたこととの関連で記憶するとよい。

学習院大（経）14、成蹊大（経）14、学習院大（文）13、上智大（文経法）13、中央大（文）13、早大（教）13、東洋大（2/8）12、立教大（経法異）12、成城大（経）11、聖心女子大（文）11、東洋大（2/8）11、日女大（文）11、法政大（法文営）11、國學院大（全）10、上智大（文法総）10、中央大（文）10、明治大（商）10、上智大（文法総）（経神）09、明治大（政経）09・08、専修大（文）08、早大（文）（社）08、東洋大（文）07、獨協大（経法）07

長崎高資

執権（ 北条高時 ）のもとで権勢を振るっていた。

学習院大（法）13

後醍醐天皇

大覚寺統初代の（ 亀山 ）天皇の孫。1324年（ 正中の変 ）失敗、1331年（ 元弘の変 ）失敗。翌年、後醍醐天皇は（ 隠岐 ）に流刑。鎌倉幕府は持明院統の（ 光厳 ）天皇を擁立。（ 護良親王 ）（ 楠木正成 ）ら倒幕運動開始。後醍醐天皇、隠岐を脱出して倒幕の呼びかけ。幕府軍の京都派遣指揮官（ 足利高氏 ）【後に 尊氏 】が（ 六波羅探題 ）を攻撃して反幕府軍に協力。関東で挙兵した（ 新田義貞 ）が鎌倉を攻め、幕府を滅ぼす。鎌倉幕府滅亡に至る戦いについて出た。鎌倉幕府崩壊前後に成良親王が鎌倉へ下向している【 鎌倉将軍 】。このとき彼を奉じたのは左馬頭（ 足利直義 ）であった。史料として出された『 梅松論 』に出てくる。足利直義が鎌倉を攻めた点は出された。また、江戸時代に楠木正成の戦法が、軍学【これを（ 楠 ）流軍学という】として広められたことが出た。後醍醐天皇が、①禅宗と宋学に強い影響を受けた。②大内裏造営を計画し、20分の1賦課を企図したとある【p.121注①には、「銅銭・紙幣を発行しようとした。」とある】。

東経大（2/9）14、慶応大（商）13、早大（政経）13、法政大（法文営）12、早大（商）12、成城大（経）11、聖心女子大（文）11、日女大（文）11、法政大（法文営）11、学習院大（経）10、國學院大（全）10、上智大（文法総）10、中央大（文）10、明治大（商）10、早大（文）10、学習院大（経）09・08、聖心女子大（文）09、國學院大（全）08、専修大（文）08、中央大（文）08、明治大（政経）08、早大（社）08

74　第Ⅱ部　中世

《建武の新政》 p.121-122

建武政権

建武の新政全般について出ている。(記録所)が最初に(後三条)天皇によって設置されたこと【記録所の変遷については，本書p.48-49「記録所」参照】，(国司)と(守護)の併置，出先機関の室町幕府との違い等がよく出る。東北地方は(陸奥将軍府)→(奥州)探題・(羽州)探題，鎌倉は(鎌倉将軍府)→鎌倉府【鎌倉公方】である。陸奥将軍は(義良)親王，鎌倉将軍は(成良)親王。『梅松論』では「 尊氏なし 」という言葉が出てくる。尊氏が建武政権で要職に就いていないことをいったものであることが出た。新政権の混乱を描き出した「二条河原落書」が史料で出て，謀(綸旨)が問われた。その史料＝『 建武年間記 』も出た。

青学大(2/7)14，学習院大(文)14，慶応大(商)13，中央大(文)13，早大(国)(文化)13，明治大(文)12，早大(商)12，東洋大(2/8)11，日女大(文)11，法政大(法文営)11，センター10，学習院大(経)10，上智大(文法総)10，明治大(商)10，学習院大(法)09，上智大(文法総)(経神)09，聖心女子大(文)09，中央大(文)09，東洋大(文)08，早大(文)08，センター07・06，國學院大(全)07

雑訴決断所

(引付)を受け継ぐ。鎌倉幕府から室町幕府までの裁判担当機関の変遷を理解するとよい。ポイントは問注所と引付。頼朝時代には，将軍のもとに問注所が置かれていたが，(評定衆)が置かれると問注所はそのもとに入った。(北条時頼)によって引付が置かれると，引付も評定衆のもとに入り，問注所＝雑務沙汰，引付＝所務沙汰というように職務を分担したが，次第に引付の役割が重きを置かれるようになった。建武政権はこの引付を受け継いで雑訴決断所を裁判機関として設置した。室町幕府が誕生して制度が整ってくると，(管領)のもとに置かれた評定衆のもとに引付が置かれた。p.126の中央の機構図には，問注所が書かれていないが，問注所も復活した。ただし，裁判機関ではなく，記録文書の管理が主な職務といわれ，重要度は低い。教科書によっては機構図に示されている場合もある。

明治大(文)12

中先代の乱

足利氏からみて，北条氏は先代であり，高時の子(北条時行)は中先代であった。乱は(信濃)で挙兵，鎌倉を占領したが，尊氏軍に鎮圧された。尊氏は建武政権の帰京命令を無視して鎌倉に留まり，尊氏軍を追討するため関東に下ってきた新政府軍を箱根(竹ノ下)の戦いで破ってそのまま上洛し，京都を制圧した。上洛した尊氏軍を追尾したのは東北の新政府軍をまとめていた(北畠顕家)であった。教科書には登場しない事項もあるが，出ることがあるので注意。

神奈川大(2/6)13，慶応大(商)13，上智大(文経法)13，法政大(法文営)12，明治大(法)12，成城大(経)11，明治大(商)10，学習院大(法)09，上智大(文法総)09，東洋大(文)09，学習院大(経)08，國學院大(全)08，明治大(政経)08，獨協大(経法国)07

《南北朝の動乱》 p.122-123

建武式目

1336年，足利尊氏は京都を制圧。後醍醐天皇は，(大和)【吉野(奈良県)】に移って対抗。持明院統の(光明)天皇を擁立【北朝】。建武式目を出す。建武式目は，第1項で幕府の所在地について，第2項で基本政策について，尊氏の諮問に答える形式で記されている。答えたのは(中原【二

第5章 武家社会の成長 75

階堂】是円　)【中原章賢】らである。この式目が鎌倉幕府の(　御成敗式目　)と同様に武家の法であるような誤解を利用した問題が出るので注意。第2項では第一に、「　倹約　を行わるべき事」があり、「近日、(　婆佐羅　)と号して専ら過差を好み、綾羅錦繡・精好銀剣・風流装飾、目を驚かざるはなし。」としている。ばさら大名は、伝統を無視した服装や振る舞いをする大名のことで、近江の佐々木高氏がその代表例。(　京極導誉　)(　佐々木導誉　)という名が出たが、これは佐々木高氏の別称であり、同一人物である。ばさら以外では、守護には力量のある武士を充てるべきとの記述があることも出題された。「近くは(　義時・泰時　)父子の行状を以て近代の師」とすることが書かれていると出た。この式目が17カ条であることも記憶しておいた方がよい。なお、室町幕府の成立の時期として、この建武式目の制定とするのが一般的である。

成蹊大(経)14、神奈川大(2/6)13、慶応大(商)13、上智大(文総法)13、日本大(法)13、早大(政経)13、法政大(法文営)12、明治大(法)12、成城大(経)11、東洋大(2/8)11、法政大(文経人)11、法政大(法社)10、明治大(商)10、上智大(経神)09、東女大(文理文系)08、東洋大(文)08、日本大(文理)08、慶応大(法)07、獨協大(法経国)07

北畠親房　(　伊勢神道　)の影響を受け、『　神皇正統記　』を著して、南朝の正統性を主張。この書が書かれたのが(　常陸　)国であったことがよく出る。この書は、南北朝期に限らず史料問題となるので、史料集該当部分はよく見ておくこと。子(　北畠顕家　)の活躍もたびたび出る。

高経大(前)11、上智大(文法総)11、聖心女子大(文)11、早大(商)11、センター10、明治大(政経)08

南北朝の戦い　南北朝の戦いが詳しく出たのでまとめておこう。
　　1336年　(　湊川　)の戦い　楠木正成戦死
　　1338年　新田(　義貞　)、北畠(　顕家　)それぞれ戦死
　　1339年　後醍醐天皇没
　　1348年　(　四条畷　)の戦い　楠木(　正行　)戦死
　　1354年　(　北畠親房　)【『神皇正統記』著者】没
史料問題で征東将軍=(　宗良　)親王【出題史料にはこうあるが宗良親王=征東将軍は不確かなので設問にされなかったのだろう】に対し、征西将軍=(　懐良　)親王を答えさせる設問があった【両親王は後醍醐天皇の子】。南朝勢力は懐良親王を中心に、九州に勢力を持っていた。(　菊池　)氏が南朝側についたのが大きかった【時代は大きく下るが、天皇機関説問題で美濃部達吉批判の口火を切った貴族院議員(　菊池武夫　)は、この氏の子孫である】。しかし、(　今川貞世【了俊】　)が九州探題として幕府から派遣されると親王も大宰府を追われ、九州でも南朝は勢力を失った。

学習院大(経)13、法政大(法文営)12、明治大(商)10、早大(社)08

観応の擾乱　このあたりの史料として『太平記』から出題されており、史料中に「高倉殿」「禅門」とあるのは誰かという問題が出ている。これは足利(　直義　)のことである。また、尊氏の子直冬が直義の養子となって直義派として活動したことが出ている。直冬は(　長門　)探題として赴任している。こうした戦いが継続した背景には、鎌倉時代後期から惣領制が解体し、嫡子の(　単独　)相続が一般的になったことを説明させる問題も出た。

センター14、学習院大(法)(文)13、駒澤大(2/7)13、法政大(法文営)12、立教大(経法異)

12，上智大（神総法外）11，成城大（経）11，中央大（文）11，東洋大（2/8）11，学習院大（経）10，早大（文）10，学習院大（法）09，上智大（文法経）09，法政大（文法総）（法社人）09，中央大（文）08，東女大（文理文系）08，明治大（政経）08

今川貞世　　足利義満が今川貞世を（　九州探題　）として派遣。この派遣の背景には当時の管領（　細川頼之　）の彼に対する信任があった。1371年九州の南朝勢力は彼の活躍で制圧された。しかし，貞世は細川頼之の失脚とともに九州探題を解任されている。彼は『　太平記　』を批判した『　難太平記　』の著者でもある。このことも出る。九州探題は，室町幕府が九州の行政・軍事統轄と南朝制圧のために置いた。鎮西探題ともいうが，この呼称は，鎌倉幕府が置いたものと同じであるので，普通は九州探題を使う。『太平記』を題材としてこの時期を詳しく扱った出題もある。
　　　　　　学習院大（法）14，東女大（文理文系）08，早大（商）08，学習院大（全）08

《守護大名と国人一揆》 p.123-124

半済令　　　軍費調達のために，守護に一国内の荘園・公領の年貢の半分を徴発する権利を与えた。半済令の「　観応　」「　本所　」「　兵粮料所　」等の語句を覚えよ。初めて出された1352年は尊氏の時である。最初の半済令は（　近江　）（　美濃　）（　尾張　）の３国に限定して１年限りで出されたが，次第に全国に広がり永続化した。この３国は重要で，半済令が出たら必ずといってよいぐらい問われる。この３国の現都道府県名が出たこともある。また，（　応安　）半済令以降，土地を分割するようになったことが出題された。
　　　　　　センター14，聖心女子大（文）14，中央大（文）14，青学大（営）13，國學院大（2/3）13，上智大（文総法）13，早大（文）13，上智大（神総法外）11，成城大（経）11，東洋大（2/8）11，國學院大（全）09，明治大（法）09，青学大（経）08，早大（商）08

守護請　　　荘園や公領の領主が年貢徴収を守護に請け負わせるもの。
　　　　　　上智大（経）11，東洋大（2/8）11，法政大（経社現）09，センター08

国人一揆　　国人たちが一揆を結んで守護から独立している地方もあった。

《室町幕府》 p.124-127

南北朝の合体　（　足利義満　）により，北朝【　持明院統　】の（　後小松　）天皇に統一された。南朝側で皇位を放棄した天皇は誰か＝（　後亀山　）天皇。勘合貿易が開始されたときも合体後の後小松天皇であった。義満が幼い頃，管領（　細川頼之　）が執務したが，後に（　斯波義将　）らと対立し失脚した。義満の妻は後小松天皇の名目上の母の地位【＝　准母　】を与えられ，義満に（　太上　）天皇宣下を与える動きがあった。これは４代将軍（　義持　）が辞退した。義満が前内大臣（　阿野実為　）に出した文書が史料問題によく出される。
　　　　　　学習院大（法）（文）13，上智大（文総法）13，東洋大（2/8）12，立教大（経法異）12，上智大（文法総）10，日本大（商）10，早大（商）10，青学大（文）09，上智大（文法経）（経神）09，早大（社）09

京都の施政権獲　合体により義満はこれまで朝廷が保持していた権限を幕府の管理下に置い

第５章　武家社会の成長　　77

得	た。その代表例が京都の施政権で，内容は（ 警察 ）権，（ 民事 ）裁判権であった。商業課税の対象は，（ 酒屋 ）（ 土倉 ）等である。これを背景に，京都の室町に（ 花の御所 ）が営まれ，室町幕府という名称の由来となった。 成蹊大(経)14, 國學院大(全)10, 上智大(文法経)09, 上智大(経神)09
土岐康行の乱	土岐康行は美濃国の武士で，美濃・尾張・伊勢の守護。尊氏と結んで有力となったが，討伐された。 早大(商)14, 東洋大(2/9)12, 法政大(文営人)11, 専修大(文)08, 東洋大(文)08
明徳の乱	六分の一衆（ 山名氏清 ）を滅ぼす。 中央大(文)14, 東洋大(2/9)12, 上智大(神総法外)11, 中央大(文)11・10, 國學院大(全)10, 早大(商)10, 学習院大(法)09, 上智大(文法経)09, 成蹊大(経)09, 東洋大(文)08, 明治大(政経)08
応永の乱	これが3代鎌倉公方（ 足利満兼 ）と（ 大内義弘 ）が（ 堺 ）で起こしたものと説明している問題がある。大内義弘が当時朝鮮貿易の実権を握っており，それに対し義満が幕府による外交権の独占を図っていたことが乱の背景にあるといわれる。また，（ 今川貞世 ）が，南北朝の戦いで満兼と協力して九州を制圧した経過から乱への関与を疑われたともいわれている。なお，貞世は明徳の乱で幕府側であったと指摘する問題もある。 学習院大(法)(文)14, 中央大(文)14, 東洋大(2/9)12, 中央大(文)11, センター10, 早大(商)10, 学習院大(法)09, 上智大(文法経)09, 早大(社)09, 國學院大(全)08, 専修大(文)08
管領	将軍の補佐，中央機関の統轄，諸国守護への将軍命令の伝達等を行った。（ 細川 ）（ 斯波 ）（ 畠山 ）3氏から交代で就任したので，三管領と呼ばれた。各家は足利氏一門であり，血統による序列は斯波・畠山・細川の順である。畠山氏は，（ 畠山重忠 ）父子の死【北条時政の命による義時の攻撃で】によって血統が途絶えた後，重忠の夫人【北条時政の娘】と足利義純が婚姻して義純が畠山氏の名跡と領地を嗣いだので足利一門となった。管領は南北朝期には高師直ら尊氏の家人が勤めていたが【北条得宗家と内管領の関係を想起せよ】，幕府の職制が整うとともに重職となり，足利一門の3氏が務めるようになった。 センター14, 法政大(2/8)14, 上智大(文総法)13, 東洋大(2/9)12, 東大(前)11, 法政大(文営人)11, 青学大(総社)09, 明学大(全)08, 早大(社)08
四職	侍所は京都内外の警備，刑事裁判を行う。長官は（ 赤松 ）（ 一色 ）（ 山名 ）（ 京極 ）四氏が交代で務める【四職と呼ばれる】。侍所長官の職名は，鎌倉幕府＝（ 別当 ），室町幕府＝（ 所司 ）である。所司は，鎌倉幕府侍所では次官の名称であった。得宗専制政治期には得宗の御内人がこの次官職を独占するようになった。室町将軍が鎌倉将軍の権威のみならず北条得宗家の権力を吸収した結果，このような職名になったと考えられる。 東経大(2/9)14, 法政大(2/8)14, 東洋大(2/9)12, 青学大(文)09, 学習院大(経)09

守護	在京して幕府に出仕するのが原則。領国は（ **守護代** ）に統治させる。①幕府の運営や政策決定に参画した守護の共通の特徴、②今川、上杉、大内らの守護が在京を免除されることが多かったのはなぜか、といった問題が出た。①では、細川・斯波・畠山・一色が足利氏一門であったこと、赤松・京極は尊氏とともに鎌倉幕府の六波羅探題と戦うなど足利と縁が深いこと、が特徴といえよう。②では今川・上杉所領が鎌倉公方【幕府と対立傾向が強い】と接しており、鎌倉公方及び東国への牽制のため在国の必要が高かったこと、大内氏は九州での備えが期待されていたこと、等がポイントである。p.126には「また一般の守護も領国は守護代に統治させ、自身は在京して幕府に出仕するのが原則であった。」という文があるが、②のような実態を踏まえて「原則」という言葉が入っているのであって、「すべての守護が在京した」旨の文章であれば誤文だということに注意したい。室町期の守護の権限を50字でまとめる論述問題が出た。近畿地方周辺の守護は、ほとんど足利一門で固められていて、そうでないのは（ **山名** ）氏くらいだということが出た。また、（ **武田** ）氏や今川氏が守護から戦国大名となったことが出た。守護の権限としては、鎌倉時代からの大犯三カ条に加えて（ **刈田狼藉** ）を取り締まる権利、幕府の判決を強制執行する権利＝（ **使節遵行権** ）等があった。 立教大（異経法）13，東大（前）11，学習院大（経）10・09，明学大（全）10，國學院大（全）09，成蹊大（経）09，法政大（経社現）（法文営）09，明治大（法）09，センター08，青学大（経）08，中央大（文）08
奉公衆	将軍の警備、（ **御料所** ）の管理が職務。 法政大（2/8）14，中央大（文）13，センター08，専修大（文）08，早大（社）08
鎌倉府	幕府の機構同様で、その最高位として（ **鎌倉公方** ）が存在【足利尊氏が子の **基氏** を任命して以来】。（ **関東管領** ）【 **上杉** 氏の世襲】が補佐。 センター14，法政大（2/8）14，早大（文）12，上智大（神総法外）11，上智大（法外）10，中央大（文）10，明治大（政経）08
九州探題	初代には九州の南朝勢力平定に力のあった（ **今川貞世** ）が就任。 明学大（全）10
奥州探題	奥羽地方の軍事民政を担当。後に（ **羽州探題** ）が分離。
御料所	御料所の管理は（ **奉公衆** ）があたる。 センター08
酒屋役 土倉役	京都で高利貸を営む土倉・酒屋に対し課された。この賦課は、酒屋・土倉から（ **納銭方** ）を選んで徴収させていたが、次第にその倉で出納することになった。この倉のことを（ **公方御倉**【くぼうおくら】 ）という。 神奈川大（2/6）14，國學院大（2/2）13，早稲田大（文）09
段銭	段銭とは、天皇の即位、内裏造営、幕府の行事などの際に臨時に課された税で、一国平均役として田地一段毎に課された。

第5章　武家社会の成長　79

	上智大(文法経)09
関銭・津料 棟別銭	交通の要所に関所を設けて徴収。幕府・寺院・公家・土豪が課したので、非常に多くの関所が設けられた。 学習院大(文)(経)13, 上智大(経神)09

《東アジアとの交易》 p.127-129

建長寺船 天龍寺船	1325年、鎌倉幕府が建長寺の修造資金を得るため建長寺船を派遣。1342年に足利尊氏が、天龍寺の造営資金を得るために天龍寺船を派遣した。派遣した中国の王朝はともに（ 元 ）である。博多の商人が運行し、損益に依らず室町幕府に銭5000貫を納入する約束であった。目的は（ 後醍醐天皇 ）の慰霊のため。勧めたのは、（ 夢窓疎石 ）。また、足利尊氏ではなく、（ 足利直義 ）が派遣したと書く史料もある。たいてい建長寺船・天龍寺船は一緒に出る。（ 九条道家 ）が建立した東福寺を修築するため1323年に派遣された東福寺船が、1976年になって新安沖で発見された。これを（ 新安沈船 ）という。 センター14, 上智大(文法)14, 青学大(2/7)13, 学習院大(経)13, 国士舘大(2/1)13, 上智大(総外法神)(文総法)13, 東経大(2/9)13, 早大(国)13, 上智大(神総法外)11, 法政大(法社)(法文営)11, 早大(法)(文)11, 青学大(営)10, 法政大(文営人)10, 首都大(前)09, 上智大(経神)09, 東経大(全)09, 東洋大(2/8)09, 獨協大(国経法)09, 立教大(2/12)09, 学習院大(経)08, 中央大(経)08, 法政大(法文営)07
倭寇	前期倭寇は13～15世紀にかけて（ 対馬 ）（ 壱岐 ）を根拠地とし、朝鮮・山東半島に侵攻し米・人等を掠奪。（ 足利義満 ）の倭寇鎮圧と勘合貿易開始で下火となった。この沈静化は、幕府の九州制圧とも関連している。後期倭寇は15世紀後半～16世紀末にかけての幕府権力衰退と勘合貿易中止を背景に活発化。明人・ポルトガル人も加わり、華南を襲い、銭や生糸を掠奪した。倭寇の活動に関する60字の論述問題が出ている。 関東学院大(2/5)14, 上智大(文法)14, 武蔵大(全)14, 明治大(法)11, 首都大(前)09
勘合貿易	（ 朱元璋 ）が明を建国した1368年は、（ 足利義満 ）が将軍に就任した年でもあると出た。義満は1394年将軍を辞し太政大臣となるが、その年のうちに太政大臣も辞している。したがって1401年、義満が明に使者を派遣して正式に国交を開いたとき義満は将軍でも太政大臣でもない。正使は僧の（ 祖阿 ）、副使は博多商人の（ 肥富 ）であることはよく出る。肥富は「筑紫の商客」として有名だった。義満は、このとき国書で自らを（ 日本准三后某 ）と称した。この史料は瑞溪周鳳の『 善隣国宝記 』で史料問題としてよく出る。史料中の「准三后」の意味も理解せよ。明の皇帝は義満を（ 日本国王源道義 ）【義満は出家後「道義」と名乗った。】と記し、以降、将軍から明の皇帝に送る公文書は、将軍を（ 日本国王臣源 ）と記した。この表記そのものも試験に出ている。ある問題では史料中の「海島に漂寄せる者、幾許人を捜し尋ねてこれを還す。」の意味を「倭寇による捕虜を送り返す。」としているが、選択肢をただ「漂流民」としている問題もある。後者同様に解する史料集が多い。また、国交をひらくにあたり明は暦を義満に与えたが、この暦は（ 大統 ）暦であった。暦を受け取ることは、服属することを認める象徴的行為である。貿易は勘合という証票【割符】を持参したので勘合貿易と呼ばれる。明→日本は、（ 日字勘合 ）、日本→明

80　第Ⅱ部　中世

は，(本字勘合)である。査証が(寧波)で行われたこと，交易は主に(北京)で行われたこと，が出題されている。1411年(足利義持)が，朝貢形式に反対して日明貿易を一時中断，1432年(足利義教)が再開した。義満時代は，幕府の直営船が多いが，次第に名義船が多くなった。幕府・守護大名・興福寺大乗院などの大寺院の名義で請負商人が運行した。請負商人は幕府に利益の十分の一を(抽分銭)として上納した。守護大名と商人との関係が出た。また，貿易港としては(博多)と(堺)以外の(兵庫)(尾道)(坊津)があることが出た。輸出入品を覚えよ。輸出は(刀剣)(槍)(鎧)の武器・武具類，(扇)(屏風)等の工芸品，(銅)(硫黄)等の鉱産物である。輸入品は(銅銭)(生糸)(高級織物)(陶磁器)(書籍)(書画)等で，物品は(唐物)と呼ばれた。

関東学院大(2/5)14，上智大(文法)14，中央大(文)14，武蔵大(全)14，早大(法)(文)14，学習院大(経)13，上智大(総外法神)13，日女大(文)13，明治大(文)13，立教大(文)13，早大(国)(文化)13，慶応大(経)12，中央大(文)12，津田塾大(学芸)12，東洋大(2/8)12，学習院大(文)11，國學院大(全)11，上智大(新道法外)11，中央大(経)11，青学大(営)10，上智大(法外)10，中央大(文)10，法政大(経社スポ)10，早大(商)10，首都大(前)09，学習院大(法)09，上智大(経神)(文法総)09，成城大(文芸)09，中央大(経)09・08，東洋大(2/8)09，立教大(2/12)09，早大(社)09，慶応大(文)08，拓殖大(全)08，東洋大(営)08，獨協大(国経法)08，上智大(経神)07，法政大(法文営)07

寧波の乱

勘合貿易は，幕府の衰退にともなって，(堺)商人と結ぶ(細川)氏，(博多)商人と結ぶ(大内)氏が有力となっており，両者が中国の寧波で衝突した。この結果，大内氏と博多商人が貿易を独占したが，1551年大内義隆が家臣の(陶晴賢)に襲われ，自害して大内氏は滅亡し，勘合貿易も途絶えたことが出た。

成城大(経)14，早大(商)14，学習院大(経)13，上智大(総外法神)13，東経大(2/9)13，青学大(営)10，法政大(文営人)10，学習院大(法)09，東洋大(2/8)09，立教大(2/12)09，東洋大(営)08，獨協大(国経法)08，早大(教)08

李成桂

倭寇撃退で名声を得，1392年，(高麗)を倒し朝鮮を建国。彼が対した倭寇は(前期)倭寇である。

関東学院大(2/5)14，学習院大(経)13，國學院大(全)11，成蹊大(経)11，法政大(法社)11，明治大(法)11，法政大(文営人)10，東洋大(2/8)09，早大(社)09，中央大(文)08，獨協大(国経法)08，立教大(全)07

日朝貿易
宗氏

14世紀末〜15世紀初めに国交が開かれ日朝貿易開始。日明貿易と違って，はじめから幕府だけでなく，(守護)(国人)(商人)が参加して盛んに行われたので，朝鮮側は統制を求め，対馬の(宗)氏と1443年(癸亥約条【嘉吉条約】)を締結した。その結果，船数を年間(50)隻に限定し，宗氏が(文引)と呼ばれる通交許可証を発行して貿易が行われた【文引発行が正式に決まったのは1438年】。「15から16世紀に続いた日朝貿易では，対馬の守護である宗氏が，朝鮮への日本からの通交を統制する権限を与えられていた。」を適切な文として選ぶ問題が出たが，教科書では宗氏は，島主や藩主【江戸期】と表現されるが守護と書かれることが少ないので，迷いを生じさせる問題である。宗氏は，対馬における少弐氏の守護代，その解任の後は九州探題(今川)氏の守護代となったが，同氏解任後に対馬の守護に昇格した。

第5章 武家社会の成長 *81*

	学習院大(経)13，國學院大(全)11，東経大(現)10，上智大(文法総)(経神)09，中央大(経)09，慶応大(文)08，東洋大(文)08
応永の外寇	宗氏の当主が代わって倭寇が活発化したため，朝鮮は倭寇の根拠地と考えていた対馬を襲撃した。この事件後，日本側は（ 大蔵経 ）頒与を求めることを名目として使者を派遣，これへの回礼使が（ 宋希璟 ）で【大蔵経も持ってきた】あった。彼が日本で見聞したことを書き留めた紀行詩文集『 老松堂日本行録 』に（ 三毛作 ）の記事等が出てくる。史料問題によく出る。「応永の外寇により，日朝貿易は衰えた」とする誤文がよく出題されるが，「応永の外寇により一時中断が，16世紀まで活発におこなわれた。」【p.129】ことを確認しておこう。 成城大(経)14，学習院大(文)(経)13，上智大(総外法神)13，東経大(2/9)13，中央大(文)10，法政大(文営人)10，國學院大(全)09，上智大(法外経)07
倭館	朝鮮は，（ 富山浦 ）（ 乃而浦 ）（ 塩浦 ）の3港を開き，3港と（ 漢城 ）に倭館を置いた。豊臣秀吉による朝鮮侵略の後，江戸幕府が朝鮮との関係を回復したが，そのときの倭館設置場所と対比して覚えよう。 國學院大(全)11，中央大(文)10，國學院大(全)09，東洋大(文)08，獨協大(国経法)08
木綿	朝鮮から大量に輸入され，日本人の生活様式に変化をもたらした。国内での綿作普及は戦国時代以降【16世紀頃から三河地方で始まったらしい旨を示す問題文もある】であることが出た。貿易品目では，輸出は，（ 銅 ）（ 硫黄 ）等の鉱産物，（ 工芸品 ）や（ 蘇木 ）【＝赤色染料】，（ 香木 ）。輸入は，綿織物，（ 大蔵経 ）。輸出の蘇木，輸入の大蔵経がよく出る。琉球が貿易で手に入れた東南アジアの産物として，蘇木・胡椒が挙げられている。 学習院大(文)(経)13，上智大(総外法神)13，早大(文化)13，東洋大(2/8)12，國學院大(全)11，駒澤大(全)11，成蹊大(経)11，立教大(2/13)11，早大(社)09，獨協大(国経法)08
三浦の乱	1510年に発生。これにより日朝貿易は「しだいに衰えていった。」【p.129】この乱後，倭人居留地は廃止となった。 学習院大(経)13，中央大(文)10，上智大(文法経)09，中央大(文)08，東洋大(文)08

《琉球と蝦夷ヶ島》 p.129-131

琉球王国	1429年（ 尚巴志 ）が統一し建国。統一前は（ 北山 ）（ 中山 ）（ 南山 ）の三つに分かれて争っていた。（ 按司 ）と呼ばれる土豪が城【グスク と読む】を築いていたことが出た。明や日本と国交を結び，東南アジア諸国間の中継貿易で活躍。（ 首里 ）を首都とし，外港（ 那覇 ）が栄える。琉球は（ マラッカ ）海峡付近まで進出していたことが出た。（ 冊封 ）という語句を使用して明皇帝と琉球国王との関係を説明する論述問題が出た。首都と外港の地名が出た。明治初期の琉球処分まで見通して問題が出されている。この中継貿易はヨーロッパの（ ポルトガル ）によるアジア進出で衰えていったことが出た。『 おもろそうし 』【琉球王朝で編纂された全22巻の琉球歌謡集】も覚えよ。 関東学院大(2/5)14，津田塾大(学芸)14，学習院大(経)13，慶応大(経)(商)13，早大(教)

13，青学大（営）11，明治大（商）11，東経大（現）10，法政大（文営人）10，中央大（経）09，法政大（文営）09，獨協大（国経法）08，法政大（法文経営）07，立教大（全）07

蝦夷ヶ島 14世紀には（ 畿内 ）と（ 十三湊 ）を結ぶ日本海交易が盛ん。本州から移り住んだ人々が，津軽の（ 安藤【安東】 ）氏の支配下で（ 道南十二館 ）を中心に居住し，アイヌを次第に圧迫した。安藤氏は，北条得宗家の従者の出であり，15世紀半ばに八戸の（ 南部 ）氏に敗れた。また，館の一つ（ 志苔館 ）では三つの巨大な甕に入れた中国銭（北宋～明の洪武銭）が約38万枚【図表などでは374,000枚とある】発見されたと出た。独自の中国貿易が行われていたと考えられる。
上智大（外神総法）14，日本大（法）14，慶応大（商）13，関東学院大（2/5）12，青学大（営）11，立教大（法経異）11，学習院大（法）09，獨協大（国経法）08

コシャマインの蜂起 1457年に大首長コシャマインが蜂起，上之国（ 花沢館 ）館主の（ 蠣崎 ）氏【後の 松前 氏】が鎮圧。この蜂起を説明する論述問題が出た。蝦夷地では，その後もアイヌとの争いが続いたが，16世紀半ばに蠣崎季広が，アイヌとの講和を結んだ。これを（ 天文 ）の講和という。
駒澤大（2/7）14，津田塾大（学芸）14，日本大（法）14，慶応大（商）13，法政大（文法営）13，立教大（法経異）11，青学大（営）11，法政大（文営）09，獨協大（国経法）08

2　幕府の衰退と庶民の台頭

《惣村の形成》 p.131-132

惣村 村民は（ 惣百姓 ），会議は（ 寄合 ），規約は（ 惣掟 ）（ 村法 ）（ 村掟 ）【成文法として残っているものもあることが出た】，指導者は（ 長 ）（ 乙名 ）（ 沙汰人 ）等と呼ぶ。荘園や公領の内部に自然発生的に農民がつくり出した自立的・自治的な村である。村民が警察権を行使すること＝（ 自検断 ）または（ 地下検断 ）もあった。警察権だけなのか裁判権も備えるのかは問題が多い。裁判権が含まれる文が誤文とされた入試問題もあったし，裁判権を含む文が正文とされた模試もあった。他の選択肢に明確な正文・誤文がないかを見極めて判断するほかない。領主への年貢納入を惣村がひとまとめに請け負う（ 地下請 ）または村請・百姓請も広がっていった。祭祀集団である（ 宮座 ）も出た。惣村の有力者で守護等と主従関係を結んで武士化したものを（ 地侍 ）という。これも出る。
聖心女子大（文）14，法政大（2/8）14，明治大（営）14，立教大（文）14，早大（文化）14，関東学院大（2/5）13，立教大（異経法）13，上智大（経）11，中央大（文）10，学習院大（経）09，青学大（総経）08

一揆 村民がさまざまな要求で団結することを一揆を結ぶという。要求行動として荘園領主のもとに押しかける（ 強訴 ），耕作を放棄して他領や山林に逃げる（ 逃散 ）などもしばしば行われた。一揆の団結を示す言葉（ 一味同心 ）や（ 一味神水 ）が出た。後者は一揆を結んだ構成員が盟約と署名の書かれた起請文を焼き，それを神社の境内等にある神に供える水で溶いて全員で飲み回し団結を固めることである。また，この中世の惣村の

第5章　武家社会の成長　**83**

村民を惣百姓といい，彼らが一揆を結ぶが，歴史用語としての惣百姓一揆は江戸期の用語であり，この時期の一揆は（ 土一揆 ）と呼ぶので混乱しないように注意。強訴・逃散というのは中世から近世の初めのみで用いる言葉で，古代で用いる（ 浮浪 ）（ 逃亡 ）とは意味も含めてしっかり区別せよ。
法政大(2/8)14，明治大(商)14，関東学院大(2/5)13，上智大(経)11，立教大(文)09

《《幕府の動揺と土一揆》》　p.132-134

足利義教
永享の乱
（ 足利持氏 ）【1409～1439年鎌倉公方】は，4代将軍（ 足利義持 ）が子（ 義量 ）に将軍位を譲った頃から不穏な動きをしていたという。義量が1425年に没すると将軍空位のまま義持が再度政務を執るが，その義持が次期将軍を決めずに1428年に没したため，くじ引きで将軍が決められることになり，出家していた義教が還俗して6代将軍となった。このくじ引きを実施したのが管領（ 畠山満家 ）で，義教の代始めの正長の徳政一揆を鎮めたのもこの管領である。正長の徳政一揆の重要史料である『大乗院日記目録』で「官領之を成敗す」とある管領(官領)が満家であることを記憶していれば，問題史料中の「管領」も満家だとわかる仕組みの問題が出たが，難問であった。こうして6代将軍となった義教が，持氏を討ったのが永享の乱である。このときの関東管領である（ 上杉憲実 ）は（ 足利学校 ）を再興した人物である。この出来事以前に，鎌倉府では1416年に関東管領（ 上杉禅秀 ）【＝上杉氏憲】が反乱を起こし，幕府に鎮圧された事件があった。将軍義持の時である。
慶応大(文)14，中央大(経)14，学習院大(文)13，立教大(2/6)13，慶応大(文)12，中央大(文)12，東洋大(2/9)12，明治大(法)12，中央大(文)11，明治大(文)11，学習院大(法)10，上智大(法外)10，明学大(全)10・09，慶応大(文)09，上智大(経神)09，國學院(全)08

結城合戦
1440年（ 結城氏朝 ）が，持氏の遺子（ 春王丸 ）を擁して挙兵し鎮圧された。
中央大(経)14，学習院大(文)13，早大(商)13

嘉吉の変
1441年，足利義教が，（ 赤松満祐 ）により殺害された事件。『 看聞御記 』から史料問題が出ている。赤松満祐に対する幕府追討軍が京都を発った間隙をついて，嘉吉の徳政一揆が起こったと説明している問題がある。
神奈川大(2/6)14，中央大(経)14，慶応大(法)13，上智大(文経法)13，東洋大(2/9)13・12，早大(商)13，中央大(文)12，上智大(神総法外)11，センター10，東洋大(2/11)10，青学大(文)09，東海大(2/7)09，法政大(法社人)09，法政大(法文営)08

享徳の乱
結城合戦の後，足利持氏の子（ 足利成氏 ）が鎌倉公方となったが，彼も上杉氏と対立し，（ 上杉憲忠 ）【上杉憲実の子】を殺害し，乱が起こった。成氏は上杉勢の前に敗走して根拠地を下総国古河に置き，（ 古河公方 ）と称した。また，足利成氏討伐のため鎌倉公方として派遣された8代将軍（ 足利義政 ）の弟（ 足利政知 ）は鎌倉に入れず，伊豆堀越に留まり（ 堀越公方 ）と称した。
東経大(2/9)14，学習院大(経)13，慶応大(文)12，青学大(教)11，上智大(神総法外)11，中央大(文)11，上智大(法外)10，明学大(全)10，慶応大(文)09，東洋大(文)08，明学大(全)08

84　第Ⅱ部　中世

正長の徳政一揆
播磨の土一揆
嘉吉の徳政一揆

1428年正長の徳政一揆，1429年播磨の土一揆，1441年嘉吉の徳政一揆が起こった。徳政一揆は「代始めの徳政」を求めた土一揆である。正長の徳政一揆は（　足利義教　）の代始め，嘉吉の徳政一揆は（　足利義勝　）の代始めである。これら以後，幕府の出した徳政令のなかには（　分一銭　）を納入する代わりに徳政を認めたものも多かった。正長の徳政一揆に関してp.133の特集記事「柳生の徳政碑文」の内容が出題された。また，正長の徳政一揆の史料出典『　大乗院日記目録　』は重要。徳政・酒屋・土倉・寺院・管領等の史料中の用語が大切。この一揆を「成敗」した管領が出された。（　畠山満家　）である。この史料は（　尋尊　）によるものであるが，同人が記した『　大乗院寺社雑事記　』【山城国一揆の史料】と出典名が似ているので注意せよ。（　播磨　）の土一揆についての史料『薩戒記』のなかで出てくる「旧冬の京辺の如く蜂起」が正長の徳政一揆のことである，ということが出た。また，播磨の土一揆は守護（　赤松満祐　）【後に義教を殺害した人物】の家臣の国外追放を要求したもので，『薩戒記』には「侍をして国中あらしむからず」という言葉が記されている。この土一揆を鎮圧したのは守護赤松満祐である。嘉吉の徳政一揆については，『建内記』の史料問題が出た。この一揆は（　地侍　）が指導し，数万の規模で京都を包囲した。

センター14，成蹊大(経)14，法政大(2/8)14，明治大(商)14，立教大(文)14，早大(商)14，学習院大(経)13，慶応大(法)13，東洋大(2/9)13・12，早大(国)12，青学大(経)10，上智大(文法経)10，中央大(文)10，東洋大(2/11)10，日本大(商)10，法政大(経社現)10，早大(教)10，学習院大(経)09，東海大(2/7)09，法政大(文営)09，センター08，青学大(総経)08，日本大(文理)08，東洋大(文)08

《応仁の乱と国一揆》　p.134-136

応仁の乱

東軍・西軍の人物と対立関係を理解せよ。特に将軍家と山名氏・細川氏が大切。『応仁記』から史料問題が出た。畠山（　持国　）と細川（　勝元　）は，8代将軍（　足利義政　）の初期には交互に管領を務めていた。鹿苑院殿＝（　足利義満　），普広院殿＝（　足利義教　），（　後土御門　）天皇の大嘗祭等を押さえよ。応仁の乱で（　祇園祭　）が中断したことが出た。また，細川（　政元　）が，将軍足利義材【後の（　義稙　）】河内出陣中に足利（　義澄　）を将軍に擁立した（　明応　）の政変【1493年】が出た。応仁の乱に関する史料ではないが，慈照院殿＝（　足利義政　）も知っておこう。

神奈川大(2/6)14，慶応大(文)14，東経大(2/9)14，早大(国際)14，学習院大(文)13，上智大(文総法)13，聖心女子大(文)13，東洋大(2/9)13，津田塾大(学芸)12，立教大(全)12，早大(文)12，青学大(全)11，上智大(神総法外)11，聖心女子大(文)11，センター10，東洋大(2/11)10，日本大(商)10，法政大(経社スポ)10，青学大(総社)09，東海大(全)09，日女大(文)09，専修大(文)08，法政大(法文営)08，早大(商)08

足軽

p.134の図版『真如堂縁起』解説で「足軽は徒歩で軍役に服す雑兵のことで，軽装で機動力に富み，応仁の乱の頃さかんに活躍した」としている。（　一条兼良　）の『　樵談治要　』から，「此たびはじめて出来れる足がるは超過したる悪党也。其故は洛中洛外の諸社，諸寺，五山十刹，公家，門跡の滅亡はかれらが所行也」「土民商人たらん，在地におほせ付られて罪科有るべき制禁ををはれば，千に一もやむ事や侍べき」を引用し，一条兼良が足軽の素性と土一揆の関係を示唆していると書く問題や，ほぼ同じ史料を示して「足がる」を答えさせている問題があった。

慶応大(法)13，早大(商)13

山城の国一揆	応仁の乱後も南山城で(畠山)家が(畠山持国)の跡目問題で分裂して争っていた。当事者は，p.134の表にある畠山(義就)と(政長)両軍である。政長が問われた問題があった。綴喜・相楽・久世三郡の(国人)衆が，民衆をも集めて一揆を結び，両派を退去させて8年間該当地域を支配した。国人のなかから選ばれた(惣国月行事)が政務を執行したことが出た。史料『 大乗院寺社雑事記 』は重要でこの史料名を問う問題もあった。「国人」「土民」等の史料中の語句を記憶せよ。「本所領共は各本の如くたるべし」＝意味(本所が支配する荘園などはそれぞれ元通りの状態に戻す)という文章があることが出た。 明治大(商)14，慶応大(法)13，上智大(総外法神)13，中央大(文)13，早大(商)11，東洋大(2/11)10，法政大(経)10，明治大(法)10，東海大(2/7)09，東大(前)08，法政大(文営)08，明学大(全)07
加賀の一向一揆	浄土真宗(蓮如)の布教の結果，強力となった浄土真宗門徒が，国人と結んで，守護(富樫政親)を倒し，1世紀に渡って加賀国を支配した。史料『 実悟記拾遺 』が出て，その名称が問われた。加賀一向一揆は，他に『 大乗院寺社雑事記 』，『 蔭涼軒日録 』にも記載があり，どの史料が出るか分からない。加賀国の地図上の位置が問われた。 慶応大(法)13，法政大(文営人)13，立教大(異経法)13，聖心女子大(文)12，津田塾大(学芸)12，早大(法)11，青学大(経)10，國學院大(全)10，東洋大(2/11)10，法政大(経社現)10，東海大(2/7)09，東洋大(営)08，法政大(文営)08

《農業の発達》 p.136

灌漑 排水施設	農業については，鎌倉期と室町期の違いを理解しているかを問うために，紛れさせて正誤文問題等にしてよく出る。灌漑・排水設備は鎌倉期には書かれていない言葉である。 早大(社)11，中央大(法)11
二毛作の広がり 三毛作	二毛作が(関東)にも広がったこと，三毛作の米の裏作は麦と(そば)であることはともに重要である。この事項の史料は宋希璟『 老松堂日本行録 』である。彼は，幕府が(無涯亮倪)らを(大蔵経)を求めて朝鮮に派遣したことに対する回礼使として来日した【応永の外寇の事後処理も役割だったらしい】。著書はその見聞を漢詩文でまとめた紀行文。稲で(早稲)(中稲)(晩稲)が普及してきたことも出た。 青学大(2/13)14，明治大(営)14，成蹊大(経)13，関東学院大(2/5)12，聖心女子大(文)12，東洋大(2/8)12，慶応大(法)11，上智大(経)11，明治大(法)11，東女大(現)09，駒澤大(全)08，東洋大(文法営)08，上智大(外法総)07
肥料	(刈敷)・(草木灰)は鎌倉期からの肥料で，(下肥)が新登場。 日本大(商)14，成蹊大(経)13，東経大(2/9)13，早大(文化)12，中央大(法)11，國學院大(全)09，東女大(現)09，センター08，法政大(経社総)08，上智大(外法総)07
商品作物	鎌倉時代は(荏胡麻)を覚えよといったが，ここではたくさんある。 (苧)(桑)(楮)(漆)(藍)(茶)。 法政大(2/8)14，國學院大(2/2)13，上智大(外法総)07

《商工業の発達》 p.136-138

特産物
加賀・丹後の(絹織物)、美濃の(美濃紙)、播磨の(杉原紙)などが出た。ユネスコの無形文化遺産に登録された和紙のなかにも、本美濃紙【岐阜県美濃市】が入っているので注目しておきたい。(古式入浜)による塩作りも出た。
明治大(営)14, 國學院大(2/2)13, 東洋大(営)08, 法政大(経社総)08

六斎市
単に室町時代というのではなく、(応仁の乱)後に一般化したというのがポイント。鎌倉期は三斎市。旧課程版 p.128に出ている(草戸千軒町)も、地方の港町・市場町の例として出たことがある。
学習院大(経)14, 日本大(商)14, 東洋大(2/9)13, 東洋大(営)08, 上智大(外法総)07, 中央大(法)07

行商人
鎌倉期には行商人が登場したことが教科書に書かれているが、特定の歴史的名称はない。室町期に四つの名称(連雀商人)(振売)(大原女)(桂女)が出ていることに注意。「連雀」とは木製背負子のことである。大原女は、(薪)や炭を売った。桂女は鵜飼集団の(鮎)売り行商人。
上智大(経)11, 中央大(法)08, 法政大(経社総)08, 東洋大(営)08

見世棚
鎌倉期に登場するが、p.110に「京都・奈良・鎌倉などには…も出現した。」とある。室町期は「京都などの大都市では、見世棚をかまえた常設の小売店が一般化し」【p.137】とある。正誤文問題で出るところである。洛中洛外図屏風に様子が見える。
学習院大(経)14

特定産物市場
京都の(米場)、淀の(魚市)等。これは鎌倉期に登場しないことを確認せよ。ここの比較は江戸期とすること。江戸中期、享保の改革の頃の、大坂…(堂島)の米市場、(雑喉場)の魚市場、(天満)の青物市場。江戸…(日本橋)の魚市場、(神田)の青物市場である。混同しないように。
國學院大(2/2)13, 中央大(経)08

座
(供御人)【本所が天皇家(蔵人所)】、(神人)【本所が神社】の称号を根拠に関銭の免除・広範囲な販売独占権を認められた座もあった。(灯炉供御人)【本所は蔵人所】、(青苧)座【本所は三条西家】、(綿)座【本所は祇園社】、(絹)座【本所は興福寺】等も覚えよ。しかし、なんといってもよく出るのが大山崎の油座で、特に史料問題の場合はほとんどこれである。実はこの座の本所がはっきりしていない。p.137注②では、本所は(石清水八幡宮)とあるが、(大山崎離宮八幡宮)とする教科書もある。図説類のなかには、石清水八幡宮の末社である離宮八幡宮に属する座と解説しているものもある。最近の研究では、大山崎離宮八幡宮の成立よりも、油座成立の方が古いという説が出ており、よくわからない。入試問題としてはどう出るかわからないが、そういう事情であることを知っていると対応ができるだろう。山崎油座に関する史料は「(離宮八幡宮文書)」【史料の存在場所は本所が大山崎離宮八幡宮であることの根拠の一

第5章 武家社会の成長

つである】のものが出る。時の将軍は足利義持，沙弥とは，このときの管領の（　斯波義将　）である。

学習院大（法）14，学習院大（経）13，國學院大（2/2）13，東洋大（2/9）13，明治大（商）13，首都大（前）11，上智大（経）11，明治大（法）11，國學院大（全）09，東洋大（営）08，早大（文）09，駒澤大（全）08

撰銭　　粗悪な（　私鋳銭　）を取引にあたって廃除すること。商品流通が阻害された。それに対し，幕府・戦国大名は，撰銭令を出した。撰銭令は撰銭を推奨する命令ではなく，悪銭と精銭の混入率を決めて流通させたり，一定の悪銭の流通を禁止する代わりに，それ以外の銭の流通を強制したりして，商業活動の円滑化を図ろうとするものであった。史料の穴埋め問題が出たことがある。鐚銭は（　びたせん　）と読む。永楽銭のほか，明の初代皇帝の（　洪武　）銭が出た。

センター14，学習院大（経）14，成蹊大（経）14，津田塾大（学芸）14，日本大（法）14，法政大（2/8）14，武蔵大（全）14，早大（文化）14，神奈川大（2/6）13，首都大（前）11，学習院大（経）11，成城大（経）11，中央大（経）11，帝京大（1/31）11，明治大（商）11，法政大（文営人）10，千葉大（前）09，國學院大（全）08，駒澤大（全）08，中央大（経）08，東洋大（営）08，上智大（外法経）（経神）07，学習院大（法）07，中央大（法）07

酒屋　　酒屋などの富裕な商工業者は，土倉と呼ばれる高利貸業を兼ねる者が多かっ
土倉　　た。幕府はこれらを保護・統制するとともに，営業税＝酒屋役・土倉役を課した。

成蹊大（経）14，早大（国際）14，東洋大（2/8）12，東経大（全）10，國學院大（全）08，中央大（経）08，上智大（外法経）（経神）07

馬借　　商工業の発達の結果，大量の物資が運び込まれる京都への輸送路で運送業
車借　　者＝馬借・車借が活動した。また，兵庫・大津などの交通の要地では問屋
問屋　　が成立した。鎌倉期の問題文で「商品の保管や運送を請け負い，取り引きを仲介する（　問丸　）が現れ，遠隔地間の商品取引に活躍した。」とし，続く室町期の問題文では「（　問丸　）はやがて卸売商に専業化し（　問屋　）となった。」【元は記号空欄補充問題】としている。この変化を理解しておく必要がある。また，馬借の機動力が土一揆の口火を切ることが多かった点も出ている。当時，日本海を船で運ばれた荷は，若狭国（　小浜　）・越前国（　敦賀　）で陸揚げされ，琵琶湖を経て，大津や（　坂本　）【　比叡山延暦寺　の門前町】で再度陸揚げされた。馬借・車借はこのあたりを居住地として活動した，等が出ている。なお，藤原明衡『　新猿楽記　』に馬借の姿が描かれていることも指摘されている。

日本大（法）14，成城大（経）13，関東学院大（2/5）12，國學院大（2/3）12，早大（国）12，上智大（経）11，慶応大（法）09，東洋大（営）08，法政大（経社総）08，上智大（経神）07

3　室町文化

《室町文化》　p.139-140
《南北朝文化》　p.140

増鏡　　『増鏡』は源平の争乱以降を（　公家　）の立場から，『梅松論』は，足利氏の
梅松論　政権獲得の過程を（　武家　）の立場から叙述した。『増鏡』は四鏡の最後，

あとの三つは古い順から『 大鏡 』『 今鏡 』『 水鏡 』である。「四鏡の最後」が出た。
国士舘大(2/1)14，早大(文)12，上智大(文法総)11，聖心女子大(文)11，上智大(文総外)10，獨協大(国経法)10，慶応大(法)09

神皇正統記　（ 北畠親房 ）が，皇位継承の道理を（ 南朝 ）の立場から叙述した。（ 伊勢神道 ）【この創始者度会家行も南朝方を支援していた】の造詣が深く，その影響が著書にも大きい。他に有職故実書『 職原抄 』を著した。両著書とも南北朝の戦いの過程で，彼が（ 常陸国 ）で書いたことがよく出るし【特に『神皇正統記』】，『神皇正統記』は承久の乱に関する問題に史料としてもよく出る。
国士舘大(2/1)14，立教大(全)14，上智大(文総外)13，日本大(法)13，明治大(文)13，高経大(前)11，上智大(文法総)11，聖心女子大(文)11，東洋大(2/8)11，早大(商)11，上智大(文総外)10，聖心女子大(文)09，法政大(文営)09，明治大(政経)09・08

太平記　この書が天台宗の円観によって書かれ（ 足利直義 ）に提出されて，彼が天台宗の玄恵に点検させたとある。しかし，その後も自分の手柄を入れて欲しい武士たちによって補訂され，現在の形になったのは，14世紀末頃といわれている。九州探題（ 今川貞世 ）がこの書の不足不備を補うためと称して著わした書は，後世『 難太平記 』と名付けられている。
学習院大(法)14，武蔵大(全)14，国士舘大(2/1)13，早大(文)12，上智大(文法総)11，東洋大(2/8)11，上智大(文総外)10，獨協大(国経法)10，法政大(経社総)09，東女大(文系)08

連歌　武家・公家を問わず流行したことが，「 二条河原落書 」を例に出ている。
上智大(文総外)10

闘茶　武蔵大(全)14，獨協大(国経法)13，上智大(文法総)11，立教大(2/12)11，東経大(全)10

《北山文化》 p.140-142

北山殿
金閣　（ 足利義満 ）が京都北山に山荘をつくり，そこに建てた建築物。1397年建立。下層は伝統的な（ 寝殿 ）造，中層は寝殿造と（ 書院 ）造の折衷，上層は（ 禅宗 ）様の折衷。2・3層に金箔を貼る。この山荘は義満の死後，寺院となり鹿苑寺と称された。日明貿易開始時，義満と明の使者が会見したのがこの場所である。
成蹊大(経)14，武蔵大(全)14，明治大(商)13，学習院大(法)10，上智大(文総外)10，法政大(法文営)07

五山・十刹　足利義満の頃，（ 京都 ）と（ 鎌倉 ）に，南宋の官寺制度にならって整った。京都・鎌倉五山の上位に（ 南禅寺 ）【もとは亀山天皇の母の御所として設立された】が置かれた。五山の序列は創建年代によるのではない。京都五山の（ 建仁寺 ），鎌倉五山の（ 寿福寺 ）はともに（ 栄西 ）の開山であるから鎌倉初期の創建である。（ 相国寺 ）は足利義満の創建で政教一致の寺といわれる。幕府が官寺を管理させた僧録の初代は（ 春屋妙葩 ）である。妙葩は，（ 斯波義将 ）【細川頼之とライバル関係】と親しかったらしい。京都五山の東福寺は，（ 九条【藤原】道家 ）の創建で，

第5章　武家社会の成長　　89

（ 東大 ）寺と（ 興福 ）寺を範としておりこの名があること，鎌倉五山浄智寺は，鎌倉幕府評定衆であった北条宗政の菩提を弔うため夫人が創建したこと等も問題の説明として書かれたことがある。京都五山は（ 天龍寺 ）（ 相国寺 ）（ 建仁寺 ）（ 東福寺 ）（ 万寿寺 ），鎌倉五山は（ 建長寺 ）（ 円覚寺 ）（ 寿福寺 ）（ 浄智寺 ）（ 浄妙寺 ）。

学習院大(法)14, 成蹊大(経)14, 早大(国際)14, 青学大(2/7)13, 学習院大(法)13, 上智大(総外法神)(文総法)13, 明治大(商)13, 早大(国)(商)13, 立教大(2/12)11, 早大(文)11, 上智大(経)10, 獨協大(国経法)10, 明学大(全)10, 早大(社)10, 上智大(文法総)(経神)09, 専修大(全)09, 東女大(現)09, 獨協大(国経法)09, 立教大(2/13)09

五山文学
（ 絶海中津 ）（ 義堂周信 ）ら。禅の経典・漢詩文集等の出版を行い，（ 五山版 ）と呼ばれた。五山文学後期の詩僧（ 万里集九 ）が出た。応仁の乱の際，還俗した。

センター14, 学習院大(法)14, 武蔵大(全)14, 上智大(文総外)13, 明治大(全)10, 早大(社)10, 慶応大(文)09, 東経大(全)09

水墨画
（ 明兆 ）（ 如拙 ）（ 周文 ）らが出た。如拙の（ 瓢鮎図 ）が出題頻度では一番。これは（ 公案 ）に題材をとったもので，禅僧31人の詩との合作である。周文の（ 寒山拾得図 ）もよく出る。

駒澤大(2/7)14, 中央大(経)14, 早大(文)14, 高経大(前)11, 立教大(2/12)11, 上智大(経)10, 法政大(法文営)10, 青学大(総社)09, 獨協大(国経法)09

田楽 猿楽
猿楽の（ 大和猿楽四座 ）が隆盛，本所は（ 興福寺 ）。四座は（ 観世 ）（ 宝生 ）（ 金春 ）（ 金剛 ）。

国士舘大(2/1)13, 獨協大(国経法)13, 明治大(商)13, 駒澤大(営経文)12, 早大(法)11, 上智大(文総外)10, 獨協大(国経法)10, 上智大(文法総)09, 國學院大(全)07

観阿弥 世阿弥
『 風姿花伝 』を覚えよ。世阿弥は一時，6代将軍（ 足利義教 ）により佐渡に流されている。世阿弥の次男（ 元能 ）が父の談話を筆録した『 申楽談儀 』が出た。他に佐渡に流された者が出た。鎌倉時代に（ 順徳上皇 ）（ 日蓮 ）らが佐渡に流されている。世阿弥の著書『 花鏡 』も出た。

青学大(文教)13, 早大(商)13, 駒澤大(営経文)12, 上智大(文総外)10, 上智大(文法総)09, 國學院大(全)07

《東山文化》 p.142-145

銀閣
（ 足利義政 ）が京都東山に建てた山荘の建築物。この山荘は彼の死後，寺院となり（ 慈照寺 ）と称された。下層は（ 書院 ）造，上層（ 禅宗 ）様の折衷。江戸期から銀閣と呼ばれるようになったが，銀箔を貼ろうとしたというのは俗説で，閑寂，枯淡の東山文化を良く表わす。

上智大(文総外)10, 青学大(総社)09, 東海大(2/7)09

書院造
書院造には，現代和風住宅の原型という説明がつきもの。慈照寺（ 東求堂同仁斎 ）は，銀閣以上に出題されるといってもよい。内部の図版も出る。（ 付書院 ）（ 明障子 ）（ 違い棚 ）等の名称も覚えよう。

駒澤大(営経文)12, 早大(文)12, 上智大(法外)10

枯山水 同朋衆	禅宗様や書院造建築とともに禅の精神で統一された庭園。（　龍安寺　）（　大徳寺大仙院　）等の庭園が有名。義政を取り巻く同朋衆のなかで、作庭を担当した者が（　【山水】河原者　）と呼ばれた賤民身分の人々で、特に有名なのが東山山荘庭園をつくった（　善阿弥　）である。善阿弥の孫が、河原又四郎であり、『鹿苑日録』に出る。「〇阿弥」というのは、国風文化期に浄土教の遁世者に与えられた「阿弥陀号」が「阿弥号」へと変化したもので、鎌倉期に重源が東大寺再建の勧進をした際には公家・武家等を含む俗人にも与えられている。そして時宗の僧の姿で室町将軍に各種芸能【技術】を以て仕える同朋衆に、この「〇阿弥」号が多く使用されたのである。 東経大(2/9)14、明治大(商)13、駒澤大(営経文)12、法政大(法文営)12、上智大(文総外)10、大東大(2/7)10、青学大(総社)09、日本大(文理)08、早大(政経)08
雪舟 大和絵 狩野派	雪舟は幼年期を（　相国寺　）で過ごし、1464年に大内氏の遣明船で入明。帰国後は、（　山口　）を拠点に諸国を遍歴した。北山文化の画僧（　周文　）の弟子とある。大和絵の（　土佐派　）の基礎は、（　土佐光信　）が固めた。彼は朝廷の絵所預を務めた。狩野派は（　狩野正信　）（　狩野元信　）父子が（　水墨画　）に（　大和絵　）の手法を取り入れて生まれたというところがよく出る。正信の（　周茂叔愛蓮図　）が出た。【本書 p.108-109「障壁画・蒔画」参照】。 中央大(法)14、東経大(2/9)14、国士舘大(2/1)13、上智大(文総法)13、明治大(商)13、早大(文)13・12、高経大(前)11、立教大(2/12)11、上智大(文総外)10、法政大(法文営)10、慶応大(文)09、上智大(経神)09、成蹊大(経)09
後藤祐乗	祐乗の孫である（　後藤徳乗　）の弟子が、江戸幕府金座の御金改役初代の（　後藤庄三郎　）である。 上智大(文総外)10
茶道	茶道は、（　村田珠光　）→（　武野紹鷗　）→千利休[宗易]というように発展していく。村田珠光の生涯は伝承の域をでないが、奈良の人で、大徳寺の（　一休宗純　）に参禅し、自らも大徳寺の禅僧となったという。珠光に関して『山上宗二記』が史料として出た。著者山上宗二は、千利休の弟子。また、同じ史料で、茶道・絵画等に才能を発揮した能阿弥から（　同朋衆　）を答えさせている。 駒澤大(2/7)14、武蔵大(全)14、首都大(前)13、国士舘大(2/1)13、明治大(商)13、津田塾大(学芸)12、慶応大(法)11、駒澤大(全)11、立教大(2/12)11、学習院大(経)10、獨協大(国経法)10、青学大(総社)09、法政大(経社総)08
華道	（　池坊専慶　）（　立花　）様式、京都（　六角堂　）等がよく出る。 国士舘大(2/1)13、駒澤大(全)11、学習院大(経)10、青学大(総社)09
樵談治要	（　一条兼良　）が9代将軍（　足利義尚　）の質問に答えて書いたとされる。彼には他に『　公事根源　』『有職故実書』、『　花鳥余情　』【源氏物語の注釈で、四辻善成の『河海抄』の誤りを訂正している】等の著書がある。また、一条兼良は、応仁の乱の後、子の興福寺大乗院門跡（　尋尊　）を頼り奈良に赴き、後に美濃に逃れて『ふぢ河の記』を書く。 聖心女子大(文)14、津田塾大(学芸)14、慶応大(法)13、聖心女子大(文)13、明治大(商)

第5章　武家社会の成長　91

	13，早大(文化)(商)13，東洋大(2/8)11，上智大(文総外)10，上智大(経神)09，早大(政経)08
唯一神道	（　吉田兼俱　）が反本地垂迹説【神本仏迹説】に基づき，神道・儒学・仏教を統合しようとした神道派で吉田神道ともいう。京都吉田神社の神職で吉田を家名とした【卜部氏】。p.177に江戸幕府が「神社・神職に対しても諸社禰宜神主法度を制定し，公家の吉田家を本所として統制させた。」とある吉田家は吉田兼俱の子孫である。 津田塾大(学芸)14，東洋大(2/8)13，中央大(法)11，上智大(文総外)10，獨協大(国経法)10

《庶民文芸の流行》 p.145-146

御伽草子など	御伽草子は，江戸初期に至るまで作られた。今日までおとぎ話として親しまれているものも多い。『　酒呑童子　』『　一寸法師　』『　浦島太郎　』等。幸若舞とは，鼓を伴奏として謡いながら舞うもので，織田信長が愛好した。『　節用集　』は奈良の饅頭屋宗二が出版した。饅頭屋宗二を，「南北朝期に来日した林浄因を祖に持つ奈良に住んだ町人学者である。」というヒントで答えさせている。 東経大(2/9)14，日本大(法)14，上智大(文法総)11，上智大(経神)09，法政大(経社総)08
二条良基	彼は南北朝時代の人で北朝の摂政・関白・太政大臣。『応安新式』は，『　連歌新式　』ともいう。鎌倉時代からある規則を本式，新しく定めたものなので新式といった。『　菟玖波集　』は和歌の勅撰集と同格と見なされた。 学習院大(法)14，聖心女子大(文)14，上智大(文法総)11，青学大(営)09，法政大(経社総)09，東京家政大08，法政大(経社総)08，慶応大(法)07
宗祇	彼の師は（　東常縁　）である。『　古今和歌集　』が早くから和歌の聖典とされ，解釈が秘事口伝の風潮で神聖化され，特定の人だけに伝授されていた。この古今伝授は，彼の師によって整えられ，彼によってまとめられていった。また，彼の『水無瀬三吟百韻』の本歌は，『枕草子』を踏まえて詠まれた「見渡せば山もと霞むみなせ川夕べは秋と何思いけん」だとある。『新菟玖波集』は，山口の大内政弘が編集に助力した。 青学大(2/7)14，駒澤大(2/6)13，獨協大(国経法)13，明治大(文)13，明治大(商)13，早大(文化)13，慶応大(文)11，國學院大(全)11，上智大(文法総)11，法政大(法文営)10，青学大(営)09，法政大(経社総)08
宗鑑	『　犬筑波集　』を編集。 獨協大(国経法)13，上智大(文法総)11，青学大(営)09，國學院大(全)07

《文化の地方普及》 p.146

文化の地方普及 山口	文化の地方普及にあたって武士が果たした役割を武士と都市の関わりや変化に留意して論じる問題や，なぜ地方の大名は中央の文化を求めたのかを室町幕府の混乱や応仁の乱の状況を踏まえて論じる問題が出た。「京都の荒廃」「貴族の窮乏化」「城下町の形成」「大名の中央文化への憧れ」といったことがキーワードとなるだろう。代表的城下町山口は，大内氏が（　寧波の乱　）で細川氏に勝利して以来日明貿易を独占して繁栄し，五山の禅僧

や公家が多く集まって文化的に発展した。
東大(前)14, 慶応大(文)14, 駒澤大(2/7)14, 東経大(2/9)14, 学習院大(文)13, 明治大(文)13, 早大(文化)13, 首都大(前)12, 駒澤大(2/6)12, 明治大(法)12, 青学大(全)10, 東経大(全)10, 立教大(2/12)10, 学習院大(法)09, 東洋大(2/8)09

桂庵玄樹
肥後の菊池氏や薩摩の島津氏に招かれて儒学を講義。（ **薩南** ）学派のもとをひらいた。彼は大内領内でも活動していたことが書かれた。また，朱熹の『 **大学章句** 』を刊行したことは必ず記憶すること。
駒澤大(2/7)14, 早大(文化)13, 東女大(2/8)11, 青学大(全)10, 東経大(全)10, 学習院大(法)09, 上智大(経神)09, 獨協大(国経法)09, 法政大(経社総)08, 國學院大(全)07

足利学校
関東管領（ **上杉憲実** ）によって再興された。（ **フランシスコ＝ザビエル** ）【イエズス会】により坂東の大学と称された。上杉憲実は（ **永享の乱** ）のときの関東管領である。この学校は庶民の学校ではなく，禅僧や武士に高度な教育を施したことが重要。円覚寺の僧（ **快元** ）を迎えて再興したとある。
東経大(2/9)14, 学習院大(文)13, 立教大(異経法)(2/6)13, 早大(文化)13, 法政大(法文営)12, 学習院大(文)11, 東女大(2/8)11, 青学大(全)10, 上智大(法外)10, 東経大(全)10, 立教大(2/12)10, 上智大(経神)09, 東経大(全)09, 法政大(経社総)08, 明学大(全)08

寺院での教育
対象は地方武士の子弟。教科書として『 **庭訓往来** 』『 **御成敗式目** 』等が用いられた。
学習院大(文)11, 東女大(2/8)11, 上智大(経神)09, 法政大(経社総)08

町人による書物の刊行
『 **節用集** 』は奈良の（ **饅頭屋宗二** ）が出版した。「彼は，南北朝期に来日した（ **林浄因** ）を祖に持つ奈良に住んだ町人学者である。」というヒントでこの人物を答えさせる問題が出た。また，堺の商人であり医師でもあった（ **阿佐井野宗瑞** ）は明の医書『医書大全』を翻訳して日本初の医書を刊行したこと，『 **実語教** 』は平安末期から江戸時代まで広く使われた教科書で五言九六句で構成され，学問と道徳的実践が題材であること，『 **童子教** 』は鎌倉初期に作られた漢文調の五言三三〇句からなる初等教科書で日常の行儀作法や格言を扱うこと，等が出た。
上智大(経神)09

《新仏教の発展》 p.146-147

林下
五山より自由な活動を求めて地方武士・民衆へ布教した禅宗諸派の寺院。五山を（ **叢林** ）と呼ぶので，叢林下から林下と呼ばれるようになった。布教の中心は臨済宗の（ **大徳寺** ）（ **妙心寺** ），曹洞宗の（ **永平寺** ）（ **総持寺** ）である。僧では（ **一休宗純** ）が出る。
中央大(経)13, 早大(商)13, 成城大(文芸)11, 早大(文)11, 上智大(法外)10, 成城大(経)10, 早大(社)10, 上智大(経神)09, センター07

日親
（ **京都** ）を中心に，中国・九州に日蓮宗を布教した。6代将軍足利義教に『 **立正治国論** 』をもって諫言した。
東洋大(2/8)13, 上智大(文総外)11, 早大(社)10

第5章 武家社会の成長　93

法華一揆	京都で豊かな商工業者により結ばれる。1532年に（　山科本願寺　）を襲撃し，近江から（　六角定頼　）がそれを支援した。『二水記』が史料として出る。 早大(国)13，聖心女子大(文)12，早大(商)09
天文法華の乱	1536年に起こる。日蓮宗と対立を深めた延暦寺は，僧兵を京都に侵入させ日蓮宗寺院を焼打ちにした。（　六角定頼　）が延暦寺を支援した。一向一揆が焼打ちしたのではないことに注意。 センター15，早大(国)13，聖心女子大(文)12，明治大(全)11，早大(社)10，立教大(2/12)10，成城大(経)10
蓮如	応仁の乱の頃，経ではなく平易な文書＝（　御文　）を作って阿弥陀仏の救いを説いた。また，講を組織。特に北陸・東海・近畿に広まった。蓮如は石山本願寺の基礎を築いた僧であり，本願寺（　8　）世である。浄土真宗の地方的展開を「布教の中心人物」「布教の方法」「布教の組織」を挙げながら説明する論述問題が出た。 センター14，一橋大(前)14，日女大(文)14，東洋大(2/8)13，津田塾大(学芸)12，成城大(経)10，法政大(経社現)10，早大(社)10，法政大(文営)08

4　戦国大名の登場

《戦国大名》　p.147-149

戦国大名	室町幕府の権威・職等に依存せず，自らを最高権力者とする家臣団・支配領域をつくりあげた大名。関東は（　享徳の乱　）から戦国時代となった。鎌倉公方の分裂に続き，関東管領上杉家も（　山内　）（　扇谷　）両家に分裂した。1493年の（　明応　）の政変から戦国時代とする説を紹介している問題が出た。これは，細川（　政元　）が将軍足利（　義材　）の河内出陣中に足利（　義澄　）を将軍に擁立して，将軍の廃立を行った政変である。滅亡前の幕府の実権は，細川氏から家臣（　三好長慶　）に移り，さらにその家臣（　松永久秀　）へと移った。また，戦国大名は「新しく服属させた（　国人　）たちとともに，各地で成長の著しかった（　地侍　）を家臣に組み入れていった」ことが出た。 東経大(2/9)14，早大(文化)14，学習院大(法)13，上智大(文総法)13，駒澤大(2/6)12，中央大(文)12，早大(文)12，青学大(全)11，上智大(神総法外)11，東洋大(2/8)11，上智大(法外)10，明学大(全)10，東経大(全)09，東洋大(文)08，明学大(全)08
北条氏	15世紀末から京都から下ってきた（　北条早雲　）は，（　堀越公方　）【政知の子茶々丸】を滅ぼし，伊豆に続いて相模を奪い，（　小田原　）を根拠に勢力を伸ばす。孫（　氏康　）は古河公方を討った。 東経大(2/9)14，早大(文)14，法政大(文営人)13，津田塾大(学芸)12，学習院大(法)11，神奈川大(2/8)11，上智大(神総法外)11，國學院大(全)10，上智大(法外)10，慶応大(文)09，東経大(全)09，明治大(文)08，明学大(全)08
上杉【長尾】・武田・大内・陶・	（　上杉謙信　）は，越後の守護代長尾氏の出，関東管領上杉家を継ぐ。（　武田信玄　）は甲斐国守護，信濃国に勢力を拡張，上杉謙信と北信濃の

94　第Ⅱ部　中世

毛利	（ 川中島 ）等で激しく争った。大内氏が陶氏に滅ぼされたのは（ 大内義隆 ）【大宰大弐であった】の時である。その陶氏を（ 毛利元就 ）が滅ぼし，山陰の（ 尼子 ）氏と争った。争いの一因は（ 石見大森 ）銀山である。鎌倉幕府の初代公文所【政所】別当であった公家の（ 大江広元 ）は，武家大江氏の初代であり，その四男大江季光は相模国毛利荘を父から相続し毛利と称するようになった。その家系で安芸国国人として土着していたのが戦国大名毛利氏である。戦国大名が治水・灌漑事業を行った例として，武田氏の（ 信玄 ）堤が出た。 立教大（異経法）13，早大（文化）14，中央大（文）13，法政大（文営人）13，慶応大（文）11，上智大（神総法外）11，中央大（文）11，國學院大（全）10，学習院大（法）09，慶応大（文）09，國學院大（全）09，明学大（全）08
島津・大友 長宗我部	九州では，南部の島津氏と北部の大友氏が対抗していた。このことが，後の豊臣秀吉の（ 惣無事令 ）違反を名目とした九州平定の前提となっている。『 長宗我部氏掟書 』も出た。 聖心女子大（文）14
指出検地 貫高制	戦国大名の検地は，領主や名主の自己申告によるものが多く，こうした検地を指出検地という。検地の結果を銭に換算した貫高制という基準で把握して，それに見合った軍役を課した。 青学大（営）13，上智大（文総法）13，中央大（文）13，上智大（神総法外）11，中央大（文）10，法政大（文営人）10，千葉大（前）09
国人 地侍	国人とは，鎌倉期からの地頭・荘官層に由来する者が多く，他国から来た守護やその家臣に対して国に住み着いている者という意味で国人と呼んだ。地侍は，農業を営む地主で惣村の武装した指導者。戦国大名が地侍を掌握して指出検地を行い，村落を単位に，これまでの公領・荘園にとらわれない支配を目指したことへの理解が問われる問題も多い。p.149の「新しく服属させた国人たち」を（ 外様衆 ）と呼ぶことが出た。（ 寄親 ）（ 寄子 ）制度が出た。戦国大名の他の特徴として，他領に対して「荷留」という経済封鎖を行ったこと等が出た。 上智大（神総法外）11，センター10，法政大（経社スポ）10

《戦国大名の分国支配》 p.149-151

分国法	戦国時代の出題は多い方ではないが，そのなかでは，分国法は多い。特に史料は必ずチェックしておくように。『塵芥集』・『朝倉孝景条々』・『今川仮名目録』・『甲州法度之次第』が出ている。一部の問題で「制定者の名前を付している」というヒントで『 信玄家法 』を答えさせているが，教科書には，『甲州法度之次第』としか載っておらずわかりにくい。『朝倉孝景条々』の（ 一乗谷 ），『今川仮名目録』という史料名をヒントに（ 駿・遠 ）を埋めさせる問題や，（ 喧嘩両成敗 ）規定のある分国法で「喧嘩」を埋めさせるといった問題も出る。喧嘩両成敗法は，豊臣秀吉の（ 惣無事令 ）との関連性をよく問題にされる。但し，惣無事令という名称で秀吉政権下の法令として扱うことに疑問が出ており，新課程版では，本文に記載せずp.161注①に「惣無事令と呼ぶこともある」と記されるだけになった。今後も出題され続けるかが注目される。分国法には①幕府法・守護法を継

第5章　武家社会の成長

承した規定，②国人一揆の規約を吸収した規定，の両面が見られることも理解したい。
センター15，明治大(文)14，早大(商)14，学習院大(経)13，神奈川大(2/9)13，関東学院大(2/5)13，上智大(文総法)13，立教大(異法法)13，聖心女子大(文)12，津田塾大(学芸)12，中央大(文)11，早大(法)11，センター10，慶応大(法)(商)09，中央大(文)09，専修大(全)08，明治大(文)(政経)08，明学大(全)08，明治大(文)(政経)07

城下町　戦国大名が家臣団を居城周辺に集住させ，同時に彼らの生活維持の意味も含めて，商工業者を集住させて形成された都市。家臣に集住を命じた分国法「朝倉孝景条々」が出れば（　一乗谷　）が，室町後期の地方文化が出れば大内氏の（　山口　）が，豊臣秀吉の全国統一が出れば，北条氏の（　小田原　）と島津氏の（　鹿児島　）が出る。鹿児島は，ザビエル寄港の地としても重要。今川氏の（　府中　）は，江戸時代に徳川家康が将軍職を退いた後に居住した（　駿府　）と同じ現静岡市である。
明治大(文)14，早大(文化)(商)14

《《都市の発達と町衆》》　p.151-152

門前町　寺社の門前に形成された都市。伊勢神宮の（　宇治・山田　），長野善光寺の（　長野　）が教科書に出るが，馬借・車借の経済活動と関連して比叡山延暦寺の門前町（　坂本　）【近江国】も覚えたい。
駒澤大(2/7)14，早大(文化)14，青学大(2/7)12，津田塾大(学芸)12，法政大(経社スポ)10，立教大(2/12)10，法政大(経社総)08，中央大(法)07

寺内町　浄土真宗寺院を中心に周辺に土塁や濠を築いて防御された都市。摂津の（　石山　），京【山城】の（　山科　），大和の（　今井　），河内の（　富田林　），加賀の（　金沢　）等。一向一揆の拠点となって戦国大名と戦うことがあった。織田信長と（　石山本願寺　）との関係は頻出。石山の発展は，法華宗【日蓮宗】の攻撃で山科本願寺を失った門徒が，石山の別院を拠点に寺内町を発展させたことによる。
早大(文化)14，青学大(2/7)12，國學院大(2/3)12，津田塾大(学芸)12，早大(法)11，東経大(全)10，法政大(経社スポ)10，法政大(経社総)08

港町　遠隔地商業が発達するなかで形成された都市。（　堺　）（　博多　）（　坊津　）（　尾道　）（　小浜　）（　敦賀　）（　大湊　）等。特に，都市名・合議する豪商の名称・その人数は頻出。堺【　会合衆・36　人】と博多【　年行司・12　人】を紛らわせて正誤問題で出題というパターンが多い。宇治・山田の外港大湊の「合議する豪商の名称」が（　老分衆　）ということが出たが，これは難問。『耶蘇会士日本通信』の（　ガスパル＝ヴィレラ　）の書簡に，堺を（　ベニス　）市のようだと書かれていることが出た。
駒澤大(2/7)14，早大(国)(文化)(文)14，成蹊大(経)13，立教大(2/6)13，國學院大(2/3)12，明治大(文)12，センター10，東経大(全)10，法政大(経社スポ)10，明治大(法)10，立教大(2/12)10，学習院大(法)09，立教大(2/13)09，法政大(経社総)08，明治大(文)08，立教大(全)07

町衆　京都では，富裕な商工業者の町衆を中心とする自治的団体である町が形成された。（　祇園会　）の復興【1500年】が出る。祇園会の起源は（　御霊会　）であること，狩野永徳の（　洛中洛外図屛風　）に描かれていることが出た。

96　第Ⅱ部　中世

立教大(全)14，早大(国際)14，國學院大(2/2)13，國學院大(2/3)12，法政大(経社スポ)10，立教大(2/12)10，東洋大(営)07，立教大(全)07

第III部 近世

第6章 幕藩体制の確立

1 織豊政権

《ヨーロッパ人の東アジア進出》 p.156-157

ポルトガル
スペイン

ポルトガルは，アフリカ大陸南端を通ってインド西海岸の（ ゴア ），続いて中国の（ マカオ ）を拠点。スペインは，アメリカ大陸に植民地を広げ，16世紀半ばに（ 太平洋 ）を横断してフィリピン諸島を占領，（ マニラ ）を拠点とする。この拠点の3カ所は頻出。イエズス会等の修道会が16世紀前半以降に東アジアで積極的に布教活動を行った背景を説明する論述問題が出された。p.156を参考にすると答えられる。なお，この時期，中国の王朝であった明は（ 海禁政策 ）を行っており私貿易禁止であったが，朝貢貿易を利用した形で中国・朝鮮・（ 琉球 ）・ベトナム等の人々が（ 中継貿易 ）を行っていた。中国では，周辺の異民族を東夷・西戎・南蛮・北狄と呼んだ。したがって，元来ヨーロッパ人の呼び名ではなかったが，日本ではヨーロッパ人を南蛮と呼んだ。南蛮人…（ ポルトガル ）人，（ スペイン ）人，紅毛人…（ オランダ ）人，（ イギリス ）人。

慶応大（経）14，獨協大（経法国）14，津田塾大（学芸）13，駒澤大（2/6）12，青学大（営）10，学習院大（経）08，明学大（社経）08，慶応大（文）07，東経大（全）07，獨協大（経法国）07

《南蛮貿易とキリスト教》 p.157-158

種子島

1543年に（ ポルトガル ）人が種子島に漂着。船が中国の倭寇船で，また，この船主が後期倭寇の頭目の一人（ 王直 ）という人物であることも出た。なお，1543年は『鉄炮記』に依っており，ポルトガルの『世界新旧発見史』では1542年となっているという。

獨協大（経国法）14，駒澤大（2/6）12，青学大（文）11，青学大（営）10，東洋大（2/11）10，センター09，学習院大（経）08，津田塾大（学芸）08，獨協大（経法文）07，早大（商）07

鉄砲

日本の製造地はよく出る。和泉の（ 堺 ），紀伊の（ 根来 ），近江の（ 国友 ）は絶対に覚えよ。【p.157「鉄砲」参照】

慶応大（経）14，早大（法）14，慶応大（法）11，学習院大（経）08，津田塾大（学芸）08

南蛮貿易

1571年，大村純忠が（ 長崎 ）を開港して，ポルトガル船来航。当時の主な貿易港は，松浦領（ 平戸 ），大村領（ 長崎 ），大内領（ 豊後府内 ），島津領（ 坊津 ）であり，大名のほか，京都，堺，博多の商人も貿易に参加した。南蛮貿易の重要商品が出た。輸入…（ 生糸 ）（ 絹織物 ）（ 鉄砲 ），火薬，輸出…（ 銀 ）（ 刀剣 ）（ 工芸品 ）。輸出品については，銀の精錬に（ 灰吹法 ）が取り入れられて銀の生産が高まったことが背景にあることが出た。

早大（法）14，津田塾大（学芸）13，駒澤大（全）11，青学大（営）10，駒澤大（文経営）10，立教大（2/13）09，学習院大（経）08，津田塾大（学芸）08，慶応大（文）07，東経大（全）07，獨協大（経法国）07

ザビエル

1549年に（ イエズス会 ）のザビエル【スペイン人】が（ 鹿児島 ）に到着。

キリスト教【カトリック】が伝来した。ザビエルの移動ルートを概略頭に入れて，3人の戦国大名を覚えよ。到着は（　鹿児島　）【ここの領主（　島津貴久　）に許可を得て布教】→東シナ海側→中国地方→京→中国地方→太平洋側→豊後【（　大友義鎮　）領…2人目】の順である。3人目の戦国大名（　大内義隆　）は，1551年陶氏に下剋上で滅ぼされる。なお，これが，明との（　勘合　）貿易の断絶と関連している【p.128参照】。ザビエルは天皇に許可を得れば日本中で布教ができると考え，京で謁見しようとしたが叶わなかった。また，御所の荒れた様子から当時の天皇の置かれた状況を察したともいわれる。正誤文問題として「ザビエルは足利義昭から全国布教許可を得た」【誤文】，「ザビエルは豊後府内で没した」【誤文】等が出た。ザビエルは中国広東省の上川島で没した。

慶応大（経）14，獨協大（経国法）14，聖心女子大（文）12，立教大（2/13）11，駒澤大（文経営）10，東経大（全）10，センター09，学習院大（法）09，津田塾大（学芸）08，東洋大（経営）08，早大（社）08，明学大（社）07

宣教師の来日

ヴァリニャーニは（　イタリア人　），来日宣教師のなかで入試出題度数No.1。ヴァリニャーニについては，①（　天正遣欧使節　）派遣を勧めたこと，②（　印刷技術　）をもたらし，（　キリシタン版　）のもとになったこと，③セミナリオを（　安土　）（　有馬　）に設置したこと，等が重要。他の宣教師としては（　ガスパル＝ヴィレラ　）［ポルトガル人］…『　耶蘇会士日本通信　』を書く。将軍（　足利義輝　）の許可を得て畿内で布教。（　ルイス＝フロイス　）［ポルトガル人］…『　日本史　』を書く。京で信長に会い，秀吉とも親しんだ。（　オルガンティーノ　）［イタリア人］安土に（　セミナリオ　）建設，（　ルイス＝アルメイダ　）［ポルトガル人］が病院を建て外科手術。『日本史』の懐石料理に関する記述を引用し，フロイスを答えさせるヒントの一つとした問題もあった。南蛮寺・セミナリオ・コレジオに関しても出た。

慶応大（経）（商）14，法政大（2/8）14，立教大（全）14，津田塾大（学芸）13，学習院大（文）12，駒澤大（2/6）12，聖心女子大（文）12，立教大（全）12，慶応大（法）11，立教大（2/13）11，早大（政経）11，駒澤大（文経営）10，東洋大（2/11）10，法政大（経社スポ）10，早大（社）09，学習院大（経）08，東洋大（営）（文経国）08，センター07，東経大（全）07，東洋大（営）07，明学大（社経）07

天正遣欧使節

ヴァリニャーニの勧めで（　大友義鎮　）［豊後府内］（　有馬晴信　）［肥前有馬］（　大村純忠　）［肥前大村］が派遣。ゴア・（　リスボン　）を経てローマで教皇（　グレゴリウス13世　）に会い，1590年に帰国。聚楽第で豊臣秀吉に謁見したが，キリスト教布教はかなわなかった。経由都市が出た。派遣した大名も出た。正使（　伊東マンショ　）は大友義鎮の妹の孫。帰国後，豊臣秀吉に謁見し布教を続け病死。正使（　千々石ミゲル　）は，大村純忠の甥。帰国後まもなく棄教。副使（　中浦ジュリアン　）は，帰国後布教に従事し，長崎で殉教。副使（　原マルチノ　）は，帰国後イエズス会の出版に従事。後にマカオに追放。

慶応大（経）（商）14，早大（教）14，津田塾大（学芸）13，学習院大（文）12，聖心女子大（文）12，センター09，学習院大（経）08，津田塾大（学芸）08，東洋大（営）08，明治大（政経）08，獨協大（経法国）07

第6章　幕藩体制の確立　**101**

《織田信長の統一事業》　p.158-160

織田信長　信長の旗指物紋の問題が出た。(　天下布武　)の印判について出た。信長の統一事業の時期は総て(　正親町　)天皇【在位1557~1586年】である。『耶蘇会士日本通信』には，信長に関する次のような記事がある。「この尾張の王は，年齢37歳なるべく，長身痩躯，鬚少なし。声は甚だ高く，非常に武芸を好み，粗野なり。正義及び慈悲の業を楽しみ，傲慢にして名誉を重んず。決断を秘し，戦術巧みにして，殆ど規律に服せず，部下の進言に従うこと稀なり。彼は諸人より異常なる畏敬を受け，酒を飲まず，自ら奉ずること極めて薄く，日本の王侯は悉く軽蔑し，下僚に対するがごとく肩の上よりこれに語る。諸人は至上の君に対するがごとくこれに服従せり。善き理解力と明晰なる判断力を有し，神仏その他偶像を軽視し，異教一切のうらないを信ぜず，名義は法華宗なれども，宇宙に造主なく，霊魂不滅なることなく，死後何物も存ぜざることを明らかに説けり。」
早大(教)14，高経大(前)11，上智大(神総法外)11，上智大(経神)07，学習院大(法)07

桶狭間　田楽狭間という名称もあるので注意。今川義元は領地を広げ，(　駿河　)(　遠江　)(　三河　) 3国に及んだことが出た。
法政大(文営人)13，上智大(神総法外)11

足利義昭　13代将軍(　足利義輝　)の弟。京を追放されていたが，信長に奉じられて入京し，15代将軍に立てられた。後に信長と敵対し，1573年，京を追放され室町幕府は滅んだ。
上智大(神総法外)11，明学大(全)07

矢銭　武将によって課される軍用金。信長は入京に前後して摂津・和泉に要求した。(　堺　)には2万貫，(　石山本願寺　)には5000貫を課した。

姉川の戦い　織田信長が朝倉・浅井連合軍を破る。
早大(教)09

石山戦争　石山戦争は，信長の問題では最も出るといってよいものである。信長が，淀川河口の戦略的重要地点として，本願寺に立ち退きを求めたことが契機。大坂で蜂起し信長陣地を急襲した。このときの，諸国門徒に反抗を呼びかけた本願寺の教主(　顕如　)=(　光佐　)は必ず覚えること。
慶応大(法)13，法政大(文営人)13，慶応大(法)11，上智大(神総法外)11，早大(教)09，東洋大(営)08，明学大(全)(社経)07

一向一揆との戦い　信長は顕如の命で1570年に蜂起した(　伊勢長島　)の一向一揆を3回の攻撃で1574年に鎮定した。また，1574年から(　越前　)を支配していた一向一揆を長篠の戦い後鎮定した。このときの鎮定で，信長の命を受けた前田利家が3〜4万人を殲滅。生け捕った約1000人を磔や釜あぶりで殺害したとある。(　加賀　)の一向一揆は，1488年，守護富樫政親を敗死させて以来，国人・僧・農民の寄合が，加賀一国を支配してきたが，石山本願寺の退去とともに信長に降伏した。
学習院大(文)12

| 比叡山焼き打ち | 僧俗3～4000人を殺害したといわれる。
立教大(2/6)13, 学習院大(文)12 |

| 長篠の戦い | このときの（　鉄砲　）を使用した戦術が有名。ただし，武田勝頼はこのとき滅んだのではない。武田勝頼が自害し，戦国大名武田氏が滅んだのは（　天目山の戦い　）である。
神奈川大(2/6)14, 慶応大(経)14, 法政大(文営人)13, 上智大(神総法外)11, 法政大(経社現)09, 獨協大(経法国)07 |

| 安土城 | この城の位置は地図で確認せよ。（　安土　）宗論が出た。1579年に信長は，安土で（　日蓮　）宗僧と（　浄土　）宗僧を論争させ，後者の勝ちとした。前者の排他的活動に反感のあった信長が，弾圧のきっかけを作るためにこの宗論を計画したといわれる。また，信長の「治世」の時期が（　正親町　）天皇の時であったことが出た。
立教大(2/6)13, 早大(文)12, 慶応大(法)11, 上智大(神総法外)11, 上智大(文経外)10, 法政大(経社現)10, 上智大(経神)07 |

| 検地 | 実測する場合と，土地の持主から書類提出させる場合【（　指出　）という】）があった。また，高表示【大名の領地の大きさを示す】は，石高と貫高に分かれていた。石山本願寺を降伏させた後，信長は大寺院にも指出検地をさせている。貫高とは土地からの年貢収納を銭何貫というように表わしたもの【特に永楽銭で表したものは永高という】。石高とは田畑・屋敷地などの生産高を玄米の収穫量で示したもの。
明学大(社経)07 |

| 楽市・楽座 | さまざまな制限のない市場【楽市場】で，特定の販売座席がない【楽座】販売が認められた。信長は以前からあった楽市を復興させ，安土城下でもそれを実現しようとし，楽市令を出した。自由な営業のため信長は撰銭令も出している。楽市は，神仏が支配し，世俗の権力が通用しない区域であった。ここは「縁切り」原則が支配していて，市座がない楽座で，逃亡者や犯罪者も逃げ込めば解放された。信長の出した有名な楽市令としては，1568年（　美濃加納　）【復興】，1577年（　安土山下町　）【新設】がある。特に安土山下町の令は史料問題としてよく出る。楽市・諸座・徳政等が穴埋めできるように。「徳政」条項，ここでは国中が徳政令を出しても例外にすると決め，徳政令で損害を受ける富者を集めようとした。信長より早く，近江の（　六角　）氏が楽市令を出している。したがって楽市令を初めて出したのは織田信長ではない。また，自治都市（　堺　）を武力で屈服させ直轄地としたことも重要。
センター15, 津田塾大(学芸)12, 明治大(文)12, 早大(商)12, 上智大(神総法外)11, 東経大(全)10, 上智大(経神)09, 早大(文)09, 日女大(文)08, 上智大(外法経)(経)07, 中央大(法)07, 明学大(全)07 |

| 本能寺の変 | センター15, 津田塾大(学芸)13, 上智大(法外)10, 上智大(文法総)08 |

《豊臣秀吉の全国統一》　p.160-162

| 豊臣秀吉 | 秀吉が尾張中村の地侍の子としたことが導入として出た。しかし，異説も

第6章　幕藩体制の確立　*103*

あり秀吉の出自は明確ではない。
上智大（経神）07

山崎の合戦	立教大（2/6）13
賤ヶ岳の戦い	信長の三男織田（　信孝　）が柴田勝家側にいたことが出た。 立教大（全）14，早大（商）12，上智大（法外）10，法政大（法文営）10，早大（教）09
大坂城 小牧・長久手の戦い 関白 太政大臣	（　1583　）年に築城が開始されたことが出た。秀吉統一の過程は，年代整序問題として出る傾向がある。（　小牧・長久手の戦い　）→（　関白　）就任→（　刀狩令　）→（　小田原攻め　）であった。関白と太政大臣の就任は出る。藤原氏でも，摂政・関白に就任できるのは五摂家のみである。秀吉の関白就任はどうして可能だったのか。二条昭実と近衛信輔間で起きた関白の地位をめぐる争い【関白相論】を利用して近衛信輔の父（　近衛前久　）の猶子となり実現した。 センター14，立教大（全）（異経法）14，早大（文化）14，上智大（文総外）13，早大（教）13，明治大（文）12，上智大（法外）（文総外）10，法政大（経）10，津田塾大（学芸）09，東洋大（営）08，法政大（文営）08，上智大（経神）07
惣無事令 島津 大友 北条	惣無事令は関白に就任したことが命令の根拠。戦国大名の分国法の一つの特徴である（　喧嘩両成敗　）法を全国に及ぼしたということで，それと関連させて出題されることが多い。九州での島津氏討伐【＝（　島津義久　）と（　大友義鎮　）の九州での戦いについて，秀吉が仲裁＝「国郡分け」したのに，島津が従わなかった】，関東での北条氏討伐も，この命令に対する違反が理由とされた。但し，惣無事令という名称で秀吉政権下の法令として扱うことに疑問が出ており，新課程版では，本文に記載せずp.161注①に「惣無事令と呼ぶこともある」と記されるだけになった。今後も出題され続けるかが注目される。 センター15，聖心女子大（文）14，法政大（2/8）14，立教大（全）（異経法）14，早大（文化）14，獨協大（国経法）13，立教大（2/6）13，学習院大（法）11，上智大（神総法外）11，中央大（文）11，立教大（全）11，上智大（法外）10，東洋大（2/14）10，慶応大（商）09，中央大（文）09，上智大（文法経）08
北条氏の滅亡	小田原の北条氏を滅ぼした箇所で，多くの教科書で，滅ぼされた人名として（　北条氏政　）を挙げている。「実権を持つ者」としては確かにその通りであるが，そのときの小田原城主を問われた問題があった。当然多くの受験生は，教科書から北条氏政と解答したが，実は家督はすでに子の（　北条氏直　）に譲られていたので，正解はこの人物である。 センター15，聖心女子大（文）14，立教大（2/6）13，上智大（法外）10，東洋大（2/14）10，立教大（2/12）09，津田塾大（学芸）09
後陽成天皇 聚楽第	天皇名を記憶すること。（　正親町　）→後陽成→（　後水尾　）→（　明正　）と覚えておくと楽。後陽成天皇の聚楽第訪問が出た。 法政大（2/8）14，駒澤大（営）10，津田塾大（学芸）09，明学大（全）07
豊臣秀次	秀吉の姉の子で，秀吉の実子鶴松の死後，秀吉の養子となる。後に関白職を継ぐが（　秀頼　）誕生後は疎まれ，高野山に出家させられたうえ切腹を

命じられた。

五大老 秀吉政権を補佐した5【6】人の大大名の呼称。(徳川家康)(前田利家)(毛利輝元)(小早川隆景)(宇喜多秀家)(上杉景勝)で, 小早川隆景の死後, 五大老と呼ばれた。このなかで備前中納言と呼ばれたのは誰かという問題が出た。(宇喜多秀家)のことである。
法政大(2/8)14, 早大(教)12, 法政大(法文営)10, 早大(政経)09

五奉行 政務を担当した大名の呼称で多くは秀吉子飼いの大名。(浅野長政)(増田長盛)(石田三成)(前田玄以)(長束正家)である。五大老・五奉行が問題として出るのは, 関ヶ原の戦い後が多い。反徳川家康側になったものが, その後どう処遇されたか確認せよ【p.170注①】。
法政大(2/8)14, 青学大(2/7)13, 獨協大(国経法)13, 聖心女子大(文)11, 法政大(法文営)10

蔵入地 秀吉の直轄地。400万石を超え7割が(畿内)に集中していた。
獨協大(国経法)13, 津田塾大(学芸)09, 法政大(経社)08

直轄鉱山 (佐渡)(石見大森)(但馬生野)等。石見大森は戦国時代(毛利)氏と(尼子)氏が争奪戦を繰り返した鉱山である。
学習院大(経)11, 法政大(文営人)10, 法政大(経社)08

直轄都市 (京都)(大坂)(堺)(伏見)(長崎)等。これらの地の豪商を利用した。堺…(千利休)(小西隆佐)【小西行長の父】, 博多…(島井宗室)(神屋宗湛)ら。

天正大判 (菱大判)ともいう。京都の金工(後藤徳乗)が鋳造。東山文化で登場する(後藤祐乗)【p.143参照】から5代目にあたる。江戸初期に金貨鋳造を担った(後藤庄三郎)は徳乗の弟子である。

《検地と刀狩》 p.162-164

太閤検地 ①土地の等級を確定し, 等級ごとの(石盛)【または 斗代 】を決める。②単位を統一し, 土地面積を確定する。③①に②を乗じて石高を決定する。④作人を確定して, 年貢の納入責任を明確化する=(一地一作人)。②の単位の統一については, 長さ(6)尺(3)寸の竿を用いて面積を実測。6尺3寸四方が1歩[坪], 30歩=1畝, 10畝=1段[反], 10段=1町【律令では1段=360歩, 太閤検地以降1段=300歩】。量は(京枡)【これまでは京で多く使用されていた】で統一。量の単位である(石)(斗)(升)(合)【多い順】は10進法である。一地一作人は「荘園制のもので一つの土地に何人もの権利が重なりあっていた状態を整理し」【p.162】が重要で, 検地帳に登録された「実際に耕作している農民」を(名請人)という。石高制を説明する論述問題が出た。秀吉は「1580年の播磨検地以来, 自領の検地を行い,」と問題文が出た大学があった。通常, 太閤検地は(山城)国で行ったものを最初としており, 受験生としては混乱する。ただ, 「1580年の播磨検地」は問題文にあっただけだから, 山城国を答えとして記憶していいだろう。太閤検地は(天正)検地から(文禄

第6章 幕藩体制の確立 **105**

）検地に及び，最初は申告制の（ 指出 ）検地であったが，後に実測の（ 竿入 ）検地となったとする問題もあった。難問である。竿入検地を実施した中心人物は（ 石田三成 ）。浅野家文書の史料が検地については頻出。この史料の「浅野弾正少弼」は五奉行の一人（ 浅野長政 ）で①関ヶ原で東軍，②江戸幕府で（ 広島 ）へ転封。史料中の（ なでぎり ）に注意。太閤検地については，1591年から全国の大名に（ 検地帳 ）と（ 国絵図 ）の提出を求めたことと関連して理解するとよいだろう。検地とこれらの提出が補完し合ってすべての大名の石高が正式に決まっていったと考えればよい。また，検地帳と国絵図は天皇に献上されたが，このときの天皇が（ 後陽成 ）天皇であったことが出た。聚楽第に迎えた天皇でもあるので容易に記憶できよう。その他，検地が（ 村 ）ごとであることも出ている。

センター15，学習院大(法)14，聖心女子大(文)14，津田塾大(学芸)14，明治大(商)14，早大(文化)14，青学大(営)13，学習院大(経)13，津田塾大(学芸)13，獨協大(国経法)13，慶応大(経)12，上智大(総文法)12，中央大(経)12，立教大(2/12)11，國學院大(全)10，上智大(法外)10，日本大(経)10，法政大(経社スポ)10，千葉大(前)09，青学大(総社)08，法政大(経社総)(経社)08，学習院大(法)07，國學院大(全)07，上智大(経神)07，明治大(法)05

刀狩令

「刀狩令」には，武器所持禁止・没収の理由として①〜③を挙げている。史料参照。①（ 一揆 ）の防止。②（ 方広寺 ）の大仏殿建立の釘・かすがい等に用いる。③農民は農耕に専念するのが幸せ。『多聞院日記』から，「天下ノ百姓ノ（ 刀 ）ヲ悉ク取ル」の穴埋めが出た。秀吉はこの方広寺について，重用していた聖護院門跡を住持とした。同じ1588年に（ 海賊取締令 ）が出たことも出題されたことがある。

駒澤大(2/7)14，法政大(2/8)14，立教大(異経法)14，学習院大(法)13，法政大(文営)13，明治大(法)13，学習院大(文)12，慶応大(経)12，上智大(総文法)12，上智大(法外)10，早大(教)10，早大(商)08，青学大(文)07，上智大(文法総)07，明学大(全)07

人掃令／身分統制令

p.164では，1591年に人掃令が出て，翌年，秀次が朝鮮出兵の人員確保のためそれを再令して，全国的な職業別の戸口調査を実施したとしている【身分統制令＝人掃令】。1591年に身分統制令が出て，1592年に朝鮮出兵のため人掃令が出されたとの立場をとっている教科書もある。出題する大学にこの違いがそのまま反映され，人掃令・身分統制令が出された西暦年の正解が異なってしまう問題があるので注意を要する。

聖心女子大(文)14，法政大(2/8)14，明治大(商)14，早大(文化)14，一橋大(前)13，東経大(2/9)13，立教大(異経法)13，慶応大(経)12，上智大(総文法)12，立教大(2/13)09，東経大(全)08，青学大(文)07，学習院大(文)07，上智大(文法総)07，明学大(全)07，立教大(全)07

《秀吉の対外政策と朝鮮侵略》 p.164-165

キリシタン大名の統制

秀吉は，当初は信長にならって貿易利益のためにキリスト教を保護。しかし，（ 大村純忠 ）が長崎を（ イエズス会 ）の教会に寄付していることを知って政策変更。秀吉はこの教会領を直轄地とし，（ 鍋島 ）氏を代官として置いた。このときの大村純忠から寄進を受けたイエズス会の日本における責任者は（ ヴァリニャーニ ）であった。また，秀吉の大名統制で領地没収となった（ 高山右近 ）は，播磨国明石城主であったことを記憶せよ。彼の父もキリシタンであり，摂津国高槻城主であったときは領内の

寺社を破壊している。正文選択問題「信者になった大名の領内では，寺社が破壊されたところもあった。」は，これが根拠であり，この文が正文である。統制に該当する武士の基準は，条文では領地の面積（ 200 ）町以上，貫高では（ 2・3000 ）貫以上。それ以下の者や庶民は，「本人の心次第」。他に日本人の売り飛ばしが問題にされている。

獨協大(国経法)14，首都大(前)13，津田塾大(学芸)13，立教大(2/6)13，学習院大(文)12，上智大(外神総法)12・11，上智大(法外)10，法政大(法社)10，中央大(経)09，早大(商)09，獨協大(経法国)07，明学大(社経)07

バテレン追放令

史料の「きりしたん国」＝（ ポルトガル ）【選択肢の国名】，伴天連＝（ 宣教師 ），日域＝（ 日本 ），黒船＝（ ポルトガル ）船・（ スペイン ）船【国名】等が出た。追放の理由を条文に即して60字で論述させる問題もあった。

関東学院大(2/5)14，慶応大(経)(商)14，獨協大(国経法)14，法政大(2/8)14，首都大(前)13，立教大(2/6)13，津田塾大(学芸)13，上智大(神総法外)11，上智大(法外)10，駒澤大(文経営)10，中央大(経)09，拓殖大(前)08，明学大(社経)07，獨協大(経法国)07

海賊取締令

これにより後期倭寇の活動は沈静化した。

中央大(経)09，立教大(2/12)09

サン＝フェリペ号事件 26聖人殉教

1596年，土佐（ 浦戸 ）沖に漂着したサン＝フェリペ号の船員がスペインは布教の後植民地化を進めると失言した。これを契機にフランシスコ会宣教師・信徒26人が逮捕され，長崎で処刑された事件。また，背景にはイエズス会とフランシスコ会との対立もあった。サン＝フェリペ号は，（ ルソン ）から（ ノビスパン ）【メキシコ】への途中であった。積荷や乗組員の財産はすべて日本側が没収した。漂着した場所＝土佐浦戸を覚えよ。船員たちを訊問したのは，五奉行の一人（ 増田長盛 ）であった。

慶応大(経)14，獨協大(国経法)14，学習院大(文)12，上智大(文総外)11，法政大(法社)11，法政大(法文営)10，日本大(経)10，立教大(2/12)09，東洋大(文経国)08，獨協大(経法国)08，明学大(経社)08

朝鮮侵略

秀吉は明の衰退と日本の統一完成という状況のなかで，日本を中心とする東アジア世界の建設を構想した。対馬の（ 宗 ）氏を通して朝鮮に対し，（ 入貢 ）と日本の明出兵の先導を要求し，拒否されると出兵した＝（ 文禄の役 ）【朝鮮では 壬辰倭乱 という】。このときの秀吉は関白か否か，先鋒となった日本の武将二人の名前，秀吉の本営の場所，日本が大敗した水軍の指導者名等を覚えよ。1591年，秀次に関白職を譲っているのでこのときは関白ではない。武将（ 加藤清正 ）（ 小西行長 ）【朝鮮出兵のキリシタン大名が問題となった。小西行長以外では（ 有馬晴信 ）が答えであった】，本営（ 名護屋 ），水軍指導者（ 李舜臣 ），蝦夷地の（ 蠣崎 ）氏が名護屋に参陣し，蝦夷地に帰ってから秀吉の朱印状をアイヌに読み聞かせ脅かしたとの話が残る。京都方広寺近くの（ 耳 ）塚のことが出た。文禄の役は，（ 碧蹄館の戦い ）後停戦し，（ 明 ）との講和が図られた。秀吉軍は朝鮮南部に城を築いて【倭城】駐屯した。しかし，講和に関する両国の認識は大きく異なった。明からは，秀吉を日本国王に任ずるという国書が来ていること，秀吉が朝鮮半島（ 南部 ）の割譲を要求し

第6章　幕藩体制の確立

たこと等が出た。1597年，再出兵＝（　慶長の役　）【朝鮮では　丁酉倭乱　】。日本軍は苦戦し，秀吉の死とその遺命により撤退。朝鮮侵略に関連して，1592年，全国で戸口調査が実施された。朝鮮出兵のための夫役等に民衆を動員する目的で，家数，人数，職業，身分等を把握した。これは1591年の（　人掃令　）を再令したものである。教科書によっては，1592年のものを人掃令とし，1591年のものは（　身分統制令　）とするものもある。両役の朝鮮での呼称も出題されるので注意。

<small>センター15，学習院大(文)14，法政大(2/8)14，武蔵大(全)14，立教大(異法法)14，早大(教)13，青学大(営)11，國學院大(全)11，成蹊大(経)11，立教大(全)(法経異)11，学習院大(法)10，駒澤大(文経営)10，日女大(文)10，法政大(法文営)10，成城大(文芸)09，津田塾大(学芸)09，立教大(2/12)09，上智大(外法経)08，中央大(文)08，法政大(経社総)08，東経大(全)07，明学大(全)07</small>

ポルトガル・スペイン・台湾への入貢要求　秀吉の構想は，中国・朝鮮等の輸出品の独占，ポルトガル・スペインの利益の一部取得等であったといわれる。入貢要求が出た。（　天正大判　）鋳造は，中国貨幣依存からの脱却を意味した。
<small>駒澤大(文経営)10</small>

2　桃山文化

《桃山文化》　p.165-166
都市形成　新しく支配者となった大名の（　城下町　）や戦争・貿易等で蓄財した豪商の（　港町　）等の商業都市が文化の母体となった。特に城下町は，大名領国制の進展に従って平地に城郭をつくり，家臣を周辺に集住させ，商工業も周辺で発達させようとする一種の都市計画のもとで発達した。p.166の注①から城の変遷に関して次を埋めよ。（　山城　）[麓に館]→（　平山城　）→（　平城　）。こうした城の変遷を説明する90字の論述問題が出た。平城に関する問題も出たことがある。
<small>東経大(2/9)14，首都大(前)13，國學院大(全)07</small>

西欧文化　p.166の「ポルトガル人の来航を機に，西欧文化との接触が始まったことにより，この時代の文化は多彩なものとなった。」という文は，ほとんどこのまま正誤文問題の選択肢となったりする。

《桃山美術》　p.166-167
城郭建築　（　安土城　）・大坂城・伏見城・聚楽第・（　姫路城　）等。現存する遺構と伝えられるものは，聚楽第＝（　大徳寺唐門　）【　京都　府】，（　西本願寺飛雲閣　）【　京都　府】，伏見＝（　都久夫須麻神社本殿　）【伏見城は京都府だが遺構は　滋賀　県】。なお，伏見城の跡が桃山と呼ばれたことから桃山文化の名が付いた。伏見城は（　大坂　）の役後，徳川氏によって解体された。姫路城は，関ヶ原の戦い後城主となった（　池田輝政　）が大工事を実施して竣工させた。他に（　二条城　）二の丸御殿が出た。
<small>立教大(全)14，上智大(文総外)10，法政大(経社現)10，東洋大(営)08</small>

障壁画
蒔絵　城郭や寺院の内部を飾る襖や屏風などで，特に金地に濃い色彩【金碧】の装飾画を（　濃絵　）という。狩野永徳・狩野山楽・長谷川等伯・海北友松は

重要。狩野派が(相国寺)に集っていたことが指摘されている。六つの絵画図版と作者・作者の解説を組み合わせる問題が出た。狩野永徳は, 東山文化で登場する(狩野元信)の孫にあたる。作者と作品をまとめよ。近年では, 狩野山楽『 松鷹図 』【大徳寺正殿にある】, 海北友松『 山水図屏風 』, 伝長谷川等伯(智積院襖絵)等が出ている。朝廷では(土佐)派が重要であることも出た。図版も出るので, それぞれの作品の特徴をつかんでおくことが重要である。蒔絵は家具調度品に使用される技法で(高台寺蒔絵)が重要である。

慶応大(文)14, 中央大(法)14, 東洋大(2/8)14, 明治大(法)13, 早大(文)12, 上智大(外総文)12, 立教大(全)12, 高経大(前)11, 早大(法)11, 成城大(経)11, 上智大(文総外)10, 法政大(経社現)10, 慶応大(文)09, 立教大(2/13)09, 法政大(経社総)08, 東洋大(営)08, 上智大(外法総)07

朝鮮印刷術　朝鮮侵略の際に, 朝鮮から印刷術が伝えられた。この技術に基づき(木)製活字で, (後陽成)天皇の命により数種類の書物が出版された。(慶長勅版)という。

武蔵大(全)14, 國學院大(全)11, 東経大(全)07

《町衆の生活》 p.168-169

茶道　茶道は, (村田珠光)→(武野紹鷗)→千利休【 宗易 】と発展していく。禅と茶道は深い関係にある＝【 茶禅一味 】。千利休も大徳寺に参禅して宗易という号を持っていた【実は, 千利休という号を称したのは1585年からで, 宗易という号のほうが先である】。『南方録』は, 千利休の弟子である(南坊宗啓)が利休から受けた茶の秘伝を記したもの【ただし, 近年は偽書であるとの説が有力】。そのなかで「宗易の云ク, 小座敷ノ茶ノ湯ハ, 第一仏法ヲ以テ修行得道スル事也。家居の結構, 食事ノ珍味ヲ楽ミなくハ俗世ノ事也。家ハモラヌホド, 食事ハ飢ヌホドニテタル事也。是レ仏ノ教, 茶ノ湯ノ本意也。」と書かれる。秀吉が催した京都(北野)の茶会に関しては, 「貧富・身分に関係なく民衆を参加させた」ことが重要。茶会に出た人物のうち, (今井宗久)(津田宗及)は必ず記憶せよ。また, 利休が大徳寺の山門上に自分の木像を置いたかどで秀吉から切腹を命ぜられた話が問題に出てくる。茶道の関連建築物としては(妙喜庵待庵)が出る。

武蔵大(全)14, 立教大(全)12, 駒澤大(全)11, 成城大(経)11, 國學院大(全)10, 上智大(文総外)10, 東経大(全)10, 法政大(経社現)10, 法政大(法文営)10, 立教大(2/13)09, 法政大(経社総)08, 國學院大(全)07

阿国歌舞伎　隆達節　阿国歌舞伎は, 女歌舞伎とも遊女歌舞伎ともいう。遊女歌舞伎という用語が出た。女歌舞伎は江戸幕府により禁止され, (若衆歌舞伎)が人気となったが, これも禁止され, 成人男性だけの(野郎歌舞伎)となった。ここから, 芸能として発展していく。高三隆達が(堺)の商人であることが出た。

立教大(文)14, 獨協大(国経法)13, 首都大(前)12, センター09, 法政大(法文営)09

日常生活の変化　衣服は(小袖)が一般化, 食事は(2)回から(3)回へ。都市では二階建て住居もつくられ, (瓦)屋根も増加。

立教大(全)12

《南蛮文化》 p.169
西洋印刷術
外来語

宣教師（　ヴァリニャーニ　）が伝えた（　鉛【金属】　）製活字印刷術による（　キリシタン版　）【天草版】が出版された。朝鮮印刷術とセットで記憶せよ。『　平家物語　』【これが一番よく出る】，（　カトリック儀式書　）は天草版で出版され，世界地図は出版されていないことが出た。天草版『平家物語』の表紙が図で出題された。しかし，重版の必要が生じると活字でなく木版が経済的なので，江戸時代になると次第に活字印刷は行われなくなったことも覚えておくと良い。

センター14，獨協大(経国法)14，法政大(経社スポ)11，早大(政経)11，上智大(文総外)10，センター09，センター07，東経大(全)07，東洋大(営)07

3　幕藩体制の成立

《江戸幕府の成立》 p.169-171
徳川家康

岡崎城主松平広忠の子というヒントから名を出させる問題があった。1562～82年，織田信長と同盟，信長に従う。1584年に（　織田信雄　）とともに（　小牧・長久手の戦い　）で秀吉と戦う。1590年秀吉に従い北条氏を攻める。秀吉の命で関東に国替え，約（　250　）万石の大名となって江戸を根拠地とする。江戸城は（　太田道灌　）の築城であること，徳川氏により海面の埋め立てが行われ城下町が形成されたことが出た。また，秀吉の死後，五大老筆頭として（　伏見城　）で政務を執る。この場所も出た。1603年，（　後陽成　）天皇から征夷大将軍宣下を受けた。1605年には，（　秀忠　）に将軍職を譲り，徳川世襲であることを示した。秀忠将軍宣下も同天皇によって行われた。秀忠は家康の三男である。将軍職を譲った後，家康は1607年駿府に移り，1616年に没した。命日は4月17日でこの日が東照宮の例祭日となった。東照宮は（　日光　）・（　久能山　）・上野・紅葉山【江戸城内】にあることが出た。

聖心女子大(文)14，早大(政経)14，青学大(2/7)13，上智大(文総外)13，明治大(文)12，高経大(前)11，学習院大(法)11，東洋大(2/14)10，獨協大(国経法)10，法政大(社)10，学習院大(法)08，上智大(経神)07

関ヶ原の戦い

家康側の大義名分は，石田三成らの「秀頼様に対する逆意」を懲らす，というもの。西軍総大将は（　毛利輝元　），関ヶ原で負けて（　周防　）（　長門　）37万石へ減封。（　上杉景勝　）は，120万石から30万石に減封された。石田三成，小西行長は（　京都　）で死刑。その他西軍で奮戦したのは（　大谷吉継　）（　増田長盛　）（　長束正家　）ら。東軍の武将は（　福島正則　）（　黒田長政　）ら。井伊直政は，石田三成の（　佐和山　）城を与えられ，その土地の西側に（　彦根　）城を作った。福島正則は，（　広島　）城主となった【後に城の無断改築で改易された】。長宗我部氏が西軍に属したことが出た。勝敗の結果には（　小早川秀秋　）の西軍裏切りが大きな影響。戦い後，西軍大名506万石が改易にあったことが出た。

明治大(文)14，早大(商)14，青学大(2/7)13，獨協大(国経法)13，学習院大(法)12，中央大(法)12，高経大(前)11，聖心女子大(文)11，早大(法)11，獨協大(国経法)10，法政大(法文営)(法社)10，獨協大(国経法)09，早大(政経)09，上智大(文経総)08

110　第Ⅲ部　近世

大坂の役

家康がきっかけとしたのは（ 方広寺 ）という寺院の鐘銘。ことばは「（ 国家安康 ）（ 君臣豊楽 ）」。この鐘は，秀吉が製作を命じたものではなく，秀頼が方広寺再興【火事で焼失していた】の折りに造らせたものである。

<small>学習院大(法)14, 法政大(2/8)14, 早大(文化)14, 国士舘大(2/1)13, 津田塾大(学芸)11, 日女大(文)11</small>

大名統制

（ 改易 ）…領地の没収，（ 減封 ）…領地の削減，（ 転封 ）【国替え】…領地の場所替えである。「改易」の読み方と意味が出された。（ 福島正則 ）の武家諸法度違反での改易，譜代の（ 本多正純 ），肥後の（ 加藤忠広 ）の改易も出た。改易，減封は3代家光のときまで，大規模に行われた。（ 国絵図 ）と（ 郷帳 ）を作成させたことも出た。前者は旧国あたり1枚が原則だが，広大な陸奥・出羽・越後・琉球では複数枚に分割して作られた。出羽以外の3国を示した上で出羽を答えさせる問題だったが，覚えているかではなく，旧国の領域を知った上で類推させる問題だといえる。幕府は国絵図を3回作成させているが，正保年間に作成させた時は，統制的な意味合いから（ 大目付 ）が作成担当であったと出た。これもそのこと自体を覚えるというよりも，大名を（ 監察 ）する役職【p.173】から類推する問題である【天保年間の作成が財政的観点から勘定奉行であったという問題文をヒントに】。また，当時の大名の領地についても出たので，代表的な大名領の地図上の位置・旧国名を覚えておくと良い。島津氏代々は戦国時代から覚えておくとよい。貴久【ザビエルとの関係】→（ 義久 ）【秀吉への降伏】→義弘→忠恒＝（ 家久 ）【琉球王国の支配】→光久。

<small>学習院大(法)14, 関東学院大(2/5)13, 上智大(総外法神)13, 明治大(法)13, 早大(文)13, 國學院大(2/3)12, 高経大(前)11, 聖心女子大(文)11, 慶応大(法)10, 学習院大(法)09, 獨協大(国経法)09, 立教大(文)09, 上智大(文法総)08, 成城大(文芸)08, 法政大(経社総)08, 明学大(経社)08, 早大(政経)07</small>

《幕藩体制》 p.171-172

一国一城令

領地内の城を領主の居城一ヵ所に限ることを命じた。城が，戦闘の砦としての役割から「領内統治の政庁」へと変化し，天守閣の役割が低下した結果，焼失しても再建されなくなる傾向があったという。

<small>青学大(2/7)13, 慶応大(経)13, 成蹊大(経)13, 早大(文)13, 駒澤大(2/6)12, 立教大(2/12)11, 東経大(全)09</small>

武家諸法度元和令

基本的には将軍代替わりごとに出た。1615年の武家諸法度＝（ 元和令 ）は，家康が南禅寺（ 金地院 ）の僧である（ 崇伝 ）に起草させたものといわれる。発令は（ 秀忠 ）の名で，（ 伏見 ）城で行われた。城に関し「居城を修繕する場合」であっても必ず届け出なければならない。まして，「新規の築城は厳禁する。」旨の規定があった。一国一城令とセットで記憶せよ。家光の時に出たのが（ 寛永令 ）で，元和令が13ヵ条，寛永令は19ヵ条であった。史料が出ることも多いので注意を要する。なお，幕府の文書は（ 御家 ）流で書かれた。これは，おもに武家の公式文書に使われた尊円流の流れを指す。尊円流とは，鎌倉時代に尊円入道親王が興した書の流派で，教科書では（ 青蓮院流 ）とある。秀忠の政策としては，家康の死後，大名・公家・寺社に領知の確認文書を発給したことである。

<small>明治大(文)14, 國學院大(2/3)13, 成蹊大(経)13, 早大(国)13, 慶応大(経)12, 東洋大(2/8)12, 明治大(文)12, 学習院大(文)11, 東経大(全)11, 明治大(全)11, 慶応大(法)10,</small>

第6章 幕藩体制の確立

	法政大(法文営)10，センター09，國學院大(全)09，獨協大(国経法)09，早大(文)09，立教大(全)07
軍役	1634年，家光が上洛。このとき全大名に（ 軍役 ）を賦課。軍事指揮権を示した。平時には江戸城改修や河川工事に動員される（ 普請役 ）が課される。江戸城の城普請について，説明文を参考に論述する問題が出た。 聖心女子大(文)14，学習院大(文)13，東洋大(2/8)12，明治大(文)12，東大(前)11，慶応大(法)10，東女大(2/8)10，早大(社)09
寛永令 参勤交代	武家諸法度(寛永令)は重要。（ 林羅山 ）が起草した。参勤交代は，家康が征夷大将軍になって以来，主に外様大名の参勤が増加していた。1615年の武家諸法度(元和令)にも「参勤作法之事」が定められたが，制度として義務付けられたのは家光のときであった。関東の大名は（ 半年 ）交代。対馬の（ 宗 ）氏は3年に一度，蝦夷地の（ 松前 ）氏は6年に一度であった。大名の在江戸中は，各種課役があったこと，江戸の屋敷は幕府から与えられるのが基本であったこと等も指摘されている。参勤交代する季節(月)が出た。史料にあるように「夏（ 四 ）月中」である【旧暦では1～3月が春，4～6月が夏，7～9月が秋，10～12月が冬である】。寛永令に，参勤交代の規定と（ 500 ）石以上の（ 大船建造 ）禁止の規定が新たに加わったことが出た。 明治大(文)14，関東学院大(2/5)13，國學院大(2/3)13・12，東洋大(2/8)12，高経大(前)11，東経大(全)11，法政大(経社スポ)11，明治大(全)11，明学大(経社法)11，神奈川大(2/9)10，駒澤大(文)10，獨協大(国経法)10，國學院大(全)09，中央大(文)09，獨協大(国経法)09，立教大(文)09，早大(文)09，東洋大(文)08，青学大(法)07，早大(政経)07
親藩 譜代 外様	大名を，将軍との親疎関係で分類した。 青学大(2/7)13，学習院大(経)13，東経大(全)11

《幕府と藩の機構》 p.172-174

幕府の機構	幕府の職制は，譜代大名があたるか，旗本があたるか【p.173の図にない下位の職制には御家人もあたる】，職によって決まっていた。親藩大名は基本的には幕府の職制を担わなかった。また，室町時代以来の名門である畠山・吉良・武田・今川・織田等は1万石以下でも大名格とされ，城内の儀式を司った。この家柄を（ 高家 ）と呼ぶ。江戸幕府の組織は，家康がすぐに作り上げたものではなく，3代（ 家光 ）の頃までに整備されたことが出た。特に，年寄と呼ばれて幕政の中枢にあった重臣が職制としての（ 老中 ）となったことは重要である。これらの職名，役職が複数の月当番で行われていたこと等が出た。老中・若年寄・大目付・関東郡代のほか，城代・町奉行・遠国奉行・勘定奉行配下の郡代がどこに置かれたかが出た。若年寄は有力な譜代大名が若いときに就任し，これを勤めた後に順次昇任して老中となることが出たのは重要である。京都所司代は，幕府の職制のうえで，老中に次ぐ格を持っており，（ 譜代 ）大名が就任した。この職や職掌に関しても重要である。長崎・山田等の奉行が（ 遠国奉行 ）と総称されることが出たが，これも覚えておきたい。遠国奉行の指揮・総轄はどの役職かという問題も出たので，組織図からそれが老中であることは確

認しておきたい。(寺社)奉行の職務が機能化するのは，寺社行政を個人で担ってきた(崇伝)の死去が契機であったことも知っておきたい。その他，①旗本は平時には大番・書院番・小姓番に編制され，御家人は徒組・鉄砲百人組などに組織されて(番方)と呼ばれたこと，②旗本が勘定奉行・町奉行等，御家人が与力・同心等に就いたら(役方)と呼ばれたこと，③寺社奉行・勘定奉行・町奉行は(三奉行)と呼ばれたこと，④老中・三奉行・大目付らは(評定所)を構成し重要な裁判を担当したこと，⑤初期の京都所司代板倉勝重の三男(板倉重昌)は島原の乱で幕府方の指揮を執り戦死したこと，⑥京都では京都所司代に監視させたうえで，摂家に朝廷統制の主導権を与え，朝廷と幕府をつなぐ役割を果たす(武家伝奏)を公家から任命したこと，⑦武家伝奏を補佐するため1663年(議奏)を設置したこと，⑧武家伝奏は幕府の(奏者番)に対応する役割を果たしており儀礼上の交渉を担っていたこと，等が出た。幕府の勘定奉行にあたる藩の役職が(郡奉行)であることも出た。

学習院大(経)(法)14，聖心女子大(文)14，成蹊大(経)14，中央大(文)14，早大(文化)(政経)(商)14，青学大(2/7)13，学習院大(文)13，関東学院大(2/5)13，上智大(文総外)13，立教大(2/6)13，早大(文)13，國學院大(法)12，慶応大(文)12，関西学院大(2/3)12，上智大(神総法)12，中央大(法)12，東洋大(2/8)12，明治大(文)12，國學院大(全)11，津田塾大(学芸)11，立教大(全)11，神奈川大(2/9)10，東洋大(2/14)10，明治大(法)10，慶応大(経)09，成城大(文芸)09，東経大(全)09，獨協大(国経法)09，センター08，学習院大(法)08，駒澤大(文法営)08，成城大(文芸)08，中央大(法)08，センター07

地方知行制　藩の年貢収入を俸禄として受け取る制度【受け取る者を 蔵米取 という】に対して，有力武士に領地を与え，その領民支配を認める制度を地方知行制という。17世紀半ばには多くの藩で見られなくなった。
成蹊大(経)14，中央大(文)13

旗本
御家人　将軍直属の家臣【直参】で1万石未満の者。そのうち，将軍に謁見＝(お目見え)を許される者を旗本，そうでない者を御家人という。よく「旗本八万騎」といわれるが，旗本はずっと少数であったことが出た。p.172の注②を見よ。
早大(文化)(政経)14，関東学院大(2/5)13

《天皇と朝廷》 p.174-175

禁中並公家諸法度　これは，(家康)(秀忠)と公家の前関白(二条昭実)の連名で出された。二条昭実は，(豊臣秀吉)に関白職を譲った人物であり，この法度発令時には，「前関白」であったが，発令直後再び関白となった。「第一御学問也」は(順徳)天皇著の『禁秘抄』から引用されたと出たことがある。法度の内容に関わる正誤文問題で，①武家の官位と公家の官位は別である，②天皇をはじめ公家の服制を定めている，③親王や左右大臣の座位に言及している，ということを理解しているか問われる問題も出た。また，三公とは，(太政大臣)(左大臣)(右大臣)であることが出た。朝廷の監視面では，摂関家に朝廷統制の主導権を持たせるとともに【五摂家が問われた】，公家のなかから(武家伝奏)を選んで京都所司代との連絡にあたらせた。1663年には，武家伝奏を補佐するため(議奏)が置かれた。この年は，武家諸法度の(寛文)令が出たのと同じ年である。京都所司代と武家伝奏【p.174注③参照】についてはよく出る。天皇領

第6章　幕藩体制の確立　113

=(禁裏御料)について【p.174注④参照】,(家康)が1万石,(秀忠)が1万石,(綱吉)が1万石を与え計3万石となったことも出たことがある。また, 1620年【秀忠の娘(和子)が後水尾天皇に入内した年】には朝廷に残されていた権能である(官位制度)(改元)(改暦)についても幕府の承諾が必要になったことも出た。武家諸法度と禁中並公家諸法度が発令された時期に, 幕府は, 大名と天皇にそれぞれどのような役割を求めたと考えられるかという論述問題が出た。

青学大(2/7)14, 明治大(文)14, 東大(前)13, 関東学院大(2/5)13, 國學院大(2/7)13, 国士舘大(2/1)13, 日女大(文)13, 法政大(文営人)13, 早大(国)(文)13, 慶応大(文)12, 立教大(経法文)12, 早大(商)12, 慶応大(経)11, 津田塾大(学芸)11, 早大(教)11, 法政大(法文営)10, 早大(社)09, 一橋大(前)08, 成城大(文芸)08, 専修大(全)08, 中央大(商)08, 國學院大(全)07, 中央大(経)07, 立教大(全)07

紫衣事件

このときの将軍が(家光)であったことが出た。また, 紫衣事件を80字以内で説明する論述問題も出た。1611年に家康に擁立された天皇が(後水尾)天皇であること, 同天皇に秀忠の娘和子【後の(東福門院)】を入内させたこと, その娘【秀忠の孫】が興子内親王で後の(明正)天皇であり, 奈良時代の(称徳)天皇以来859年ぶりの女性天皇であること, 江戸時代のもう一人の女性天皇が(後桜町)天皇であることが出た。臨済宗(大徳寺)の僧(沢庵)がこの事件により(出羽)に流されたが, 後に許されて徳川家光の帰依を受け品川に(東海寺)を建てたことも出ている。

青学大(2/7)14, 明治大(文)14, 立教大(異経法)14, 慶応大(経)13, 上智大(総外法神)13, 東経大(2/9)13, 日女大(文)13, 法政大(文営人)13, 早大(文)13, 國學院大(2/3)12, 東洋人(2/8)12, 立教人(経法異)12, 慶応大(経)11, 津田塾大(学芸)11, 法政大(法文営)(経)10, センター09, 立教大(文)09, 青学大(文)08, 日本大(文理)08, 國學院大(全)07, 中央大(経)07

《禁教と寺社》 p.175-177

禁教令

1612年には幕府直轄地で出され, 翌1613年に全国に及ぼされた。江戸時代の禁教令は2代(秀忠)による。また, (高山右近)の処遇がこれに関連して出る。近年では高山右近らが追放され, 到着した地名が出た。(マニラ)である。彼と同時に(マカオ)に追放された人々もいた。

関東学院大(2/5)14, 明治大(営)14, 早大(文化)14, 慶応大(法)13

島原の乱

よく出るところである。宗教戦争のようにとらえられることが多いが, p.176にあるように「土豪や百姓の一揆」である。最も出る人名は, 島原城主(松倉)氏【松倉重政が(有馬晴信)転封後に領有。乱当時は勝家。乱後, 改易の上斬首】, 天草領主(寺沢)氏【寺沢広高が関ヶ原の合戦後(小西行長)に代わり領有, 乱当時は堅高。乱後, 改易】。旧領主は2人ともキリシタン大名であった。乱の首領は(益田時貞)だが, 実際は旧領主に仕えた牢人らが中心だった。幕府は, (板倉重昌)を送って失敗し【戦死】, (松平信綱)が鎮圧した。また, (オランダ)が幕府の要請で, 艦砲射撃で鎮圧に協力したことも知っておいた方がよい【p.176の図版解説を参照】。時の将軍は(家光)である。

センター14, 神奈川大(2/6)14, 関東学院大(2/5)14, 獨協大(経国法)14, 日女大(文)14, 早大(文化)14, 慶応大(商)13, 上智大(総外法神)13, 早大(商)13, 慶応大(文)12, 聖心女子大(文)12, 明治大(文)12, 高経大(前)11, 國學院大(全)11, 上智大(文総外)11, 学

習院大(法)09，聖心女子大(文)09，東経大(全)09，早大(商)09，東洋大(文経国)08，獨協大(経法国)07

寺請制度	（ 宗門改め ）を行ってすべての人々をいずれかの寺院の檀徒にさせ【 寺檀制度 】，そのことを寺院に証明させた。（ キリスト ）教や日蓮宗（ 不受不施派 ）を信仰させないのが目的であった。宗門改めは，宗門改役の指導のもとに実施された制度。毎年2月か3月に宗門人別改帳作成と踏絵を実施し，全人民が檀那寺所属を義務付けられた。踏絵は1629年に（ 長崎 ）で開始された。この制度は1873年，キリシタン禁制の高札撤廃で停止されるまで続いた。（ 神道 ）（ 修験道 ）（ 陰陽道 ）等も仏教に準じて，幕府によって公認されたことが出ている。寺請制度のキリスト教禁制徹底以外の意義を「戸籍」「支配体制」の2語を使って45字以内で答えさせる問題が出た。また，この制度の説明と背景を論述する問題も出た。 センター14，一橋大(前)14，早大(教)14，慶応大(法)13，聖心女子大(文)12，上智大(文総外)11，立教大(全)11，学習院大(経)10，東経大(現)10，法政大(法文営)10，法政大(法社人)09，立教大(文)09，早大(商)09，中央大(国)08，東洋大(文経国)08，中央大(経)07
諸宗寺院法度	家綱【4代】の1665年，諸社禰宜神主法度とともに制定された諸宗寺院法度を寺院法度と呼ぶこともあるが，通常は大寺院や各宗本山に本寺末寺制の確立等を求めて個別に1601〜16年に発令されたものを寺院法度という。（ 崇伝 ）【以心崇伝ともいう，黒衣の宰相ともいわれた】が，武家諸法度・禁中並公家諸法度とともに起草したのはこちらである。以心崇伝は，1633年に没しているから，諸社禰宜神主法度・諸宗寺院法度の起草者ではない。ただし，諸宗寺院法度は，個別に出されていた寺院法度を前提としたものであるから，内容的には崇伝の考えが反映したものといってよい。仏教宗派のなかには，中世からのものだけでなく明の僧（ 隠元隆琦 ）が伝えた（ 黄檗宗 ）も含まれた【禅宗の一派】。隠元は，（ 煎茶 ）の喫茶方法を伝えた人物といわれる。この宗派の本山は，宇治の（ 万福寺 ）である。また，ついでに天皇家の菩提寺が，鎌倉時代以降（ 泉涌寺 ）であることも覚えておこう。 慶応大(法)(経)13，上智大(文法)13，中央大(法)13，東経大(2/9)13，駒澤大(2/6)12，東洋大(2/8)12，立教大(全)12，成城大(経)11，学習院大(経)10，東経大(全)10，法政大(法社人)09，立教大(文)09，國學院大(全)08，慶応大(法)07
諸社禰宜神主法度	公家の（ 吉田 ）家を神職の本所として統制させた。吉田家は唯一神道の（ 吉田兼倶 ）の子孫である。平安期から神祇官の長官である伯は（ 白川 ）家が務め，次官である大副を吉田家が務めていたが，室町期に吉田兼倶が出て，吉田家配下の神社が多数となり，勢力が逆転した。江戸幕府は，吉田家を本所とするとともに白川家の神社支配も容認したが，吉田家の優位は崘れなかった。 慶応大(法)13，中央大(法)13，上智大(文総外)11，学習院大(経)10，法政大(法社人)09

《江戸時代初期の外交》 p.177-178

明との交易	（ 朝鮮 ）や（ 琉球王国 ）を介して交渉。 國學院大(全)10，早大(文)10

リーフデ号

アジア進出をはかっていた（ オランダ ）の船。家康は乗組員のうち，オランダ人航海士（ ヤン＝ヨーステン ）【耶揚子】とイギリス人水先案内人（ ウィリアム＝アダムズ ）【三浦按針】を江戸に招き外交貿易顧問とする。漂着した場所（ 豊後臼杵 ）＝【現大分県臼杵市】を覚えておくこと。ヤン＝ヨーステンは，（ 平戸 ）にオランダ商館を開設することに尽力した。ウィリアム＝アダムズも，平戸にイギリス商館を開設することに尽力した。イギリス商館も平戸に開設された。当時，オランダ（ 東インド会社 ）がジャワ島の（ バタヴィア ）にあったことが出た。また，オランダ人・イギリス人等が（ 紅毛人 ）と呼ばれたことが出た。

学習院大(文)14，慶応大(文)14，明治大(営)14，早大(文化)14，慶応大(商)13，法政大(文営入)13，東経大(全)11，國學院大(全)10，駒澤大(文経営)10，法政大(法文営)10，学習院大(経)08，東洋大(文経国)08，早大(社)08，東経大(全)07，獨協大(経法国)07

平戸
長崎

平戸は，（ 松浦 ）氏領。松浦氏は16世紀後半から貿易に積極的で，ポルトガル船，スペイン船が来港していた。ポルトガルは，平戸でのキリシタンと仏教徒との対立，日本商人との関係悪化などから，寄港地を（ 大村 ）領横瀬浦に変更したが，スペインは引き続き来港した。江戸幕府成立とともに松浦氏は領地を安堵され平戸藩となり，1609年にはオランダが，1613年にはイギリスが商館を開設した。長崎は，大村氏の内紛で横瀬浦が焼き払われた後にポルトガルのために開かれ発展した。1580年イエズス会に寄進されたが，後に秀吉によって直轄領となり，江戸幕府が引き継いだ。

慶応大(文)14

田中勝介

田中勝介は（ 京都 ）の商人。上総に漂着したルソンの前総督（ ドン＝ロドリゴ ）をメキシコ経由でスペインに帰すため船を与えた家康が，通商交渉のため，田中勝介らを同行させた【田中らは最初に米国大陸に渡った日本人といわれる】。通商目的は果たせなかった。家康が，マニラのスペイン人と交渉して，（ 浦賀 ）を開港し，メキシコと貿易しようと考えていたことも出た。

学習院大(文)14，明治大(営)14，早大(文化)13，立教大(2/12)11，東洋大(2/11)10，学習院大(経)08，東洋大(文)08，東経大(全)07

慶長遣欧使節

（ 伊達政宗 ）が派遣した。教科書には書いていないが，派遣された（ 支倉常長 ）はイタリアに渡り，教皇（ パウロ5世 ）と謁見したことが出た。また，彼を引率したのがフランシスコ会の宣教師（ ルイス＝ソテロ ）であったことが出た。

センター15，学習院大(文)14，獨協大(経国法)14，日本大(法)14，立教大(2/12)11，学習院大(経)08，國學院大(全)08，東洋大(文社国)08，明学大(経社)08，早大(社)08，東経大(全)07

糸割符制度

（ 京都 ）（ 堺 ）（ 長崎 ）【後に（ 江戸 ）（ 大坂 ）】の特定商人に糸割符仲間をつくらせ（ ポルトガル ）船の生糸を一括して買い取らせ国内商人に販売させた。対象は，はじめポルトガル船が積んで来る生糸＝【絹の糸，（ 白糸 ）とも呼ばれる】に限られていたが，1631年（ 中国 ）に，1641年（ オランダ ）にも適用された。1655年，幕府の相対自由貿易方針のため一時廃止されたが，1685年【生類憐みの令発令と同じ年】に復活

された。その後幕末まで続くが次第に有名無実化した。80字以内で説明する論述問題が出た。
学習院大(文)14, 明治大(営)14, 慶応大(商)13, 中央大(経)13, 津田塾大(学芸)13, 日本大(法)13, 立教大(文)13, 立教大(全)12, 慶応大(経)10, 國學院大(全)10, 東女大(2/8)10, 東洋大(2/11)10, 法政大(法文営)10, 早大(文)10, 日女大(文)09, 明治大(法)09, 東京家政大08, 東洋大(文)08, 早大(社)08, 学習院大(法)07, 慶応大(文)07, 法政大(文営)07

朱印船貿易

幕府から海外渡航を許可する(朱印状)を与えられた船が行った貿易。朱印船貿易に従事した大名・大商人は，地名と人名を組にして覚えよ。大名は(島津家久)(有馬晴信)。商人は京都の(角倉了以)(茶屋四郎次郎)，大坂の(末吉孫左衛門)，長崎の(末次平蔵)ら。末吉を「銀座の創設にも尽力」，茶屋を「幕府の呉服師」と解説している問題があった。また，納屋助左衛門をルソンとの貿易の中心として出題している。外国人(ヤン＝ヨーステン)(ウィリアム＝アダムズ)もこの貿易に従事したことを覚えよ。
東経大(2/9)14, 早大(国)(法)14, 東洋大(2/8)13, 立教大(文)13, 國學院大(全)08, 法政大(文営)07

日本町

ルソン＝(ディラオ)(サンミゲル)，安南＝(ツーラン)(フェフォ)，シャム＝(アユタヤ)，カンボジア＝(ピニャルー)(プノンペン)，日本人町問題が出ると，多くの場合山田長政のことも出る。アユタヤの場所を問う地図問題が出た。
津田塾大(学芸)13, 慶応大(経)10, 東洋大(2/11)10, 学習院大(経)08

貿易品目

(銀)が主要な輸出品であったことが出た。(刀剣)も出たことがある。当時の日本の銀の輸出額は世界の産出額の(3)分の1に及んでいたことはこうしたなかで出る。
早大(法)14, 慶応大(商)13, 青学大(営)10, 駒澤大(文経営)10, 國學院大(全)08, 東洋大(文経国)08, 早大(教)08

出会貿易

(海禁)政策をとる明との間で行われた16世紀後半から17世紀初頭にかけての貿易形態。日明の商人が，(台湾)(ルソン)等で出会って貿易した。
慶応大(商)13

《鎖国政策》 p.178-180

外国船寄港地
イギリス商館撤退

1616年，幕府は外国船寄港地を(平戸)と(長崎)に限定したが，前者は1623年イギリスの撤退，1624年スペイン船来航禁止，1641年オランダ商館の出島移転で，外国貿易から切り離された。イギリス商館の撤退は，1623年に発生した(アンボン)事件で，オランダ東インド会社による東アジア貿易支配が確立したこと，本国同士の対立もあり日本での貿易でオランダの妨害にあったこと，日本でのよりどころであった(ウィリアム＝アダムズ)が没したこと，等の理由によるといわれる。
早大(文化)14, 立教大(文)13

スペイン来航禁

ポルトガルとの競争で不利であっただけでなく，オランダの幕府に対する

止	反スペイン活動もあったといわれる。スペインはオランダの旧宗主国で，オランダの独立を承認しておらず，厳しい対立があった。直接的には，（　マニラ　）からのスペイン船で宣教師が日本に侵入しようとしたことが契機といわれる。 早大（文化）14
鎖国令	鎖国令は3代（　家光　）が発令。5次にわたる鎖国令は，第1次，第3次，第5次が重要。寛永何年令か覚えることも重要。第1次は寛永10年令＝キーワードは（　奉書船　）【内容：朱印状の他に老中奉書の所持を義務付けた。糸割符制度関連の条文もあり】。第2次は寛永11年令，第3次は寛永12年令＝キーワードは（　日本【日本人】　）【内容：日本人の海外渡航禁止。海外居住の日本人の帰国禁止】。第4次は寛永13年令，第5次は寛永16年令＝キーワードは（　かれうた　）【内容：ポルトガル船の来航禁止。「かれうた」とは，ポルトガルのガレウタ船のこと。ヨーロッパの大型帆船ガレオン船の小型版】。第5次鎖国令の史料問題で，「彼の法を弘むるの者，今に密々差渡るのこと」という状況を20字で説明，「宗門の族，徒党を結び邪儀を企つれば，則御誅罰の事」は，どんな事件の発生を受けたものか【＝　島原の乱　】，「彼の国」は具体的にどこか【＝　ポルトガル　】，等が問われた。 慶応大（経）14，成城大（経）14，法政大（経社現）14，明治大（営）14，早大（文化）（文）14，慶応大（商）13，法政大（文営人）13，早大（文化）13，中央大（文）12，駒澤大（全）11
出島	1634年建設，1636年からポルトガル人を収容。1639年ポルトガル船が来港禁止となると，1641年に平戸にあった（　オランダ　）商館が，ここに移設された。幕府は，平戸商館の倉庫に西暦が書かれていることを理由に倉庫の取り壊しを命じ，同時に出島への商館移設を命じたという。オランダはあえて抵抗せずそれに従った。
鎖国	鎖国という言葉の由来を p.179注④で確認すること。ドイツ人医師（　ケンペル　）の著書『　日本誌　』を一部を訳したのが「　鎖国論　」で，訳者はオランダ通詞（　志筑忠雄　）。これはたびたび出る。19世紀になり，欧米諸国からの開港要求に幕府は「通信国」＝（　朝鮮　）（　琉球　），「通商国」＝（　中国　）（　オランダ　）という論理で対応しようとしたとする問題が出た。また，幕府が19世紀に16世紀後半以降の外交史料をまとめた『　通航一覧　』を編纂したことが出た。近年では，こうした「鎖国」状態は，日本特殊のものではなく当時のアジア諸国の海禁政策と類似であるとして，この用語を使用しないという主張もあり，そうした観点で問題が作成される可能性もあるので意識しておこう。 中央大（法）14，東洋大（2/9）14，立教大（全）14，早大（文）14，慶応大（商）13，中央大（経）13，中央大（文）12，明治大（法）12，学習院大（経）11，駒澤大（全）11，慶応大（経）10，東経大（再）10，東洋大（2/11）10，法政大（法社）10，早大（文化）10，学習院大（法）09，聖心女子大（文）09，東経大（全）09，センター07，慶応大（文）（商）07，中央大（経）07，東経大（全）07，東女大（文理）07，獨協大（経法国）07

《長崎貿易》 p.180

| オランダ貿易 | オランダ商館は，ジャワ島の（　バタヴィア　）【バタヴィアの位置を問う地図問題が出た】に置いたオランダ東インド会社の支店であり，オランダ |

118　第Ⅲ部　近世

商館長=(カピタン)が支店長である。任期は原則的に1年のみで年1回江戸参府していた。商館長は将軍に臣下の礼で拝謁していたことが出ている。オランダ風説書の提出時期=(オランダ船来航)のたびであることに注意。通詞が翻訳して長崎奉行から提出され，非公開とされた。風説書は1640年以降，毎年提出されていることが出ている。旧課程版p.175「長崎の出島」「日本からみた外交秩序」図版が多少変えた形で出題されたことがある。
中央大(法)14，東洋大(2/9)14，日女大(文)14，上智大(外神総法)12，早大(商)12，東女大(2/8)11，慶応大(経)10，中央大(法)08，東洋大(文)08，早大(社)(教)08，東経大(全)07

中国貿易　明から清に代わっても中国の正式な貿易許可は出なかったので，私貿易の形で貿易が続いた。しかし，清の誕生以来貿易額が増加した。1635年から，寄港地が長崎に限定されたが，当初は雑居が許されていた。1688年から(唐人屋敷)に居住地が限定された。唐船風説書は，長崎奉行が唐通詞を通して聴取したと問題に出た。
中央大(法)14，早大(文)14，東洋大(文)08

貿易額の制限　オランダ船からの輸入は，中国産の(生糸)・(絹織物)・毛織物・綿織物・(薬品)・砂糖・(書籍)。清もオランダ船と同様の物のほか，(蘇木)・香木・獣皮・獣角。日本からは銀・(銅)・海産物。清は，明の残存勢力に対する海上封鎖のため海禁政策を続行し，明の残存勢力の拠点であった台湾を陥落させて海禁政策を解いたといわれる。幕府は，1641年に(金)の輸出を禁止したが，1664年，オランダが小判の輸入許可を幕府に求めると，年間8万両の輸入を認めた。しかし，幕府が粗悪な(元禄小判)を鋳造すると，オランダへの日本からの金流出は減少した。一方，糸割符制度は，17世紀前半の生糸価格抑制に十分効果を発揮しなかったので，1655年に廃止され，(相対貿易)仕法に基づく自由貿易となった。これにより貿易額が増大したため，1672年に長崎奉行によって制定されたのが(市法貨物)仕法である。これが出題されたことがある。しかし，この仕法も十分でなかったため，1685年糸割符制度が復活し，同時に(定高貿易)仕法が実施されたのである。年間貿易額は銀換算でオランダ(3000)貫【山川旧『日本史B用語集』では3400貫，新用語集には収録されていない。】，清(6000)貫。また1688年には清船の来航を年間(70)隻に制限した。貿易に関する機関は，糸割賦会所，市法会所，割符会所と改称されて，1698年，(長崎)会所となった。実はオランダ・清ともに正式国交はなく，「通商の国」と呼ばれていた。
上智大(外神総法)12，早大(法)(社)(文)10，中央大(法)08

《《朝鮮と琉球・蝦夷地》》　p.181-183
朝鮮貿易　徳川家康は，朝鮮王朝との講和を実現し，1609年朝鮮と対馬藩の(宗)氏とが(己酉約条)=【 慶長約条 】を結んだ。宗氏は対朝鮮外交上の特権的地位を幕府から認められた【朝鮮貿易の独占を許され，その利益の分与で家臣と主従関係を結んだ】。対馬から船が派遣され釜山で交易したので，日本人の海外渡航がここでは続いていたことになる。但し，1609年以降，日本使節の漢城上京は禁止されたので，室町期から置かれていた漢

城の倭館は廃止され，釜山の倭館が残った。漢城上京禁止は，日本人による朝鮮国内の情勢探査を防止するためであったらしい。日本から朝鮮国王即位を慶賀する使者が出されたが，その使者も釜山に留められている。条約締結時の藩主は（ 宗義智 ）である。宗氏に仕えた儒学者（ 雨森芳洲 ）は，（ 木下順庵 ）門下で新井白石と同門である。新井白石が朝鮮使節の待遇簡素化を実施したとき，彼はそれを批判している。主な輸入品が（ 朝鮮人参 ）と中国産（ 生糸 ）であったことが出た。

学習院大(文)14，慶応大(文)14，法政大(経社現)14，明治大(営)14，学習院大(法)13，慶応大(商)13，中央大(法)(経)13，法政大(文営人)13，早大(文化)13，明治大(文)(法)12，学習院大(経)11，慶応大(文)11，法政大(法社)11，立教大(全)11，早大(政経)11，早大(法)(政経)(文)(社)10，聖心女子大(文)09，東経大(全)09，センター08，上智大(外法経)08，中央大(法)08，東経大(全)07，東女大(文理文系)07

通信使

朝鮮使節が12回来日，4回目以降を通信使という。はじめ3回が（ 回答兼刷還使 ），その目的が何であったかが問われる問題が出た。【p.181注②参照】。通信使のルート＝釜山→対馬→下関→（ 大坂 ）→（ 京 ）→江戸が出た。朝鮮の使節は11代家斉まで12回で，将軍の就任時に来日して国書を交換したとある。ただし，通信使が江戸城を訪れたのは1764年が最後であった。また，通信使に対する返礼使は，対馬藩が代行し，（ 釜山 ）の倭館で返礼儀式を行った。

神奈川大(2/6)14，法政大(文営人)13，青学大(営)11，学習院大(経)11，法政大(法社)11，学習院大(法)10，東経大(現)10，早大(法)10，聖心女子大(文)09，上智大(外法経)08，中央大(法)08，早大(教)08，東女大(文理文系)07

琉球王国との関係

琉球王国の貿易船は，江戸時代以前から薩摩の（ 坊津 ）や筑前の（ 博多 ）に来航していた。1609年，薩摩藩の（ 島津家久 ）によって征服され，薩摩藩の支配下に入った。薩摩藩が（ 検地 ）（ 刀狩 ）を実施したことが出た。征服された当時の尚氏の当主は（ 尚寧 ）で，薩摩藩は石高（ 8万9000 ）石余りで王位に就かされた。以上のことは基本事項としてたびたび出る。（ 与論島 ）以北は薩摩藩領とし，以南は琉球王国領としたことも出た。また，明・清への朝貢貿易を継続させた。こうした中国との関係を（ 冊封 ）関係といい，清から（ 冊封 ）使が訪れている。1663年，清の康熙帝は，尚氏を琉球国王（ 中山王 ）に任じたことが出ている。薩摩藩は，琉球王国に中国の産物【 唐薬種 等】と，琉球産の（ 黒砂糖 ）を上納させたことが出た。

関東学院大(2/5)14，学習院大(文)14，慶応大(文)14，法政大(経社現)14，慶応大(経)(商)13，早大(教)(文化)13，明治大(文)(法)12，青学大(営)11，慶応大(文)11，法政大(法社)11，学習院大(経)10，慶応大(経)10，駒澤大(文)10，獨協大(国経法)10，早大(文)10，聖心女子大(文)09，上智大(文法経)08，中央大(法)08，早大(教)08，東経大(全)07，東女大(文理文系)07

謝恩使 慶賀使

国王の代替わりごとに就任を感謝して派遣するのが謝恩使，将軍の代替わりごとにそれを祝って派遣するのが慶賀使である。琉球の使節が島津氏に中国風の服装を強要されて江戸参府したことが出た。

関東学院大(2/5)14，学習院大(文)14，慶応大(文)14，法政大(経社現)14，慶応大(経)(商)13，中央大(経)13，法政大(文営人)13，青学大(営)11，駒澤大(文)10，学習院大(法)08，中央大(法)08，東洋大(文)08，東女大(文理文系)07

120　第Ⅲ部　近世

アイヌとの交易	安藤【安東】氏時代は津軽【青森県】の（ 十三湊 ）と畿内を結ぶ交易が，14世紀には盛んとなり，蝦夷地のサケ・コンブ等がその物産となったので，本州から蝦夷地に渡り居住する日本人が増えた【p.130参照】。1457年にアイヌの大首長（ コシャマイン ）の蜂起を鎮めた（ 蠣崎 ）氏がその後の蝦夷地南部倭人居住地域の支配者となる。こうしたことは近年よく出ている。16世紀末には，（ 豊臣秀吉 ）によってアイヌとの交易権を認められた。蠣崎氏が（ 松前 ）氏と改称して，（ 徳川家康 ）からアイヌとの交易独占権を保障され藩制をしいたことや，米の取れないこの地域では，アイヌとの交易権を知行として与えることで松前氏と家臣との主従関係が結ばれていたこと【 商場知行制 】もよく出るところ。交易独占権だけでなく（ 船役徴収権 ）も得たと出題されたがこれは難しい。（ 黒龍江 ）下流域付近住人を通じて蝦夷錦と呼ばれる先進の絹織物が松前藩に入ってきていたということも出た。 センター14, 関東学院大(2/5)14, 学習院大(文)14, 慶応大(文)14, 駒澤大(2/7)14, 上智大(外神総法)14, 日本大(法)14, 法政大(経社現)14, 明治大(営)14, 慶応大(商)13, 中央大(法)13, 法政大(文営人)13, 明治大(文)12, 青学大(営)11, 國學院大(全)11, 早大(文)10, 学習院大(法)10・09, 東経大(現)10, 中央大(法)08, 東洋大(文)08, 東女大(文理文系)07
シャクシャインの戦い	1669年シャクシャインが中心となって松前藩と対立し戦いが起こったが，この戦い以降はアイヌは全面的に松前藩に服従させられた。 学習院大(文)14, 慶応大(文)14, 駒澤大(2/7)14, 日本大(法)14, 法政大(経社現)14, 慶応大(商)13, 中央大(法)13, 法政大(文営人)13, 青学大(営)11, 國學院大(全)11, 津田塾大(学芸)11, 立教大(法経異)11
場所請負制度	知行された商場【場所】の経営を和人商人が請負う制度。18世紀半ばからは多くの商場がこうなった。この時点では，アイヌはすでに，交易相手というより，労働力として酷使されることが多かったという。1789年に起きた（ クナシリ・メナシ ）の蜂起が出た。これは，和人請負商人の行為に対し一部のアイヌが抵抗したものである。 東洋大(2/8)14, 早大(商)13, 青学大(営)11, 國學院大(全)11, 津田塾大(学芸)11, 立教大(法経異)11

《寛永期の文化》 p.183-185

朱子学	（ 藤原惺窩 ）は相国寺の禅僧であったが還俗して朱子学を普及し，門人の（ 林羅山 ）は家康に用いられた。慶長の役で捕虜となった朝鮮王国の官僚（ 姜沆 ）【＝カンハン】が伊藤仁斎に影響を与えたという難解な誤文が出た。影響を与えたのは藤原惺窩に対してである。寛政期の「異学の禁」の史料が出題され，史料中の「其方家」の初代は誰かという問題で林羅山を答えさせている。儒学の四書が出た。（ 論語 ）（ 孟子 ）（ 大学 ）（ 中庸 ）である。 上智大(外神総法)14, 法政大(営文人)14, 首都大(前)12, 成城大(経)12, 法政大(経社スポ)11, 立教大(全)11, 法政大(経社現)10, 東経大(全)09, 東洋大(2/8)09, 明治大(全)09, 東洋大(文)08, 明治大(政経)07
寺院建築	寺院建築としては（ 黄檗宗 ）の禅寺に中国の様式が伝えられた。長崎の（ 崇福寺 ），宇治の（ 万福寺 ）。

第6章 幕藩体制の確立

日本大(文理)08

霊廟建築
東照宮が造られ，（ 権現造 ）が用いられた。祭神は徳川家康＝（ 東照大権現 ）【垂迹神】で本地仏を薬師如来とする（ 神仏習合 ）で祀られた。吉田神道と山一実王神道のどちらで祀るかで論争となり，後者が採用された。吉田神道の場合は大明神となり，山一実王神道の場合は大権現となる。ここでは敗れた吉田神道だが，後に神社・神職の本所と認められた。
学習院大(法)13，早大(政経)13，早大(教)12，成城大(文芸)11，東洋大(文)08

数寄屋造
（ 桂離宮 ）は，智仁親王の別邸。智仁親王は豊臣秀吉の猶子で，関白となるはずであった。秀頼が生まれたためそれは解約となり，秀吉は代償として宮家創設を朝廷に願い，八条宮が創設された。後陽成天皇は弟の智仁親王に譲位しようとしたが，家康が反対【秀吉の猶子であったことから】，結局，後陽成天皇の次男が即位して（ 後水尾 ）天皇となった。その彼が創建した（ 修学院離宮 ）も有名。この天皇は，①家康によって擁立された，②紫衣事件をきっかけに幕府の許可を得ずに退位した，③明正天皇【徳川秀忠の孫で称徳天皇以来の女性天皇】が即位した，④修学院離宮を造営した，以上がポイント。
青学大(2/7)14，上智大(外神総法)14，成蹊大(経)14，立教大(経法異)12，成城大(経)11，津田塾大(学芸)11，駒澤大(文経営)10，法政大(経社現)10，國學院大(文)07

狩野派
東山文化（ 正信 ）（ 元信 ），桃山文化（ 永徳 ）（ 山楽 ），寛永期の文化（ 探幽 ）を記憶せよ。
東洋大(2/8)12，成城大(経)11，法政大(経社スポ)11，東洋大(文)08

俵屋宗達
本阿弥光悦
久隅守景
本阿弥光悦はいわば総合芸術村を作ったと評価されている。俵屋宗達は，元禄期の（ 琳派 ）の先駆けといわれ，本阿弥光悦と力を合わせて王朝の美意識を復興したとある。また，（ 楽焼 ）は，初代長次郎が千利休の指導で，聚楽第で焼いたとされることが出た。俵屋宗達の（ 風神雷神図屏風 ）はもちろんだが，久隅守景の（ 夕顔棚納涼図屏風 ）も案外出る。海北友雪（ 一の谷合戦図屏風 ）は「おもな建築・美術作品」【p.184】にはないが出た。工芸品としては，本阿弥光悦（ 舟橋蒔絵硯箱 ）が出た。
上智大(外神総法)14，中央大(法)14，東経大(2/9)14，東洋大(2/8)14・13，早大(国際)14，中央大(法)13，明治大(法)13，早大(政経)(文)13，津田塾大(学芸)12，東洋大(2/8)12，成城大(経)11，法政大(経社スポ)11，法政大(法文営)10，法政大(経社総)08・07

陶芸
（ 酒井田柿右衛門 ）の赤絵は特に重要で出る。九州・中国各地に陶磁器生産が起こったのは，秀吉が朝鮮侵略で朝鮮人陶工を連れ帰ったことが発端であることを理解せよ。また，回答兼刷還使によって捕虜の朝鮮帰還が進むなか陶工が日本に残ったのは，朝鮮では身分的に卑しまれていたが，日本では職人として尊重されたからだといわれる。各地の陶器が出た。有田焼が，出荷港の地名にちなんで（ 伊万里 ）焼とも呼ばれることが出た。
武蔵大(全)14，中央大(法)12・11，津田塾大(学芸)12，法政大(経社現)11，法政大(経社スポ)11，立教大(全)11，学習院大(法)10，法政大(経社現)10

俳諧
（ 連歌 ）から俳諧が独立，京都の（ 松永貞徳 ）の貞門俳諧の流行。

4 幕藩社会の構造

《身分と社会》 p.185-187

身分
支配身分は，武士や天皇・公家，上層の（ 僧侶 ）・（ 神職 ）。被支配身分は，百姓…農業・（ 林業 ）（ 漁業 ）等に従事する。職人…手工業者，（ 大工 ）・左官・（ 大鋸 ）・（ 木挽 ）・（ 鍛冶 ）・（ 桶結 ）など【職人の（ 国役 ）を負担】。家持町人…主に都市に住み，商業・金融・流通・運輸等を担う。その他の小集団がある。

百姓
百姓は，農民の呼び名でないことに注意。地方でそれなりに商業等の発達した地域でも，町ではなく村と認定されているところ【 在郷町 】では，住人は百姓として扱われる。例えば，農地を持たず漁業や海運等に従事している場合，それらは，無高百姓＝（ 水呑百姓 ）として把握されることになるが，水呑百姓という語から受ける印象と，そうした者の生活実態は大きく離れていることがある。近世の「百姓と農民の重ならない点【不一致点】を２つあげて，百姓と農民の関係について説明しなさい。」という論述問題が出た。
一橋大(前)13

小集団
さまざまな小集団が登場した。有力神社に属し，参詣者の世話や祓いを行う者を（ 御師 ），技術を要しない労働従事者は（ 日用 ）【1665年にそうした者の座が設置された。】と呼ぶ。人別帳から離れた者を（ 帳外 ）と呼ぶ。
早大(教)14，学習院大(文)07

被差別民
例えば「物乞いをする非人」といった分類をした上で，それを統轄する「非人頭」を設けて支配した。
学習院大(文)13，早大(商)12，学習院大(文)07

《村と百姓》 p.187-189

村の数
16世紀後半，秀吉の兵農分離政策と検地で，村が全国規模で直接把握された。17世紀末で，村の数約（ 6万3000 ）は，何回か出題された。定期市等を中心に都市化した村を（ 在郷町 ）と呼ぶことが出た。
日本大(法)14，青学大(営)13，上智大(総文法)12，早大(社)09，青学大(総社)08，上智大(文法経)07

村方三役
村方三役＝（ 名主 ）（ 組頭 ）（ 百姓代 ）の業務の一つであった宗門改には，キリスト教の禁令という意味だけでなく人民把握の意味があった。
センター14，明治大(文)14，関東学院大(2/5)13，東経大(2/9)13，上智大(総文法)12，聖心女子大(文)11，法政大(経社スポ)11，青学大(経)10，中央大(文)10，國學院大(全)09，東経大(全)08，上智大(文法経)07

本百姓
幕府・藩の財政負担の基盤。（ 本多正信 ）の言葉「百姓は財の余らぬや

第6章 幕藩体制の確立

うに，不足なきやうに治むること道なり」を覚えよ。
早大(教)14，慶応大(文)12，早大(文)12，明治大(文)11，國學院大(全)10，中央大(文)10

結 もやい	田植え・稲刈り・脱穀・屋根葺等に際して，共同作業する組織。その他に村掟【村法】等に違反した者へ交際を断つ制裁を行う（ 村八分 ），庚申の夜に招福除災を願って行う（ 庚申待 ），稲の害虫等を村外に追い払う農村行事である（ 虫送り ）が出た。 早大(商)14，東経大(2/9)13，関東学院大(2/5)13
水呑百姓	（ 小前百姓 ）という場合もある。 関東学院大(2/5)13，上智大(総文法)12，早大(社)09
村請制 検地帳 五人組	検地帳に登録され，土地所有・耕作権を認められた者は（ 名請人 ）と呼ばれたと出た。幕府は秀吉同様検地帳と国絵図の提出を義務付けたが，国絵図には付録として各郡村の石高を列記した国ごとの（ 郷帳 ）も作成された。これらは，江戸時代に慶長のあと（ 正保 ）（ 元禄 ）（ 天保 ）の3回作成された。また，一つの村に複数の領主や知行主の支配が同時に存在する場合を（ 相給 ）という。五人組編成は，将軍（ 徳川家光 ）の治世である。 津田塾大(学芸)14，関東学院大(2/5)13，上智大(総外法神)13，東経大(2/9)13，慶応大(文)12，上智大(総文法)12，早大(文)12，法政大(経社スポ)11・10
本途物成 小物成 国役 伝馬役	年貢の（ 定免 ）法は，過去3〜10年の年貢高を基準に税率を一定とした。 中央大(文)14，立教大(文)14，早大(教)14，学習院大(経)13，関東学院大(2/5)13，國學院大(2/3)13，明治大(文)13，早大(文化)13，上智大(総文法)12，中央大(文)11，法政大(経社スポ)11，上智大(文法経)07
田畑勝手作りの禁	商品作物の作付けを制限し，商品経済の農村への浸透を防止しようとした。五穀【米，麦，黍，粟，豆】以外の本田畑での作付けが制限された。主な制限作物は（ タバコ ）（ 木綿 ）（ 菜種 ）（ 桑 ）。早くも17世紀後半には行われなくなった。廃止は（ 地租改正 ）直前の1871年。 関東学院大(2/5)13，日本大(法)13，上智大(総文法)12，青学大(経)10
田畑永代売買の禁令	本百姓が没落し，富農に土地が集中することを防ごうとした。売買は禁止で，売り主・買い主は処罰される規定であったが，「質入れ」「書入れ」は認めざるを得なかったので本百姓の没落は止められなかった。制定には（ 寛永 ）の飢饉発生が背景にあるという。廃止は（ 地租改正 ）直前の1872年。（ 質入れ ）とは，貸借契約と同時に質物の占有権が貸主に移るものをいい，（ 書入れ ）とは，貸借契約時には占有権は移らず，債務不履行によって質物の占有権が貸主に移るものをいう。史料が出ることもある。 センター15，早大(商)14，関東学院大(2/5)13，成城大(経)13，日本大(法)13，上智大(総文法)12，法政大(経社スポ)11，青学大(経)10，法政大(経社スポ)10，國學院大(全)09，早大(社)09，大東文(営)08，中央大(国)08，東経大(全)08，東洋大(文)08，早大(政経)08，上智大(文法経)07

分地制限令

分割相続による土地の細分化を防ごうとした。センターで二度出ているから，内容を覚えよ。寛文13年令【1673年，4代将軍(家綱)の時】は，名主は石高(20)石以上，一般農民は(10)石以上でないと分地できないと定めた。正徳3年令【1713年，7代将軍(家継)の時，(正徳の政治)の時期】は，分地高，残り高ともに(10)石以上かつ(1)町以上と定めた。

成蹊大(経)14，中央大(文)14，立教大(文)14，関東学院大(2/5)13，日本大(法)13，上智大(総文法)12，法政大(経社スポ)11，青学大(経)10，中央大(文)10，獨協大(国経法)10，法政大(経社スポ)10，國學院大(全)09

《町と町人》 p.189-191

城下町

在地領主として農村部に住んでいた武士が，各戦国大名・秀吉・幕府の兵農分離政策によって主君の城下に移住を強制され形成された。17世紀末には多くの藩で家臣知行地が減少し，代わって(俸禄)制が増加したことと関係がある。消費者である武士に対し，(商人)や(手工業者)が，(地子)免除の特権を受けて定着したことが出た。その結果，明確に地域区分された(武家地)(寺社地)(町人地)等が生まれたことも出る。

中央大(文)14，中央大(法)11，成城大(文法)09，立教大(2/13)09

町人

町屋敷を持つ家持ちの住人をいう。防火・防災・都市機能を維持する役割を持つ。(町人足役)や，その代わりの貨幣を負担したことが出た。(名主)(月行事)等を中心に，町は町法に基づいて運営された。町人以外に，町の運営に参加できない(地借)(借家)(店借)や奉公人がいたことが出た。

中央大(文)14，駒澤大(2/6)12，早大(教)12，中央大(法)11，國學院大(全)09

《農業》 p.191-192

灌漑施設

幕府や藩により大規模な治水・灌漑工事が進められた。(箱根用水)(見沼代用水)(玉川上水)等がある。

國學院大(全)10，早大(政経)09，学習院大(法)07

新田開発

(切添新田)…農民による小規模な開発，(村請新田)…村として許可を受けて開発，(代官見立新田)…幕府の代官が立案・開発，(町人請負新田)…町人が開発を請け負って開発，等がある。町人請負新田が最もよく出る。例として，越後紫雲寺潟新田，摂津川口新田，河内(鴻池)新田等がある。町人請負新田・農業全書・徳川吉宗・干鰯という用語を使用して「江戸中期における農業生産の進展について」論述する問題が出た。干潟を干拓した(児島湾)や(有明海)の例が問われた。享保の改革期に(日本橋)に新田開発についての高札が立てられたことから，町人請負新田はこの時期からと考えがちだがそれ以前からある。こうした結果の田畑面積の増加について出ている。江戸時代初め(164)万町歩→18世紀初め(297)万町歩。1592年(1846)万石→1832年(3040)万石というかたちで出ていた。開発を抑制するものとして(諸国山川掟)が出た【森林開発等により，河川への土砂流出が活発になった。苗木植栽の奨励・土砂災害に遭いやすい場所の新田開発禁止等が命じられ

第6章　幕藩体制の確立　*125*

た。】。
東経大(2/9)13, 立教大(全)12, 早大(文)12, 聖心女子大(文)11, 中央大(法)11, 國學院大(全)10, 大東大(2/6)10, 東女大(2/8)10, 東洋大(2/8)10, 筑波大(前)08, 上智大(外法総)07

《林業・漁業》 p.192-193

木材商品化 　藩が直轄する山林から出される木材の商品化。木曽檜は（ 尾張 ）藩，秋田杉は（ 秋田 ）藩。

網漁 　（ 摂津 ）国・（ 和泉 ）国・（ 紀伊 ）国等の上方漁民により全国に広まる。

《手工業・鉱山業》 p.193-195

手工業 　（ 木綿 ）生産は，（ 朝鮮 ）からの輸入→綿作の伝来【戦国末期】→綿栽培の増大→（ 地機 ）【いざり機】による農家副業生産，と発展した。製紙は，（ 楮 ）を主原料とする（ 流漉 ）技術の普及が重要。

鉱山業 　金山は（ 伊豆 ）・（ 佐渡 ），銀山は（ 但馬生野 ）・（ 石見大森 ），銅山は（ 足尾 ）・（ 別子 ）・（ 阿仁 ），砂鉄を原料として中国・東北での（ たたら製鉄 ）が重要【この製法の商品を（ 玉鋼 ）という】。精錬技術として（ 灰吹法 ）が行われるようになったことが出た。この方法は，博多商人（ 神屋寿禎 ）が伝えたという。また，別子銅山が（ 住友 ）家の請負で経営されていたことが出た。17世紀後半になって金銀産出量が急減し，（ 銅 ）の産出量が増えたことを，長崎貿易との関連からも理解せよ。
津田塾大(学芸)14, 成蹊大(経)13, 青学大(営)12, 立教大(全)12, 國學院大(全)11, 中央大(法)11, 東経大(全)11, 立教大(2/13)11, 東洋大(2/8)10, 早大(社)10, 聖心女子大(文)08, 早大(教)08, 学習院大(法)07

《商業》 p.195

商業 　江戸初期の（ 朱印船 ）貿易や国内地域価格差を利用して巨利を得た者を（ 初期豪商 ）と呼ぶ。代表的な人物は，京都の（ 角倉了以 ）・（ 茶屋四郎次郎 ），摂津平野の（ 末吉孫左右衛門 ）らである。末吉は，同時に銀座の責任者であり，平野郷の代官であったことが出ている。もちろん，人物名を導き出すヒントとして出されたのだが，初期豪商をまとめて確認せよ。
立教大(経法異)12, 法政大(文営)09, 立教大(2/13)09, 中央大(法)07

第7章 幕藩体制の展開

1 幕政の安定

《平和と秩序の確立》 p.198-199

徳川家綱
会津藩主(保科正之)【叔父にあたる】,(松平信綱)らの補佐で文治政治を推進したことが出た。晩年には大老(酒井忠清)が下馬将軍と呼ばれ専権を振るった。
法政大(営文人)14, 学習院大(経)13, 中央大(法)13, 明治大(文)13, 国士舘大(2/1)12, 津田塾大(学芸)11, 早大(教)07

慶安の変
関ヶ原以来の改易・減封で大量に発生した(牢人)の不満が背景と考えられる。(由井正雪),(丸橋忠弥)らによる幕府転覆未遂事件。密告を受けて事件を処理したのは松平信綱だったといわれる。由井正雪は(楠流)軍学を学んだ。これは楠木正成から学ぶもので、『太平記』に解釈を加える形式で講義が行われた。『太平記評判秘伝理尽鈔』等の解釈書があると出たことがある。
慶応大(経)13, 津田塾大(学芸)11, 明学大(経社法)11, 学習院大(経)10, 学習院大(法)09, 大東大(文)08, 中央大(国)08, 明治大(全)08, 立教大(全)07, センター07

末期養子の禁緩和
末期養子とは藩主が死亡前後に,急に幕府に願い出た養子のこと。(急養子)ともいう。幕府はこれを認めず大名改易の手段としていたが,藩主の年齢が17歳以上50歳未満の者には認めることとなった。その後も改訂され17歳未満50歳以上の者も吟味の上認めることとなった。末期養子の禁を緩和する布令を出した理由を論述させる問題が出た。また,1665年に大名の重臣の子弟を人質とする制度=(証人)制度も廃止されたことも出ている。末期養子の禁緩和により,例えば1664年米沢藩主上杉綱勝病死に際し,(高家)の吉良上野介義央の子綱憲がその家督を継いだことが出た。但し,この問題は,「主に朝廷と幕府の交渉を担う幕府の役職」というヒントで(高家)を答えさせる問題である。
立教大(文)14, 慶応大(経)13, 明治大(文)(法)13, 学習院大(経)10, 慶応大(法)10, 上智大(神総法外)10, 早大(社)10, 早大(文)09, 大東大(文)08, 東洋大(文)08

**牢人
かぶき者**
かぶき者には(旗本奴)(町奴)がおり,後者の代表的人物として(幡随院長兵衛)を選択させる問題が出た。
明治大(文)(法)13, 早大(商)13, 津田塾大(学芸)11, センター10

明暦の大火
(振袖火事)と呼ばれる。江戸城も類焼している。これに関連して,翌年幕府直属の(定火消)が組織され,若年寄が管轄した。
上智大(文総外)13

殉死の禁止
1635年伊達政宗の死に対する殉死,細川忠利の死に対する殉死等があった。4代将軍家綱の代替わり武家諸法度【1663年, 寛文令 】を発布する際,老中が口頭で禁止を伝えた。本人の意思によらない「無理腹」,子や孫の出

世のための「出世腹」等が後を絶たず，多くの弊害をもたらしていたからである。1683年に出された5代将軍綱吉の武家諸法度（　天和令　）に禁止が文章化された。その史料「　附，殉死の儀，弥制禁せしむる事　」が出た。
早大(政経)14，慶応大(経)13，國學院大(2/3)13，成蹊大(経)13，明治大(文)13，慶応大(法)10，上智大(神総法外)10，早大(文)09，大東大(文)08，立教大(全)07

藩政の刷新

藩の状況が変化するなかで名君といわれる藩主が出た。儒学諸派の学者を招いたことも共通している【p.199注①】。池田光政が（　児島　）湾干拓事業を実施したことが出た。以下の藩主と儒者の組合せは出るので記憶せよ。会津藩（　保科正之　）＝山崎闇斎【朱子学】，岡山藩（　池田光政　）＝熊沢蕃山【陽明学】，水戸藩（　徳川光圀　）＝朱舜水【中国の儒学】，加賀藩（　前田綱紀　）＝木下順庵【朱子学】。徳川光圀が（　彰考館　）を創設し，『　大日本史　』編纂事業を行ったことが出た。この完成は1906年のことであった。また，（　花畠教場　）は，以前は岡山藩の藩校であるという記述が多かったが，熊沢蕃山が設立した私塾であることが明らかになっている。
法政大(営文人)14，明治大(商)14，国士舘大(2/1)12，上智大(神総法外)10，法政大(法社)10，東洋大(2/8)09，大東大(文)08，東洋大(文)08，成城大(経)07

《元禄時代》 p.199-201

徳川綱吉

綱吉は，（　徳川家光　）の四男，1661年（　館林　）藩主に封ぜられるが，江戸にそのまま居住していたという。将軍就任に伴って大老（　酒井忠清　）が罷免されている。初期に綱吉を補佐した（　堀田正俊　）は，（　若年寄　）の職にあった（　稲葉正休　）によって暗殺された。その後は（　柳沢吉保　）が補佐した。綱吉が館林藩主であったときからの近臣で，160石の小身から15万石の（　甲府　）藩主となり，ついには大老格となった。柳沢吉保は（　六義園　）を造園したことでも知られる。
上智大(文経法)13，日女大(文)13，立教大(経法異)12，学習院大(法)(経)12，高経大(前)11，明治大(文)(法)11，國學院大(全)11，明学大(経社法)11，上智大(神総法外)10，青学大(文)10，法政大(社)10，専修大(全)10，上智大(法)09，首都大(前)08，早大(教)07，立教大(全)07

天和令

1683年発令。第一条が変わったことは絶対記憶せよ。「　文武忠孝を励し，礼儀を正すべき事　」となった。これまでの武家諸法度では「　文武弓馬の道，専ら相嗜むべき事　」と書かれていたが，武力的なものの後退が鮮明となった。この第一条の変更はよく出るところである。この条文は以後最後の武家諸法度まで続いた【徳川慶喜の武家諸法度は発令されなかった】。この天和令で入った末期養子の禁の緩和に関する規定については，本書p.127の「末期養子の禁緩和」を参照。礼儀による秩序の維持は，朝廷に対する政策も改めさせた。1687年，（　大嘗祭　）が221年ぶりに復活したことが出た。
成蹊大(経)14，早大(政経)14，慶応大(経)13，國學院大(2/3)13，成蹊大(経)13，明治大(文)11，明学大(経社法)11，慶応大(法)10，上智大(神総法外)10，國學院大(全)09，上智大(文)09，首都大(前)08，中央大(国)08

湯島聖堂
大学頭
天文方

（　林羅山　）の上野忍ヶ岡の塾内【　弘文館　と呼ばれた】にあった孔子廟を湯島に移し聖堂とし，林家の家塾を（　聖堂学問所　）として整備した。また，羅山の孫（　林信篤【鳳岡】　）を大学頭とした。また，綱吉は他の学

128　第Ⅲ部　近世

間にも力を入れた。歌学方（　北村季吟　），天文方（　渋川春海　）の（　貞享暦　）もこの時代。

学習院大(文)14, 中央大(経)14, 法政大(営文人)14, 慶応大(文)13, 上智大(文総法)13, 国士舘大(2/1)12, 高経大(前)11, 上智大(法外)11, 明治大(文)11, センター10, 青学大(文)10, 上智大(神総法外)10, 早大(社)10, 東洋大(文)08, 明治大(全)08, 立教大(全)07

生類憐みの令／服忌令／赤穂事件

1685年に発令。その前年，服忌令が出された。生類憐みの令に関連して，①捨て犬捨て（　牛馬　）禁止，②犬小屋の設置，③綱吉は（　戌　）年，④綱吉の母が真言宗の（　隆光　）に帰依した影響，を正文とする問題が出た。その他の文治政策では，1687年，221年ぶりに（　大嘗祭　），1694年に192年ぶりに（　賀茂葵祭　）が復活し，天皇の領地である（　禁裏御料　）も増やされた【計3万石】。1701年，（　赤穂事件　）が起きた。社会秩序の維持と主君への忠の狭間で評価が分かれた。この事件の当事者吉良義央は（　高家　）であり，儀式面で朝廷の武家伝奏に相当する家柄であったと説明する問題があった。（　服忌令　）→（　貞享暦　）→（　大嘗祭　）→（　赤穂事件　）の年代整序問題が出た。

慶応大(文)13, 國學院大(2/3)13, 上智大(文総法)13, 立教大(文)13, 早大(国)(文)13, 学習院大(経)12, 早大(商)12, 津田塾大(学芸)11, センター10, 駒澤大(全)10, 早大(社)10, 上智大(法)09, 首都大(前)08, 青学大(文)08, 早大(商)07

財政悪化

直轄鉱山の金銀産出量減少，（　明暦の大火　）後の江戸城と市街再建，といったことが原因であると出た。その他（　富士山　）【浅間山でないことに注意】の噴火が出た。この降砂処理等に費用がかかり，幕府は国役金49万両を全国の大名から上納させた。復旧の普請奉行は，関東郡代を世襲する（　伊奈忠順　）であった。この噴火の話は新井白石の『　折たく柴の記　』にも出てくる。また，上野（　寛永寺　）建立等の寺社建立，生活が全体的に華美となったことも財政悪化の原因として挙げられている。綱吉時代に（　定高貿易仕法　）で，貿易における金銀での支払額に制限が加えられたこともこの財政難と関係がある。明暦の大火で材木商であった（　河村瑞賢　）が巨利を得たことも出た。

慶応大(法)14, 国士舘大(2/1)14, 聖心女子大(文)14, 早大(政経)14, 日本大(法)13, 学習院大(経)12, 立教大(経法異)12, 中央大(法)11, 東経大(全)11, 獨協大(国経法)11, 立教大(全)11, 青学大(営)10, 学習院大(経)10, センター09・08, 上智大(法)09, 明治大(政経)09, 早大(政経)09, 大東大(文)08

貨幣改鋳

二度にわたって改鋳した。慶長金銀【良質】→（　元禄　）金銀→宝永金銀。含有率を減らして節約した金を（　出目　）という。よく問われる。荻原重秀は，（　新井白石　）が三度にわたって弾劾したため失脚した。

成蹊大(経)14, 中央大(経)14, 慶応大(経)13, 成城大(経)13, 中央大(法)13, 日女大(文)13, 早大(政経)13, 明治大(商)12, 学習院大(経)11, 慶応大(経)11, 國學院大(全)11, 津田塾大(学芸)11, 帝京大(1/31)11, 法政大(経社現)11, 明治大(文)11, 青学大(営)10, 國學院大(全)10, 上智大(神総法外)10, 法政大(法文営)10, 早大(社)10, 上智大(法)09, 中央大(法)(経)09, 明治大(政経)09, 中央大(国)08, 早大(政経)08, 学習院大(法)07, 立教大(全)07

《 正徳の政治 》　p.201-202

新井白石／間部詮房

6代将軍（　徳川家宣　），7代将軍（　徳川家継　）の時期に，新井白石と間部詮房が中心となって政治が行われた。新井白石は（　木下順庵　）の推

第7章　幕藩体制の展開　**129**

挙で，綱吉の兄の子である甲府藩主徳川綱豊の侍講となり，綱豊が家宣となって将軍に就任すると幕政に参加した。著書は多数で出るものも多いので覚えよ。間部詮房は，綱豊の側衆となる以前は，能役者の弟子であったという。

上智大（外神総法）14，慶応大（経）13，成城大（経）13，日女大（文）13，早大（政経）13，学習院大（法）（経）12，成城大（経）12，明治大（法）12・11，学習院大（法）11，法政大（経社現）11，青学大（営）10，神奈川大（2/9）10，上智大（神経総外）10，日本大（商）10，法政大（法社）（経社スポ）10，上智大（法）09，駒澤大（文法営）08，上智大（経神）07，早大（商）07

分地制限令	正徳3年令。分地高，残り高ともに（　10　）石以上かつ（　1　）町以上とした。 成蹊大（経）14，中央大（文）14
閑院宮家	東山天皇の子（　直仁　）親王から始まった。閑院宮家出身のはじめての天皇は（　光格　）天皇であることが出た。（　尊号一件　）との関連も出る。 青学大（2/7）14，成蹊大（経）14，慶応大（経）（文）13，立教大（2/6）13，学習院大（経）12，中央大（文）12，明治大（文）12，津田塾大（学芸）11，早大（教）11，センター10，日本大（商）10，中央大（国）08，東京家政大08，上智大（経神）07
朝鮮通信使の待遇簡素化	朝鮮からの国書を（　日本国大君殿下　）→（　日本国王　）と改めさせた。8代将軍吉宗が元に戻した。白石と同じ木下順庵門下で，対馬藩で対朝鮮外交にあたっていた（　雨森芳洲　）は，この簡素化を批判している。 明治大（法）12，立教大（経法異）12，センター10，日本大（商）10，慶応大（文）09，聖心女子大（文）09，成城大（文芸）09，早大（政経）09，上智大（外法総）08，中央大（国）08，東洋大（文）08，立教大（全）07
正徳小判	幕府が最初に発行した金貨・銀貨【慶長金銀という】と同品位に戻ったことを記憶すること。また，元禄小判と正徳小判の金の含有率が出た。p.208を参照せよ。元禄小判 =（　56.4　）% → 正徳小判（　85.7　）% 早大（政経）14，成城大（経）13，立教大（経法異）12，学習院大（経）11，慶応大（経）11，帝京大（1/31）11，法政大（経社現）11，國學院大（全）10，上智大（法）09，聖心女子大（文）09，明治大（政経）09，首都大（前）08，学習院大（法）07，上智大（経神）07
海舶互市新例	多く出る。金銀の流出を防ぐという意義を確認せよ。また，綱吉時代の（　定高貿易仕法　）と連続して捉えておくとよい。史料問題が出て，「（　海舶互市　）の料とすべき銅」を穴埋めさせている。 成蹊大（経）14・13，学習院大（法）13，成城大（経）13，上智大（外神総法）12，津田塾大（学芸）12，立教大（経法異）12，駒澤大（法全）11，法政大（法社）11，立教大（2/12）11，早大（文）（社）10，慶応大（文）09，上智大（法）09，日女大（文）09，センター08，中央大（法）08，センター07，学習院大（法）07，明治大（政経）07，立教大（全）07

2　経済の発展

《農業生産の進展》　p.202-204

備中鍬 千歯扱 唐箕	p.203の図版と解説をみて，農具の形と用途を理解せよ。唐箕は（　中国　）から伝わったとある。千歯扱を（　後家倒し　）と呼ぶことが出た。千歯扱が登場して脱穀の能率が上がり【それまでは　扱箸　】，農繁期の副業

130　第Ⅲ部　近世

千石簁	が減ったことを示す言葉である。 日本大(法)14，國學院大(2/3)13，聖心女子大(文)13，東経大(2/9)13，早大(政経)13，早大(文)12，上智大(経)11，聖心女子大(文)11，中央大(法)11，明治大(文)11，早大(商)07
龍骨車 踏車	龍骨車は，中国から伝来し，近世前期に主に畿内で用いられていた。踏車は17世紀半ばに発明され，壊れにくいことや一人で作業できる利点から龍骨車に取って代わり広まった。4択問題で両方とも語群にあり，江戸時代の代表的灌漑用具を選択させる問題があった。教科書や参考書には，この時期の農具として両方を併記するものもあるが，江戸時代全体を捉えて代表的な灌漑用具と考えれば踏車が妥当ではないかと思われる。 早大(文化)12，聖心女子大(文)11，中央大(法)11
金肥	金肥では干鰯が問題となることが多い。産地として（　九十九里　）や，三陸等の東日本が有名だが，消費地は，（　綿作　）等の盛んな西日本だった。従って，江戸・大坂間の（　南海路　）で運ばれる商品のうち，江戸→大坂の代表的商品となった。「金肥＝干鰯→綿作に使用(西日本)→南海路で運ぶ」をセットで覚えよ。〆粕は，鰊・鰯・豆・胡麻等から油を絞った粕である。鎌倉時代は①（　刈敷　）②（　草木灰　），室町時代は①②と③（　下肥　）の普及，江戸時代で①②③プラス（　金肥　）＝干鰯・〆粕・油粕である。 センター14，國學院大(2/3)13，東経大(2/9)13，聖心女子大(文)11，東女大(2/8)10，センター06
下肥	下肥は，江戸時代になると，都市周辺部で利用され，商品流通もした。その意味では金肥でもあった。江戸東北部周辺農村は，荒川・綾瀬川・中川・江戸川等の河川舟運を利用して江戸の武家，町家の糞尿を大量に購入していた。家主は高く売ろうとし，下掃除権を持つ下掃除人は安く買おうとして争いがあった。大石慎三郎『江戸時代』には，「人間1人1日糞尿量1.2リットル×365日×100万＝43万8000キロリットル。それなのに江戸が糞尿で埋まらなかったのは，江戸近郊農民が，下肥を農業に有効利用したためだった」旨が書かれている。ただ，入試では，下肥は室町時代に広く使用されるようになったことが多く取り上げられているので，金肥とは区別しておこう。 青学大(営)12
農業全書 農具便利論 広益国産考	（　宮崎安貞　）と（　大蔵永常　）がよく出るので，著作を覚えよ。両者の時代の違いには注意。時代の違いから特定させる問題も出たことがある。『農業全書』は，明の徐光啓『　農政全書　』を学んで書かれたことが出る。他に『　清良記　』【伊予の戦国大名土居清良の一代記で7巻が農書】，『　百姓伝記　』【1680年頃の三河の実情を伝える】，『　会津農書　』【1684年に成立した会津の佐瀬与次右衛門の著作】，『　老農夜話　』【1843年成立の中台芳昌の著。稲の種類に詳しい。】，『　耕稼春秋　』【1707年に成立した加賀藩の土屋又三郎の農書。加賀地方の農業・農具について書かれる。】も出たことがある。 中央大(文)14，日本大(法)14，法政大(2/8)14，明治大(文)14，國學院大(2/3)13，東経

第7章　幕藩体制の展開　　131

大(2/9)13, 立教大(全)12, 早大(文)12, 東洋大(2/8)10, 東女大(現)09, 早大(教)09, 國學院大(全)08, 東経大(全)08, 成城大(経)07, 早大(商)07

四木三草
木綿

四木は（ 桑 ）（ 漆 ）（ 茶 ）（ 楮 ），三草は（ 麻 ）（ 藍 ）（ 紅花 ）。特に（ 出羽【最上・村山】 ）の紅花，（ 阿波 ）の藍はよく出る。木綿栽培は，（ 河内 ）（ 尾張 ）（ 三河 ）等。

センター14, 学習院大(文)13, 成蹊大(経)13, 東経大(2/9)13, 立教大(全)12, 聖心女子大(文)11, 中央大(法)11, 東洋大(2/8)11・10, 早大(教)10・09, 学習院大(法)07, 上智大(外法総)07

《諸産業の発達》　p.204-206

俵物

（ 干し鮑 ）（ いりこ ）（ ふかひれ ）等の干した海産物を俵に詰めた物。（ 銅 ）に代わる中国向け輸出品として注目され，蝦夷地や陸奥での漁業が盛んになった。1785年，（ 俵物役所【会所】 ）が長崎に設けられ，清への輸出振興が図られたことも関連して理解せよ。

日本大(法)14

網漁
鰯漁

特に九十九里の（ 地曳網 ）による鰯漁。しかし，網漁は上方漁民から全国に広まった。金肥との関連を重視せよ。

センター14, 青学大(営)12, 國學院大(全)11, 中央大(法)11, 東経大(全)11, 立教大(2/13)11, 東洋大(2/8)10, センター08, 慶応大(法)08, 早大(政経)08, 東洋大(文法営)07

入浜塩田

瀬戸内海沿岸部が生産地となったが，もともとは（ 伊勢 ）地方から始まった。（ 揚浜 ）→（ 古式入浜 ）→（ 入浜 ）と発達した。

センター14, 東経大(全)11, 立教大(2/13)11, 東洋大(2/8)10, 立教大(全)07, 早大(政経)07

綿織物

各地に特産物が誕生したが，綿花の栽培地でもあった（ 河内 ）と（ 尾張 ）の木綿織物が最もよく出題される。尾張木綿・河内木綿生産は，19世紀から（ マニュファクチュア ）段階に入ったと出た。

上智大(文法)14, 日本大(法)14, 学習院大(文)13, 東経大(2/9)13, 慶応大(商)11

絹織物

各地に特産物が誕生したが，京の（ 西陣 ）から（ 桐生 ）（ 足利 ）への高度の（ 高機 ）での生産の普及が最もよく出る。西陣織は，朝廷や幕府の庇護下で発展，1730年の京の大火を機に，技術が地方へ流出したと説明する問題文があった。桐生・足利の絹織物生産が19世紀から（ マニュファクチュア ）段階に入ったことも出た。

学習院大(経)14, 上智大(文法)14, 慶応大(商)13, 立教大(全)12, 國學院大(全)11, 慶応大(商)11, 聖心女子大(文)11, 中央大(法)11, 東洋大(2/8)10, 聖心女子大(文)08, 東経大(全)07

陶磁器

佐賀藩の保護のもとで（ 有田 ）で磁器生産が盛んとなったことが出た。長崎貿易の主要な輸出品ともなった。

明治大(文)14

第Ⅲ部　近世

酒 醤油	初期の酒造地域としては，(伊丹)(池田)が中心であったが，享保頃から江戸への下り酒産地として(灘)が首位となっていった。摂津の酒造業は江戸初期から(マニュファクチュア)段階であった。マニュファクチュアについては，綿・絹織物，醸造をまとめて理解しておく必要がある。醤油は，(野田)(銚子)を覚えよ。 センター14，学習院大(経)14，上智大(文法)14，慶応大(商)11，聖心女子大(文)11，東洋大(2/8)10，上智大(外法総)07，早大(政経)07

《交通の整備と発達》　p.206-208

五街道	(東海道)は三都【江戸・京都・大坂】を結ぶ最重要街道である。他は(中山道)(甲州道中)(日光道中)(奥州道中)。起点が(日本橋)であること，五街道は17世紀半ばから(道中奉行)の支配下にあったこと，街道の道しるべとしての(一里塚)にはエノキが植えられていたこと，東海道・中山道・甲州道中に(箱根)(碓氷)(小仏)等の関所があったこと，等が出た。五街道全体はp.207の地図で確認せよ。 聖心女子大(文)14，國學院大(2/3)13，上智大(文総外)13，津田塾大(学芸)12，早大(国)12，東経大(全)11，東洋大(2/8)11，駒澤大(文)10，成城大(文芸)10，日本大(商)10，早大(政経)10，中央大(文)09，東女大(現)09，高経大(前)08，青学大(営)08，駒澤大(文法営)08，聖心女子大(文)08，東洋大(文国法営)07
脇街道	(伊勢街道)(北国街道)(中国街道)(長崎街道)等。脇街道の名称が出たことがある。 聖心女子大(文)14，成城大(経)13，東経大(全)11，日本大(商)10，中央大(文)09
伝馬役 助郷役	幕府や大名の御用通行が最優先とされ，使用される人馬は，無料あるいは一般の半額程度であったことが出た。東海道の宿駅に準備される人馬が，(100)人・(100)疋「ひき」と読む。動物を数える場合は「匹」と同意味。布帛2反を単位として数える場合にも使用する。中世から，銭貨の数え方としても使われた。100疋＝1貫であったことが出た。宿駅の伝馬役を補う役割を持った村を(助郷)と呼び，それらの村に課される人馬の徴発を助郷役といった。 学習院大(経)13，明治大(文)13，駒澤大(2/6)12，早大(政経)10，聖心女子大(文)08，東洋大(文国法営)07
本陣・脇本陣 継飛脚	慶応大(文)14，津田塾大(学芸)10，青学大(営)08
河川舟運 東廻り海運 西廻り海運	17世紀初めに，初期豪商である角倉了以が，(賀茂川)(富士川)の整備と(高瀬川)等の開削を行った。17世紀後半，河村瑞賢が，東廻り海運・西廻り海運のルートを整備した。河村瑞賢は，材木商で(明暦)の大火で巨利を得たことが出た。幕府の命令で，幕府直轄地の米を江戸に運ぶため，この航路を整備した。西廻り海運運以前には，(敦賀)(小浜)で陸揚げされ，琵琶湖を船で運び，(坂本)(大津)で陸揚げし，京へ運ぶ方法がとられていた。角倉了以の(高瀬川)開削は，実はこのルートと関係がある。18世紀末頃から西廻り海運で，日本海側(北前船)【船主は，越前・加賀等の北陸各国に多い】と尾張の(内海

第7章　幕藩体制の展開　**133**

船　）【知多半島に位置する内海村を拠点とした】が就航したことが出た。これらが荷の買積み運行をし，航路途中で売却したために大坂への集荷が減ったこと，それに従い大坂から江戸に運ばれる荷も減って物価高騰の原因となり（　天保　）の改革の「株仲間の解散」【原因を株仲間の独占によるものと見誤って】へとつながったこと，等が問題になっている。なお，それらには（　弁財【才】　）船＝千石船が使われた。入試では海上交通の河村瑞賢が出れば，河川水路を整備した角倉了以がセットで出るのが普通。先に述べた川の名とともに覚えよ。

センター15，学習院大（経）14，聖心女子大（文）14，東洋大（2/9）14，早大（国）（法）（政経）14，関東学院大（2/5）13，國學院大（2/3）13，成城大（経）13，東洋大（2/8）13，明治大（商）13，早大（文化）13，青学大（2/7）12，津田塾大（学芸）12，立教大（全）12，早大（国）12，青学大（営）11，慶応大（商）11，上智大（文法総）11，中央大（法）11，東経大（全）11，東洋大（2/8）11，法政大（経社現）11，立教大（法経異）11，津田塾大（学芸）10，東女大（2/8）10，日女大（文）10，中央大（文）09，早大（政経）09，高経大（前）08，青学大（営）08，聖心女子大（文）08，早大（法）08，上智大（外法総）07，東洋大（文国営）07

南海路　江戸・大坂間の南海路は最も重要な航路であった。17世紀前半から大坂の荷積問屋が（　菱垣廻船　）を使って江戸の荷受問屋に物資を輸送したことに始まることが出た。17世紀末に大坂・江戸の問屋が仲間を結成して，（　二十四組問屋　）と（　十組問屋　）【本書p.135「十組問屋・二十四組問屋」参照】となり海難事故での損害負担を協定し，菱垣廻船を支配下に置いた。しかし，大坂の酒問屋が荷積みの早い廻船を使用するようになり，（　樽廻船　）が運行され始めた。樽廻船が他の積荷を扱うようになると，両廻船の積荷協定等も行われたが，次第に樽廻船が菱垣廻船を圧倒するようになったことも出た。大坂→江戸の物資を（　下り物　）という。記憶しよう。

慶応大（文）13，國學院大（2/3）13，成蹊大（経）13，成城大（経）13，東洋大（2/8）13，青学大（2/7）12，早大（国）12，中央大（法）11，東洋大（2/8）11，上智大（神総法外）10，成城大（文芸）10，津田塾大（学芸）10，上智大（外法総）07，東洋大（文国法営）07

《貨幣と金融》　p.208-209

金座　金座は（　後藤　）家が統轄。初代後藤庄三郎は，京の金工匠後藤徳乗
銀座　【p.143に出てくる後藤祐乗の孫】の弟子で，一代限り後藤姓を名乗ること
銭座　を許され，家康の名で（　慶長小判　）作成にあたった。金座は（　江戸　）
両替商　（　京都　）に置かれて（　小判　）（　一分金　）を作った。銀座は当初（　伏見　）（　駿府　）に置かれ，後に（　京都　）（　江戸　）に移され，（　丁銀　）（　豆板銀　）を作った。初期豪商（　末吉孫左右衛門　）は当時の銀座の責任者であった。また，銭座は，1636年以降（　寛永通宝　）を大量に鋳造して銭貨を普及させた。【これより前，幕府は1608年，明の（　永楽銭　）の通用禁止を命じたが，効き目がなかったため，金1両との交換比率を定めて対応していた】。銭座は，（　江戸　）と（　坂本　）【近江国】をはじめ全国10カ所前後設置された。これら各座の置かれた都市名は出る。金貨の単位である（　両　）（　分　）（　朱　）が4進法であることは重要。銀貨の単位は（　貫　）（　匁　）（　分　）（　厘　）（　毛　），銭貨の単位は，（　貫　）（　文　）である。単位も時々出題される。金銀銭の交換比率は，金1両＝銭（　4　）貫文＝銀（　60　）匁と定められたが【慶長の頃からは金1両＝銀50匁であったが，5代綱吉の時，このように定められた】，実

際には相場で決まった。これらについて出題された。藩札についても出題された。銭札だけでなく金札・銀札もあった。はじめて藩札を発行したのは1661年の（ 福井 ）藩であったこと，17世紀後半から各藩領内で藩札が流通し，商人の発行する少額の私札も流布して三貨不足と藩財政を補ったこと，等が出ている。両替商は，貨幣流通の促進，公金出納，為替・貸し付け業務等を行った。大坂の（ 天王寺屋 ）（ 平野屋 ）（ 鴻池 ）等が有名。特に三都で店を展開した（ 越後屋 ）が（ 三井高利 ）とともに出る。三井高利が始めた越後屋呉服店の「 現金掛け値なし 」【それまでは訪問販売の掛け売りが主流であった】も出た。3代目三井高房が『 町人考見録 』を著して大名貸しと奢侈を戒めていることが出ている。また，鴻池は，第十三国立銀行を経て，三和銀行設立の中心となった【現三菱東京UFJ銀行に合併】。両替商の役割を説明する論述問題も出たことがある。東日本の（ 金遣い ），西日本の（ 銀遣い ）はもちろん覚えておかねばならない。

成蹊大（経）14，津田塾大（学芸）14，早大（政経）14，慶応大（文）13，成蹊大（経）13，中央大（文）13，日本大（法）14，立教大（2/6）13，早大（文化）13，青学大（営）12，明治大（商）12，学習院大（経）11，慶応大（経）11，成城大（経）11，中央大（経）11，帝京大（1/31）11，法政大（経社現）11，青学大（営）10，國學院大（全）10，上智大（神総法外）10，中央大（文）10，早大（政経）（社）10，千葉大（前）09，中央大（法）09，法政大（文営）09，明治大（政経）09，センター08・07，慶応大（法）08，聖心女子大（文）08，中央大（文）08，東経大（全）08，明治大（文）08，学習院大（文）07，上智大（外法総）07

《三都の発展》 p.209-210
三都

（ 江戸 ）は，幕府諸施設，藩邸，旗本・御家人屋敷，商工業者等の住む最大消費都市であった。（ 玉川 ）上水が1654年に完成したことも出ている。明暦の大火からの復興で，（ 隅田川 ）には千住大橋以外にも架橋され，その結果，本所・（ 深川 ）等市街地が形成されたことが出た【それまでは軍事上の理由から架橋されなかったという】。また，深川の材木商（ 奈良屋茂左衛門 ）が，（ 日光東照宮 ）の造営で財を築いたこと，（ 紀伊国屋文左衛門 ）がみかんと材木で財を築いたこと，等も出た。（ 大坂 ）は，物資集散の中心である大商業都市で，諸藩の（ 蔵屋敷 ）に米や特産物が集荷され，（ 蔵元 ）（ 掛屋 ）【本来の両者の違いをp.210注3で確認せよ】と呼ばれる商人が販売した。蔵元と掛屋を兼業している場合が多いのは有名だが，両替商を兼ねることも多かった。蔵屋敷が大坂の（ 中之島 ）を中心に存在していたことが出た。幕府・藩から出される物を蔵物というのに対し，各地の産地から商人を通じて出される物を（ 納屋物 ）という。

聖心女子大（文）14，國學院大（2/5）13，上智大（文総外）13，東洋大（2/8）13，駒澤大（文営経）11，法政大（経社現）11，明治大（法）11，津田塾大（学芸）10，中央大（経）09，聖心女子大（文）08，明治大（文）08，学習院大（法）07，上智大（経神）（外法総）07

《商業の展開》 p.211-212
十組問屋
二十四組問屋

多数出題されている。17世紀末になると，南海路を利用する問屋仲間が作られた。これが大坂の二十四組問屋【1694年江戸十組問屋に対応して結成。1784年公認されて二十四組（ 江戸積問屋仲間 ）という名称となった。「江戸」が名称に入っているからと言って江戸の十組問屋と思わないこと】，江戸の十組問屋仲間【1694年結成。（ 菱垣廻船 ）を専属として交易。酒

第7章　幕藩体制の展開　　135

店組は離脱して樽廻船を使用。1813年（　菱垣廻船積問屋仲間　）として公認されるが，この頃には樽廻船に圧倒され始めていた】である。幕府ははじめ，この仲間を認めなかったが，18世紀以降は公認し，（　運上　）（　冥加　）を上納させた。冥加は，当初献金として上納されていたが，この頃には税に等しかった。

早大（政経）（文化）14，関東学院大（2/5）13，上智大（文経外）13，東経大（全）11，明治大（商）11，駒澤大（文）10，早大（政経）10，学習院大（法）09，慶応大（法）09，中央大（法）09，高経大（前）08，法政大（法文）08，早大（法）08，センター07，中央大（法）07，法政大（社経現）07

卸売市場

大坂では，（　堂島　）＝米市場，（　雑喉場　）＝魚市場，（　天満　）＝青果市場。江戸では，（　日本橋　）＝魚市場，（　神田　）＝青果市場。米市場は（　淀屋　）の店先に生まれた【淀屋が自費で渡した淀屋橋の南詰であったらしい】。後に対岸の堂島新地が開発され，米市場もそこに移った。淀屋の5代目は，奢侈を理由として幕府から財産没収の処分を受けているが，諸藩が淀屋から借りた巨額の金を清算することが幕府の意図であったといわれる。また，江戸と大坂の市場について出た。

東洋大（2/8）14，明治大（文）14，立教大（全）12，センター09，成城大（経）09，中央大（法）09，東洋大（文）08，法政大（法文）08，明治大（文）08，学習院大（法）07，上智大（文法総）07，中央大（法）07

3　元禄文化

《《元禄の文化》》　p.212
《《元禄期の文学》》　p.212-213

井原西鶴

西鶴の『　日本永代蔵　』が出た。（　三井高利　）をモデルとして書かれたことが出た。西鶴が（　西山宗因　）に学んで，当初（　談林俳諧　）で注目され，やがて，（　浮世草子　）と呼ばれる小説に転じたことが出た。（　好色物　）（　武家物　）（　町人物　）という作品分類の近松との違いもしっかり記憶せよ。

センター14，学習院大（経）（法）14，上智大（外神総法）14，駒澤大（2/6）13，高経大（前）12，学習院大（経）12，東洋大（2/8）12，獨協大（国経法）12，駒澤大（文営経）11，法政大（経社現）（経社スポ）11，上智大（神総法外）10，日女大（文）10，青学大（営）09，学習院大（法）09，慶応大（経）09，國學院大（全）09，法政大（法文営）09，慶応大（商）08，東洋大（文）08，國學院大（全）07，津田塾大（学芸）07

松尾芭蕉

『　笈の小文　』が出た。『　猿蓑　』が一門の句集であることが出た。最も出るのは『　奥の細道　』である。この作品は，（　西行　）の足跡を追って旅したものだと出た。

学習院大（法）14，國學院大（2/2）13，駒澤大（2/6）13，上智大（文経外）13，中央大（法）13，高経大（前）12，東洋大（2/8）12，駒澤大（文営経）11，立教大（2/12）11，成城大（文芸）10，東女大（現）09，中央大（国）08，津田塾大（学芸）07，立教大（全）07

近松門左衛門

近松作品は，『　国性爺合戦　』，『　心中天網島　』，『　冥土の飛脚　』が出た。『国性爺合戦』の主人公は，オランダから台湾を奪い返し，清朝に対抗して（　明　）朝の復活のため戦った（　鄭成功　）がモデルだと出た。近松が，人形浄瑠璃の大坂（　竹本　）座だけでなく，歌舞伎の京都（　都万

(太夫)座の座付き作家となったことが出ている。この京都の座には，歌舞伎の名優【和事】(坂田藤十郎)が属していた。近松は，6代(家宣)の頃が全盛で，享保の始め頃まで生存しており，『心中天網島』は，享保の作品である。(世話物)(時代物)という作品分類で，西鶴との違いをはっきり記憶せよ。
上智大(外神総法)14，早大(政経)(文)14，中央大(法)13，東洋大(2/9)13，早大(政経)13，高経大(前)12，学習院大(経)12，東洋大(2/8)12，駒澤大(文営経)11，法政大(経社現)11，早大(政経)11，慶応大(文)10，上智大(神総法外)10，成城大(文芸)10，青学大(営)09，慶応大(経)09，國學院大(全)09，成城大(経)09，法政大(法文営)09，津田塾大(学芸)07，立教大(全)07

人形浄瑠璃　人形遣いの代表的人物は(辰松八郎兵衛)という。教科書にもあるので覚えよ。他に絵画史料が出た。
中央大(法)13，立教大(2/12)11，センター10

歌舞伎　市川團十郎や坂田藤十郎が出た。世話物でも特に写実性の高いものを生世話物といい，作家としては4代目(鶴屋南北)が得意としたことも出た。
駒澤大(文営経)11，立教大(2/12)11，東洋大(文)08，津田塾大(学芸)07

《儒学の興隆》 p.213-215

京学　藤原惺窩・林羅山は，寛永期の人物である。藤原惺窩は(相国寺)の僧から還俗。林羅山・(林鵞峰)による『本朝通鑑』が273巻にもなることが出た。また，この書が，神武〜(後陽成)天皇までを叙述していると出た。惺窩の系統を京学ということが出た。
立教大(全)14，早大(文)14，早大(文化)(商)13，上智大(法外)11，駒澤大(全)10，慶応大(商)08

木門　京学のなかで，(松永尺五)の系統から出たのが(木下順庵)で，彼の系統を木門という。また，(前田綱紀)が，彼を招いて加賀藩の学問振興をはかったことは重要。弟子には(新井白石)や(室鳩巣)，対馬藩に仕えた(雨森芳洲)がいる。白石の『 読史余論 』は，(徳川家宣)に対する日本史の進講をまとめたもので，白石は独自の時代区分を展開した。これはよく出るし，現代語訳史料で出たことがある。『 古史通 』は，神話を合理的に研究したものである。また，木下順庵の著作『 錦里文集 』【順庵には錦里という号もあった】が出た。室鳩巣は，赤穂事件では義士擁護派で，『 赤穂義人録 』の著書がある。
学習院大(外神総法)14，上智大(外神総法)14，法政大(営文人)14，早大(政経)14，高経大(前)12，成城大(経)12，中央大(経)12，東洋大(2/8)12，慶応大(文)11，上智大(法外)11，聖心女子大(文)11，中央大(文)11，慶応大(経)10，早大(政経)10，上智大(経神)08，明治大(政経)07，立教大(全)07

南学　(南村梅軒)は，南学の祖といわれ，(大内義隆)に仕え，また，土**山崎闇斎**　佐に招かれ儒学を講じたとされる。しかし，近年実在が疑われており，土佐で開かれた学問を(谷時中)が受け継いだとして出ることがある。彼の著書は『 素有文集 』。弟子の山崎闇斎は比較的よく出る。師が時中であることの他，彼が説いた(垂加神道)，彼に朱子学を学んだ会津藩主(保科正之)が重要である。闇斎一門の(崎門学)【垂加神道】が尊王論の根拠となったことが出た。また，同門の(野中兼山)が，土佐藩家

第7章　幕藩体制の展開　137

老であったことが出た。神道関連では唯一神道【吉田神道】から出て，垂加神道にも影響を受けた（　吉川惟足　）の吉川神道について出た。

東経大(2/9)14，法政大(営文人)14，慶応大(法)13，立教大(異経法)13，中央大(法)12，明治大(法)12，上智大(法外)11，中央大(法)11，立教大(2/12)11・10，上智大(神総法外)10，國學院大(全)09，上智大(経神)09，東洋大(2/8)09，早大(経政)09，中央大(法)08，東洋大(文)(営)08，早大(政経)08・07，センター07

陽明学 中江藤樹 熊沢蕃山	中江藤樹は，（　近江聖人　）と呼ばれる。私塾の（　藤樹書院　）設立が元禄文化より前であることが出た。彼の著『　翁問答　』も出た。熊沢蕃山は，岡山藩主（　池田光政　）に仕え，私塾（　花畠教場　）を創設したこと，著書に『　大学或問　』があること，後に幕府に処罰されたことは出る。 早大(文化)14，早大(文化)(商)13，東洋大(2/8)12，上智大(法外)11，センター10，学習院大(経)10，東洋大(2/8)09，高経大(前)08，中央大(法)08，東洋大(文)08，明治大(政経)07
聖学 山鹿素行	著書に『　聖教要録　』『　中朝事実　』がある。後者は，日本を「中華」「中朝」とする立場で書かれている。 早大(商)13，中央大(法)12，東洋大(2/8)12，上智大(法外)11，センター10，明治大(政経)07
古義学派 【堀川学派】	（　伊藤仁斎　）（　伊藤東涯　）父子が京都堀川に私塾（　古義堂　）を開いた。 上智大(法外)11，立教大(2/12)10
古文辞学派 【蘐園学派】 荻生徂徠 太宰春台	徂徠と（　柳沢吉保　）【側用人】（　徳川吉宗　）【8代将軍】との関係を覚えること。彼の経世論=『　政談　』が武士を知行地に住まわせることを主張していたことが史料で出ている。他の著作に『　弁道　』がある。弟子の太宰春台は，師の主張を当初引き継いだが『　経済録　』，後に『　経済録拾遺　』で専売制度【藩営商業】を積極的に主張していることが出た。太宰春台とともに，徂徠の私塾（　蘐園塾　）の双璧といわれた（　服部南郭　）が出た。 関東学院大(2/5)14，国士舘大(2/1)13，中央大(文)13，早大(文化)(商)13，高経大(前)12，中央大(法)12，東洋大(2/8)12，明治大(商)12，上智大(法外)11，法政大(文営人)11，上智大(神総法外)10，東洋大(2/8)10・09，日本大(経)10，早大(社)10，上智大(外法総)09，早大(政経)09，慶応大(法)08，國學院大(全)08，東洋大(文)08，明治大(文)08，明治大(政経)07

《《諸学問の発達》》　p.215

本草学 医学	本草とは，薬草の意味に近い。もともと薬用効果の研究であったが，次第に博物学の領域に入った。貝原益軒とその著書『　大和本草　』，稲生若水『　庶物類纂　』が出た。また，近代になって，益軒が著わした『和俗童子訓』をもとに執筆されたと見られる『　女大学　』を批判する演説を行った女性民権家（　岸田俊子　）が集会条例違反に問われたと出たことがある。民間の医者であった名古屋玄医が当時主流であった漢方医を批判して（　古医方　）を唱えたことが出た。 武蔵大(全)14，立教大(異経法)14，早大(政経)14，中央大(法)13，早大(文化)13，慶応大(法)11，聖心女子大(文)11，中央大(法)11，慶応大(法)08

農書	宮崎安貞の『　農業全書　』と大蔵永常の『　農具便利論　』『　広益国産考　』がよく出る。両者の時代の違いにも注意【本書p.131「農業全書・農具便利論・広益国産考」参照】。 中央大(文)14，日本大(法)14，國學院大(2/3)13，東経大(2/9)13，立教大(全)12，早大(文)12，東洋大(2/8)10，東女大(現)09，早大(教)09，國學院大(全)08，成城大(経)07，早大(商)07
和算	江戸時代前期に（　吉田光由　）が出て，『　塵劫記　』を著わしたことから広まったことも重要。（　関孝和　）が『　発微算法　』を著わして大成。江戸時代の土木工事の多様化，商業の発達等が，和算発展の背景にある。 中央大(法)13，早大(文化)13，上智大(法外)11，慶応大(経)09，慶応大(法)08，東経大(全)08，東洋大(文)08
天文学 暦学	（　渋川春海　）【＝安井算哲】は，土御門家【土御門家には，村上源氏系，藤原北家系，安倍氏系の3系列があり，この土御門家は，陰陽師として有名な安倍晴明の子孫で，陰陽道を司った】に学んだ。平安時代以来の（　宣明暦　）を，元の（　授時暦　）をもとに改良して，（　貞享暦　）を作成した。宣明暦を答えさせる記述問題が出た。（　徳川綱吉　）の治世である。この功績により，彼は初代（　天文方　）となった。 中央大(経)14，早大(文)13，上智大(法外)11，早大(商)11，上智大(経神)08，早大(教)08
古典研究	戸田茂睡の著作『　梨本集　』が出ている。北村季吟の『　源氏物語湖月抄　』も出た。（　契沖　）の『　万葉代匠記　』も記憶せよ。これらの研究が後の国学発展の基礎となった。 中央大(経)14，東洋大(2/8)13，早大(文)13，学習院大(文)11，上智大(法外)11，明学大(経社法)11

《元禄美術》 p.216-217

住吉派	（　住吉如慶　）（　住吉具慶　）父子が，土佐派から分かれて住吉派を形成し，幕府の御用絵師となった【土佐派は，朝廷の御用絵師】。 中央大(法)13，東洋大(2/8)12，日本大(商)10，東洋大(文)08
琳派 尾形光琳	尾形光琳は，（　俵屋宗達　）の装飾的画法を取り入れ，琳派を起こした。（　紅白梅図屛風　）（　燕子花図屛風　），工芸作品の（　八橋蒔絵螺鈿硯箱　）はすべて問われたことがある。光琳は，京の呉服商雁金屋出身である。 成蹊大(経)14，武蔵大(全)14，明治大(法)13，学習院大(経)12，東洋大(2/8)12，中央大(法)11，法政大(経社現)11，センター10，成城大(文芸)10，東洋大(2/14)10，日本大(商)10，法政大(法文営)10，聖心女子大(文)08，津田塾大(学芸)07
浮世絵 菱川師宣	安房の出身。「　見返り美人　」の作者。彼が浮世絵の版画を始めたことは重要であるが，「見返り美人」は（　肉筆　）であることは覚えておきたい。一枚刷りの多色刷浮世絵版画【＝錦絵】を完成したのは（　鈴木春信　）であるから混同しないように。「　歌舞伎図屛風　」が出た。 明治大(法)13，立教大(全)12，獨協大(国経法)12，東洋大(2/8)12，法政大(経社現)11，

第7章　幕藩体制の展開

	成城大(文芸)10, 早大(政経)07, 津田塾大(学芸)07
陶芸 野々村仁清	（　上絵付法　）をもとに色絵を完成して京焼の祖となった。（　色絵藤花文茶壺　）が出た。尾形光琳と弟（　尾形乾山　）は，仁清に倣って陶芸にも作品を残した。乾山が器を作成し，光琳が描いた作品も多い。 武蔵大(全)14, 明治大(文)13, 東洋大(2/8)13, 早大(政経)13
友禅染 宮崎友禅	（　糊付染　）の技法を改良して完成した。京友禅の他に（　加賀友禅　）もある。 上智大(文総外)13, 中央大(法)13

140　第Ⅲ部　近世

第8章 幕藩体制の動揺

1 幕政の改革

《享保の改革》 p.218-220

徳川吉宗　吉宗が（ 紀伊 ）藩主であったこと，吉宗の基本が「諸事，（ 権現 ）様御定の通り」であったことが出た。1717年には武家諸法度の宝永令を退けて（ 天和令 ）を復活させた。吉宗はまた，勘定所を（ 公事 ）方と（ 勝手 ）方に分けた。これも出た。

<small>国士舘大(2/1)14，立教大(文)14，明治大(文)12，早大(文化)12，高経大(前)11，学習院大(法)11，専修大(全)10，中央大(経)10，法政大(法社)10，上智大(外法総)09，中央大(経)09，慶応大(法)08，慶応大(商)07</small>

大岡忠相
田中丘隅
荻生徂徠
室鳩巣
　（ 新井白石 ）らによる側近政治を廃して，人材を登用した。大岡忠相が家宣時代に（ 山田奉行 ）であったこと，田中丘隅が登用されたことが出た。田中は（ 川崎 ）宿名主で『 民間省要 』を著わした。この史料が出題され，文中「水帳」が「検地帳」であること等が出題された。荻生徂徠『政談』が史料として出て，これを読んでこの時代の武家社会について説明する問題が出た。

<small>国士舘大(2/1)14，東洋大(2/8)14，上智大(文総外)13，日本大(法)13，早大(商)13，筑波大(前)12，学習院大(法)12，明治大(文)12，立教大(経法異)12，高経大(前)11，津田塾大(学芸)11，専修大(全)10，中央大(経)10，上智大(外法総)09，慶応大(法)08，駒澤大(文法営)08，早大(政経)08</small>

足高の制　知行高や扶持米が少ない者。ここでは特に役職に相応する知行高や扶持米に満たない者を問題にしている。（ 町奉行 ）（ 勘定奉行 ）の役高が3000石であったことが出た。

<small>高経大(前)11，学習院大(法)11，獨協大(国経法)11，明治大(商)11，神奈川大(2/5)10，獨協大(国経法)10，上智大(外法総)09</small>

相対済し令　金銭貸借に関する訴訟を当事者間で解決させるため，訴訟を受け付けないとした。金銭の訴訟を（ 金公事 ）ということを覚えよ。相対済し令は，実は17世紀後半から出されていて，これが初めてではない。

<small>国士舘大(2/1)14，慶応大(法)(文)13，明治大(文)12，立教大(経法異)12，上智大(外法総)09，成城大(文芸)09，明治大(法)09</small>

質流し【れ】禁令　「質入れ」によって本百姓が土地を失っていることは既に述べたが【本書p.124「田畑永代売買の禁令」参照】，1722年，質流し【れ】禁令が出た。しかし，これは翌年撤回された。出羽国長瀞村で，この令を徳政令と勘違いした農民が質取主の家を襲い質地証文を破棄する騒ぎが起こり【1722年越後（ 高田 ）質地騒動，1723年出羽（ 長瀞 ）質地騒動が両方とも出た】，幕府は動揺して翌年撤回したといわれる。

<small>早大(商)14，明治大(商)11，明治大(全)10，慶応大(法)08</small>

上げ米　参勤交代の在江戸期間を短縮する代わりに代米（ 1万 ）石につき（ 百

第8章 幕藩体制の動揺　**141**

)石を上納させた。臨時の制で，1722〜30年の9年間実施。「在江戸半年充御免成され候間」の意味等が出題された。史料問題では「八木」とは何かが出たが，これはよく出される問題である【「八木」とは（　米　）のこと】。実施された「上げ米」の毎年の年貢収入増は18万7000石に及び，年貢収入の（　1　）割以上であったことが出た。『御触書寛保集成』についての問題も出されたことがある。『御触書寛保集成』は，1615〜1743年の幕府の御触書を編纂したもの。吉宗のときが最初の集成で，後に『御触書宝暦集成』『御触書天明集成』『御触書天保集成』と出た。

センター15，国士舘大(2/1)14，東洋大(2/8)14，学習院大(経)13，中央大(文)13，慶応大(経)12，学習院大(法)11，神奈川大(2/9)11・10，東洋大(2/8)11，慶応大(法)10，専修大(全)10，中央大(経)10・09，日本大(経)10，慶応大(商)09，上智大(外法総)09，成蹊大(経)09，上智大(経神)08，駒澤大(文法営)08

検見法
定免法
定免法は，一定期間租率を固定して年貢率の引き上げと収入の安定を図るとともに，農民の勤労意欲を刺激した。検見法との違いを問う問題が出る。

学習院大(経)14，国士舘大(2/1)14，成蹊大(経)14・13，青学大(営)13，関東学院大(2/5)13，慶応大(経)13，東経大(2/9)13，明治大(文)12，立教大(経法異)12，早大(社)11，中央大(経)10，慶応大(商)09

新田開発
ここでも（　町人請負新田　）が重要。このために（　日本橋　）にある高札場に『覚』を掲げた。この内容が史料として出たことがある。

日本大(法)14，慶応大(文)13，成蹊大(経)13，学習院大(法)11，日本大(経)10，慶応大(商)09，明治大(全)09，法政大(文営)08，駒澤大(文法営)08，上智大(外法総)07

堂島米市場
空米取引＝先物取引を公認して米価を安定させようとしたこと，自然発生的に先物取引が行われていたが，一時幕府はそれを禁止していたこと，それを享保の改革で公認したこと，米市場が堂島の前は（　北浜　）【淀屋の店先といわれる】にあったこと，等を記憶せよ。これに関連して，米以外では取扱品目ごとに（　仲間　）が組織された。

学習院大(経)14，成蹊大(経)14，津田塾大(学芸)14，明治大(文)13，駒澤大(文営経)11，獨協大(国経法)11，慶応大(商)09，早大(政経)08，上智大(経神)08，國學院大(全)08

備荒用作物栽培奨励
漢訳洋書輸入緩和
（　青木昆陽　）を登用して救慌用の甘藷を普及させた。昆陽は元来儒学者で師は（　伊藤東涯　）。著作は『　蕃薯考　』。『解体新書』訳者の（　前野良沢　）が青木昆陽にオランダ語を習ったこと等が出題された。野呂元丈も出た。青木・野呂から蘭学の発展が始まった。

東経大(2/9)14，東洋大(2/8)14，早大(文)14，日本大(法)13，法政大(経社現)13，早大(商)13，早大(商)11，センター10，駒澤大(経)10，専修大(全)10，中央大(経)10，東経大(全)10，國學院大(全)09，上智大(外法総)09，早大(政経)09，高経大(前)08，東洋大(文)08，法政大(文営)08，立教大(全)07

防火施設
町火消
（　広小路　）（　火除地　）等の防火施設を設け，これまであった定火消のほか，町方に町火消を組織させている。これは，当初（　町人足役　）による制度を企図したが果たせず，（　鳶人足　）による制度となった。

学習院大(文)13，中央大(法)11，東経大(全)11，獨協大(国経法)11，早大(社)11

目安箱
小石川養生所
目安箱が江戸では（　評定所　）前におかれたこと【1721年設置】，その結果小石川養生所が設置されたことはよく出るので絶対覚える【小石川薬草園

内に設置され施薬院とも称された。町奉行が管轄した】。なお，目安箱は，大坂，京都【1727年設置】では（　町奉行所　）前に置かれた。駿府，甲府でも置かれている【1736年設置】。
国士舘大(2/1)14，早大(文化)13，学習院大(法)11，獨協大(国経法)11，早大(社)11，中央大(法)10，上智大(外法総)09，國學院大(全)08，上智大(経神)08，法政大(文営)08

公事方御定書　上下2巻からなり，判例に基づく司法判断を企図した。下巻は刑法で（　御定書百箇条　）とも呼ばれる。また，吉宗が勘定所を公事方と勝手方に分けたことを思い出せ。
東洋大(2/8)14，早大(文化)14，中央大(国)08

《社会の変容》　p.220-222

本百姓の分解　（　質入れ　）による事実上の売買があった。本百姓で，田畑を質入れして小作となる者＝（　質地小作　）と質流れ地を集めて地主となる者＝（　質地地主　）が増大した。享保の改革で1722年（　質流し【れ】禁令　）が出されたのはそのため。しかし，わずか2年で撤回されたのは，質地騒動【代表例は，越後高田質地騒動，出羽長瀞質地騒動。本書p.141「質流し【れ】禁令」参照】が起こったことと，この動きがもう抑えられなかったからである。「質地」という用語を史料の空欄に選択させる問題が出た。（　豪農　）を答えさせる問題も出た。この用語の意味をp.221で確認しよう。
駒澤大(2/6)14，明治大(文)14，早大(商)14，慶応大(商)11，明治大(全)10，慶応大(商)09，國學院大(全)09，慶応大(法)08

村方騒動　村役人を兼ねる富農層の不正を追及し，領主に訴えたりした。「小作」「商品経済」の語句を使って村方騒動について説明する論述問題が出た。（　入れ札　）【投票】によって村役人を決定する村も現われたことが指摘されている。
駒澤大(2/6)14，明治大(商)14，慶応大(文)13，早大(商)13，慶応大(経)12，慶応大(商)11，千葉大(前)08，上智大(文法総)07

町屋敷　（　裏店　）を「九尺二間」と呼ぶが，この広さが出た。約3坪である。
明治大(文)14

《一揆と打ちこわし》　p.222-223

百姓一揆　百姓一揆全般について問題文で要求がまとめられたことがある。①（　年貢　）増徴撤回，②（　米価　）値上げ，③（　専売　）制強化反対，④藩主転封反対，⑤助郷役増徴反対，等である。また，百姓一揆の件数推移が出た【p.222の図版参照】。百姓一揆に関する史料として，本居宣長の『　秘本玉くしげ　』が出ることがあるので，注意。
立教大(文)09，早大(商)07

代表越訴型一揆　名主・庄屋が村民を代表して，領主に悪政を告発して直訴等を行う一揆。この代表的な一揆は，下総の（　佐倉惣五郎一揆　），上野の（　磔茂左衛門一揆　）【本名は，杉木茂左衛門】。この一揆で，上野国沼田藩（　真田　）氏は改易となった。また，この型の一揆が起こる以前の江戸初期には，中世の一揆の名残である（　強訴　）（　逃散　）等がみられたと出た。

第8章　幕藩体制の動揺　**143**

学習院大(経)13，学習院大(文)11，日女大(文)11，明治大(全)10，國學院大(全)10，明治大(全)10，國學院大(全)10，立教大(2/12)09，千葉大(前)08，上智大(文法総)07

惣百姓一揆	広く農民が参加し，集団の力で領主に迫る強訴を行う。この代表的な一揆は1686年信濃松本藩の(嘉助騒動)，1738年の陸奥磐城平藩の(元文一揆)等である。18世紀には(国訴)も多かった。畿内など先進地では在郷商人や豪農が指導し，合法的手段=(訴訟)で領主の横暴や特権的商人の利益独占に対抗した。19世紀前半の(摂津)(河内)(和泉)が有名。 日本大(法)13，早大(商)09，千葉大(前)08，法政大(文営)08，上智大(文法総)07
享保の飢饉	1732年，いなご・うんか等の(虫害)で(西日本)一帯が飢饉となった。天明や天保の飢饉との原因の違いを明確にせよ。 國學院大(2/2)13，明治大(全)10，國學院大(全)10，上智大(外法総)09，法政大(文営)08，大東大(営)08
打ちこわし	享保の飢饉により，江戸の米価が急騰し，困窮した民衆が米問屋等を襲った。農村・都市を含めて江戸期民衆運動の3大高揚期についての特徴の論述を求める問題が出た。史料に「かろきものどもくらしかねて，御府内の豪富の町家をうちつぶし乱暴をせしなり」と出て，「かろきもの」に該当するものとして「江戸に住む(店借)」と答えさせている。 上智大(外総文)14，立教大(文)14，慶応大(文)13，法政大(法文営)11，早大(商)10，千葉大(前)08，立教大(全)07
天明の飢饉	(冷害)から始まり(浅間山)の大噴火により数年に及ぶ大飢饉【1782〜87年】。東北地方を中心に多数の餓死者を出した。草の根・木の皮，牛馬犬猫の肉，人肉まで食べたという。また，利根川上流から江戸の大川に死体が流れてきたといわれる。この大川とは何川かと問題に出た。(隅田川)である。餓死者は30万人にも及ぶと伝えられる。杉田玄白の事件記『 後見草 』には，この飢饉の様子が述べられており史料として出ることがある。本多利明『 経世秘策 』も史料として出た。当時の記録をもとに明治に入って1885年に描かれた図は何かという問題も出た。『 凶荒図録 』という。この飢饉の影響で全国で百姓一揆が起こり，江戸・大坂等で打ちこわしが発生した。この飢饉が田沼意次失脚の背景であり，寛政の改革の諸政策を飢饉対策と理解すると，記憶しやすい。 国士舘大(2/1)14，駒澤大(2/6)14，上智大(外総文)14，立教大(文)14，早大(文化)14，青学大(2/3)13，國學院大(2/3)13，津田塾大(学芸)13，日本大(法)13，学習院大(文)11，上智大(文法総)11，中央大(文)11，國學院大(全)10，専修大(全)10，日本大(経)10，早大(商)10，大東大(営)08，早大(法)08，立教大(全)07

《田沼時代》 p.223-224

田沼意次	10代将軍(徳川家治)のもとで(側用人)，続いて(老中)となったことが出た。「享保」「寛政」に挟まれたこの時期の元号に関する問題が出た。田沼が側用人になったのが(明和)年間，老中になったのが(安永)年間である。田沼は家重の小姓から側用人となった。 上智大(外総文)14

株仲間	幕府，諸藩から株札交付を許可され，営業の独占権を得た商工業者の同業組織である。田沼は幕政の財源の一つとして，株仲間から徴収する（ 運上 ）や（ 冥加 ）を得る目的で，積極的に株仲間を公認した。公認した株仲間に「税率一定の各種営業税である(2)や商工業者の営業免許税である(3)などをかけ」とし，(2)に（ 運上 ），(3)に（ 冥加 ）を選択させる問題が出た。この説明は山川『日本史B用語集』【旧課程版，ただし新課程版も同じ解説】の説明を使ったものと思われる。覚えておきたい。田沼は，民間の経済活動を活発化し，そこで得られる富の一部を財政に取り込もうとした。この時期の幕府の政策の特徴を70字以内で述べさせる論述問題が出た。 上智大(外総文)14，成蹊大(経)14・13，青学大(文教)13，成城大(経)13，聖心女子大(文)13，首都大(前)11，慶応大(経)11，上智大(文法総)11，専修大(全)10，中央大(法)10・09，慶応大(商)09，センター08，上智大(経神)07，立教大(全)07
専売制	幕府は金座・銀座・銭座等の幕府硬貨発行所，枡座・秤座等完全な統制が必要な特殊分野のみ座を作らせていた。田沼時代には（ 銅座 ）・（ 鉄座 ）・（ 真鍮座 ）・人参座等も増設し，専売制による利益を運上・冥加の形で幕府が吸収した。座の名称が問われることが多い。銅座は（ 大坂 ）に設けられ，そこに原料を集中して精錬し輸出に充てた。 上智大(外総文)14，成蹊大(経)14，東洋大(2/8)14，学習院大(経)13・12，中央大(法)13，津田塾大(学芸)13，明治大(文)12
南鐐二朱銀	1765年（ 明和五匁銀 ）が鋳造され12枚で1両とされたが流通は進まなかった。南鐐二朱銀は，銀貨を金貨の貨幣単位と統一して，以降は銀の計数貨幣化が進んだ。明和五匁銀の鋳造に関する史料が出て，その史料にある「文字銀」「文銀」【元文丁銀】が発行されたときの江戸町奉行を答えさせている。答えは（ 大岡忠相 ）で，彼が米価の上昇をねらって享保金銀の質を下げたのが（ 元文金銀 ）であり，元文丁銀はこの一種である。明和五匁銀も出たことがある。また，南鐐二朱銀の写真が問題に出た。 上智大(外総文)14，慶応大(経)13，聖心女子大(文)13，立教大(2/6)13，明治大(文)(商)12，高経大(前)11，慶応大(文)11，青学大(営)10，中央大(法)10，法政大(文営人)10，早大(政経)09，センター08，國學院大(全)08，学習院大(文)07，上智大(経神)07
俵物役(会)所	（ 俵物 ）・銅の輸出【特に清との貿易では俵物】と，金銀の輸入を企図した。特に銀は江戸初期においては主要な輸出品であったから，この時期に輸入を企図したことは覚えておく必要がある。金銀は中国から輸入が企図された。俵物役(会)所は，1785年に長崎会所のもとに設けられた。俵物の内容物の問題が出た。（ 干鮑 ）（ 鱶鰭【ふかひれ】 ）（ いりこ ）である。 上智大(外総文)14，日本大(法)14，聖心女子大(文)13，学習院大(経)11，早大(商)11，東経大(現)10，法政大(文営人)10，慶応大(商)09，上智大(文法総)07
手賀沼 印旛沼	干拓工事を開始。利根川の大洪水で挫折し，田沼意次の失脚等で完成しなかった。 日本大(法)14，聖心女子大(文)13，高経大(前)11，國學院大(全)11，上智大(文法総)11，中央大(法)10，日本大(文理)08

第8章 幕藩体制の動揺

蝦夷地開発 ロシアとの貿易	工藤平助著『 赤蝦夷風説考 』の影響で(最上徳内)らを蝦夷地，千島列島に派遣し探査を行わせる。最上徳内は，出羽国村山郡の農家の出である。 センター14，上智大(外総文)14，青学大(文教)13，聖心女子大(文)13，学習院大(法)12，明治大(文)12，高経大(前)11，國學院大(全)11，上智大(文法総)11，東洋大(2/8)11，中央大(法)10，法政大(文営人)10，早大(文)10，日女大(文)09，慶応大(商)08，獨協大(国経法)08，成城大(営)07
宝暦事件 明和事件	ともに田沼意次が実権を握る以前の事件である。(竹内式部)が京都の公家に講義をし，武技を教えたことが発覚し追放。著書に『奉孝心得書』がある。彼の尊王論は山崎闇斎の(垂加神道)の影響を受けている。明和事件は，(山県大弐)が幕政の腐敗を攻撃，尊王斥覇を主張して死罪となった事件。著書に『 柳子新論 』がある。竹内式部も連座して八丈島に流刑。両事件と人物を混同しないように。 明治大(商)14，中央大(経)12，立教大(経法異)12，法政大(文営人)11，早大(教)11，東洋大(2/8)10・09，明治大(全)10，学習院大(法)09，成城大(経)07
光格天皇	後桃園天皇の死にともない，(閑院宮家)から即位。閑院宮家設立からつなげて記憶せよ。この天皇の即位が，寛政の改革時の(尊号一件)へとつながっていく。
田沼意知	田沼意次の子。旗本(佐野政言)に殿中で私憤から切りつけられ殺害される。この人物名も問われることがある。政言は切腹となるが，「世直し大明神」と世間でもてはやされたという。当時は災害や異常気象も政治が悪いからだと考えられていた。このとき意知は(若年寄)であった。 上智大(外総文)14，青学大(文教)13

2　宝暦・天明期の文化

《洋学の始まり》　p.224-226

洋学	江戸時代初期は(南蛮学)【蛮学】，中期から(蘭学)，幕末には洋学【英独仏の学を含む】と呼ばれた。
新井白石	『 采覧異言 』『 西洋紀聞 』を著わす。イエズス会イタリア人宣教師(シドッチ)を尋問して書かれた物。一般には閲覧できなかった。シドッチは1708年，屋久島に潜入して捕らえられ，江戸に監禁されて白石の尋問を受けた。宣教師名と著書名はよく出る。 センター14，神奈川大(2/6)14，関東学院大(2/5)14，学習院大(経)12，上智大(経)11，法政大(法文営)11，早大(社)11，センター10，青学大(全)10，駒澤大(経)10，東経大(現)10，日女大(文)09，中央大(経)08，東洋大(文)08
西川如見 山脇東洋	西川如見の『 華夷通商考 』は長崎での見聞をもとにして書かれた。西川如見は元禄から享保にかけて活動した人物で，この著作は17世紀後半に書かれており，白石の著作よりも古いことは記憶しておくとよい。また，『 町人嚢 』も出た。山脇東洋は，18世紀中頃に京都で刑死者の解剖を行わせ，人体内を直接観察して日本最初の解剖図録『 蔵志 』を著わしたこ

	ともよく出る。 青学大(2/13)14, 中央大(法)14, 早大(文)14, 國學院大(全)11, 上智大(経)11, 法政大(法文営)11, 立教大(2/13)11, 青学大(全)10, 東海大(2/7)09, 東洋大(2/8)09, 明治大(商)09, 明治大(文)08, 慶応大(商)07
青木昆陽 野呂元丈	青木昆陽は,『　蕃薯考　』『　甘藷記　』を著わす。もともとは幕府書物方の儒学者であったが吉宗の命令で蘭学を学んだ。他に『　和蘭語訳　』『　和蘭文字略考　』等がある。野呂元丈は, 本草学者で『　阿蘭陀本草和解　』の著書がある。 青学大(全)10, 早大(政経)09, 上智大(外法総)09, 東洋大(文)08, 立教大(全)07
解体新書 前野良沢 杉田玄白	前野良沢は(　中津　)藩医で(　青木昆陽　)にオランダ語を学んだ。杉田玄白には著書として『　蘭学事始　』『　後見草　』がある。『後見草』は, (　天明の飢饉　)の史料として重要。『　ターヘル＝アナトミア　』は, もとは, ドイツ人(　クルムス　)の『　解剖図譜　』のオランダ語訳本であり, 前野良沢が長崎留学中に手に入れた。このことに関し良沢が長崎に行ったことがあるかを問う問題があった。『解体新書』の序文は幕府オランダ通詞(　吉雄幸作　)【耕牛】が書き, 挿絵は秋田藩士(　小田野直武　)が描いている。また, この訳述には, 幕府奥医師で大黒屋光太夫の供述を編纂した(　桂川甫周　)や若狭小浜藩医師(　中川淳庵　)らが参加している。桂川甫周は, (　大黒屋光太夫　)からの聞書をまとめた『　北槎聞略　』を著わした。難関校では前野・杉田以外の関係者が問われることが多い。 神奈川大(2/6)14, 中央大(法)14, 立教大(全)14, 國學院大(2/2)13, 法政大(経社現)13, 國學院大(全)11, 立教大(2/13)11, 早大(商)11, 中央大(法)10, 早大(文)10, 東海大(2/7)09, 明治大(商)09, 早大(政経)09, 日本大(文理)08, 慶応大(商)07
平賀源内	長崎で, オランダ人, (　中国人　)と交流し, 本草学を学ぶ。摩擦発電機＝(　エレキテル　), 寒暖計, 不燃性の布等を作った。戯曲や滑稽本も書いた。(　西洋画法　)を学び, 秋田で鉱山開発にも参加した。 青学大(2/13)14, 國學院大(2/2)13
大槻玄沢 宇田川玄随 稲村三伯	大槻玄沢は前野良沢・杉田玄白の弟子。『　重訂解体新書　』【1826年】を著わした。この書には, 今日使われている「　衛生　」という造語が出てくる。彼は(　芝蘭堂　)という私塾を江戸で開設し, 蘭学入門書『　蘭学階梯　』も著わしたことはたびたび出る。芝蘭堂に西暦元旦【＝オランダ正月＝(　新元会　)】に集まった人々の図版が出た。大槻玄沢がレザノフの船で帰国した(　津太夫　)から聞き取ったものを『　環海異聞　』としてまとめたことも出た。彼は, 長崎で(　本木良永　)にも学んだ。本木は著書『　阿蘭陀地球図説　』で地動説を紹介していることが出た。宇田川玄随は, 桂川甫周の弟子で, 西洋の内科書を訳して『　西説内科撰要　』を著わした。稲村三伯は, 初の蘭日辞典『　ハルマ和解　』を著わした。ハルマの『蘭仏辞典』をもとに作られたものである。宇田川・稲村とその著作については基礎知識でよく出る。 青学大(2/13)14, 中央大(法)14, 東経大(2/9)14, 立教大(全)(文)14, 学習院大(全)13, 津田塾大(学芸)13, 法政大(経社現)13, 慶応大(商)12・11, 國學院大(全)11, 津田塾大(学芸)11, 法政大(法文営)11, 早大(社)11, 中央大(文)10, 早大(文)10, 東海大(2/7)09,

第8章　幕藩体制の動揺　　147

明治大(商)09, 中央大(経)08, 東洋大(文)08, 日本大(文理)08, 慶応大(商)07

《国学の発達と尊王論》 p.226-227

契沖
荷田春満
契沖は，儒教や仏教等の外来思想に影響されない古代人の生活や思想を理想とする復古主義を説き，実証的な学風と批判的な精神をもって優れた成果をあげた。荷田春満は，『 古事記 』『 日本書紀 』を研究。(徳川吉宗)に国学の学校創設を建言した。建言は『 創学校啓 』といい，時に出る。
上智大(外神総法)14, 慶応大(文)13, 東洋大(2/8)09

賀茂真淵
本居宣長
賀茂真淵は，荷田春満に学ぶ。『万葉集』『古事記』を研究し，『 万葉考 』『 国意考 』を著わす。本居宣長は，賀茂真淵に学ぶ。古典研究の方法を完成する。伊勢松阪の医者で自宅(鈴屋)で国学を教える。著書は『 古事記伝 』『玉くしげ』『秘本玉くしげ』『 玉勝間 』『 玉小櫛 』等多数。『 玉くしげ 』『 秘本玉くしげ 』は紀州藩主に提出されたものである。『 直毘霊 』も出た。国学関係ではこの両者の出題が多い。
上智大(外神総法)14, 成蹊大(経)14, 津田塾大(学芸)14, 神奈川大(2/6)13, 慶応大(文)13, 早大(文化)12, 慶応大(法)11, 法政大(文営人)11, 早大(教)10, 法政大(経社現)09, 上智大(経神)08, 東洋大(文)08

塙保己一
賀茂真淵に学ぶ。幕府の保護を受けて(和学講談所)を設立。『 群書類従 』を編集・刊行。この書物に収録されたことによって，多数の古書が今日にまで伝わる。
学習院大(文)14, 慶応大(文)13, 東洋大(2/8)13, 慶応大(経)11, 國學院大(全)11, 法政大(文営人)11, 早大(商)11

水戸学
水戸藩の『大日本史』編纂事業から起こった。天皇尊崇と封建的秩序の確立が主張の中心である。

尊王論
三条大橋で皇居を拝したといわれる(高山彦九郎)，『 山陵志 』を著わした(蒲生君平)，『 日本外史 』を著わした(頼山陽)を覚えよ。
明治大(商)14

宝暦事件
明和事件
本書 p.146「宝暦事件・明和事件」参照

《生活から生まれた思想》 p.227

心学
(石田梅岩)によって始められ，弟子の(手島堵庵)・中沢道二らが広めた。梅岩の著作『 都鄙問答 』が出た。
成城大(経)14, 立教大(全)14, 國學院大(2/2)13, 法政大(経社現)13, 明治大(全)10, 早大(社)10, 明治大(全)(文)08, 國學院大(全)07

安藤昌益
奥州八戸の医師。農本主義的な平等を説く。著書に『 自然真営道 』，『 統道真伝 』がある。
駒澤大(2/6)14, 上智大(外神総法)14, 明治大(法)13, 法政大(文営人)11, 早大(商)11, 明治大(全)10, 駒澤大(全)09, 中央大(経)09, 東洋大(2/8)09, 成城大(経)07

148　第Ⅲ部　近世

《儒学教育と学校》 p.228-229

正学
寛政の改革で(朱子学)が正学となる。詳しくは本書 p.151-152「異学の禁」参照。

藩校【藩学】
郷校【郷学】
藩校は，何が出るか分からない。すべて覚えるのはたいへんであるが，熊本藩の(時習館)，米沢藩の(興譲館)，秋田藩の(明徳館)が優先順位上位であろう。なぜなら，p.234にあるように，それぞれの藩主である(細川重賢)(上杉治憲)(佐竹義和)は藩政改革を行った名君と見なされているからである。この3校は設立年代は，p.228の表にあるように，すべて18世紀後半である。但し，米沢藩は，1697年，すでに藩校を設立していたが，一時藩から切り離され，1776年に，治憲により再建された。郷校としては，岡山藩主(池田光政)が建てた(閑谷学校)がほとんど唯一の出題例であるが，これは17世紀後半であることに注意。
センター14，学習院大(経)14，上智大(外神総法)14，成城大(経)14，立教大(全)14，駒澤大(2/7)13，上智大(文総外)13，中央大(法)12，神奈川大(2/9)11，慶応大(商)11，上智大(文法総)11，センター10，学習院大(経)10，慶応大(商)09，明治大(法)09，上智大(文法経)08，國學院大(全)07，立教大(全)07，早大(教)07

私塾
《儒学の興隆》《国学の発達と尊王論》「4 化政文化」の《学問・思想の動き》項目で挙げた以外の私塾としては，(懐徳堂)が重要。この塾は，18世紀初めに大坂の商人である(三星屋武右衛門)が出資して設立されたとある。他の出資者に道明寺屋吉左衛門【富永仲基の父】らがいる。寛政の改革期に(中井竹山)を塾頭【学主】とし，町人学者として(富永仲基)，(山片蟠桃)ら異色の学者を生んだ。仲基は，著書『 出定後語 』で，人のあたりまえを基本とする「誠の道」を提唱した。蟠桃は，著書『 夢の代 』で，儒教・仏教・国学を批判し，合理的立場から，天文・地理・経済を論じた。唯物論・無神論とも評される。この二人とその著書はよく出る。他に広瀬淡窓の(咸宜園)も出た。
センター14，青学大(2/13)14，国士舘大(2/1)14，成城大(経)14，東洋大(2/9)13，法政大(経社現)13，慶応大(経)11，上智大(経)11，駒澤大(全)10，明治大(全)10，慶応大(商)09，東洋大(2/8)09，明治大(文)08

寺子屋
ここでは室鳩巣『 六諭衍義大意 』，貝原益軒『 女大学 』・『 和俗童子訓 』等の書物も教育に用いられ，書では(御家)流が教えられたという。読み・書き・算盤という語句も出たことがある。
青学大(2/13)14，成城大(経)14，学習院大(文)11，上智大(経)11，東経大(全)10，青学大(経)09，法政大(経社総)08

《文学と芸能》 p.229-230

洒落本
黄表紙
(山東京伝)の洒落本『 仕懸文庫 』と，(恋川春町)の黄表紙『鸚鵡返文武二道 』が重要。寛政の改革で処罰された。これらの本を刊行した(耕書堂)の(蔦屋重三郎)も山東京伝とともに処罰された。山東京伝の黄表紙代表作は，『 江戸生艶気樺焼 』である。
法政大(経社スポ)11，早大(文)11，東経大(全)10，明治大(法)10，青学大(営)09，明治大(全)08，中央大(経)08，東洋大(文)08

蕪村
p.229に「絵画にそのまま描けるような句をよんだ。」とあるが，この部分と

第8章 幕藩体制の動揺　　**149**

	非常に類似した選択肢が出た。作品には『 蕪村七部集 』。 國學院大(2/2)13, 青学大(経)09, 成城大(経)09
柄井川柳	川柳を文学ジャンルとして定着させた。作品には『 誹風柳多留 』【柄井川柳だけの作品ではない】がある。
竹田出雲 近松半二	竹田出雲の『 菅原伝授手習鑑 』『 義経千本桜 』『 仮名手本忠臣蔵 』、近松半二の『 本朝廿四孝 』等がある。

《《絵画》》 p.230-231

浮世絵	(鈴木春信)は,(錦絵)【=多色刷浮世絵版画】を完成した。浮世絵版画を始めた(菱川師宣)【元禄期】と混同しないように。(東洲斎写楽)(喜多川歌麿)は、作品名そのものが出ることは少なく、それぞれ(役者絵)(相撲絵),(美人絵)として記憶せよ。写楽については、(大首絵)の手法を記憶せよ。 センター14, 成蹊大(経)14, 関東学院大(2/5)13, 早大(政経)13, 大東文化大(営)08, 東洋大(文)08
円山派	(円山応挙)は初め狩野派に学んだ。作品に(雪松図屏風),(保津川図屏風)がある。 東洋大(2/8)14, 法政大(法文営)10
文人画	(池大雅),蕪村が出た。 國學院大(2/2)13
洋風画	(平賀源内)に学んだ(司馬江漢)や(亜欧堂田善)がいる。 津田塾大(学芸)13

3 幕府の衰退と近代への道

《《寛政の改革》》 p.231-234

松平定信	(徳川吉宗)の孫【吉宗の子で田安家を創設した(宗武)の7男】)で,(白河)藩松平家の養子となり藩主となった。このとき(天明)の飢饉が起こったが,白河藩では餓死者が出なかったことが出た。老中となって取り組んだ寛政の改革は11代将軍(徳川家斉)の初期にあたる。家斉は(一橋)家の出身である。松平定信の著作として,自伝『 宇下人言 』,随筆『 花月草紙 』,『 国本論 』,『 物価論 』があり,『宇下人言』が最も出るが他も要注意。 駒澤大(2/6)14, 上智大(外総文)14, 東洋大(2/9)14, 日女大(文)14, 青学大(文教)13, 國學院大(全)11, 上智大(文法総)11, 成城大(文芸)11, 明治大(商)11, 早大(教)11, 専修大(全)10, 東洋大(2/14)10, 日本大(経)10, 法政大(社)10, 早大(商)10, 青学大(文)09, 青学大(経)09, 慶応大(商)09, 東大(前)08, 國學院大(全)08, 日本大(文理)08
囲米	囲米は,各藩に石高(1)万石につき(50)石の備蓄を命じた。享保改革期の上米=【1万石につき100石】と数字を間違えないように。(義倉)=【富裕者の義捐,課税によって拠出された穀物を備蓄】,(社倉)

	=【住民が分に応じて拠出した穀物を備蓄】を含め出た。 成蹊大(経)14, 青学大(文教)13, 聖心女子大(文)13, 明治大(全)11, 明治大(商)11, 青学大(文)09, 慶応大(商)09, 東大(前)08, 日本大(文理)08, 明治大(法)07
勘定所御用達	豪商（ 10 ）名からなる勘定所御用達が登用され改革にあたったことが出た。 明治大(商)14
旧里帰農令	農村から江戸に流入した者の帰農を奨励した。江戸流浪民の希望者に帰郷旅費・食料等を支給して帰農を勧めるものであった。天保の改革のときの（ 人返しの法 ）は江戸への出稼ぎ人を強制的に帰農させるもので，帰郷旅費・食料等の支給はなかった。減少する農村労働力対策でもある。この二つの共通性と相違についての説明を求める論述問題が出た。 成蹊大(経)14, 青学大(文教)13, 日本大(法)13, 明治大(文)12, 慶応大(経)11, 上智大(文法総)11, 中央大(法)11, 早大(文)(社)11, 國學院大(全)10, 早大(商)10, 専修大(全)09, 中央大(文)08
人足寄場	人足寄場は，（ 石川島 ）に設置され，軽犯罪者で引き取り手のない者を人足として職業を身に付けさせた。この施設が幕末まで維持されたとある。 早大(文化)14, 青学大(文教)13, 中央大(法)11, 明治大(全)11, 東経大(全)10, 早大(商)10, 成城大(文芸)09, 専修大(全)09, 中央大(経)09
七分積金	町入用を節約しその7割を（ 江戸町会所 ）【神田向柳原に置かれた】に積み立てさせた。幕府も2万両の基金を出し，両方を合わせて備蓄米準備や貧民救済，中下層町民へ低利融資を実施した。運用は勘定所と勘定所御用達両替商があたり，米や金が蓄えられた。金は，財政難の幕府も使用することがなかったので幕末まで積み立てられ，明治維新後，新たに誕生した東京府に接収され使用された。 センター15, 成蹊大(経)14, 日女大(文)14, 明治大(商)14, 立教大(全)14, 聖心女子大(文)13, 中央大(法)(文)11, 専修大(全)10, 早大(商)10, センター09, 中央大(文)08, 明治大(法)07
棄捐令	1789年に江戸で出た「触」にも「棄捐」について述べられている。「札差」「御家人」「帳消し」の3語を用いて説明する論述問題が出た。 国士舘大(2/1)14, 聖心女子大(文)13, 日本大(法)13, 明治大(文)12, 神奈川大(2/9)11, 明治大(全)11, 駒澤大(文)10, 専修大(全)09, 明治大(法)09, 國學院大(全)08, 聖心女子大(文)08, 学習院大(法)07
異学の禁	湯島聖堂の（ 学問所 ）で（ 朱子学 ）以外の講義を禁じた。朱子学以外にも，陽明学，（ 古文辞 ）【一時，荻生徂徠が徳川吉宗に用いられた。】，折衷学【特定の立場にとらわれず漢唐宋明の諸説を調和させようという考え】等も盛んになった。こうした傾向に対し，幕府は朱子学を正学とし，学問所での他学の教授を禁止した。史料も出る。史料の「其方家」とは（ 林 ）家のことである。この通達後，幕臣に対して朱子学による試験＝（ 学問吟味 ）が実施されたことが出ている。（ 柴野栗山 ）（ 尾藤二洲 ）（ 岡田寒泉 ）（ 古賀精里 ）【岡田寒泉転任の後】らが学問所の儒官

第8章 幕藩体制の動揺　　**151**

として活躍し、寛政の三博士といわれた。1797年、学問所は（ 昌平坂学問所 ）となった。1793年、林信敬の養子で大学頭となった（ 林述斎 ）がこれを進めた。彼は、（ 蛮社の獄 ）の弾圧者の中心であった鳥井耀蔵の実父である。寛政の改革で最もよく出るのは異学の禁である。
関東学院大(2/5)14、国士舘大(2/1)14、上智大(外神総法)14、成城大(経)14、中央大(文)14、立教大(文)14、青学大(文教)13、慶応大(経)13、成蹊大(経)13、法政大(文営人)(経社現)13、早大(文化)13、中央大(経)12、國學院大(全)11、上智大(経)11、日女大(文)11、明治大(全)11、慶応大(法)10、専修大(全)10、早大(商)10、センター09、青学大(文)09、慶応大(商)09、中央大(文)09・08、明治大(全)09、上智大(経神)08、國學院大(全)07

林子平

『 海国兵談 』『 三国通覧図説 』【朝鮮・琉球・蝦夷地の状況を記した】がある。林子平は人心を惑わしたとして1792年に禁固刑となり、著書は発禁。
関東学院大(2/5)14、青学大(文教)13、早大(文化)13、明治大(文)12、國學院大(全)11、早大(法)10、センター09、青学大(経)09、聖心女子大(文)09、東洋大(2/8)09、國學院大(全)07

山東京伝

洒落本の『 仕懸文庫 』が発禁となり、出版元（ 蔦屋重三郎 ）も処罰された。他に恋川春町『 鸚鵡返文武二道 』も対象となった。
青学大(文教)13、聖心女子大(文)13、東経大(全)11、東洋大(2/11)10、早大(教)10、センター09、中央大(文)09

尊号一件

閑院宮家から天皇に即位した（ 光格 ）天皇は、父の典仁親王に太上天皇号を宣下したいと考え幕府に同意を求めたが、松平定信が拒否し、再び宣下を求めた（ 武家伝奏 ）=【 正親町公明 】を処分した。天皇がこれを求めた理由は、朝議において、親王の席次が摂関・三大臣より下位であったことが挙げられている。天皇でなかった親王への太上天皇号宣下が朝幕間の論争になった。鎌倉時代の承久の乱後、後鳥羽上皇系でない（ 後堀河天皇 ）が即位、その父守貞親王は、太上天皇号宣下を受け、（ 後高倉院 ）として院政を敷いた歴史がある。この件が当時の11代将軍（ 徳川家斉 ）との確執の原因となり、定信は老中退任に追い込まれた。
青学大(2/7)14、慶応大(経)13、学習院大(経)12、國學院大(2/3)12、中央大(文)12、早大(商)12、津田塾大(学芸)11、早大(教)11、中央大(法)10、法政大(経)10、上智大(経神)08、早大(法)08、センター07

細川重賢
上杉治憲
佐竹義和

仙台の（ 塩 ）、土佐の（ 紙 ）、米沢の（ 織物 ）、佐賀の（ 陶磁器 ）といったこの時期の特産物が出た。専売制の機関として（ 国産会所 ）の名称が使われた。また、重賢＝（ 銀台 ）、治憲＝（ 鷹山 ）といった号が出た。細川重賢の（ 熊本 ）、上杉治憲の（ 米沢 ）、佐竹義和の（ 秋田 ）のほか、松平治郷の（ 松江 ）藩が出た。この期の藩政改革の共通要因を問う問題が出た。その問題では、①藩財政の引き締め・綱紀引き締めと倹約奨励、②農村の復興、特に特産物の生産奨励、③財政収入増加のための専売制強化、④藩校設立による人材登用、が共通要因とされている。
センター15、関東学院大(2/5)14、駒澤大(2/6)14、上智大(外総文)14、成蹊大(経)14、成城大(経)14、早大(商)13、中央大(法)12、上智大(文法総)11、立教大(全)12、神奈川

大(2/9)11，学習院大(経)10，専修大(全)09，センター08，慶応大(法)08，法政大(経社現)07，早大(教育)07

《鎖国の動揺》 p.234-236

ラクスマン　1792年，ロシアのラクスマンが（ 根室 ）に来航して，そこでロシアに漂着した（ 伊勢 ）の船頭（ 大黒屋光太夫 ）を降ろした。その後，ラクスマンは箱館に向かい通商交渉したが果たせず，長崎入港許可証＝（ 信牌 ）を与えられて帰国した。外国との交渉は長崎以外では行われなかった。大黒屋光太夫は，アリューシャン列島でロシア人に救助され，ロシアの首都（ ペテルブルク ）で（ エカチェリーナ2世 ）と謁見した。根室帰着後は，江戸に送られ（ 徳川家斉 ）（ 松平定信 ）も立ち会うなか尋問を受けたりしている。そうした記録は桂川甫周により『 北槎聞略 』として残されている。ラクスマン来航の3年前，国後で（ クナシリ・メナシ ）の蜂起と呼ばれるアイヌの蜂起があり，幕府はロシア人とアイヌとの連携を恐れていた。また，ラクスマンに江戸湾入航を要求されたことが，江戸湾海防強化のきっかけであった。どの内容が出てもおかしくない頻出箇所である。

駒澤大(2/7)14，上智大(外神総法)14，聖心女子大(文)14，日女大(文)14，早大(文)(商)14，國學院大(2/3)13，早大(教)(商)13，高経大(前)12，明治大(文)12，上智大(経)11，法政大(法文営)11，立教大(2/12)11，早大(商)11，慶応大(経)10，成蹊大(経)10，専修大(全)10，日本大(商)10，早大(社)10，慶応大(経)09，獨協大(国経法)08，國學院大(全)07

択捉島探査　（ 近藤重蔵 ）と（ 最上徳内 ）に択捉島を探査させ，そこに（ 大日本恵登呂府 ）の標柱を立てさせた。この翌年，（ 松前 ）藩の支配であった（ 東蝦夷地 ）を幕府直轄にした。1802年には蝦夷奉行を設置し，まもなく（ 箱館 ）奉行となった。

センター15，慶応大(経)14，中央大(法)14，神奈川大(2/6)13，早大(政経)13，高経大(前)12，立教大(2/12)11，駒澤大(経)10，早大(社)10，聖心女子大(文)09，早大(教)09，慶応大(商)08，明治大(営)08

レザノフ　1804年，レザノフが（ 長崎 ）に来航し，通商を求めた。「ラクスマン」の説明を見ると，なぜレザノフが長崎に来航したかが理解できる。この時期に来航者がどこに来たかは重要な問題となる。鎖国前の状況と同じである。また，レザノフを冷淡に追い返したことが，ロシア船の（ 樺太 ）（ 択捉 ）島攻撃へと結び付いたことが出ている。また，レザノフに護送されて帰国した（ 津太夫 ）から大槻玄沢が聞き取りを行い，『 環海異聞 』を著わしたことが出た。

日本大(法)14，日女大(文)14，早大(文)14，神奈川大(2/6)13，中央大(文)13，高経大(前)12，上智大(経)11，駒澤大(経)10，中央大(文)10，東経大(現)10，法政大(文営)10，早大(社)10，慶応大(商)08，國學院大(全)08，獨協大(国経法)08，センター07，國學院大(全)07，明治大(法)07

蝦夷地の直轄化　間宮林蔵　1807年に幕府は箱館奉行を（ 松前 ）奉行と改め，新たに松前藩と西蝦夷地を幕府直轄とした。これで蝦夷地全体が直轄地となった。警備は東北諸藩があたった。樺太探査に間宮とともに（ 松田伝十郎 ）が参加したこととともに，問題文の「北蝦夷地」を樺太と認識させ，この探査者と，それで得られた地理的知見＝【 樺太が島であること 】を問う問題が出た。この

第8章　幕藩体制の動揺

探査は（ 黒龍江 ）をさかのぼって大陸内に及んだことも地図で確認せよ。
センター15, 上智大（外神総法）14, 聖心女子大（文）14, 中央大（法）14, 高経大（前）12, 立教大（2/12）11, 駒澤大（経）10, 中央大（法）10, 聖心女子大（文）09, 慶応大（商）08, 獨協大（国経法）08, 東洋大（営）07

フェートン号事件　（　イギリス　）軍艦フェートン号がオランダ商船を追って長崎に侵入。長崎奉行（　松平康英　）は責任をとって切腹した。当時，オランダは（　フランス　）に占領されており，そのフランスはイギリスと戦争状態であった。そのせいでイギリスはオランダ船も攻撃対象としていた。鳴滝塾・フェートン号事件・捕鯨・『戊戌夢物語』の4語句を使用し，19世紀前半の日本と欧米の関係推移を説明する論述問題が出た。
成蹊大（経）14, 東洋大（2/9）13, 高経大（前）12, 明治大（法）12, 筑波大（前）11, 上智大（経）11, 中央大（経）11, 津田塾大（学芸）11, 東女大（2/8）11, 早大（商）11, 日女大（文）10, 明治大（営）08, 立教大（全）07

ゴローウニン事件　国後でロシアの艦長ゴローウニンを捕らえ，これに対しロシアが択捉航路を開拓した淡路の商人（　高田屋嘉兵衛　）を抑留した【彼が択捉航路の開発に従事していたことから人名を答えさせる問題が出た】。嘉兵衛は送還され，彼の尽力でゴローウニンも釈放された。ゴローウニンが拘留中に『　日本幽囚記　』を著わしたことが出た。ゴローウニンではなくゴローニンと表記している教科書もあるので気をつけること。彼は海軍少佐であった。この事件をきっかけに日露関係が安定したので，幕府は1821年に蝦夷地を松前藩に返還した。
学習院大（法）14, 神奈川大（2/6）14, 上智大（外神総法）14, 日本大（法）14, 日女大（文）14, 早大（法）14, 高経大（前）12, 神奈川大（2/9）11, 上智大（経）11, 立教大（2/12）11, 成蹊大（経）10, 専修大（全）10, 東経大（現）10, 学習院大（法）09, 聖心女子大（文）09, 慶応大（商）08, 國學院大（全）08, 獨協大（国経法）08

異国船打払令【無二念打払令】　薪水給与をやめ，外国船撃退を命令した。背景に，1818年，イギリス人（　ゴルドン　）が浦賀に来航したことや，1824年にイギリス人捕鯨船員が，（　常陸　）や（　薩摩　）に上陸したことが挙げられる。このときの将軍が11代（　徳川家斉　）であったことが出た。
学習院大（経）14, 慶応大（経）14, 早大（法）14, 中央大（経）13, 早大（教）13, 高経大（前）12, 明治大（法）12, 学習院大（経）11, 中央大（経）11, 早大（政経）（文）11, 中央大（法）10, 成城大（文芸）09, 中央大（経）09, 早大（教）09, 慶応大（商）08, 國學院大（全）08, 明治大（営）08

《文化・文政時代》　p.237
徳川家斉　（　一橋　）家出身。1787年に将軍となり1837年に隠居するまで将軍職に51年留まった。引退後も1841年に没するまで大御所として実権を握った。将軍就任当初の1793年までは（　寛政の改革　）と重なる。将軍位を子の（　家慶　）に譲った。
中央大（文）14, 東洋大（2/9）14, 早大（国際）14, 上智大（総外法神）13, 東洋大（2/8）13, 明治大（文）11

関東取締出役　1805年に（　勘定奉行　）配下に設置され関東農村の治安維持を目指したことが出た。富農・地主が力を付ける反面，離村，耕作放棄する農民も増加し，無宿者・博徒らによって治安が乱れた。（　関八州　）を巡回して領主

の区別なく取り締まった。
学習院大(経)14・13, 国士舘大(2/1)14, 成蹊大(経)14, 國學院大(全)11, 明治大(文)(商)11, 早大(商)11, 中央大(法)10

寄場組合 近隣農村共同で治安維持・風俗取り締まりにあたらせた。組合は幕領・私領・寺社領の違いを超えて編成された。
学習院大(経)13, 慶応大(商)11, 明治大(商)11, 中央大(法)10, センター09, 青学大(経)09

《大塩の乱》 p.237-239

天保の飢饉 1832年から翌年にかけて, 天候不順, 冷害, 洪水等で全国的な不作となり, 農村では農民の離散が続き餓死者が発生した。江戸をはじめとする都市では流入者が後を絶たず, 各地で(百姓一揆)と(打ちこわし)が頻発した。これに対し江戸に21カ所の(御救小屋)が設置されたと出たことがある。天保の飢饉に関連して三河国(加茂)一揆, 甲斐国(郡内)一揆も出ることがあるので覚えよ。また, 天保の飢饉より前だが, 1823年摂津国(河内)の国訴が出た。綿花・菜種生産を巡るもので, 在郷商人の指導による, 領主・特権商人の流通独占に反対する国訴で, 大坂三所綿問屋の統制が緩和された。
学習院大(経)14, 上智大(外総文)14・13, 國學院大(2/3)12, 青学大(文)11, 慶応大(商)11, 中央大(経)10, 早大(教)09, 千葉大(前)08, 早大(政経)07

大塩の乱 1837年, 大坂町奉行所元与力で陽明学者であった(大塩平八郎)に率いられた反乱。彼は, 与力引退後, (洗心洞)という家塾で陽明学を教授。天保の飢饉に対する幕府の処置を不満として蜂起。関連で国学者(生田万)の乱も覚えよ。
学習院大(経)14, 駒澤大(2/6)14, 首都大(前)13, 神奈川大(2/6)13, 上智大(文総外)13, 日女大(文)13, 明治大(文)13, 國學院大(2/3)12, 中央大(経)12, 早大(教)12, 青学大(文)11, 神奈川大(2/9)11, 成蹊大(文)11, 早大(文)11, 國學院大(全)10, 東経大(全)10, センター09, 学習院大(法)09, 中央大(経)09, 千葉大(前)08, 青学大(経)08, 明治大(全)08, センター07

モリソン号事件 日本人漂流民7人を乗せ交易を求めてきた(アメリカ)船モリソン号を, 異国船打払令に基づき撃退した。モリソン号がどこに来たかも出るので(浦賀沖)を覚えておくこと。2014年度センター試験で最も正解が少なかった問題である。これからこの地へ来るものが増えてくるが, なぜかというと, 浦賀には船荷物検査のため船番所が置かれ, 浦賀奉行が統轄していた。国内の船はここでの検査を義務付けられていたため, 江戸湾の入り口にある港として活況を呈していた。そこで外国船もやって来たのである。モリソン号事件については水戸徳川家の(徳川斉昭)が「 戊戌封事 」を幕府に提出して海防強化を説いたことも出た。
センター14, 学習院大(経)14, 学習院大(法)13, 神奈川大(2/6)13, 上智大(総外法神)13, 法政大(経社現)13, 早大(商)13, 高経大(前)12, 神奈川大(2/9)11, 中央大(経)11, 法政大(法文営)11, 中央大(法)10, 青学大(総)09, 学習院大(法)09, 聖心女子大(文)09, 早大(教)09, 中央大(経)08, 明治大(全)(営)08, 明学大(経社)08, 明治大(法)(政経)07

蛮社の獄 (渡辺崋山)=【三河国田原藩家老】, (高野長英)が, モリソン号事件に対する幕府の政策を批判し, 厳しく処罰された。彼らが属していた

第8章 幕藩体制の動揺 **155**

(尚歯会)とは，本来は老人を尊敬する会という意味である。当時，この会は新しい知識の交流の場となっていた。参加していた幕府役人から(異国船打払令)が発動されるとの情報を聞いた二人が，それぞれ著書で幕府の政策を批判したことから，弾圧が起こった。二人の著作を区別して覚えよ。渡辺崋山が『 慎機論 』，高野長英が『 戊戌夢物語 』である。弾圧を主導したのは鳥井耀蔵で，実の父は大学頭(林述斎)であった。

青学大(2/13)14，東経大(2/9)14，学習院大(法)13，上智大(総外法神)13，中央大(経)13，法政大(経社現)13，高経大(前)12，神奈川大(2/9)11，國學院大(全)11，上智大(経)11，早大(政経)(文)11，駒澤大(経)10，中央大(法)10，東経大(現)10，青学大(総)09，学習院大(法)09，聖心女子大(文)09，東洋大(2/8)09，早大(教)09，中央大(経)08，明治大(営)08，慶応大(商)07，明治大(法)07

《天保の改革》 p.239-240

水野忠邦　浜松藩主のとき藩政改革を断行。1839年に老中首座となり，11代将軍徳川家斉没後に天保の改革を主導。(上知令)の失敗を契機として一時失脚。12代将軍(徳川家慶)のときであることが出た。

センター15，国士舘大(2/1)14，中央大(文)14，首都大(前)13，上智大(総外法神)13，成城大(経)12，立教大(経法異)12，成蹊大(経)11，慶応大(文)10，駒澤大(文)10，中央大(経)10，早大(社)10，成城大(文芸)09，法政大(社経現)07

風俗取り締り　(為永春水)(柳亭種彦)は，寛政の改革時の(山東京伝)(恋川春町)とセットで覚えよ。また，江戸の三座【歌舞伎】を場末の(浅草)に移転させてもいる。

神奈川大(2/9)11，早大(社)11，中央大(法)(経)10，青学大(経)08，法政大(経社現)07

人返しの法　江戸等への流入者を強制的に帰郷させた。前提として江戸での(人別)改めを強化していることが指摘されている。寛政の改革での(旧里帰農令)【正業を持たない者に資金を与えて農村に帰ることを奨励した】との違いを理解せよ。

センター15，国士舘大(2/1)14，慶応大(経)11，早大(文)11，國學院大(全)10，中央大(法)(経)10，東経大(全)10，國學院大(全)09，法政大(社経現)07

株仲間解散　株仲間が物価高騰の原因とみて，仲間外の(在郷商人)の活躍による物価下落を期待した。実は，(北前)船，(内海)船等の(買積船)活動【荷主の荷を運搬するのではなく，船の運航者が商品を買い集め，立寄り先の港で販売した】により，大坂に生産地から物資が十分に集まらなくなって，(二十四組問屋)の集荷力が落ちたのが原因といわれる。1851年，株仲間再興令が出ている。

センター15，関東学院大(2/5)14，中央大(文)14，東洋大(2/9)14，成城大(経)13，明治大(文)13，立教大(経法異)12，高経大(前)11，慶応大(商)11，立教大(全)11，早大(文)11，中央大(経)10，中央大(法)09，明治大(営)08，早大(法)08，法政大(社経現)07

棄捐令　寛政の改革でも出された。このとき，(札差)等に低利貸出しを命じ，同時に幕府は，彼らに低利の救済融資を行っている。

東経大(全)11，中央大(法)10，日本大(経)10

三方領知替え　小藩であった松平氏の武蔵国(川越藩)が相模湾の海岸防備にあたって

いた。その財政援助のため，松平氏を出羽国（　庄内藩　）【酒井氏】へ，酒井氏を越後国（　長岡藩　）【牧野氏】へ，牧野氏を川越藩へ転封させることを計画したが，酒井氏は反対，庄内藩では領知替え反対一揆も起こり，翌年計画は撤回された。

東洋大(2/8)13，慶応大(経)12，学習院大(文)11，慶応大(商)11，早大(文)11，駒澤大(経)10，早大(法)08

上知令　　　（　江戸　）（　大坂　）周辺の土地約50万石を幕府の直轄地にして該当地域の大名・旗本を代替地に移そうとしたが，実施できず，水野忠邦の失脚につながった。反対の中心人物は（　土井利位　）であった。彼は，日本で初めて雪の結晶を顕微鏡でみてスケッチした人物としても知られる。長岡藩領の（　新潟　）の上知は実施されたことが出た。長岡藩には抜け荷の疑いがあり，抵抗できなかったという。

国士舘大(2/1)14，首都大(前)13，上智大(総外法神)13，成城大(経)13，東洋大(2/8)13，明治大(文)12，高経大(前)11，慶応大(商)11，早大(文)11，センター10，中央大(法)(経)10，明治大(全)09

《経済の変化》 p.240-241

二宮尊徳　　二宮尊徳は，相模の農民出身。勤労，倹約を旨とする事業法＝（　報徳仕
大原幽学　　法　）で，幕府や諸藩に迎えられ農村復興に努めた【小田原藩領・下野桜町領・日光山領等】。彼の死後も報徳運動として続けられた。影響は，近代にも及び，（　報徳会　）が，日露戦争後の（　地方改良運動　）の一翼を担った。大原幽学は，（　性学　）【神道・儒教・仏教を一体にしたという】を説き，（　先祖株組合　）という今でいう協同組合を組織して，農民の教育と農村復興にあたった。後に村の枠を越えた農民の活動を疑われ自殺した。

上智大(文法)14，中央大(法)11

マニュファクチュア【工場制手工業】　尾張の綿織物業や（　桐生　）（　足利　）等の絹織物業で天保期から行われ始めた。近世当初，桐生・足利地域では，（　居坐機　）で生産した生絹を西陣に送っていたが，1738年，（　高機　）が導入され，絹織物産地として発展した。江戸時代前期においても摂津の（　伊丹　）（　池田　）（　灘　）等の酒造業でこうしたマニュファクチュア経営がみられたと出題されている。マニュファクチュアを説明する問題も出た。

学習院大(経)14，上智大(文法)14，津田塾大(学芸)14，東洋大(2/9)14，日本大(法)14，学習院大(文)13，國學院大(2/3)13，早大(文化)13，慶応大(商)11，センター09，東経大(全)08

《朝廷と雄藩の浮上》 p.241-243

藩政改革　　①文治政治への転換期に岡山藩（　池田光政　），会津藩（　保科正之　），水戸藩（　徳川光圀　）らが行ったもの，②江戸中期の改革は，熊本藩（　細川重賢　），米沢藩（　上杉治憲　），秋田藩（　佐竹義和　）が代表例。③幕末期の改革，以上３期の改革について，代表的藩・リーダー・各期の特徴を整理して覚えよ。①②については，当該の時代に出題大学が示してあるので確認のこと。

雄藩　　　　幕末の藩政改革に取り組み，発言力を増して，政局に影響を与えた大藩。

第８章　幕藩体制の動揺　157

雄藩という言葉が問われることもあるので注意。
上智大(文法経)08

薩摩藩

奄美三島での(黒砂糖)専売はよく出るので覚えよ。奄美三島の(喜界島)が出た。また，洋式工場群(反射炉・造船・ガラス製造等)は(集成館)という名で一括して設置されたことが出た。このうち紡績工場は(イギリス)人の指導。三都の商人からの借財棚上げについても出た。(500)万両を(250)年賦という内容も出ている。(島津重豪)が(調所広郷)を登用したことが出た。調所が服毒自殺を遂げたことも書かれていた問題があり，ヒントとして問題文中に出る可能性もあるので周辺知識としておきたい。薩摩藩の密貿易については，(俵物)を琉球王国を通じて清に販売していたことが出た。それを蝦夷地の(松前)から運び出していることが出た。

慶応大(商)14，国士舘大(2/1)14，上智大(文法)14，成蹊大(経)14，駒澤大(2/7)13，津田塾大(学芸)13，日本大(法)13，國學院大(2/3)12，立教大(経法異)12・11，神奈川大(2/9)11，慶応大(商)11，東洋大(2/8)11，早大(社)11，明治大(法)(政経)10，明治大(営)(法)(政経)09，センター08，青学大(文)08，上智大(文法経)08，東経大(全)08，國學院大(全)07，早大(教)07

長州藩

(毛利敬親)が(村田清風)を登用したことが出た。越荷方が(下関)に設置されたことを覚えよ。ここに寄港する諸国廻船に積荷の保管や委託販売，金融を行い利益をあげた。1831年の(防長)大一揆を契機に村田清風により，(紙)(蠟)の専売制が改革されたことが出た。また，殖産興業的藩政改革が始まったともある。

学習院大(経)14，国士舘大(2/1)14，上智大(文法)14，成蹊大(経)14，中央大(経)14，駒澤大(2/7)13，上智大(総外法神)13，日本大(法)13，中央大(法)12，立教大(経法異)12，神奈川大(2/9)11，慶応大(商)11，東洋大(2/8)11，明治大(法)(政経)10，早大(社)10，学習院大(法)09，早大(法)08，國學院大(全)07，早大(教)07

佐賀【肥前】藩

(反射炉)は主に大砲製造用の鉄を溶かすために建設された。(伊東玄朴)が翻訳した「ロイク国立鉄製大砲鋳造所における鋳造法」【オランダ】等をたよりに，外国人を招聘せず建設したといわれる。後に(薩摩)(水戸)(韮山)でもつくられたことが出た。ここでは，この時期の改革としては珍しく，藩主主導で，藩主(鍋島直正)の名前や農業の(均田制)実施も記憶せよ。佐賀藩は陶磁器専売＝有田焼によって藩財政にゆとりがあった。

慶応大(商)14，上智大(文法)14，成蹊大(経)14，中央大(経)14，津田塾大(学芸)14，青学大(営)13，日本大(法)13，明治大(文)13，中央大(法)12，神奈川大(2/9)11，慶応大(商)11，早大(社)11，明治大(法)(政経)10，獨協大(国経法)09，東洋大(文)08，國學院大(全)07，早大(教)07

土佐藩

(おこぜ組)と呼ばれる改革派の緊縮財政運営によって再建に努めた。藩主が(山内豊信)であったことが出た。おこぜ組改革失敗の後，豊信により登用された(吉田東洋)が改革を進めたことも出た。彼は隠居後，私塾【少林塾】を開き，後藤象二郎・板垣退助・福岡孝弟，岩崎弥太郎らを教えた。

上智大(文法)14，日本大(法)13，神奈川大(2/9)11，明治大(政経)10

水戸藩

水戸藩は，藩主(徳川斉昭)を記憶せよ。彼が(藤田東湖)(会沢

158　第Ⅲ部　近世

福井藩【越前藩】 宇和島藩 松代藩	（ 安 ）らを登用したことが出た。水戸藩では改革は成功しなかった。藩主（ 伊達宗城 ）の宇和島藩が（ 紙 ）（ 楮 ）（ 蝋 ）の専売を実施したことが出た。松代藩は（ 佐久間象山 ）に西洋兵学を学ばせ海防に取り組んだ。それ以外の藩では，藩主（ 松平慶永 ）の福井藩【越前藩，この藩出身の明治期に活躍した（ 由利公正 ）を記憶せよ】 上智大(文法)14, 中央大(経)14, 國學院大(2/3)12, 中央大(法)12, 立教大(経法異)12, 慶応大(商)11, 國學院大(全)07
幕府	（ 江川英龍 ）【代々の当主は太郎左衛門を名乗った】には（ 高島秋帆 ）が砲術を教えた。また，江川は，一揆に対抗するため，農民を武装させ編制することを建言している。反射炉の（ 韮山 ），製鉄所の（ 横須賀 ）といった場所を覚えることが重要である。製鉄所の技術はフランス人技師（ ヴェルニー ）が指導した。幕営横須賀製鉄所が明治初期に（ 横須賀造船所 ）となり，海軍省移管後は，（ 海軍工廠 ）となったこと，長崎製鉄所が維新後（ 長崎造船所 ）となり，官業払い下げで三菱会社に払い下げられたことが出た。後者は，官業払い下げで，最もよく出る施設である。 慶応大(商)14

4　化政文化

《化政文化》　p.243
《学問・思想の動き》　p.243-245

経世家	（ 海保青陵 ）は商人に学んで利を得ることを勧めた。具体的には専売制の採用など重商主義を説く＝『 稽古談 』。（ 本多利明 ）は外国との国営重商主義貿易を説く＝『 西域物語 』『 経世秘策 』。彼が（ 蝦夷地 ）の開発の必要性を説いていたこと，（ 薩摩 ）藩の琉球を通じた交易や（ 黒砂糖 ）専売について論じていることが出た。佐藤信淵は産業の国営化と貿易の振興を説く＝『 経済要録 』。 国士舘大(2/1)14, 駒澤大(2/6)14, 明治大(法)13, 神奈川大(2/6)13, 中央大(経)12, 法政大(文営)11, 東洋大(2/8)11・10, 明治大(政経)09, 慶応大(商)08, 成城大(経)07, 早大(政経)07
水戸学	（ 藤田東湖 ）は，（ 藤田幽谷 ）の子，（ 会沢安 ）は弟子。東湖は，『 弘道館記述義 』を書いた。また，安政の大地震で江戸水戸藩邸において圧死した。彼の死に対する追悼文が史料で出て，彼の四男藤田小四郎が（ 天狗党の乱 ）の首謀者として非業の死を遂げたことも出た。会沢安の著書『 新論 』は，異国船打払令を機に執筆され，同年成立した。 青学大(2/7)14, 学習院大(文)14, 慶応大(法)14, 中央大(経)14, 立教大(全)14, 慶応大(法)11, 法政大(文営)11, 青学大(総)09, 國學院大(全)09, 東洋大(2/8)09, 立教大(全)07
復古神道	（ 平田篤胤 ）の著書は『 古道大意 』『 霊能真柱 』『 古史成文 』『 古史徴 』『 古史伝 』等。弟子に，（ 大国隆正 ）（ 佐藤信淵 ）（ 六人部是香 ）らがいる。『古史伝』をヒントに名を答えさせる問題が出

第8章　幕藩体制の動揺　159

た。神道としては，時代順に，鎌倉末・南北朝時代…度会家行…度会神道＝（　伊勢神道　），室町時代…（　吉田兼俱　）…吉田神道＝（　唯一神道　），江戸時代…山崎闇斎…（　垂加神道　）を覚えよ。

<small>青学大(2/7)14，関東学院大(2/5)14，中央大(経)14，津田塾大(学芸)14，慶応大(文)13，國學院大(2/2)13，東洋大(2/8)13，慶応大(経)11，法政大(文営人)11，成城大(経)07</small>

洋学	幕府は実学は重視したが，体制批判やキリスト教関係には警戒を緩めなかった。洋学は，実学としての性格を強め，思想運動や政治運動とは結び付かなかった。開国論者（　佐久間象山　）【　江川英龍　に砲術を学んだ】は，「　東洋道徳，西洋芸術　」【芸術とは技術のこと】と説いた。寛政暦は天文方（　高橋至時　）が大坂商人（　間重富　）とともに作った。至時に学んだ商人（　伊能忠敬　）の『大日本沿海輿地全図』は偉大な成果。蝦夷地測量も実施されたが未完で，忠敬を引き継いだのが（　間宮林蔵　）であると出た。「樺太が島であることを発見した」という文がヒントとなっている。志筑忠雄の『　暦象新書　』も出た。ニュートンの万有引力説，コペルニクスの地動説等が紹介されている。彼がドイツ人医師ケンペルの『　日本誌　』の一部を和訳した際に，「　鎖国論　」と題したことからその言葉ができたことがよく出る。 <small>学習院大(法)14・13，東経大(2/9)14，立教大(全)12，法政大(法文営)11，慶応大(経)10，上智大(神総法外)10，東経大(現)10，國學院大(全)09，聖心女子大(文)09，学習院大(経)08，中央大(法)08</small>
蛮書和解御用	幕府の天文方に置かれ（　高橋景保　）を中心に洋書の翻訳にあたった。この設置が（　シーボルト事件　）より前であることが出た。その後の変遷は，1811（　蛮書和解御用　）→1855（　洋学所　）→1856（　蕃書調所　）→1862（　洋書調所　）→1863（　開成所　）→（　大学南校　）である。このなかで蕃書調所が重要。蕃書調所の教授（　箕作阮甫　）は，1853年来航した（　アメリカ　）（　ロシア　）との交渉にも参加している。 <small>中央大(法)14，学習院大(法)13，法政大(経社現)13，上智大(経)11，津田塾大(学芸)11，法政大(法文営)11，早大(商)(社)11，センター10，東経大(現)10，國學院大(全)09，東海大(2/7)09，明学大(経社)08，早大(社)08</small>
シーボルト事件	オランダ商館の医師シーボルトが帰国の際，禁止されていた日本地図【伊能忠敬の地図の写しである】を携帯していたことから国外追放になった事件。事件に関わった（　高橋景保　）も処罰された。シーボルトは帰国後『　日本　』を著わす。1859年，再来日し，1862年帰国した。 <small>中央大(法)14，立教大(全)14，法政大(経社現)13，國學院大(全)11，上智大(経)11，早大(社)11，中央大(文)10，早大(教)09</small>
高橋景保	寛政暦を作成した（　高橋至時　）の子。（　蛮書和解御用　）の設置を建議。『　大日本沿海輿地全図　』完成にも協力したが，シーボルト事件で捕らえられ獄死した。 <small>中央大(法)14，立教大(全)14，國學院大(全)11</small>

《教育》 p.245

洋学塾	1786年に江戸に開かれた大槻玄沢の（　芝蘭堂　）が草分け。1824年にシー

ボルトにより長崎郊外鳴滝村に開かれた（　鳴滝塾　），1838年に（　緒方洪庵　）が大坂に開いた（　適塾　）【適々斎塾】が，この時代に始まる洋学塾である。鳴滝塾から（　伊東玄朴　）（　高野長英　）らが出て，適塾からは，（　福沢諭吉　）（　大村益次郎　）（　橋本左内　）らが出た。これら出身者は出るので注意。伊東玄朴は，（　牛痘種法　）による種痘所を開いたことが出た。これは，後に幕府に移管され，1863年（　医学所　）となり，大学東校を経て，東京大学医学部へと連なる。

関東学院大(2/5)14，上智大(外神総法)14，成城大(経)14，立教大(全)14，駒澤大(2/7)13，法政大(経社現)13，國學院大(2/3)12，早大(社)11，中央大(文)10，早大(文)(社)10，早大(教)09，中央大(経)08，明学大(経社)08，慶応大(商)07，國學院大(全)07，東女大(文理文系)07

松下村塾

（　吉田松陰　）の叔父玉木文之進が設立し，吉田松陰が受け継いだ。吉田松陰が設立したという前提で問題が作成されている例も見受けるので注意が必要。（　久坂玄瑞　）（　高杉晋作　）らを出した。

上智大(外神総法)14，成城大(経)14，国士舘大(2/1)13，上智大(総外法)13，法政大(経社現)13

《文学》 p.245-246

滑稽本

（　式亭三馬　）の『浮世風呂』に（　本居宣長　）の著作を愛読する女性が出てくることを紹介する問題があった。

津田塾大(学芸)14，國學院大(2/2)13，東経大(2/9)13，高経大(前)12，慶応大(文)10，明治大(法)10，青学大(経)09，中央大(文)09，東女大(現)09

人情本
合巻
読本

（　為永春水　）は，天保の改革で処罰された。

学習院大(法)14，中央大(文)14，早大(教)14，東洋大(2/8)13，明治大(文)13，立教大(経法異)12，青学大(経)09，成城大(経)09，高経大(前)08，中央大(経)08，東洋大(文)08，明治大(全)08，明治大(政経)07

俳諧
狂歌

（　大田南畝　）【蜀山人】が，（　四方赤良　）として（　朱楽菅公　）【「あけらかんこう」と読む。アッケラカンということ】とともに『　万載狂歌集　』を編んだことが出ている。

國學院大(2/2)13，駒澤大(2/6)13

鈴木牧之

彼の『　北越雪譜　』は，この時代の隠れた頻出事項。

中央大(文)13，早大(政経)13，青学大(営)09，中央大(経)08

《美術》 p.246-247

浮世絵

教科書の「これらの浮世絵は開国後，海外に多く紹介され，モネやゴッホらヨーロッパの（　印象派　）画家たちに大きな影響を与えた。」という部分は重要。問題の選択肢等に数回登場した。

上智大(外神総法)14，明治大(文)13，東洋大(2/14)10，東洋大(文)08

四条派
文人画
洋画

渡辺崋山「　鷹見泉石像　」が出た。モデルとなった人物は，水野忠邦の上知令に反対した古河藩主（　土井利位　）の家老で，海外情報の収集に努め，貴重な蘭学資料や日記・書状を多く残している。また，ペリー来航の際は開国論を述べている。他に（　呉春　）（　池大雅　）（　田能村竹田　）が出

第8章 幕藩体制の動揺　**161**

た。
成蹊大(経)14，武蔵大(全)14，法政大(法文営)10，学習院大(経)09，大東大(営)08

《《民衆文化の成熟》》　p.247-248
歌舞伎　　　(　鶴屋南北　)(　河竹黙阿弥　)が出た。
脚本　　　　東洋大(2/9)13，高経大(前)12，立教大(経法異)12，明治大(法)10，早大(政経)10，青学大(営)09，慶応大(経)09，成城大(経)09，中央大(文)09，東女大(現)09

第IV部

近代・現代

第9章 近代国家の成立

1 開国と幕末の動乱

《開国》 p.250-252

アヘン戦争
薪水給与令

イギリスのアヘン密輸問題からイギリスと清との間で起こった戦争。イギリスは（ 厦門 ）（ 寧波 ）を占領。清の敗北で（ 南京条約 ）を締結。南京条約には（ 香港 ）の割譲と（ 上海 ）等5港の開港，その他不平等条項が含まれる。この関係で（ 異国船打払令 ）が緩和され，いわゆる薪水給与令が出された。（ 水野忠邦 ）が老中の時であることが出た。

センター15，神奈川大(2/6)14，慶応大(経)(商)14，中央大(文)14，東洋大(2/8)14・13，青学大(営)13，早大(商)13，高経大(前)12，中央大(経)11，津田塾大(学芸)11，センター10，慶応大(経)10，中央大(法)10，東経大(現)10，青学大(経)09，早大(教)08，明治大(政経)07

オランダ国王開国勧告

1844年，オランダ国王が幕府に親書を送った。この親書中にある「殿下」は12代将軍（ 徳川家慶 ）を指している。オランダは，アヘン戦争以降は別段風説書を幕府に提出した。史料出典の『通航一覧続輯』は，幕府が（ 林 ）家に編纂させた対外関係史料集であることが出たことがある。

東洋大(2/8)(2/9)14，明治大(営)14，中央大(文)11，慶応大(経)10，中央大(法)10，早大(社)09，青学大(文)08，早大(教)08

ビッドル来航

1846年，コロンブス号に乗船し（ 浦賀 ）に来航して，通商を求めた。幕府は，鎖国令は日本歴代の法だとし，それを拒否した。

中央大(文)14，東洋大(2/8)14，明治大(営)14，高経大(前)12，國學院大(2/3)12，上智大(経)11，中央大(経)11，東洋大(文)08，明治大(政経)08

ペリー来航
日米和親条約

1853年，乗船していた旗艦（ サスケハナ ）号を含む軍艦4隻で浦賀に来航，久里浜に上陸して，（ フィルモア ）大統領の国書を提出し開国を要求した。このことはよく出る。ペリーには著書『 日本遠征記 』がある。（ 琉球 ）を経て浦賀に来航していることに注意。この来航を機に（ 大船 ）建造禁止が解かれた。アメリカが日本の開国を強く望んでいたのは，主に対清貿易を目的とする太平洋航路と捕鯨船の寄港地を確保するためである。1854年，ペリーは7隻の軍艦を率いて再来日【このときの旗艦は ポーハタン号 】，圧力をかけて日米和親条約を締結させた。和親条約には，（ 一方的な最恵国待遇 ）【これを150字以内で説明する問題が出た。】はあるが，（ 領事裁判権 ）の規定は修好通商条約であることはよく出るポイント。また，和親条約と修好通商条約によって，日本は欧米の国際法に妥当する国となったが，日本ではこの国際法を当時（ 万国公法 ）と呼んだ。

センター14，青学大(2/7)14，学習院大(法)(文)14，関東学院大(2/5)14，成城大(経)14，聖心女子大(文)14，中央大(法)14，津田塾大(学芸)14，明治大(営)14，早大(法)14，首都大(前)12，中央大(経)11，東経大(全)11，早大(法)11，慶応大(経)10，上智大(経)10，東経大(現)10，法政大(法社)10，上智大(総外文)09，成城大(文芸)09，法政大(経社現)09，立教大(文)09，慶応大(商)08，津田塾大(学芸)08，東洋大(文)08，早大(政経)08

プチャーチン来航

1853年，(長崎)に来航し，開国と国境画定を要求した【ロシアはなぜ先ず長崎なのか理解せよ】。翌年，(下田)に来航し，日露和親条約を締結したのも(プチャーチン)である。条約の内容は，国境に関する条項のほか，(箱館)(下田)(長崎)の開港，(双務的)領事裁判権等，日米和親条約にない特徴がある。プチャーチンの乗船していた(ディアナ)号は安政の大地震で大破し，帆船ヘダ号を建造して帰国した。日露和親条約の国境規定は必ず覚えよ。他に和親条約を結んだ国名＝(イギリス)(オランダ)も安政の五カ国条約との対比で記憶すること。

青学大(2/7)14，関東学院大(2/5)14，東洋大(2/8)14，日本大(法)14，早大(政経)13，上智大(経)11，明治大(法)11，成蹊大(経)10，早大(法)10，早大(社)09，慶応大(商)08，東洋大(文)08，早大(政経)08，立教大(全)07

阿部正弘　安政の改革

阿部正弘【1845年から老中首座】は和親条約締結時の幕政責任者。徳川斉昭・島津斉彬・鍋島直正らと親交があり，諸大名・幕臣に諮問して挙国一致策をとる。(徳川斉昭)【1838年，海防策の即時実行等を要求する戊戌封事 を作成し，翌年 徳川家慶 に提出した経験を持つことが出た。】を海防参与に任命したことが出た。江戸湾に(台場)を築き，(大船)建造を解禁している。また，新興商人を加えた株仲間再興等の現実的な政策を行っている。島津斉彬らとともに13代家定と(篤姫)の婚姻を進めた。老中首座を(堀田正睦)に譲った後，公武協調を図るとともに，(洋学所)の創設，(海軍伝習所)の設立等を実施した。海軍伝習所は，幕府が軍艦の操縦訓練のため設立したもので，この施設で医官となったオランダ軍医(ポンペ)が，西洋式病院建設を要請したことも出た。

センター15，学習院大(経)14，慶応大(商)14，東洋大(2/8)14，早大(法)14，学習院大(法)13，法政大(経社現)13，立教大(文)13，明学大(経社法)11，センター10，慶応大(経)10，上智大(経)10，東洋大(2/10)10，立教大(2/8)10，早大(政経)10，國學院大(全)09，獨協大(国経法)09，法政大(経社現)09，早大(教)09，青学大(文)08，東洋大(文)08

《《開港とその影響》》　p.252-254

アロー戦争

清がイギリス船(アロー号)を臨検したことに対する抗議を名目に，英・仏が(広東)を占領，ついで(天津)に侵入して天津条約を締結。(第2次アヘン戦争)ともアロー戦争ともいう。

立教大(文)13，慶応大(法)11，上智大(経)11・10，中央大(経)11，慶応大(経)10，國學院大(全)10，東女大(2/8)10，法政大(社社)10，立教大(2/8)10

ハリス　堀田正睦

1856年，初代アメリカ総領事として(下田)に着任。この地名はよく出る。アロー戦争と天津条約の内容から英・仏の脅威を説いて，通商条約締結に成功した。堀田正睦は，1855年，阿部正弘を継いで老中首座となった。ハリスとの交渉の結果，条約勅許を朝廷に求めたが失敗した。

神奈川大(2/6)14，成蹊大(経)14，東洋大(2/8)14，明治大(営)14，上智大(文総法)13

日米修好通商条約　井伊直弼

史料問題がよく出るので，条約の内容を史料に即して理解するとよい。史料中「(下田)港は鎖すべし。」「(運上)を納むべし。」が出た。第四条の「別冊」が(貿易章程)である。条約批准書交換のため首席全権(新

第9章　近代国家の成立　**165**

見正興　)【外国奉行であった】らが米国に派遣された。この時の船の1隻が(　勝海舟　)らが操縦したといわれる(　咸臨丸　)であった。この時の司令官は木村喜毅。(　福沢諭吉　)が従者として渡米したことに注意。通訳は(　中浜万次郎　)であった。1859年には(　ジョセフ＝ヒコ　)＝浜田彦蔵が通訳として帰国している。彼は漂流民でアメリカに帰化した第1号であった。著書に『　漂流記　』がある。安政の五カ国条約が法律面・経済面に与えた影響を80字で論述する問題が出た。井伊直弼は、1858年、大老となり勅許を得ず条約を調印。朝廷や反対派大名の家臣を弾圧＝(　安政の大獄　)。桜田門外で暗殺された。

青学大 (2/7) 14、学習院大 (法) 14、神奈川大 (2/6) 14、関東学院大 (2/5) 14、慶応大 (商) 14、東洋大 (2/8) 14、上智大 (総外法) (文総法) 13、成蹊大 (経) 13、日女大 (文) 13、法政大 (文営人) 13、立教大 (文) (2/6) 13、早大 (教) 13、首都大 (前) 12、学習院大 (法) 12、関東学院大 (2/5) 12、慶応大 (法) 11、慶応大 (経) 10、國學院大 (全) 10、上智大 (経) 10、東女大 (2/8) 10、法政大 (法社) 10、立教大 (2/8) 10、慶応大 (文) 09、駒澤大 (文法経) 09、上智大 (総外文) 09、成蹊大 (経) 09、成城大 (文芸) 09、獨協大 (国経法) 09、早大 (社) 09、青学大 (文) 08、法政大 (経社総) 08、明治大 (政経) 08

| 安政の五カ国条約 | アメリカに続き、(　オランダ　)(　ロシア　)(　イギリス　)(　フランス　)と締結したことは出る。ロシアとの通商条約は、すでに双務的(　領事裁判権　)【日露和親条約】であったのに加えて、双務的な(　最恵国　)待遇となった。ラクスマン来航から、1875年の樺太・千島交換条約までのロシアとの関係をまとめておくと良い。 |

明治大 (営) 14、上智大 (総外法) 13、明治大 (法) 11、青学大 (全) 10、早大 (社) 10、慶応大 (文) 09、明治大 (政経) 09

| 貿易港相手国 | 和親条約の(　箱館　)(　下田　)に続き、修好通商条約で(　神奈川　)(　長崎　)(　新潟　)(　兵庫　)の開港が決められた。下田は、神奈川の開港6カ月後に閉められる規定であり、(　新潟　)(　兵庫　)【実際には神戸】の開港は遅れたので、1859年の貿易開始は、(　横浜　)【東海道の宿場で通交の多かった神奈川に代わり】、長崎、箱館で始まったことを理解せよ。貿易の多くは、横浜で行われた。貿易相手国の中心は輸出入とも(　イギリス　)で、アメリカは、(　南北戦争　)が起こったこと等で増えなかった。 |

慶応大 (経) (商) 14、東洋大 (2/8) 14、獨協大 (経国法) 14、明治大 (文) 14、國學院大 (全) 10、明治大 (営) 10、慶応大 (文) 09

| 貿易品目 | 輸入は(　毛織物　)(　綿織物　)・武器・艦船等、輸出は、(　生糸　)(　茶　)・蚕卵紙・海産物等が中心であった。輸出の約8割を占める生糸の生産は、貿易開始当時は主に(　座繰　)で生産されていた。輸出・輸入上位の2品ずつは必ず記憶せよ。また、貿易は当初、大幅の輸出超過であった。居留地において外国商人と日本商人【(　売込商　)(　引取商　)】が(　銀貨　)を用いて取引した。外国人は開港場周辺10里四方は遊歩できたが、商取引は居留地のみであった。 |

慶応大 (経) 14、獨協大 (経国法) 14、学習院大 (文) 13

| 五品江戸廻送令 | 5品目を記憶した方が良い。(　雑穀　)(　水油　)(　蠟　)(　呉服　)(　生糸　)。5品に(　茶　)がないことに注意。水油は、灯火に用いられ |

るもので，江戸時代に畿内を中心に菜種生産が始まり普及していった。それまでの灯火用の油の原料として記憶すべきは（　荏胡麻　）で，鎌倉時代からの代表的な商品作物であった。生糸が大量に輸出されるため，（　桐生　）等の国内絹織物生産地の生糸が不足したことが出ている。

学習院大(法)14, 慶応大(商)14, 明治大(営)14, 早大(法)14, 中央大(文)13, 立教大(文)13, 國學院大(全)10, 明治大(営)10, 國學院大(全)08, 法政大(経社総)08, 学習院大(法)07

金の流出 万延小判

金銀比価が外国で（　1　）:（　15　），日本で，（　1　）:（　5　）であったことはよく出る。持ち込まれた洋銀は（　天保一分銀　）とまず交換され，その上で小判に交換された。万延貨幣改鋳が実施されたのは，14代（　徳川家茂　）の時である。重量が天保小判の（　3　）分の1と書かれた。かつて，約（　30　）%の素材価値とも書かれたことがあるので注意しよう。

学習院大(法)14, 成蹊大(経)14, 獨協大(経法)14, 早大(法)14, 上智大(文総法)13, 立教大(2/6)13, 早大(文化)13, 明治大(商)12, 慶応大(経)11, 東経大(全)11, 早大(社)09, センター08, 國學院大(全)08, 法政大(経社総)08, 上智大(経神)07

攘夷運動の始まり

条約締結とその後の貿易の問題から，外国への反発が強まった。1860年，ハリスのオランダ人通訳（　ヒュースケン　）が薩摩藩浪人に殺害され，翌年には水戸脱藩士が高輪（　東禅寺　）のイギリス仮公使館を襲撃した。また，1862年には江戸から帰還する途中の（　島津久光　）の行列を横切ったイギリス人が殺され，暮れには，品川御殿山に建設中のイギリス公使館を，（　高杉晋作　）（　井上馨　）（　伊藤博文　）らが襲撃して全焼させたことも出た。米国大使館が善福寺にあったこと，1868年には土佐藩兵がフランス水兵に発砲する（　堺　）事件が起き，フランスの要求で当該藩兵の処罰とフランスへの賠償が行われたことが出た。

明治大(文)14, 上智大(総外法)(文総外)13, 立教大(文)13, 慶応大(法)11・10, 法政大(法)10, 明治大(営)10, 法政大(経社現)09

《公武合体と尊攘運動》 p.254-257

徳川家定

妻は（　天璋院篤姫　）であることが出た。家定は病弱で継嗣が問題となり，水戸藩徳川斉昭の子供で一橋家の養子となった（　慶喜　）と，紀伊藩徳川斉順の子で4歳で藩主となった（　慶福　）とが有力であった。井伊直弼は徳川慶福の後継を強引に進めて押し切った。徳川慶福は14代将軍となり（　徳川家茂　）となった。阿部正弘の安政の改革に協力した越前藩主（　松平慶永　），薩摩藩主（　島津斉彬　）は，慶喜を推した。

明治大(文)14, 上智大(文総法)13, 専修大(全)10, 法政大(法)10, 明治大(政経)10, 駒澤大(文法営)09, 東経大(全)09, 法政大(経社現)09, 明学大(経)08

徳川斉昭

水戸藩主で，将軍候補となった（　慶喜　）は，彼の七男。天保の藩政改革を実施。梵鐘没収による大砲鋳造，軍事訓練の実施等その過激さで一時幕府から謹慎を言い渡されたが，ペリー来航後は，阿部正弘によって幕府の（　海防参与　）とされ，幕政に参画したことが出た。（　安政の大獄　）に連座し，国元永蟄居となった。

学習院大(経)14, 慶応大(商)14, 東洋大(2/8)14

第9章 近代国家の成立　　**167**

安政の大獄	14代将軍の就任問題と，条約締結問題を強行処理した井伊直弼は，（ 徳川斉昭 ），（ 松平慶永 ）を処分し，孝明天皇の上京命令を無視した。増大した反幕府勢力に対しては大弾圧を実施した。（ 吉田松陰 ）・橋本左内・頼三樹三郎は死罪，梅田雲浜は獄死した。吉田松陰は，（ 佐久間象山 ）に師事し，会沢安とも会って影響を受けていた。橋本左内が適塾出身であることが出た。徳川斉昭・松平慶永処分に対し，朝廷から水戸藩に対し（ 戊午の密勅 ）が出されていることが出た。これは，孝明天皇が無勅許調印を批判して攘夷を表明，公武一体化の幕政改革を求めたものであった。橋本左内の公議政体論を構想した手紙をもとに，①橋本の構想，②明治憲法体制と橋本構想の違い，2点を論述する問題が出た。 東大(前)13，上智大(総外法)13，法政大(経社現)13，慶応大(法)11，東経大(全)11，獨協大(国経法)11，慶応大(法)10，駒澤大(文法営)09，上智大(法)09，津田塾大(学芸)08，明学大(全)08
桜田門外の変	安政の大獄による反対派一掃に対し，（ 水戸 ）（ 薩摩 ）両藩の志士18人が江戸城桜田門の外で井伊直弼を襲撃，暗殺した。五節句【一月七日人日，三月三日上巳，五月五日端午，七月七日七夕，九月九日重陽】には江戸城内で恒例行事があり，井伊が必ず登城していることがわかっていたのでねらわれた。また，幕府の儀礼会場である本丸御殿は，1844年大奥から失火，1855年安政大地震，1859年焼失とたびたび災害があったが，そのたびに再建された。しかし，1863年に焼失して以降は再建されなかったとある。 上智大(総外法)13，上智大(経)10，学習院大(法)(文)09，学習院大(法)08，津田塾大(学芸)08
安藤信正	桜田門外の変後，老中首座となり，（ 和宮 ）降嫁など公武合体を推進したが，（ 坂下門外の変 ）で襲撃され失脚した。 成蹊大(経)14，明治大(文)(商)14，東洋大(2/9)12，センター09，駒澤大(文法営)09，東経大(全)09，大東大(営)08，津田塾大(学芸)08
官版バタヴィア新聞	風説書の代わりにオランダ領東インド総督府が幕府に対し通信を献上した。これを（ 蕃書調所 ）が翻訳した。これを官版バタヴィア新聞という。 明治大(政経)10
文久の改革	（ 島津久光 ）【斉彬の弟，藩主島津忠義の父】が，公武合体の立場から，勅命を受けて薩摩藩兵を率いて江戸に入り幕府に要求【この帰途に生麦事件】。幕府はこの意向を容れて，将軍後見職（ 徳川慶喜 ），政事総裁職（ 松平慶永 ），京都守護職（ 松平容保 ）を任命。幕府は他に，（ 参勤交代 ）の緩和，西洋式軍隊の採用等を実施したことも出た。この際オランダに留学生を派遣しているが，そのなかに，（ 津田真道 ）ら明治になって活躍した者も含まれていることも出る。 明治大(文)14，センター10，慶応大(経)10，東洋大(2/14)10，獨協大(国経法)09，明学大(経社)08
長州藩攘夷決行 四国艦隊下関砲	四国艦隊下関砲撃事件の四国を覚えよ。（ イギリス ）（ フランス ）（ アメリカ ）（ オランダ ）。イギリス公使（ オールコック ）が主導

168　第Ⅳ部　近代・現代

撃事件	したことが出た。 明治大(商)14，上智大(外総文)12，早大(商)11
薩英戦争	（ 生麦事件 ）に対するイギリスの報復。薩摩藩はそれ以後，イギリスと接近して開明政策をとった。 上智大(総外法)13，立教大(文)13，慶応大(経)12，東洋大(2/9)12，明治大(営)10，東経大(全)09，センター08，上智大(文法経)08，津田塾大(学芸)08，明治大(文)08，國學院大(全)07
八月十八日の政変 池田屋事件 禁門の変	八月十八日の政変は，（ 薩摩 ）（ 会津 ）両藩が，公武合体派の公家とともに，長州藩勢力と急進派公家を京都から追放した事件。急進派公家の中心であった（ 三条実美 ）は，このあと，長州→大宰府と移動した。この事件と前後して，公家（ 中山忠光 ）と土佐藩士（ 吉村寅【虎】太郎 ）らが起こした天誅組の変，（ 武田耕雲斎 ）（ 藤田小四郎 ）【藤田東湖の四男】ら水戸藩の尊王攘夷集団（ 天狗党 ）の活動等が出された。また，佐久間象山も暗殺された。佐久間は，江川英龍から砲術を学び，吉田松陰・勝海舟らに教えたことが出た。池田屋事件は，幕府の京都守護職下に置かれた（ 新撰組 ）が尊王攘夷派を急襲した事件。八月十八日の政変で追放された長州藩急進派が，京に進撃して（ 薩摩 ）（ 会津 ）（ 桑名 ）の藩兵と皇居周辺で戦闘し敗走したのが禁門の変である。これで長州藩は朝敵とされ，1864年7月から第1次（ 長州征討 ）を受け，翌月には，攘夷決行の報復として四国連合艦隊に下関を攻撃され，砲台を占領された。 東大(前)14，慶応大(法)14，明治大(商)14，慶応大(経)12，獨協大(国経法)11，早大(商)11，國學院大(全)10，中央大(文)10，学習院大(法)09・08，成城大(文芸)09，國學院大(全)08，上智大(文法経)08，中央大(文)08，明治大(政経)07，立教大(全)07
五カ国条約勅許 改税約書	五カ国条約勅許は列国の圧力の結果である。翌年の改税約書調印も出た。通商条約締結時の（ 貿易章程 ）【1859.6〜】は日本に関税自主権のない（ 協定関税 ）制で，輸入税【従価税】は品目により（ 0 ）%，（ 5 ）%，（ 20 ）%，（ 35 ）%であった。輸出税は（ 5 ）%である。改税約書【1866〜】は，日本に関税自主権のない協定関税制は同じだが，輸入税【従量税】一律（ 5 ）%，輸出税（ 5 ）%であった。輸入関税が引き下げられることとなって輸入が増え，外国に有利となったことが出た。 明治大(商)14，早大(社)10

《《倒幕運動の展開》》 p.257-258

奇兵隊	（ 高杉晋作 ）らが組織。藩兵とは異なり門閥・身分にこだわらない志願兵でつくられた。高杉らは長府で兵を挙げて，幕府への恭順派から主導権を取り戻した。 明治大(商)14，獨協大(国経法)11，東経大(現)10
長州藩の軍制改革	支援の中心はイギリス公使の（ パークス ）。主導したのは（ 大村益次郎 ）である。（ オールコック ）は1864年の下関戦争を指導。著書『大君の都』があり，史料問題にもときどき登場する。日本の開国に最も重要な役割を演じたアメリカが，1861〜1865年に（ 南北戦争 ）が勃発する等重要な国内問題があり，日本への主導権は，幕末維新期に，薩長と関係

を築いたイギリスに移った。フランス公使（ ロッシュ ）は幕府との関係を重視。（ 小栗忠順 ）・栗本鋤雲ら幕府勢力もフランスとの連携を図った。幕府はこうしたなかでも，1862年には（ 西周 ）（ 津田真道 ）をオランダに，1866年には（ 中村正直 ）をイギリスに派遣している。津田真道の著書『 泰西国法論 』が出た。

学習院大(法)13, 慶応大(経)11, 上智大(経)11, 中央大(経)11, 獨協大(国経法)11, 学習院大(法)10, 東経大(現)10, 立教大(2/8)10

薩長連合【薩長同盟】
土佐藩出身の（ 坂本龍馬 ）（ 中岡慎太郎 ）が仲介した。坂本龍馬の（ 船中八策 ）が出た。薩長連合の密約当事者は，薩摩藩（ 小松帯刀 ）（ 西郷隆盛 ），長州藩（ 木戸孝允 ）である。

東大(前)14, 上智大(総外法)13, 慶応大(経)12, 東女大(現)09, 上智大(文法総)08, 津田塾大(学芸)08

第2次長州征討
1866年6月に出兵したが，戦局は幕府の不利に動く。7月，14代将軍（ 徳川家茂 ）が出陣中に大坂城で没したため，戦闘中止となる。また，1866年末の（ 孝明天皇 ）【公武合体の立場だった】死去は，幕府の痛手となった。

東大(前)14, 上智大(総外法)13, 慶応大(経)12, 学習院大(法)11, 東洋大(2/8)11, 獨協大(国経法)11

教派神道 御蔭参り 世直し一揆
教派神道は（ 中山みき ）＝天理教【大和】，（ 黒住宗忠 ）＝黒住教【備前】，（ 川手文治郎 ）＝金光教【備中】を記憶せよ。御蔭参りを説明する論述問題が出た。対象は（ 伊勢神宮 ）。

津田塾大(学芸)14, 立教大(文)14, 早大(教)14, 中央大(文)13, 立教大(文)13

《幕府の滅亡》 p.258-259

大政奉還の上表
（ 後藤象二郎 ）と（ 坂本龍馬 ）が土佐藩の前藩主である（ 山内豊信 ）を通して徳川慶喜に進言，慶喜が受け入れて，1867年10月14日，朝廷に提出した。後藤象二郎の事績として①明治政府の参議，②民撰議院設立建白書提出，③黒田清隆内閣逓信大臣，が出た。

法政大(営文人)14・13, 聖心女子大(文)11, 獨協大(国経法)11, 早大(教)11, 中央大(文)10, 上智大(法)09, 津田塾大(学芸)08, 明学大(経社)08

討幕の密勅
大政奉還の上表が朝廷に提出されたと同じ，1867年10月14日に，薩長両藩と（ 岩倉具視 ）ら急進派公家が討幕の密勅を手に入れていたが，大政奉還の上表で機先を制せられる形となった。

津田塾大(学芸)08, 日本大(文理)08, 明学大(経社)08

王政復古の大号令
この大号令によって将軍だけでなく（ 摂政 ）（ 関白 ）が廃止された点が出た。そのうえで，（ 総裁 ）（ 議定 ）（ 参与 ）の三職が置かれた。史料で確認せよ。参与ではなく（ 参議 ）とする誤文が出されるから注意が必要。最初の三職による（ 小御所 ）会議で，慶喜の（ 辞官納地 ）が決められた。なお，官職については，摂政は1889年の（ 皇室典範 ）で皇族摂政制が規定され復活したが，関白は復活しなかった。

学習院大(経)14, 中央大(文)14, 日本大(商)14, 上智大(総外法)13, 専修大(全)10, 東

洋大(文)08, 明学大(経社)08, 明治大(営)07

《幕末の科学技術と文化》　p.259-260

砲台建設
大砲製造
幕府では(江川英龍)が中心である。彼には(高島秋帆)が砲術を教えた。また、江川は(世直し一揆)に対抗するため、農民を武装させ編制することを建言している。反射炉の(韮山)、製鉄所の(横須賀)といった場所を覚えることが重要である。製鉄所の技術はフランス人技師(ヴェルニー)が指導した。

蕃書調所
海軍伝習所
蕃書調所は、後に(洋書調所)→(開成所)となり、明治政府のもとで、(開成学校)→(東京大学)となった。蕃書調所の教授(箕作阮甫)は、1853年来航した(ペリー)(プチャーチン)との交渉にも参加している。海軍伝習所については、本書p.165「阿部正弘・安政の改革」を参照。長崎製鉄所は、はじめ海軍伝習所の付属施設として設置され、後に明治政府に接収され長崎造船所となり、さらに官業払い下げで(三菱)長崎造船所となった。近代の払い下げ企業として最もよく出るものである。また、長崎製鉄所が付属施設であったという点から、海軍伝習所を導く問題も出ている。
慶応大(商)14, 立教大(文)13, 早大(社)08

2　明治維新と富国強兵

《戊辰戦争と新政府の発足》　p.260-262

鳥羽・伏見の戦い
官軍
(小御所会議)の結論に反発して徳川慶喜は大坂城に引き上げた。1868年1月、幕府軍は大坂城から京都へ進撃、鳥羽・伏見周辺で新政府軍と戦いに及んだが敗れた。新政府軍は、慶喜を朝敵として東征を開始、大総督は(有栖川宮熾仁)親王、大総督府参謀は(西郷隆盛)であった。東征軍のなかにあった(相楽総三)率いる赤報隊は、幕領での年貢半減を掲げて東山道を進み農民の支持を得たが、新政府は後に彼らを偽官軍として処刑した。
日本大(法)14, 國學院大(2/2)13, 高経大(前)12, 慶応大(法)11, 東洋大(2/8)11, 上智大(法)09, 中央大(法)09, 日女大(文)09, 津田塾大(学芸)08, 明治大(政経)08, 駒澤大(仏文法経)07

江戸城無血開城
上野戦争
無血開城に向けて会談したのは幕府(勝海舟)と新政府軍(西郷隆盛)。イギリス公使(パークス)が貿易等への混乱を恐れ、その実現に尽力したことが出た。徳川慶喜は、新政府に恭順の意を示した。この時、(彰義隊)が上野周辺で新政府軍と戦い、敗れた。これを上野戦争と呼ぶ。その後、新政府は、田安家の出身である(徳川家達)を徳川宗家相続人としたことが出た。家達は、後に(貴族院議員)として活動し、30年間にわたり貴族院議長を務めた。また、(ワシントン会議)の全権委員であったことも出た。
聖心女子大(文)14, 日本大(法)14, 聖心女子大(文)11, 法政大(経社現)09, 津田塾大(学芸)08

第9章　近代国家の成立　**171**

奥羽越列藩同盟

幕府派の東北諸藩が結成。中心は会津藩で，会津若松城は新政府軍によって攻め落とされた。（ 越前 ）藩が同盟に加わっていないこと，会津藩が加わっていたことが出た。（ 原敬 ）は奥羽越列藩同盟の盛岡藩家老の家柄で，いわば明治維新の朝敵出身であったと出た。

学習院大(文)14，國學院大(2/2)13，聖心女子大(文)13，早大(教)13，東洋大(2/8)11，立教大(2/13)09

五稜郭の戦い　戊辰戦争

五稜郭は，箱館にあるヨーロッパ風の砦である。箱館開港にともなう軍備強化の一環で，幕府が大砲戦に備え建設した。洋式軍学者で幕臣であった（ 武田斐三郎 ）の設計で1864年に完成した。たて籠もった幕府側の中心は，（ 榎本武揚 ）（ 大鳥圭介 ）らである。榎本については，①幕府が西周らとともに（ オランダ ）に留学させたこと，②明治政府に入り駐露特命全権公使として，1875年に（ 樺太・千島交換条約 ）を締結したこと，③内閣制度発足後は第1次松方正義内閣の外務大臣等，複数の内閣で閣僚を歴任したこと，の3点は記憶したい。大鳥圭介については，①大坂の（ 適塾 ）で学んだこと，②（ 江川英龍 ）に師事したこと，③幕末の幕府歩兵奉行であること，④新政府に入り（ 工部大学校 ）長となったこと，⑤後に学習院長となったこと，等が指摘できるが問題に出る優先順位は高くない。鳥羽・伏見の戦いに始まり，五稜郭の戦いで終わった戦争を戊辰戦争という。

日本大(法)14，学習院大(法)13，國學院大(2/2)13，上智大(総外法)13，立教大(2/12)11，中央大(法)(経)09，津田塾大(学芸)08

五箇条の誓文

五箇条は，（ 由利公正 ）【福井藩士】が原案を作成し，（ 福岡孝弟 ）【土佐藩士】が修正した。また，（ 木戸孝允 ）が第1条を修正し，形式を整える等に関わっている。史料中の語句の穴埋めが出ているので，「 会議 」「 万機公論 」「 世界 」といった語句に注目せよ。他に，神々に誓う形式であることも出ている。由利は後に（ 東京府知事 ）も務めている。

日本大(法)14，早大(政経)14，明治大(法)13，立教大(異)13，青学大(全)11，明治大(全)10，成城大(文芸)09，立教大(文)09，駒澤大(仏文法経)07

政体書

アメリカの制度と福沢諭吉の『 西洋事情 』を参考に作成された。「アメリカ合衆国憲法などを参考に」から政体書を答えさせる問題が出た。形式的にではあるが内容にアメリカの影響が見られ，形式的な（ 三権分立 ）が見られる。ただし，実際には太政官における立法と行政の区別は明瞭ではない。史料で「 太政官 」「 貢士 」等の穴埋め問題も出た。高級官僚の（ 互選 ）制が示されたが（ 公選 ）制ではないことに注意。この問題が出た。

慶応大(法)14，上智大(文法)14，日本大(法)14，明治大(法)13，高経大(前)12，津田塾大(学芸)12，明治大(全)10，立教大(2/12)10，東女大(現)09，早大(社)08

東京

江戸を東京と改めた翌年に首都となったことに注意せよ。同時ではない。

東洋大(2/8)11，日本大(法)09

五榜の掲示

徒党・強訴・逃散の禁止とともに，（ キリスト教 ）の禁止が引き継がれ

た。1868年には長崎で（ 浦上信徒弾圧事件 ）が起こった。浦上の信徒がフランス人宣教師に信徒であることを告白したことが発端で，キリシタンが流罪にされている。外国からの抗議もあり，1873年に禁教令が廃止された。他に，外国人の殺害禁止，本国【日本】からの脱走禁止，等も出たことがある。

関東学院大(2/5)14・13，慶応大(法)13，明治大(文)13，早大(教)12，東経大(全)11，東洋大(2/8)11，法政大(経社現)09，明治大(営)09，立教大(文)09

《廃藩置県》 p.262-264
版籍奉還

（ 薩摩 ）（ 長州 ）（ 土佐 ）（ 肥前 ）の4藩主が版籍奉還を願い出た。多くの藩が追随し，その他の藩にも命じた。（ 版 ）＝領地，（ 籍 ）＝領民のことである。旧藩主は（ 知藩事 ）＝地方長官に任命され，石高に代わる（ 家禄 ）を与えられて藩政に当たった。これにより藩主の収入と藩財政は分離されたが，藩の実質は変わらなかった。（ 藩兵 ）も廃止されていない。このことが出た。新政府による形式的全国支配権の獲得である。この時，政体書で示された政府組織の改変があったこととその内容が出ている。「祭政一致をとりやめ，神祇官を設置した」という文が明治初期の官制として正しいかどうか問われたのだが，p.263には版籍奉還後の官制改革について「祭政一致・天皇親政の方針から大宝令の形式を復活して，神祇官を太政官の上位におき，太政官のもとに各省をおく組織となった」と説明しており，この文が「誤」であることがわかる。太政官のもとの八省に逓信省があるかが問われたこともあるが，これは「ない」。

学習院大(経)14，中央大(法)14，日本大(法)14，高経大(前)12，青学大(文)11，東女大(2/8)10，立教大(文)09，早大(商)09，上智大(文法経)08，立教大(全)07

廃藩置県
正院・左院・右院

①（ 藩 ）はすべて廃止されて，（ 府 ）【 東京 ・ 大阪 ・ 京都 】と（ 県 ）になった，②知藩事【＝旧大名】は罷免されて，（ 東京 ）居住を命じられた，③中央政府が派遣する（ 府知事 ）（ 県令 ）が地方行政にあたった，④（ 薩摩 ）（ 長州 ）（ 土佐 ）の軍事力＝親兵【後に近衛兵】の軍事力を背景とした実施された，という4点は基礎知識。これにより当初（ 3 ）府（ 302 ）県となった。府県の数が出たことがある。各藩の藩兵もこの時解散した。また，この時も政府組織が変わったことも記憶せよ。p.263では，「太政官を正院・左院・右院の三院制とし，正院のもとに各省をおく制度へ改めた。」と説明している。左院が正院の諮問機関であることが出た。左院小議官儀制課長宮島誠一郎が1872年に建白した「立国憲議」の建白先が，当時左院議長であった（ 後藤象二郎 ）であったことが出た。宮島はともかく後藤が初代左院議長であったことは記憶しておくと良い。後藤は，1873年征韓論政変で官を辞し，翌年1月，板垣らとともに（ 民撰議院設立建白書 ）を左院に提出した。初代の司法卿は（ 江藤新平 ），文部卿は（ 大木喬任 ）であることが出たことがある。

センター15，慶応大(法)14，日本大(法)14，上智大(総外法)13，高経大(前)12，駒澤大(2/6)12，津田塾大(学芸)12，早大(国)12，青学大(経)11，慶応大(法)11，聖心女子大(文)11，東洋大(2/8)11，法政大(文営人)11，早大(商)11，東女大(2/8)10，明治大(全政経)10，獨協大(国経法)09，明学大(全)09，中央大(文)07，日女大(文)07，明治大(営)07

徴兵告諭

徴兵告諭が史料として出て語句の意味を問う問題が出る。「版図ヲ奉還」と

第9章 近代国家の成立　*173*

徴兵令

か「郡県ノ古ニ復ス」とかである。前者は（ 版籍奉還 ）のことを示し、後者は（ 廃藩置県 ）が実施されたことを指している。また、血税の意味も問われることがあるし、この言葉は史料の穴埋め問題となることもある。国民皆兵制に基づく近代軍の創設は、（ 大村益次郎 ）【 適塾 で学んだことが出た】が構想し、（ 山県有朋 ）が引き継いだ。山県は1869年に長州藩主（ 毛利敬親 ）の命で欧米視察をしている。1871年に設立された鎮台は、（ 東京 ）（ 大阪 ）（ 鎮西 ）【熊本】（ 東北 ）【仙台】の4カ所であったが、徴兵令で（ 名古屋 ）（ 広島 ）にも創設され6カ所となった。（ 沖縄 ）（ 小笠原 ）（ 北海道 ）での徴兵令施行は1898年からである。

慶応大(経)14、日本大(法)14、早大(政経)14、成城大(経)13、立教大(異法法)13、学習院大(経)10、立教大(2/8)10、早大(商)09

《四民平等》 p.264-265
華族
士族

ここでできた華族と、1884年に、（ 貴族院 ）設置に備えた華族令との相違点を明確にせよ。ここでは華族は（ 公家 ）と旧（ 藩主 ）だけであったが、華族令では他に藩閥官僚や軍人、実業家等が華族に列せられるようになった。また、身分間の通婚、職業選択の自由が認められたことが出た。オッペケペー節の一節「堅い上下角どれて」がどのようなことを象徴的に表現しているか論述する問題が出た。士族は、士族と（ 卒 ）【下層の旧武士】に分けられたが、1872年、卒は世襲の者は士族、その他は平民となり消滅した。士族も秩禄処分と刑法制定【1882年】で特権は消滅した。1870年に平民の苗字が許され、同じ年、平民の帯刀は禁止された。

一橋大(前)14、日本大(法)14

戸籍法
壬申戸籍

戸籍法は（ 1871 ）年の制定。翌年、戸籍法に基づき壬申戸籍が作成された。

早大(社)10、明治大(商)09、中央大(法)08、立教大(全)07

秩禄奉還の法
秩禄処分

1873年、秩禄奉還を希望する者に、秩禄の支給を止め、代わりに一時金を与えることとし【秩禄奉還の法】、1876年には、すべての秩禄支給を止め、年間支給額の5～14年分の（ 金禄公債証書 ）を与えた。維新の功臣に（ 賞典禄 ）が給付されていたことを覚えよ。金禄公債証書発行の目的と士族への影響を説明する論述問題が出た。華族の公債証書額は平均6万円余で、士族の公債証書額平均500円に比して大変多かった。華族の金禄公債を資金として設立されたのが、日本で初の本格的私鉄である（ 日本鉄道会社 ）、国立銀行のうちでも（ 第十五 ）国立銀行であったことは覚えておくこと。この銀行は、普通銀行の十五銀行へと改組され金融恐慌で破綻しているので、そこまで通して覚えよう。士族はこの少額の資金を元手に商売に手を出し失敗することが多かった＝（ 士族の商法 ）。政府はそれに対し、（ 士族授産 ）の道を講じたが成功例は少なかった。秩禄処分は、年間政府総支出の（ 30 ）％を秩禄が占めている現状【この数字が問われることがある】を解消することが目的であったが、同時に土地所有の根本に関わる政策でもあった【本書p.175「地租改正条例」参照】。秩禄処分・士族授産・徴兵令・前原一誠という語句を使用して、明治初期の士族を説明せよという問題が出された。

成蹊大(経)14，日本大(法)14，首都大(前)13，國學院大(2/2)13，筑波大(前)11，法政大(法文営)11，中央大(経)09，明治大(商)09，明治大(営)07

《地租改正》 p.266

地券
1871年に（ 田畑勝手作り ）を許可し，翌年，（ 田畑永代売買 ）の禁令を解いて地券を発行し，年貢負担者に土地所有権を認めた。この地券を（ 壬申地券 ）という。これにはまだ地租が書かれていない。
法政大(経社現)14，学習院大(経)13，法政大(文法)13，東女大(2/8)10，明治大(全)10，早大(教)10，明学大(全)09，明治大(政経)08，上智大(経)07，獨協大(経法国)07

地租改正条例
1873年制定。①課税の基準を法定地価とする，②（ 物納 ）から（ 金納 ）に改める，③地券所有者を（ 納税者 ）とする，が主な内容である。（ 入会地 ）等のうち所有権が立証できない土地は（ 官有地 ）とされたことが指摘されており，このことが出た。小作人の権利が強かった小作形態＝（ 永小作 ）については，政府が整理する方針であったことが出た。地租改正事業の所管が大蔵省であったこと，郡村入用などの付加税率を地租の1％以内としたことが出た。地租改正条例・物納・税率・地券所有者という4語を使い，地租改正を80文字で説明する問題が出た。実は，廃藩置県・地租改正と秩禄処分は密接な関係にある。政治的支配権を喪失し，地租改正により土地処分権を否定された士族に対し，土地処分権を持つゆえに支給されていた秩禄【納入させてきた年貢の代わりに政府から受け取る収入】を国費から払い続ける根拠がなくなったのである。それで秩禄のカットが行われたと考えると論理的に納得がいく。1886年，（ 登記法 ）が実施されると地券は廃止された。
センター14，成蹊大(経)14，日本大(法)14，立教大(異経法)13・12，法政大(法文営)11，明治大(全)10，上智大(法)09，慶応大(文)08

地租改正反対一揆
税率引下げ
代表的なものは，（ 真壁一揆【騒動】 ）＝（ 茨城大一揆 ），伊勢暴動など。1877年に，税率が地価の3％から（ 2.5 ）％に引き下げられた。この結果，1878年には，国税に占める地租の割合が（ 80 ）％を割った。「竹槍でドンと突き出す（ 二分五厘 ）」の穴埋めが出されている。
センター14，日本大(法)14，東洋大(2/8)13，東洋大(2/7)12，日本大(商)10，早大(文)09，明治大(政経)08

《殖産興業》 p.267-269

封建的諸制度の撤廃
（ 関所 ）（ 宿駅 ）（ 助郷制 ）の廃止，（ 株仲間 ）等の独占の廃止が行われた。
津田塾大(学芸)14

工部省
1870年に設置され，初期の殖産興業の中心となった。工部省の設置は廃藩置県よりも早いことが出た。工部省は，工業技術教育のため1874年に（ 工部校 ）を設立し，それに工部美術学校を付設，1877年（ 工部大学校 ）となった。1886年に東京大学に吸収され，工学部の前身となった。工部省設立当初は長官である卿は欠員で，初代の工部大輔【次官】には（ 後藤象二郎 ）が就任し，1873年になって（ 伊藤博文 ）が初代の卿となったことが出た。

第9章　近代国家の成立　　*175*

青学大(営)14, 法政大(文営人)13, 中央大(法)09

鉄道敷設
1872年に(新橋)(横浜)間が開通。指導したのはイギリス人の(モレル)であることが出た。1874年には(大阪)(神戸)間が開通。東西の開港場と大都市がそれぞれ結び付いた。1889年に営業キロ数で(民営)が(官営)を上回ったこと, (日清戦争)後, (青森)・(下関)間が連絡したことが出た。

青学大(営)14, 東洋大(2/8)13, 日本大(法)13, 法政大(文営人)13, 法政大(経社現)12, 早大(国)12, 青学大(経)11, 東洋大(2/8)11, 神奈川大(法経)10, 慶応大(経)10, 上智大(外法総)09, 明治大(営)09, 津田塾大(学芸)08, 法政大(法文)08, 慶応大(文)07, 明治大(営)07

郵便制度
1871年, (前島密)の建議で発足。郵便制度は発足後しばらくは江戸時代からの町飛脚制度と併存していた。1873年に(全国均一料金)となった。1877年には(万国郵便連合)条約に加盟。前島密は, 1872年に(郵便報知新聞)発刊を指示した人物で, 後に(立憲改進党)に参加した。万国郵便連合加盟25周年の西暦年が問われたことがある。

関東学院大(2/5)14, 慶応大(文)14, 日本大(法)13, 法政大(文営人)13, 東洋大(2/8)13, 法政大(法文営)11, 津田塾大(学芸)11, センター10, 学習院大(法)10, 國學院大(経)10, 早大(社)10, 上智大(外法総)09, 明治大(営)09, 津田塾大(学芸)08, 東洋大(文)08

電信
電信は, 1869年に(東京)(横浜)間, 1871年には(長崎)(上海)間が海底電線で通じた。

東洋大(2/8)13, 日本大(法)13, 法政大(文営人)13, 國學院大(全)10, 上智大(外法総)09, 明治大(営)09

海運
海運は, 軍事輸送と関連しながら, 土佐藩出身の(岩﨑弥太郎)の経営する(郵便汽船三菱会社)に保護が与えられた。この会社は土佐藩営の土佐商会を引き継いだものである。

青学大(営)14, 首都大(前)13, 日女大(文)13, 慶応大(文)11, 東洋大(2/8)11, 法政大(法文営)11, センター10, 成城大(文芸)10, 明治大(法)10, 学習院大(法)09, 青学大(総社)08, 専修大(文)08, 東経大(全)07, 日女大(文)07

富岡製糸場
横須賀造船所
長崎造船所
富岡製糸場は技師(ブリューナ)によってフランス技術が導入された。開業年が出題された【 1872 年】。開業年から製糸場が(内務省)によって設立されたのではないことが分かる。このことが出た。この製糸場に関して横田英が『 富岡日記 』がある。また, 後に(三井)へ払い下げられた。これ以前, (小野組)がスイス人(ミューラー)の指導で築地製糸場を作ったが3年で廃業したことが出た。横須賀造船所は, 幕営横須賀製鉄所が前身で, 後に横須賀(海軍工廠)となった。長崎造船所は, 幕営長崎製鉄所が前身, 後に(三菱)に払い下げられた。

青学大(営)14, 学習院大(法)14, 関東学院大(2/5)14, 慶応大(商)14, 津田塾大(学芸)14, 早大(文化)14, 学習院大(文)13, 上智大(総外法)13, 成蹊大(経)13, 日本大(法)13, 青学大(営)12, 駒澤大(2/6)12, 法政大(経社現)12, 青学大(経)11, 中央大(文)11, 獨協大(国経法)11, 法政大(法文営)11, 立教大(2/12)10, 東洋大(営)08, 慶応大(文)07, 明治大(経)07

内務省
1873年設置。内務省関連では, 1877年に開催された第1回(内国勧業博

176　第Ⅳ部　近代・現代

覧会）はよく出る。（　臥雲辰致　）が発明した（　ガラ紡　）がこの博覧会で最高賞を与えられたこともよく出るので重要。1874年（明治7年），内務省は薩摩藩邸跡地に試験場を設け，1877年8月（　三田育種場　）と名を変更した。この施設が出た。

青学大（営）14，日本大（法）13，慶応大（文）11，東洋大(2/8)11，立教大(2/13)11，神奈川大（法経）10，中央大（経）08，東洋大（営）08，明治大（営）07

北海道開拓使 札幌農学校

開拓使の顧問【1871～75年】となって尽力した（　ケプロン　）【元アメリカ合衆国農務局長】が出る。札幌農学校の設立にも関わった。札幌農学校→（　クラーク　）一辺倒ではだめ。クラークの来日はケプロンより後。開拓使が各省と並ぶ中央官庁であること，開拓使が農学校を設立したことが出た。

聖心女子大（文）14，津田塾大（学芸）14，日本大（法）13，立教大(2/6)13，東洋大(2/8)11，法政大（法文営）11，立教大(2/13)11，明治大（政経）10，成城大（経）09，明治大（商）09，東洋大（営）08

太政官札 民部省札

新政府成立直後に発行した不換紙幣。（　三井　）（　小野組　）（　鴻池　）等江戸時代からの両替商から，300万両のご用金を徴発して発行した。額面が江戸時代からの両・分・朱であることに注意。この発行を建議したのは（　由利公正　）である。

成蹊大（経）14，慶応大（文）13，立教大（経法異）12，学習院大（経）11，慶応大（文）11，國學院大（全）09，専修大（文）08

新貨条例

（　金本位制　）を建前とする（　円　）（　銭　）（　厘　）の十進法を制定。十進法の貨幣制度等の建議は，外国官判事兼会計御用掛だった（　大隈重信　）が行い，その後の貨幣制度改革は，大隈主導で進んでいった。大隈は，銀貨を本位貨幣とし，金貨を補助貨幣とする金銀複本位制を考えていたが，アメリカに出張中の大蔵少輔兼民部少輔（　伊藤博文　）から「現在，世界の大勢は金本位に向かいつつあり」と大蔵卿（　伊達宗城　）に対し建言があり，金本位制が採用された。しかし，実際は金本位制は建前で金銀複本位制であった。アジアでは（　メキシコドル銀貨　）が貿易に使用されており，日本でも質量ともにこれに倣った貿易専用の銀貨を鋳造して貿易に使用した。このためイギリス人（　キンダー　）を招いて造幣首長とした。国内では，政府は新しい政府紙幣＝（　明治通宝　）を作って【当時の日本の印刷技術は未熟であったので偽紙幣対策に（　ドイツ　）で印刷製造された】太政官札と民部省札を整理しようとした。政府の構想では（　国立銀行　）が，金貨を正貨として兌換銀行券を発行し，金本位制に移行するはずであったが，果たせなかったのは次項「国立銀行条例」項目の通りである。このような経緯を考えると，伊藤より大隈の方が新貨条例を含む貨幣改革に深く関わっていたことがわかる。しかし，山川出版社『日本史B用語集』では伊藤の建議について主に記載されているので，こと入試ということであれば伊藤博文の建議を記憶した方が良いであろう。

成蹊大（経）14，獨協大（経国法）14，慶応大（文）13，東洋大(2/8)13，日本大（法）13，成城大（経）12，青学大（経）11，成蹊大（経）11，中央大（文）11，法政大（文営人）11，東女大(2/8)10，明治大（全）10，早大（商）10，國學院大（全）09，専修大（文）08，津田塾大（学芸）08，東洋大（文）08，法政大（経社総）08，日女大（文）07

第9章　近代国家の成立　*177*

| 国立銀行条例 | 1872年制定。（　渋沢栄一　）が中心となって作成されたことは重要。第一国立銀行も渋沢が中心となって設立した。（　伊藤博文　）の建議による。実は（　浜田彦蔵　）がこの制定に関わっている。「国立」といっても民間銀行。（　兌換　）紙幣発行が義務付けられたので最初設立されたのは4行のみ。国内での金本位制実現の中核にはならなかった。最初の第一国立銀行は1873年6月に三井組・小野組の出資で設立された。1876年兌換紙幣発行義務がなくなるとつぎつぎに設立され，国立銀行は計（　153　）行に及んだことは出る。これら国立銀行の不換銀行券発行によってインフレが進行，1879年設立打ち切りとなった。また，1876年からは国立銀行とは異なる私立銀行も設立できるようになった。最初の私立銀行が（　三井銀行　）であったことが出た。
学習院大(法)14，慶応大(商)14，成蹊大(経)14，東経大(2/9)14，明治大(商)14，慶応大(文)13，国士舘大(2/1)13，東洋大(2/8)13，日本大(法)13，首都大(前)12，成城大(経)12，青学大(経)11，成蹊大(経)11，中央大(文)11，立教大(2/13)11，センター10，明治大(全)(法)10，國學院大(全)09，専修大(文)08，法政大(経社総)08，日女大(文)07 |

《文明開化》 p.269-272

福沢諭吉	緒方洪庵が開いた（　適塾　）で学ぶ。幕府の遣米使節団に参加。1858年自ら蘭学塾を開く【慶應義塾の前身】。児童向けに『　世界国尽　』を刊行。『　学問のすゝめ　』には，『　実語教　』にある「人学ばざれば智なし，智なき者は愚人なり」という言葉を引用しており，この書名を答えさせる問題が出た。他に，『　西洋事情　』『　文明論之概略　』等がある。『　時事新報　』を創刊し，誌上で（　脱亜論　）を説いたことがよく出る。 日女大(文)11，上智大(神総法外)10，上智大(外法総)(法)09，学習院大(法)08
西周	江戸幕府に派遣され，（　榎本武揚　）らとともにオランダへ留学。新政府では（　軍人勅諭　）の起草に関わる。著作に『　万国公法　』がある。現代でいう国際法を当時この題のようにいっていたことが出た。 上智大(法)09，専修大(全)08，東洋大(文)08
中村正直 津田真道	中村正直は，イギリスに留学している。スマイルズやミルの著作を『　西国立志編　』や『　自由之理　』として訳出。この2書は出る。津田真道は，オランダのライデン大学に留学。著書『　泰西国法論　』も出る。日本初の憲法概説書であるといわれる。 学習院大(文)14，慶応大(法)14，中央大(文)14，獨協大(国経法)12，早大(政経)10，法政大(経社現)09，立教大(文)09，専修大(全)08，早大(社)08
中江兆民	岩倉使節団とともに（　フランス　）に留学している。ルソーの『　社会契約論　』を抄訳したものが『　民約訳解　』で，1882年に刊行された。『　東洋自由新聞　』で民権論を説く。衆議院議員となったが，自由党土佐派の妥協に対して辞職。 青学大(2/13)14，早大(政経)11，法政大(経社現)09，学習院大(法)08
加藤弘之	『　真政大意　』『　国体新論　』等で天賦人権論を紹介していたが，『　人権新説　』では，（　社会進化　）論【社会ダーウィニズムともいう】の立場から天賦人権論を否定した。これに対し植木枝盛は『　天賦人権弁　』で『人権新説』を激しく批判した。天賦人権思想について，その思想内容と今

178　第Ⅳ部　近代・現代

日の法に与えている影響を問う論述問題が出た。
一橋大(前)11

学制
東京大学
（　フランス　）の学校制度に倣ったこと，（　功利主義　）的教育観に基づくこと，（　国民皆学　）の教育を目指して画一的な計画が出されたこと，文部卿が（　大木喬任　）であったこと，等を記憶せよ。全国5万3760校の小学校を作る計画であったが，実際には1873年時点で1万2558校であった。1万〜2万未満と出ている。尋常小学校4年を義務教育としたのは（　小学校令　）であって学制ではないことが出た。1876年開設の長野県松本（　開智学校　）が出た。東京大学は旧幕府の（　開成所　）【このときは東京開成学校】と（　医学所　）【このときは東京医学校】が統合して創設された。
上智大(文法)14，中央大(経)13，東経大(2/9)13，立教大(異経法)13，明治大(文)12，学習院大(文)11，慶応大(文)11，津田塾大(学芸)11，立教大(異経法)11，東女大(2/8)10，日本大(経)10

新島襄
安中藩士であったが脱藩し，1864年，箱館から（　アメリカ　）に渡り，1874年，宣教師となって帰国。1875年，（　同志社　）を創設した。
学習院大(経)13

神仏分離令
廃仏毀釈
大教宣布の詔
（　王政復古　）による（　祭政一致　）→神仏習合禁止→神道国教化方針＝（　神仏分離令　）という論理である。これらの動きに対して，仏教側でも革新の動きが出た。（　島地黙雷　）【浄土真宗】らがその中心である。彼は，信教の自由の立場から神道国教化を批判した。キリシタンの迫害である浦上信徒弾圧事件については，本書p.172-173「五榜の掲示」を参照。神仏習合の歴史を「天平文化」期から通しでまとめ理解しておくと良い。
慶応大(商)14，東大(2/9)14，早大(教)13・12，聖心女子大(文)12，早大(社)10，青学大(総社)09，法政大(経社現)09，法政大(法社人)09，センター08，日本大(文理)08

日刊新聞
雑誌
印刷
『　横浜毎日新聞　』，『　東京日日新聞　』について出た。こうした，出版を支えたものとして活版印刷の発達は重要である。1869年，（　本木昌造　）が鉛製活字の量産技術導入に成功した。
中央大(経)14，東洋大(2/8)14，早大(教)13，津田塾大(学芸)11，学習院大(法)10

明六社
1873年，森有礼・（　福沢諭吉　）・（　西周　）・（　西村茂樹　）らにより設立，翌年『明六雑誌』刊行。明治6年設立なので明六社という。設立の提案者は（　森有礼　）であった。彼について①（　学校令　）制定，②初代（　アメリカ　）公使，③薩摩藩時代（　イギリス　）に留学，④（　廃刀令　）を建議，といった経歴が出た。1889年2月11日の大日本帝国憲法発布式典の日に国粋主義者に切りつけられ翌日死亡したことも記憶したい。彼は，福沢諭吉を証人とし，広瀬常と婚姻契約書に署名し結婚したといわれる。彼を除き，明六社のメンバーはほとんどが旧幕臣・開成所教師等であった。
青学大(2/13)14，武蔵大(全)14，中央大(文)13，立教大(異経法)13，明治大(文)12，早大(政経)(文)12，慶応大(法)11，早大(商)11，学習院大(法)10，東洋大(2/14)10，日本大(経)10，法政大(経社スポ)10，立教大(文)09，専修大(全)08，明治大(政経)08，早大(社)08

第9章　近代国家の成立　179

太陽暦 文明開化の風潮	1872年，太陽暦を採用した。また，当時の社会情勢・風俗関連では，混浴や入墨を禁止する（ 違式詿違条例 ）の制定が出た。（ コレラ ）が流行したことを契機に「伝染病予防規則」が制定されたこと，庶民の伝統的年中行事である五節句も法律上廃止されたこと等も押さえておきたい。 東経大(2/9)14，立教大(文)14，上智大(総外法)13，早大(国)12，早大(文)09
西洋化	（ 煉瓦造 ）建築，（ ガス灯 ）・（ 人力車 ）・（ 鉄道馬車 ）等が出ることがある。 東経大(2/9)14，立教大(文)14

《明治初期の対外関係》 p.272-274

岩倉使節団	1871年末，岩倉具視らがアメリカ・ヨーロッパに派遣された【～1873年9月】。まず（ アメリカ ）との不平等条約改正交渉を目指したが成功しなかった。使節団の大使岩倉具視は（ 右大臣 ）兼（ 外務卿 ），（ 木戸孝允 ）が参議，（ 大久保利通 ）が大蔵卿，（ 伊藤博文 ）が工部大輔，（ 山口尚芳 ）が外務少輔であった。これら役職から人名を答えさせる問題が出た。文部大丞（ 田中不二麿 ）が随行して欧米教育制度の調査を実施したこと，その通訳としてアメリカに留学し神学を学んでいた（ 新島襄 ）がヨーロッパまで同行しそれを助けたことが出た。使節団に加わった（ 久米邦武 ）は，後に『 特命全権大使米欧回覧実記 』を著わした。プロイセンの（ ビスマルク ）との会談を記録した部分で，彼の名を答えさせる問題もあった。当時のイギリス統治者が（ ヴィクトリア女王 ）であったことも出た。また，留学生には女性も含まれ，後に（ 女子英学塾 ）【現津田塾大】を創設した（ 津田梅子 ）や，旧会津藩家老の娘で帰国後に赤十字事業で活躍した（ 山川捨松 ）【大山巌の妻でもある】がいたことも出た。 慶応大(法)14，上智大(文法)14，中央大(法)(文)14，武蔵大(全)14，明治大(文)13，上智大(文法総)11，東経大(全)11，青学大(全)10，法政大(法社)10，早大(社)10，明学大(全)09，早大(政経)09，中央大(文)08，明治大(政経)08
寺島宗則	（ 関税自主権 ）の獲得を目指して交渉し，（ アメリカ ）からの合意を得たが，（ イギリス ）（ ドイツ ）等が応じないため失敗。交渉に成功した国，反対した国は必ず覚えよ。 明治大(文)13，早大(文)13，早大(国)12，上智大(文法総)11，青学大(全)10，國學院大(全)10，早大(法)10
日清修好条規 琉球処分 台湾出兵	日清修好条規は，1871年に締結した清【中国】との対等条約。（ 領事裁判権 ）の相互承認と（ 協定関税 ）が特徴。条約締結の日本側代表は，（ 伊達宗城 ），清側代表は（ 李鴻章 ）であった。日本側予備交渉は柳原前光が行った。この条約は，日本国内に不満があり，批准されたのは（ 1873 ）年である。琉球処分関連では，次に挙げることが重要。1871年（ 琉球漂流民殺害事件 ）が起こり，明治政府は1872年に（ 琉球藩 ）を設置して（ 尚泰 ）を藩王とした。1874年の（ 台湾出兵 ）については（ イギリス ）の調停で清が日本の出兵を正当と認め，賠償金を支払った。1879年，政府は，琉球王国と琉球藩を廃止して（ 沖縄県 ）設置を強行【琉球処分】した。こうした一連の出来事は毎年多く出ている。琉球が沖縄

県として日本領土に組み込まれた経緯を1871年以降について説明する論述問題が出た。その他，当初清が沖縄の日本領土化を認めなかったので，領土調停を依頼されたアメリカのグラントが，(宮古)(八重山)2島を清に割譲する案を出したことに触れた問題もあった。いわゆる琉球処分以降の沖縄の動きも問題に出た。(宮古島)での人頭税廃止運動や(謝花昇)を中心とする県政刷新運動等である。それとともに1899年の土地整理【地租改正にあたる】開始や1912年の衆議院議員選挙法【本土では1890年】実施が触れられている。台湾出兵については，(木戸孝允)が，それに反対して政府の役職を辞任している。出兵の軍事指揮は，(西郷従道)が執った。台湾出兵を(征台の役)ともいう。白柳秀湖『財界太平記』が史料として出て，台湾出兵を(征蕃役)という言葉から答えさせている。

青学大(2/7)14, 関東学院大(2/5)14, 津田塾大(学芸)14, 早大(国際)14, 慶応大(経)13, 早大(文)13, 高経大(前)11, 上智大(文法総)11, 聖心女子大(文)11, 中央大(法)11, 早大(教)11, 上智大(神総法外)10, 東経大(全)10, 明治大(全)(政経)10, 早大(法)10, 学習院大(法)09, 成城大(文芸)09, 明学大(全)09, 青学大(総社)08, 上智大(文法経)08

征韓論
日朝修好条規

外交交渉に応じない朝鮮政府に(西郷隆盛)を派遣して開国を迫り，拒否した場合には武力行使も辞さないとする征韓論が留守政府で決定されたが【このときの外務卿は 副島種臣 】，帰国した岩倉使節団の(大久保利通)らの反対で挫折。しかし，翌年には，(江華島)事件を機に朝鮮に迫って日朝修好条規を締結させ，開国させた。江華島付近で朝鮮側を挑発した軍艦(雲揚)は覚えよ。条約は，(釜山)(仁川)(元山)の開港，日本の領事裁判権獲得，(関税免除)【協定関税制ではないことに注意】等朝鮮にとって不平等であった。この条約締結の日本側代表は(黒田清隆)(井上馨)であった。日朝修好条規締結に至る1873年以降の状況を説明する問題が出た。

青学大(2/7)14, 早大(国)14, 学習院大(法)13, 慶応大(経)13, 國學院大(2/2)13, 上智大(文総外)13, 法政大(文法営)13, 明治大(文)13, 早大(文)(教)13, 慶応大(経)12, 上智大(文法総)11, 成蹊大(経)11, 中央大(法)11, 法政大(文営)11, 早大(教)11, 東経大(現)10, 早大(社)10, 東洋大(2/8)09, 明治大(営)09, 早大(社)09, 上智大(外法総)08, 明治大(文)08, 法政大(法文)07

樺太・千島交換条約

日露和親条約で規定していなかった樺太の領有を確認。(黒田清隆)が建議した。(樺太)をロシア領とし，(千島)全島を日本領とした。ロシア側代表は(ゴルチャコフ)で，日本側代表は駐露公使(榎本武揚)である。箱館五稜郭の戦いの幕府側人物で，降伏後，新政府の官僚となっていた。この名が問われた。この条約の史料が出て，「此条約批准為取換ノ日ヨリ(十)ヶ年間，港税モ海関税モ免スル事」「(漁業)ヲ営ム等，渾ノ魯西亜最懇親ノ国民同様ナル権理及特典ヲ得事」の穴埋めが求められた。この箇所の問題では地図が出されることがあるので，日露和親条約とこの条約との国境線の違い，主な地名を覚えたい。「宗谷海峡」という地名が出た。

聖心女子大(文)14, 早大(政経)13, 早大(社)09

小笠原諸島

日本は，(小笠原諸島)領有を各国に通告，(イギリス)(アメリカ)からも異議なく，1876年，内務省の出張所をおいて統治を再開した。小笠原諸島は，1827年イギリス軍艦の占領，1853年ペリーの占領があり，

第9章 近代国家の成立　**181**

イギリス・アメリカと領有をめぐる争いがあった。
聖心女子大(文)14, 上智大(神総法外)10

《《新政府への反抗》》 p.274-276

明治六年の政変　征韓論争での敗北を機に, 留守政府の征韓派参議がいっせいに辞職。岩倉使節団米欧訪問中の政治課題は, ①(戸籍法)の施行→壬申戸籍作成, ②(琉球漂流民殺害事件)【1871年11月】, ③(徴兵告諭)→(徴兵令), ④(学制)公布【1872年8月】, 等であった。また, 使節団参加者は, 薩摩・長州出身者が, 留守政府には土佐・肥前等の出身者が多く, 藩閥の対立も深く関係していたといわれる。

民撰議院設立の建白書
愛国公党
左院
　(板垣退助)・(後藤象二郎)・(副島種臣)・(江藤新平)・(小室信夫)・(由利公正)・(古沢滋)・岡本健三郎が, 日本最初の政党(愛国公党)を結成して, 民撰議院設立の建白書を(左院)に提出した。前4人はよく出るが, 小室・由利・古沢も出題されたことがある。古沢は建白書起草者として氏名が問われた。副島種臣は, 民撰議院設立の建白書に署名し, 愛国公党設立の一員であるが, その後の運動には携わらなかった。西郷隆盛は署名していない。建白書については, (有司専制)という語句と「左院に提出」がポイント。左院を答える問題はよく出る。史料の穴埋めとしては「 帝室 」「 人民 」「 有司 」「 民撰議院 」等が出る。当時の政府制度【1871年7月廃藩置県直後から】を理解せよ。民撰議院設立の建白書はイギリス人(ブラック)が経営する『 日新真事誌 』(明治初期の新聞)に提出, 翌日掲載された。この新聞は(新聞紙条例)によって1875年に廃刊とされた。
センター15, 慶応大(法)(経)14, 中央大(文)14, 早大(国際)14, 國學院大(2/2)13, 慶応大(法)13, 高経大(前)12・11, 早大(政経)12, 聖心女子大(文)11, 津田塾大(学芸)11, 日本大(経)10, 國學院大(全)09, 上智大(総外文)09, 中央大(経)09, 明治大(営)09, 中央大(文)08, 獨協大(国法経)08, 立教大(全)08

士族反乱　1874年(佐賀)の乱, 中心人物は(江藤新平)【 征韓党 首領となる】。江藤新平は, 征韓論政変以前, (司法)卿であった。この乱は, 民撰議院設立の建白書提出と同じ年である。1876年(廃刀令)が出て, (秩禄処分)が実施されると, (敬神党の乱)【別名 神風連の乱　熊本県　熊本鎮台を襲う】が起こり, それに呼応して(秋月の乱)【福岡県　中心人物　宮崎車之助　主な主張は征韓・国権拡張】が起こった。(萩の乱)は前参議(前原一誠)を中心に山口県で起こった。
國學院大(2/2)13, 早大(政経)12, 聖心女子大(文)11, 法政大(法社)(文営人)11, 早大(社)10, 中央大(経)09, 明治大(営)(商)09, 明治大(営)07

西南戦争　明治六年の政変【征韓論政変】で下野した後, 西郷隆盛は, 目立った活動をせず故郷鹿児島で(私学校)を開いていたが, その学校は西郷を慕う青年たちを中心とする政治結社の様相を呈していた。彼らに推されて, 1877年2月出撃→(熊本鎮台)=熊本城を総攻撃した。九州各地を転戦する激しい戦いで, ついに, 1877年9月, 西郷隆盛自刃, 7カ月に及ぶ大きな戦いが終わった。関連する英文史料が出た。民権結社(立志社)の一部が西南戦争に呼応して挙兵しようとしていること, (福沢諭吉)は, 『丁丑公論』で, 西南戦争の西郷隆盛を擁護していること, 等が出た。政府

はこの戦いで莫大な支出を余儀なくされ，（　政府紙幣　）を増発した。また，当時（　国立銀行条例　）の改正によって，兌換義務を持たない国立銀行が続々設立されたこともあり，不換紙幣は市場にあふれていった。その結果，（　インフレーション　）が進行した。実は，この1870年代後半は明治維新第一世代が世を去った時期である。1877年（　木戸孝允　）病死，1878年大久保利通暗殺＝（　紀尾井坂の変　）と続く。紀尾井坂の変は，大久保が石川県士族島田一良に殺害された事件。この事件についても出た。

上智大(外総文)12，早大(国)12，法政大(文営人)11，上智大(神総法外)10，中央大(経)09，明治大(商)09，上智大(文法総)08，専修大(全)(文)08

民衆の一揆　①徴兵制反対一揆＝（　血税一揆　），②（　学制　）や（　解放令　）反対一揆，③地租改正反対一揆等が起こっている。地租改正反対一揆は規模が大きく，（　伊勢暴動　）【三重大一揆】＝（　三重　）（　愛知　）（　岐阜　）各県，（　真壁騒動　）【茨城大一揆】＝（　茨城　）県が起こった。

学習院大(経)13，立教大(異経法)13，中央大(文)07

3　立憲国家の成立と日清戦争

《自由民権運動》p.276-279

立志社
愛国社　1874年，愛国公党解散後，土佐に帰った板垣退助が，（　片岡健吉　）（　植木枝盛　）（　林有造　）らと結成した地方政社。地方政社としてはこの他に，徳島の（　自助社　），福島の（　石陽社　），茨城の（　潮来社　）等が出たことがある。愛国社は，こうした地方政社の全国組織を目指して立志社を中心に（　大阪　）で結成された。

上智大(文総外)13，獨協大(国経法)12，早大(政経)12，明治大(文)11

大阪会議　1875年，当時の政府実力者である内務卿（　大久保利通　）が，下野していた板垣退助，（　木戸孝允　）と会談，二人の参議復帰が決まった。木戸は，明治六年の政変ではなく，台湾出兵に反対して下野していた。板垣の政府復帰により，愛国社は事実上解散した。板垣は後に左大臣であった（　島津久光　）とともに政府批判をして再び下野したとする問題が出た。

成蹊大(経)13，法政大(文営人)13，津田塾大(学芸)11，法政大(文営人)11，専修大(全)10，明学大(全)10，学習院大(法)09

漸次立憲政体樹立の詔　詔の内容は，（　元老院　）（　大審院　）を設置し，（　地方官　）会議の招集を行い，国会開設の準備を進めるというもので，この3語句が穴埋め問題となることがある。案外諸史料集には掲載されておらず，受験生が触れない史料である。元老院と後の元老を混同させる問題が出ることがあるので注意。元老院は憲法草案として『　日本国憲按　』を完成させたが，（　岩倉具視　）らの反対で廃案となった。元老院は1890年（　帝国議会　）開設とともに廃止された。「国会開設の勅諭」が史料として出て，元老院が穴埋めで出た。また，地方官会議では，（　地方三新法　）と（　地方民会　）に関しても議論が行われた。

センター15，慶応大(法)14，法政大(文営人)13，高経大(前)12，駒澤大(全)11，聖心女子大(文)11，津田塾大(学芸)11，学習院大(法)09，明治大(営)09，青学大(文)08，日本

第9章　近代国家の成立　**183**

大(文理)08, 明治大(法)07

讒謗律・新聞紙条例

讒謗律は，著作・文書等で官僚等を批判することを，讒謗であるとして禁止した。新聞紙条例は，政府を批判する新聞・雑誌を弾圧する目的で制定した。（ 新聞紙条目 ）【正式には新聞紙発行条目】が出たことがある。これは1873年に発令され，新聞紙条例の先駆けとなるものである。

上智大(文総外)13, 中央大(文)13, 早大(教)13, 早大(政経)12, 中央大(経)09

地方三新法

1878年，地方制度整備を目指して制定。大区・小区制をやめ，郡町村を復活した。三新法とは（ 郡区町村編制法 ）（ 府県会規則 ）（ 地方税規則 ）である。（ 民会 ）の設置も府知事・県令の判断で行われた。

早大(政経)14, 上智大(文総外)13, 早大(教)13, 高経大(前)12, 駒澤大(全)11, 明学大(全)10, センター09, 明治大(営)09, 青学大(文)08

立志社建白

1877年，立志社の（ 片岡健吉 ）が中心となり，民権運動の武力反抗から言論活動へ転換を模索して，天皇に対して出された建白であるが却下された。出されたのは（ 西南戦争 ）の最中であった。立志社の一部には，（ 林有造 ）らのように西南戦争で反乱軍【西郷隆盛軍】に加わろうとした者がいた。片岡健吉は，後の（ 保安条例 ）に基づく退去を拒んで禁固刑に服役。復帰後は衆議院議員に当選し衆議院議長も務めた。

早大(法)14, 明治大(文)11, センター10

国会期成同盟

1878年に愛国社再建，79年の第3回大会で呼びかけ，1880年国会期成同盟が結成された。「第3回」が鍵となる問題が出た。

早大(法)14, 東女大(現)09, センター08, 日本大(法)08

集会条例

国会期成同盟の結成等，民権運動の盛り上がりに対抗した集会・結社の規制法。（ ベルツ ）の日記のなかにこの条例に関する記事があり，史料として出たことがある。また，この条例は1882年に改正されて，（ 政党支部 ）設置禁止規定が盛り込まれた。1880年集会条例→1882年改正【政党支部設置禁止】→1890年（ 集会及び政社法 ）→1900年（ 治安警察法 ）と変遷することが出た。

法政大(法社)11, 上智大(法)09, 明治大(営)09, 明学大(全)09, 獨協大(国法経)08

自由党

第2回国会期成同盟大会の運動方針が決まらないなか，政党結成に進むグループが1881年10月に結成した。総理が（ 板垣退助 ）。『自由新聞』を発行。

早大(政経)11, 神奈川大(2/9)11, 明学大(全)09, 中央大(法)08, センター07

明治十四年の政変・大隈重信

大隈重信は，1871年から参議，1873年から（ 大蔵卿 ）として活動し，1880年には（ 酒造税 ）等の増徴と（ 官営事業 ）の払い下げ方針を決め，財政・紙幣整理に着手，この方針は（ 松方財政 ）に受け継がれた【但し，大隈と松方の間に，佐野常民 が短期間大蔵卿となっており，問題に出たことがある】。大隈は，議院内閣制早期導入を主張して（ 岩倉具視 ）（ 伊藤博文 ）と対立。その頃，（ 黒田清隆 ）【1870年に開拓使の次官，74年から長官であった】が開拓使の施設を，同じ薩摩出身の政商（ 五代友

厚　）らに破格の条件で払い下げることを政府内で提案。その内容がすぐに交詢社系の新聞等で報道され批判が巻き起こった＝（　開拓使官有物払い下げ事件　）。大隈とこの世論の動きの関連を疑った伊藤らは，払い下げを中止する代わりに，早期開設論を退け，（　国会開設の勅諭　）【10年後の開設】を出し，同時に大隈を政府から追放した。伊藤博文は大久保利通暗殺後は，（　内務卿　）であった。この官有物払い下げは，大隈が整えた（　工場払下げ概則　）に準拠して行われたものであった。五代友厚の関係する（　関西貿易社　）に払い下げが行われようとしたことが出た。

学習院大(経)14，慶応大(法)14，早大(商)14，首都大(前)13，上智大(文総外)13，成蹊大(経)13，高経大(前)12，成城大(経)12，早大(文)12，駒澤大(全)11，上智大(法外)11，津田塾大(学芸)11，東洋大(2/8)11，日女大(文)11，法政大(文営人)11，明治大(全)(文)11，センター10，成蹊大(経)10，早大(文)10，法政大(文)09，立教大(2/13)09，早大(商)09，中央大(法)08，日本大(法)(文理)08，明治大(文)08

立憲改進党
立憲帝政党

下野した大隈は，翌年，（　立憲改進党　）を組織した。『　郵便報知新聞　』は1872年に前島密らにより発刊されたが，1881年に買収され翌年から立憲改進党機関紙となった。政府側の組織した立憲帝政党の中心は（　福地源一郎　）であった。自由党・立憲改進党・立憲帝政党の各中心人物と主な主張を120字以内で論述する問題が出た。大隈が，1884年に立憲改進党を脱党したこと等が出た。

中央大(経)(法)14，上智大(文総外)13，慶応大(法)11，聖心女子大(文)11，日女大(文)11，國學院大(全)10，中央大(法)10，早大(政経)10，学習院大(法)09，上智大(総外文)09，早大(商)09，青学大(文)08，中央大(法)08

私擬憲法

政党・団体・個人が1880年代前半に次々憲法案を発表した。国会開設の勅諭以前から作成された私擬憲法案もある。代表的な私擬憲法案は，植木枝盛（　東洋大日本国国憲按　），立志社（　日本憲法見込案　），交詢社（　私擬憲法案　）等である。最もよく出題される植木枝盛案では，（　抵抗　）権・（　革命　）権・（　一院　）制・（　女性参政権　）という内容を記憶せよ。彼の著書『　民権自由論　』『　天賦人権弁　』も併せて押さえるべき。植木枝盛案は単に（　日本国国憲按　）とも呼ばれ，この名称で出たこともある。そのほか，（　千葉卓三郎　）ら東京近郊青年グループによる（　日本帝国憲法案　）＝（　五日市憲法草案　），小田為綱【岩手県久慈の民権家】の（　憲法草稿評林　）が出た。政府派福地源一郎の（　国憲意見　）も出ることがある。ほとんど出ないが，井上毅が起草した（　岩倉具視憲法【大】綱領　）もある。後に大日本帝国憲法起草に活躍した（　井上毅　）が伊藤博文に宛てた書簡が史料として出たことがある。そこでは，福沢諭吉関連の（　交詢社　）と井上毅の名が問われた。私擬憲法との関係で民権思想の論争も起こっている。ここで最も出るのは，中江兆民の『　民約訳解　』である。

青学大(2/13)14，慶応大(経)(法)14，中央大(法)14，武蔵大(全)14，早大(教)14，関東学院大(2/5)13，慶応大(法)13，上智大(文総外)13，成城大(経)13，学習院大(法)12，獨協大(国経法)12，専修大(全)10，早大(文)10，上智大(法)09，東女大(現)09，法政大(文営)09，明治大(営)09，センター08，青学大(営)08，明治大(法)07，早大(商)07

《《松方財政》》　p.279-280
松方財政の前提

松方財政の前提として，（　大隈重信　）が酒造税増税，官営工場払い下げ【1880年　工場払下げ概則　公布】による財政・紙幣整理に着手していた。

実は大蔵卿は大隈からすぐ松方ではなく，大隈→（　佐野常民　）→松方である。佐野常民は博愛社を設立，同社は，1887年に（　日本赤十字社　）と改称した。博覧会行政の中心でもあった。

青学大(営)14，学習院大(経)14，立教大(経法異)12，法政大(法社)11，立教大(2/13)11，センター10，法政大(法文営)10，早大(教)10，法政大(経社総)08

松方財政

松方正義は1885年まで大蔵卿を続け，内閣制度が出来，大蔵大臣と名称が変わってからも1892年まで大蔵大臣を続けた。課題となったインフレの原因は，①（　西南戦争　）戦費支出のための（　政府紙幣　）【不換紙幣であることが大切】増発，②（　国立銀行条例　）改正による不換銀行券の発行，が2大理由である。松方財政の主な政策は，①（　増税　）による歳入の増加【代表例として　酒税　が出る】，②（　軍事費　）以外の歳出の徹底的削減＝（　緊縮財政　），③（　不換紙幣　）整理，④（　日本銀行　）の創設，⑤官営工場・鉱山の払い下げ，等である。以上のことは基本としてよく出る。③の不換紙幣整理については，歳入の余剰で不換紙幣を整理したほか，1883年には国立銀行条例を改正して，（　銀行券発行権　）【紙幣＝銀行券】を取り上げ，国立銀行を普通銀行に転換させたことが大切【1899年までに普通銀行となった】。国立銀行の歴史をまとめてみると，1872年国立銀行条例制定で国立銀行の発行する紙幣に（　兌換義務　）→1876年国立銀行発行紙幣は（　兌換義務　）を負わない→1879年国立銀行設立停止→1883年（　銀行券発行権　）を取り上げ，となる。国立銀行設立停止時の行数（　153　）行はよく出る。国立銀行ではない最初の私立銀行はどこかという問題が出た。（　三井銀行　）がそれにあたる。デフレ政策がもたらした結果として特に（　小作地率　）の上昇について出た。

センター15・14，学習院大(経)(法)14，成蹊大(経)14・13，東経大(2/9)14，法政大(経社異)14，慶応大(経)13・12・11，東経大(経)13，東経大(2/8)13，日本大(法)13，法政大(文法営)13，東洋大(2/8)12，成蹊大(経)11，法政大(文経人)11，法政大(法文営)10，國學院大(全)09，明治大(営)09，専修大(文)08，中央大(経)08，獨協大(国法経)08，法政大(経社総)08，慶応大(文)07，明治大(営)07

日本銀行

1882年に設立された日本銀行は，1885年から銀と兌換する（　日本銀行券　）を発行。1886年には（　政府紙幣　）との銀兌換も開始した【この頃は政府紙幣と日本銀行券が混在していた】。このことにより，（　銀本位制　）が整った。前年の1881年には（　農商務省　）が置かれ，1884年には（　商業会議所　）が設立されたことも出た。

早大(文化)14，学習院大(経)13，慶応大(経)13，東洋大(2/8)13，明治大(法)13，成城大(経)12，東洋大(2/9)12，成蹊大(経)11，明治大(商)11，津田塾大(学芸)10，法政大(法文営)10，上智大(文法総)08，専修大(文)08，明治大(営)07

官業払い下げ

主要な事業所の払い下げ先をp.303から確認しておくこと。ただし，払い下げが本格化するのは，厳しい規定があった工場払下げ概則が廃止され，個別の稟議となった1884年からである。個別の払下げ状況については，本書p.205「官業払い下げ・財閥の形成」参照。

学習院大(経)14，関東学院大(2/5)13，東経大(全)10，立教大(2/12)10，慶応大(法)09，國學院大(全)09，法政大(法文営)09，東洋大(文)08，慶応大(文)07，専修大(全)07

《民権運動の再編》 p.280-282

板垣の洋行

民権運動の穏健化を図るため，政府は三井から費用を出させて(板垣退助)(後藤象二郎)を(フランス)等に洋行させた。このことにより，立憲改進党から激しく攻撃され，また，民権運動は指導部を失った。
早大(国)13, 明治大(政経)11

福島事件
秩父事件

1882年，福島県令(三島通庸)は道路工事を強行しようとし，それに反対して決起した(河野広中)らの自由党員・農民を政府転覆計画の一環であったとして逮捕・弾圧した。河野は，出獄後，第1回総選挙で当選，のちに第2次大隈重信内閣の農商務大臣，憲政会幹部等を歴任した。1884年に起こった秩父事件は(秩父困民党)【負債軽減を求める農民組織】に旧自由党員が加わって起こされた債務破棄を要求する農民蜂起。1万人以上が参加したが鎮圧された。その他，1883年，大臣暗殺・内乱の陰謀があるという口実で北陸の自由党が弾圧された(高田事件)【新潟県】。1884年，急進派の群馬自由党員が政府と自由党幹部の妥協に憤慨して蜂起した事件である(群馬事件)【群馬県】。1884年，栃木・福島の自由党員が栃木県令暗殺に失敗し，政府打倒の蜂起をした(加波山事件)【茨城県】。1884年，長野・愛知での挙兵計画事件である(飯田事件)【長野県】。1886年，静岡県での政府高官暗殺計画事件である(静岡事件)【静岡県】等がある。出題頻度としては，福島・秩父・加波山各事件が多い。「私擬憲法」「松方財政」「秩父事件」の3語を使用して，明治六年の政変から秩父事件に至る時期に，地主・豪農層や一般農民がどのように運動に関わったのかを300字以内で説明する問題が出た。大阪事件は，(大井憲太郎)らが，朝鮮の政府打倒計画事件。(福田【景山】英子)も関わって入獄。彼女が(岡山女子懇親会)に参加していたことが出た。また，彼女の著書『 妾の半生涯 』が史料として出て，京都の民権運動家(岸田俊子)を問う設問があった。その岸田が大津で行った「函入娘」と題する演説が(集会条例)違反となったことも出た。
獨協大(経国法)14, 立教大(異経法)14, 早大(法)(文)(商)14, 慶応大(法)13, 津田塾大(学芸)13, 日本大(法)13, 法政大(文営人)13, 首都大(前)11, 立教大(2/13)11, 早大(商)10, 上智大(法)09, 明治大(営)09, 明学大(全)09

大同団結運動
三大事件建白運動

大同団結運動は，(後藤象二郎)(星亨)らが，かつての民権派内の対立を反省し再結集を訴えた反政府運動。三大事件建白運動と呼応して盛り上がった。三大事件とは(言論の自由)(地租軽減)(外交失策の挽回)【井上馨外相の条約改正に反対する運動が端緒】である。これらの運動は，後藤象二郎の黒田清隆内閣入閣と，政府の弾圧法である(保安条例)で崩壊，沈静化した。保安条例は，第1次(伊藤博文)内閣のもと(山県有朋)内務大臣によって制定され，(中江兆民)(尾崎行雄)(片岡健吉)(星亨)ら450余人が皇居外3里より外に追放。兆民は大阪に移った。民権運動の高揚と弾圧法令の関係を整理して記憶せよ。
上智大(外神総法)14, 慶応大(法)13, 早大(文)13, 学習院大(法)11, 聖心女子大(文)11, 成城大(経)11, 専修大(全)11, 法政大(文営人)11, 明治大(文)11, 青学大(全)10, 上智大(総外文)09, 成蹊大(経)09, 明治大(営)09, 明治大(全)08

第9章 近代国家の成立

《憲法の制定》 p.282-285

憲法調査 1882年，(伊藤博文)らをヨーロッパに派遣して，ベルリン大学の(グナイスト)やウィーン大学の(シュタイン)からドイツ流憲法理論を学ばせた。
上智大(外神総法)14，立教大(全)14，成城大(経)13，明治大(文)13，早大(国)13

華族令 華族とは，1869年に旧公卿，藩主に与えられた族籍であったが，1884年華族令を制定して，国家に功績のあった者を加え，将来の貴族院設置の母体とした。同時に，華族を公・侯・伯・子・男の5爵に分け，その資格を決めた。
慶応大(文)14，早大(国際)14，上智大(法外)11，津田塾大(学芸)11，明治大(全)10，明学大(全)10，法政大(文営)09，國學院大(全)08

内閣制度 1885年に創設され，それに従い(太政官制)は廃止された。省という名称は変わらなかったが，それを管掌する官職の名称は(卿)から大臣へと変化した。各省の名称もほとんど変わりなかったが，内閣制度になり(逓信省)が設置され，初代大臣には(榎本武揚)が就いた。内閣制度では，①内閣の各大臣は天皇に直接責任を負った。②宮中事務に当たる(宮内大臣)【宮内省を管掌】は閣外に置かれた。③天皇の常時輔弼に当たる(内大臣)【古代から令外官として置かれ明治維新で廃止されていたものが内閣制度とともに復活】は宮中に置かれた。内大臣のもとに(内大臣府)が置かれ，1945年に廃止されたことが出た。はじめての内閣は第1次(伊藤博文)内閣で，主要閣僚は外務大臣(井上馨)，内務大臣(山県有朋)，大蔵大臣(松方正義)，陸軍大臣(大山巌)，司法大臣(山田顕義)【日本法律学校＝現日本大学の創立者】といった顔ぶれであった。初代宮内大臣は(伊藤博文)が兼務し，初代内大臣は(三条実美)であったことが出た。版籍奉還後の太政官制では独立していた神祇官が，廃藩置県後の太政官制【三院制】では，正院下の(神祇省)となり，内閣制度では内務省社寺局となったことが出た。
慶応大(商)14，上智大(外神総法)14，法政大(営文人)14，立教大(全)14，早大(文化)14，上智大(文総外)13，中央大(文)12，上智大(法外)11，津田塾大(学芸)11，法政大(法社)11，明治大(文)11，慶応大(法)10，明学大(全)10，センター08，日本大(法)08，法政大(文営)08，早大(社)08

地方制度 1886年(北海道庁)設置，1888年(市制)・(町村制)制定，1890年(府県制)・(郡制)制定である。これら地方制度はドイツ人(モッセ)の助言で伊藤内閣の内務大臣(山県有朋)を中心に作られた。モッセは(グナイスト)の弟子でベルリンでは伊藤博文らに教えている。地方制度は(内務大臣)の所管で市会・町村会議員は等級選挙で選ばれ無給の(名誉職)であった。町村長も名誉職。1886年に(県令)の名称は(県知事)と変わった。なお，郡制は1923年に廃止され，住居表示にのみ残った。
センター15，慶応大(法)14，法政大(営文人)14，立教大(全)14，早大(政経)14，早大(教)(商)13，高経大(前)12，上智大(外総文)12，上智大(法外)11，法政大(文営人)11，明学大(全)10，早大(商)09，獨協大(国法経)08，明治大(法)08

憲法案作成 伊藤博文が(井上毅)(伊東巳代治)(金子堅太郎)らと(ロエ

188　第Ⅳ部　近代・現代

スレル　）【ドイツ人】の援助を得て案を作成。天皇臨席のもと（　枢密院　）で審議が重ねられ，天皇が定める（　欽定憲法　）として発布された。「日露戦争においては，ハーヴァード大学留学時代から親好のあった，アメリカ合衆国のセオドア＝ローズヴェルト大統領と接触し，アメリカ合衆国世論の親日誘導にあたった。」から伊東巳代治を答えさせる問題が出た。また，（　憲政会　）第１次若槻礼次郎内閣の台湾銀行救済問題，（　立憲民政党　）浜口雄幸内閣のロンドン海軍縮条約統帥権干犯問題で，協調外交派を苦しめたことから伊東巳代治を答えさせる問題も出た。井上毅は，第２次伊藤内閣の文相で，（　皇室典範　）や（　教育勅語　）の作成にも関わったことが出た。

慶応大（法）14，上智大（外神総法）14，立教大（全）14，早大（政経）14，学習院大（文）13，関東学院大（2/5）13，成蹊大（経）13，成城大（経）13，上智大（法外）11，津田塾大（学芸）11，法政大（文営人）11，立教大（2/12）11，早大（商）11，専修大（全）10，立教大（2/12）10，日女大（文）09，法政大（文営）09，早大（教）09，早大（商）09，センター08，青学大（文）08，國學院大（全）08，中央大（文）08，日本大（文）08，明治大（文）08，早大（商）07

枢密院
黒田清隆内閣

大日本帝国憲法案審議のために1888年に設置。元勲と専門的知識を持つ者を枢密顧問官とし，それに閣僚を加えて構成員とした。初代議長は（　伊藤博文　）。大日本帝国憲法にも位置付けられ，天皇の諮問機関として以後も重きをなした。このときの審議には天皇が出席し，内閣は（　黒田清隆　）内閣であった。黒田内閣には大同団結運動の中心であった（　後藤象二郎　）を榎本武揚の後任逓信大臣として入閣させ，運動を切り崩した。また，黒田首相は憲法発布の翌日，（　超然　）演説を行った。この日，森有礼が暗殺されており，その記事のあるベルツの日記が史料として出題された。また，（　衆議院議員選挙法　）は，憲法と同日に公布された。

津田塾大（学芸）14，成城大（経）13，國學院大（全）11，上智大（法外）11，津田塾大（学芸）11，法政大（法社）11，明学大（経社法）11，慶応大（文）10，法政大（経）10，日女大（文）09，法政大（文営）09，早大（教）09，國學院大（全）08，明治大（文）08

天皇大権

大日本帝国憲法に定められた天皇の大権は，（　官制　）の制定，（　文武　）官僚の任免，（　宣戦　）（　講和　）や（　条約　）の締結等の外交権，（　勅令　）の制定，陸海軍の指揮権＝（　統帥権　）等である。勅令は，議会の協賛を得ないで天皇が発する法律に代わる命令。但し，次の議会で承認が得られなければ効力を失う。統帥権に対する軍令機関の輔弼機能を（　帷幄上奏権　）という。天皇の大権のうち２つを説明するという論述問題が出た。また，内閣は誰にどのような形で責任を負うか，日本国憲法でどう変わったかを説明する論述問題が出た。

上智大（文総法）13，関東学院大（2/5）13，一橋大（前）12，津田塾大（学芸）12，聖心女子大（文）11，立教大（2/8）10，一橋大（前）09，早大（商）07

帝国議会

衆議院と貴族院が対等であったことが出た。但し，予算については衆議院が（　予算先議権　）を持つことが出た。また，予算案不成立の場合には，政府は前年度の予算をそのまま執行できたことが出た。貴族院議員の選出のあり方が出た。（　多額納税者議員　）は，各県の高額納税資格者のなかから互選で１名が選ばれた。

早大（商）14，関東学院大（2/5）13，上智大（文総法）13，立教大（経法異）12，早大（文）12，立教大（2/12）10，日女大（文）09，法政大（経社現）09，法政大（文営）08，学習院大（法）07

国民の権利	大日本帝国憲法では（　臣民　）。所有権の不可侵，信教の自由，言論・出版・集会・結社の自由はいちおう認められたが，すべて「　法律ノ範囲内　」「安寧秩序ヲ妨ケス及臣民タルノ義務ニ背カサル限ニ於テ」いう制限がついていた。 東大(前)14, 上智大(文総法)13
府中と宮中	宮中の法規である（　皇室典範　）は，府中の法規である大日本帝国憲法のもとでの（　帝国議会　）の議決や輔弼を要さないものとされ，大日本帝国憲法と同格のものとされた。王政復古の大号令で，（　摂政　）（　関白　）（　征夷大将軍　）の役職はすべて廃止されたが，皇室典範で皇族摂政制が定められた。また，「臣民の敢て干渉する所に非ざるなり」として公布されなかった。 立教大(経法異)12, 関東学院大(2/5)12, 中央大(法)10, 立教大(2/12)10

《諸法典の編纂》　p.285-286

民法 商法	1880年，（　刑法　）と（　治罪法　）が憲法に先駆けて公布された。（　大逆罪　）（　不敬罪　）（　内乱罪　）を厳罰とした規定を設けた。1890年（　民法　）（　商法　）（　刑事訴訟法　）（　民事訴訟法　）を公布。政府顧問（　ボアソナード　）は，刑法・治罪法を起草し，次いで民法を起草した。フランス法をモデルとしたものであった。民法は一度は公布されたが（　民法典　）論争の結果，第1次（　松方正義　）内閣が施行延期を決め，1896年・1898年に大幅修正の上，公布された。修正された民法の（　戸主　）権は絶大で，婚姻同意権・居住指定権・親権等で成り立っていることが出た。民法典論争の穂積八束は，（　穂積陳重　）の弟である。兄は，八束の論争相手であった（　梅謙次郎　）とともに，この民法の修正に従事した。（　ロエスレル　）は商法案を起草し，憲法制定に対し助言した。商法案はドイツ法を範としたもので必ずしも日本のそれまでの商慣行を尊重したものではなかった。ロエスレル商法とも呼ばれる。商法も民法と同時に修正された。 上智大(外神総法)14, 武蔵大(全)14, 早大(文化)14, 関東学院大(2/5)12, 法政大(社社)11, 上智大(神総法外)10, 上智大(総外文)09, 早大(教)09, 日本大(法)08, 立教大(全)07

《初期議会》　p.286-287

第1回衆議院議員総選挙	衆議院議員選挙法で決められた選挙権は，直接国税（　15　）円以上を納付する（　25　）歳以上の（　男性　）。被選挙権は，（　30　）歳以上の男性で，納税要件は選挙権と同じであった。有権者は全人口の1％強。第1議会召集時の議席は（　立憲自由党　）130，（　立憲改進党　）41であった。「　政費節減　」「　民力休養　」という民党のスローガンは大切。第1回選挙と第一議会の様子を100字以内で説明する問題が出た。第1回衆議院議員選挙の立憲改進党議席数が問題となった。 慶応大(商)11, 慶応大(文)10, 青学大(営)07
第1次山県有朋内閣	黒田清隆内閣同様，（　超然主義　）を唱えた。また，第1回帝国議会では，山県有朋首相が，固有の領土を（　主権　）線，朝鮮を（　利益　）線と名付け，これを確保する必要を説いて軍備拡張を主張した。山県のこうした内

容の意見書が史料として出た。（　自由党　）の一部を切り崩して予算を成立させたことが出た。
早大(法)(国)14，法政大(文営人)13，上智大(外総文)12，慶応大(商)11，法政大(法文営)11，早大(商)09，青学大(総社)08，日女大(文)08，青学大(営)07

第2回衆議院議員総選挙　第1次（　松方正義　）内閣が民党と衝突して衆議院を解散，1892年，選挙が実施された。内務大臣（　品川弥二郎　）が，民党に対し激しい選挙干渉を行ったものの民党の優勢は覆せなかったことが出た。
早大(商)14，上智大(文総外)13，法政大(文営人)13，成城大(経)12，法政大(法社)(法文営)11，センター10，中央大(法)10，早大(商)10，東女大(現)09，明学大(全)09，青学大(営)07

第2次伊藤博文内閣　伊藤は，民党第1党の（　自由党　）と接近，天皇の詔書により軍拡に成功した。この詔書は，（　和衷協同の詔書　）【p.286の注⑥参照】という。第2次伊藤内閣を（　元勲総出　）内閣という。総理大臣臨時代理（　井上馨　）【兼内務大臣】，総理大臣臨時代理（　黒田清隆　）【兼逓信大臣】，外務大臣（　陸奥宗光　），陸軍大臣（　大山巌　），海軍大臣（　西郷従道　）【内閣発足当初は仁礼景範】，司法大臣（　山県有朋　）といった顔ぶれである【途中交代あり】。自由党との接近で（　板垣退助　）が一時この内閣の内務大臣になった。また，（　後藤象二郎　）が農商務大臣となっている。
早大(商)14，法政大(文営人)13，早大(文)10，東女大(現)09，聖心女子大(文)08，センター07，学習院大(法)07

第五，第六議会　政府と自由党の接近に対し，（　立憲改進党　）は，第2次伊藤内閣の条約改正交渉を「軟弱」と攻撃し，（　対外硬　）を主張，対立点が変わりながら日清戦争直前まで対立が続いた。

《条約改正》　p.287-288

井上外務卿【外務大臣】　1882〜1887年（　領事裁判権　）の撤廃を目指した。そのため風俗のヨーロッパ化を目指す＝（　欧化主義　）。その象徴であった社交場にちなんで（　鹿鳴館　）外交という。井上交渉の内容は，①（　内地雑居　）を行うこと，②（　領事裁判権　）を撤廃すること【その代わりとして　外国人　裁判官の任用，　ヨーロッパ　式の法律の採用が義務付けられた】，③（　関税　）を引き上げること，等である。外国人裁判官の任用が出ることが多い。1887年欧米諸国の了承を得たが，政府内にも反対の声があり，（　三大事件建白運動　）も高まった。政府顧問であった（　ボアソナード　）も反対したことが出た。『オッペケペー節』の一節が上からの近代化と鹿鳴館外交等を批判していることを説明する問題が出た。1886年に起きた（　ノルマントン号　）事件が世論に与えた影響も出題された。井上は外相を辞任し，その後は伊藤首相が兼任した。
センター14，一橋大(前)14，青学大(2/7)14，立教大(全)14，成蹊大(経)13，日女大(文)13，明治大(文)13，早大(文)(教)13，聖心女子大(文)12，法政大(法社)(経社スポ)11，センター10，青学大(全)10，國學院大(全)10，早大(文)10，学習院大(法)09，上智大(総外文)09，法政大(経社現)09，早大(商)08，明治大(全)07

大隈重信外務大臣　外国人裁判官の任用を（　大審院　）に限定する以外は，井上交渉とほぼ同内容。（　アメリカ　）（　ドイツ　）（　ロシア　）とは改正条約の調印をし

第9章　近代国家の成立　191

たが，大審院に外国人裁判官を任用することがわかると反対論が起こり，大隈は，（　玄洋社　）の一員である来島恒喜に爆弾による襲撃を受け，右脚を切断する重傷を負った。時の（　黒田清隆　）内閣は総辞職した。
青学大(2/7)14，学習院大(法)12，聖心女子大(文)12，明学大(全)11，早大(法)10，上智大(総外文)09，東女大(現)09，法政大(経社現)09，日女大(文)08，明治大(文)08，早大(商)08

青木周蔵外務大臣

これまでの条約改正交渉の難関であった（　イギリス　）がロシアとの対抗上日本に好意的になったため，外国人裁判官任用のない領事裁判権撤廃交渉が進展した。しかし，（　大津事件　）【　ロシア　のニコライ皇太子＝後のニコライ２世】が警護の巡査に斬りつけられた事件】が起こり，青木は責任を取って辞任した。青木は第１次（　山県有朋　）内閣で外相となった。大津事件で政府は日本皇族への罪である大逆罪を適用して死刑にするよう裁判所に圧力をかけたが，大審院長（　児島惟謙　）はこれに反対し，法律通り無期懲役となった。大津事件が国内政治に及ぼした影響を論述する問題が出た。
聖心女子大(文)14，慶応大(法)13，成蹊大(経)13，日女大(文)13，法政大(文営人)13，関東学院大(2/5)12，聖心女子大(文)12，立教大(全)12，青学大(全)10，早大(法)10，上智大(総外文)09，早大(商)08，青学大(文)07

陸奥宗光外務大臣

第（　２　）次伊藤博文内閣の時であったことは記憶せよ。日清戦争の（　直前　）に日英通商航海条約が締結されたことは意外とよく出る。内容は，①（　領事裁判権　）の撤廃，②（　関税率　）引き上げ，③相互対等の（　最恵国待遇　）である。この条約は，他国とも同内容を締結した後の1899年に他と同時に施行された。外国人居留地もこの時廃止された。陸奥宗光の著『　蹇々録　』が出た。このとき第１次山県内閣の外務大臣であった（　青木周蔵　）が駐英公使として尽力した。陸奥は，海援隊の客分だった経験があり，（　西南　）戦争に連座した過去がある。
センター14，成蹊大(経)13，日女大(文)13，法政大(文営人)13，明治大(文)13，早大(文)13，聖心女子大(文)12，立教大(全)12，早大(教)11，國學院大(全)10，早大(法)(社)10，上智大(総外文)09，成蹊大(経)09，明治大(営)09，早大(商)08，青学大(文)07

小村寿太郎外務大臣

1911年（　関税自主権　）を回復。第２次（　桂太郎　）内閣の時である。（　辛亥革命　）と同じ年であったことが出た。小村寿太郎は日英同盟派の中心で，（　日露　）戦争当時も外務大臣。東京開成学校でお雇い外国人グリフィスに習い，（　ハーヴァード　）大学では金子堅太郎【大日本帝国憲法制定に関わった】と同窓，高橋是清より１歳年下であった。この条約改正も出る。
センター14，青学大(2/7)14，学習院大(文)14，学習院大(経)13，明治大(文)13，関東学院大(2/5)12，立教大(全)12，法政大(経社スポ)11，慶応大(文)09，成蹊大(経)09，早大(商)08

《《朝鮮問題》》　p.288-289

壬午軍乱
軍の改変

1882年７月，日本に接近し近代化を進める（　閔　）氏一族に，国王高宗の父である（　大院君　）を支持する旧軍隊が起こした反乱。日本の指導する新軍隊に旧式軍隊が反感を持っていた。日本人商人の（　米　）の買い占め

が反日気運を呼んでいた状況も背景にあると出た。(済物浦)条約で終息した。この条約では，(公使館)守備兵駐留権を獲得し，(日朝修好条規続約)を締結。朝鮮問題と並行して軍の改変が進んだ。1878年の(参謀本部)設置，1882年1月の(軍人勅諭)発布は壬午軍乱より前。壬午軍乱後の改変を問うた問題が出た。(師団制)の採用，徴兵令改正による(国民皆兵)の徹底，軍事費確保のための(酒税)(煙草税)増税，等である。

早大(商)14，成蹊大(経)13，早大(文)13，首都大(前)12，明治大(法)12，成蹊大(経)11，中央大(法)11，法政大(文営人)11，明治大(営)11，明学大(全)10，明治大(法)09，青学大(総社)08，上智大(外法総)08，東洋大(文)08

甲申事変

壬午軍乱の後，日本から離れて清に依存し始めた閔氏一族に対し，親日改革派(独立党)の(金玉均)らが1884年に起こしたクーデタ。(清仏戦争)での清の敗北がきっかけであった。日本公使館は金らを援助したが清軍の来援でクーデタは失敗。(漢城)条約を締結して収束した。金玉均はこの時逃げ延び日本に亡命したが，1894年に上海で暗殺された。福沢諭吉の(脱亜論)は，この事変が契機であった。日本政府は，事変後悪化した日清関係を調整するために(伊藤博文)を清に派遣し，(天津条約)を締結した。事変の収束は漢城条約であって天津条約ではないことに注意。景山英子『妾の半生涯』が史料として出て，文中の「朝鮮変乱」が甲申事変にあたることが出た。

早大(法)14，成蹊大(経)13，早大(文)13，首都大(前)12，明治大(法)12，明治大(営)11，上智大(総外文)09，東洋大(2/8)09，青学大(総社)08，上智大(外法総)08

天津条約

1885年，日本側全権(伊藤博文)と清側全権(李鴻章)との間で締結された。①日清両国の朝鮮からの撤退，②今後出兵する際に相互に事前通告する，という内容であった。両国(軍事顧問)の派遣も停止されたことも記憶したい。景山英子『妾の半生涯』が史料として出て，「日清の談判」の結果締結された条約として天津条約を答える問題が出た。談判という語感から漢城条約ではなく天津条約を答えたいところだ。

津田塾大(学芸)14，早大(法)14，首都大(前)12，学習院大(法)12，慶応大(商)11，成蹊大(経)11，明治大(政経)11，上智大(総外文)09，東洋大(2/8)09，明治大(法)09，上智大(外法総)08，東洋大(文)08，明治大(営)08

脱亜論

福沢諭吉が，1885年3月の『 時事新報 』社説で唱えた。そこでは，(脱亜入欧)【アジアを脱して欧米列強の側に立つ】と清・朝鮮への(武力)対処【日本も欧米列強並に東アジア分割に加わることが妥当】を主張している。『時事新報』は福沢諭吉が創刊。不偏不党を主張した。

学習院大(法)13，明治大(政経)11，上智大(法)09，東洋大(2/8)09，明治大(営)08

《日清戦争と三国干渉》 p.290-291

防穀令

1889〜90年，凶作のなかで朝鮮の地方官が日本に対する穀物の輸出を禁止した＝防穀令。日本は，それを廃止させた上で，禁輸中の損害賠償を要求し，1893年に最後通牒を突きつけて賠償金を獲得した。

明治大(営)11，青学大(総社)08，上智大(外法総)08

第9章 近代国家の成立 **193**

甲午農民戦争
日清戦争

（ 東学 ）の指導者（ 全琫準 ）が農民軍を指揮した。乱は半島南部で起こり，一時はその地域を制圧する勢いであった。主張を簡略に覚えよ。①日本と西洋の排斥，②増税等の政府の悪政反対，である。朝鮮政府は，清に出兵要請。清は（ 天津条約 ）の約束に基づき日本に通告。日本は公使館警備名目に出兵，さらに朝鮮政府に内政改革を要求。内容は，（ 清と朝鮮との宗属関係破棄 ）等。このときの内閣は第2次（ 伊藤博文 ）内閣だったことが出た。また，日本の出兵に批判的だったイギリスが，日清戦争開戦直前に（ 日英通商航海条約 ）を締結してから態度を変えて理解を示したこともよく出る。日本軍が朝鮮王宮を占領，清海軍を奇襲して戦争開始。大本営は（ 広島 ）に置かれた。日清戦争の戦費は，約（ 2 ）億円で，当時の国家歳入の2倍強であった。

津田塾大(学芸)14，早大(商)13，関東学院大(2/5)12，高経大(前)11，明治大(営)11，東女大(2/8)10，早大(商)10，高経大(前)09，上智大(法)09，専修大(全)09，東洋大(2/8)09，上智大(外法総)08，明治大(営)08，青学大(文)07

下関条約

1895年4月に締結された日清講和条約。日本全権（ 伊藤博文 ）（ 陸奥宗光 ），清国全権（ 李鴻章 ）。内容は①（ 朝鮮 ）の独立を清が承認すること，②（ 遼東半島 ）（ 台湾 ）（ 澎湖諸島 ）を日本に割譲すること，③賠償金（ 2 ）億両【日本貨で約3億1000万円】を日本に支払うこと，④沙市・重慶・蘇州・（ 杭州 ）を開市・開港すること，というものである。これら講和内容はよく出題される。地図を見ればわかるように，日本軍は清軍を朝鮮半島から駆逐し，清国内の（ 遼東 ）半島を占領した。そして，占領地を割譲するよう清に要求した。清が割譲を拒否したのは（ 台湾 ）の方であった。ここは戦争でも日本に占領されていなかったからである。日本は拒否するなら戦争を続けると主張して強引に清に条件を認めさせた。台湾での講和反対派が，（ 台湾民主国 ）の建国を宣言して抵抗したことが出た。また，清は朝鮮の独立は承認したが，朝鮮に対する日本の監督権を認めたわけではないことも出ている。賠償金の使途も出る。p.291のグラフを見ておこう。「軍備拡張費」が3分の2近くを占めることが出た。

慶応大(経)14，津田塾大(学芸)14，立教大(全)14，國學院大(2/3)13，聖心女子大(文)13，立教大(異経法)13，慶応大(文)12，高経大(前)11，慶応大(商)11，津田塾大(学芸)11，早大(教)11，成蹊大(経)10，上智大(総外文)09，東洋大(2/8)09，早大(商)09，成城大(文芸)08，専修大(文)08，東洋大(文)08

三国干渉

（ ロシア ）はフランス・ドイツに呼びかけ遼東半島の清への返還を勧告。日本は承諾したが，ロシアに対する敵愾心が急速に高まり，「 臥薪嘗胆 」という故事成語が喧伝された。ロシアは東アジア進出・南下政策のポイントとして，遼東半島にある（ 旅順 ）（ 大連 ）の2港にねらいを定めていた。朝鮮は，宗主国であった清が日本に敗北したことから，ロシアの支援で日本に抵抗しようという動きが強まり，1897年には日本に対抗する意味から国号を（ 大韓帝国 ）と改めた。日本はこの出来事に前後する1896〜98年にかけて朝鮮半島での影響力を確保するためロシアとたびたび交渉している。その結果，1896年（ 小村・ウェーバー ）覚書，（ 山県・ロバノフ ）協定，1898年（ 西・ローゼン ）協定が成立している。山県・ロバノフ協定が出た。

聖心女子大(文)14，日女大(文)14，東洋大(2/9)14，津田塾大(学芸)11，早大(商)10，高

経大(前)09，上智大(総外文)09，中央大(文)09，東洋大(2/8)09，慶応大(法)08，上智大(外法総)08，東洋大(文)08，法政大(法文営)07

台湾総督府 1895年設置。軍人を総督として軍政を敷いて抗日運動を弾圧した。初代総督は（　樺山資紀　）だった。2代目総督（　児玉源太郎　）のもとで，民政局長（のち長官）（　後藤新平　）が植民地経営を展開した。（　土地調査　）事業等を実施したほか，（　台湾銀行　）や（　台湾製糖会社　）等が設立され産業振興が図られた。後藤新平は，東京市長として，関東大震災後の復興計画を策定した人物でもある。教科書の扱いは小さいが，後藤に関する出題は少なくない。

津田塾大(学芸)14，立教大(文)13，早大(政経)13，成城大(経)12，慶応大(商)11，國學院大(全)11，津田塾大(学芸)11，早大(商)10，慶応大(法)08，専修大(文)08

4　日露戦争と国際関係

《立憲政友会の成立》　p.291-293

第2次伊藤博文内閣
第2次松方正義内閣 日清戦争は政府と民党の対立様相を変えた。第2次伊藤博文内閣には自由党首（　板垣退助　）が内務大臣として入閣し，軍拡に賛成。第2次松方正義内閣では，進歩党【立憲改進党が1896年から進歩党となった】の（　大隈重信　）が外務大臣として入閣し，やはり，軍拡に賛成した。

早大(法)14

第3次伊藤博文内閣 衆議院議員総選挙で自由党が伸び悩み，（　超然主義　）に戻った。自由・進歩両党は，伊藤内閣の（　地租増徴案　）に反対，伊藤内閣は議会を解散したが，両党は合同して（　憲政党　）を組織し，総選挙で絶対多数を獲得した。伊藤内閣は，政権運営の見通しを失い総辞職した。

早大(法)14，中央大(文)12，津田塾大(学芸)12，早大(商)10，成城大(経)09

憲政党
第1次大隈重信内閣 第3次伊藤博文内閣が行った衆議院解散と第6回総選挙に対応して自由・進歩両党が合同して誕生した政党。初の政党内閣である第1次（　大隈重信　）内閣の母体となった。当時，元老が首相候補を天皇に推挙して天皇の任命で首相が決まっていたので，衆議院第1党になったからといって内閣が組織できる訳ではない。伊藤博文が，他の元老に大隈推挙を提案し，伊藤内閣総辞職を断行したため，他の元老も認めざるを得なかった。明治天皇は大隈の首相任命を渋ったが，伊藤内閣から陸海軍大臣を引き継ぐことを条件に任命したといわれる。該当する陸軍大臣は（　桂太郎　），海軍大臣は（　西郷従道　）である。内務大臣は（　板垣退助　），大隈・板垣の姓をとって（　隈板　）内閣といわれる。陸海軍大臣以外の大臣はすべて憲政党員であった。このとき大臣だけでなく，各省の次官・局長や知事に多くの党員が任命された。第1次大隈重信内閣が最初の政党内閣で，第2次大隈重信内閣が，第一次世界大戦に参戦し，二十一カ条の要求をしたことを関連して覚えよ。第2次大隈重信内閣の与党は立憲同志会。日清戦争から軍拡，地租増徴案，合同政党の政権という流れについての論述問題が出た。

早大(政経)14，津田塾大(学芸)12，日女大(文)11，法政大(法社)11，センター10，東女

第9章　近代国家の成立　195

大(2/8)10, 上智大(総外文)09, 成城大(経)09, 明治大(営)09, 東大(前)08, 聖心女大(文)08, 獨協大(国法経)08, 法政大(文営)08, 國學院大(全)07

共和演説事件
憲政党分裂

共和演説事件とは，文部大臣（ 尾崎行雄 ）が帝国教育会で行った演説が攻撃され，辞任に追い込まれた事件。尾崎は，日本では万々が一にも共和政治は無いが，仮定の問題として共和政治となったら，「恐らく（ 三井 ）（ 三菱 ）は大統領の候補になるのであろう。亜米利加に於いては決して左様なことは出来ませぬ。」と述べ，教員を前に「拝金主義」を批判した。この仮定の話が非難を呼び，明治天皇が大隈に対し，尾崎不信任を告げたことから文相辞任を余儀なくされた。大隈が旧進歩党系の（ 犬養毅 ）を後任としたことに旧自由党系が激しく反発，対立が頂点に達し第1次大隈重信内閣は4カ月で退陣した。そして，旧自由党系は（ 憲政党 ），旧進歩党系は（ 憲政本党 ）を組織して分裂した。内閣発足当初から自由党系の（ 星亨 ）外相就任問題【自由党の指導者星亨が外務大臣になるべく帰国したが，大隈は自分の首相・外相兼任をやめなかった】等で，旧自由党・進歩党の対立は続いていた。

早大(政経)(商)14, 國學院大(2/2)13, 法政大(文営人)13, 早大(商)10, 明学大(全)09, 専修大(全)08, 学習院大(法)07, 専修大(全)07

第2次山県有朋
内閣

分裂した（ 憲政党 ）を与党として組閣。（ 地租 ）の増徴に成功した。しかし，政党の勢力拡大を阻止するための方策を打ち出していったため，憲政党は山県に批判的になった。山県はこの内閣で，①選挙法の改正【直接国税15円以上→ 10 円以上，また，被選挙権については納税要件がなくなったことも重要】を決めた。②（ 文官任用令 ）を改正した。政党との関係を強めていた伊藤博文に警戒感を抱いた高級官僚・貴族院議員等が，もう一人の実力者である山県有朋のもとに結集し，山県閥が形成された。文官高等試験の適用範囲外であった（ 勅任官 ）【天皇の勅命による任用】にも試験任用を拡大し，政党の猟官運動を防ごうとした。③（ 軍部大臣現役武官制 ）を制定した【本書p.214「軍部大臣現役武官制」参照】。④（ 治安警察法 ）を制定した。第2次山県内閣の政策は，すべて今後の政治に関わる重要政策であったので絶対に記憶しておく必要がある。

早大(政経)(法)(商)14, 立教大(異経法)13, 上智大(外総文)12, 慶応大(法)10, 東女大(2/8)10, 早大(商)10, 青学大(文)09, 慶応大(法)09, 成城大(経)09, 東洋大(文)08, 法政大(文営)08, 國學院大(全)07, 成蹊大(法)07

立憲政友会
第4次伊藤博文
内閣

政党の必要を感じ，政党結成に動いていた（ 伊藤博文 ）と伊藤派官僚に，（ 憲政党 ）が解党して合流し結成された。（ 金子堅太郎 ）も参加している。この行動を批判した（ 幸徳秋水 ）は，「自由党を祭る文」を書いた。これは『 万朝報 』1900年8月30日付に掲載された。この文が史料として出て，『万朝報』の創刊者（ 黒岩涙香 ）が問われた。1900年，伊藤博文は，立憲政友会を率いて第4次内閣を組織したが，1901年，伊藤の行動を攻撃する貴族院勢力に苦しめられ，翌年退陣した。

中央大(経)14, 日女大(文)14, 早大(文化)(法)(商)14, 法政大(文営人)13, 津田塾大(学芸)12, 東洋大(2/6)12, 日女大(文)11, 立教大(2/8)10, 早大(文)10, 慶応大(法)09, 成城大(経)09, 東女大(現)09, 明学大(全)09, 青学大(文)08, 聖心女子大(文)08, 東女大(文理)08, 獨協大(国法経)08, 法政大(文営)08, 東海大(政経)07

《中国分割と日英同盟》　p.293-295

中国分割

欧米列強のいわゆる中国分割については，国名，地名，地図上の位置を必ず記憶せよ。ドイツ…（　膠州湾　）【1898年：山東半島】，ロシア…（　旅順　）（　大連　）【1898年：遼東半島】，イギリス…（　香港　）【1842年】（　九龍半島南部　）【1860年】に続いての（　威海衛　）【1898年：山東半島】と（　新界　）【1898年：九龍半島と付属島嶼】，フランス…（　広州湾　）【1899年】，日本は，1898年，（　福建省　）【台湾の対岸】の他国への不割譲を清に認めさせた。イギリスの威海衛租借は，日清戦争で日本が占領した都市を引き継いだものである。ドイツによる膠州湾租借は，ドイツ人宣教師殺害事件を口実としたものであったことが出た。

<small>国士舘大(2/1)14，立教大(全)14，学習院大(法)13，神奈川大(2/6)13，國學院大(2/3)13，成蹊大(経)13，中央大(法)13，慶応大(法)09，早大(商)08</small>

門戸開放　機会均等

アメリカは中国分割に加わらなかったが，国務長官（　ジョン＝ヘイ　）が門戸開放・機会均等を提案した。意味するところは，各国の勢力範囲内でも通商の自由を確保しようとするものである。中国以外では，1898年（　ハワイ　）を正式に併合し，米西戦争の結果，（　フィリピン　）（　グアム　）を獲得した。

<small>成蹊大(経)13，駒澤大(全)10，早大(政経)09</small>

義和団事件

1900年，清で，排外主義団体義和団が「　扶清滅洋　」【このスローガンが出た】を唱えて，外国人襲撃や列国公使館包囲を実行した。清は，この機会を捉えて列国に宣戦布告したが，列国は連合軍を派遣し清を降伏させ，（　北京議定書　）を締結した。これを日本では（　北清事変　）と呼ぶ。北京議定書で，日本を含む列国は，①（　賠償金　），②北京の公使館所在区域の治外法権，③（　公使館守備隊　）の駐留権，等を獲得した。

<small>国士舘大(2/1)14，聖心女子大(文)14，津田塾大(学芸)14，日女大(文)14，早大(法)(商)10，高経大(前)09，慶応大(法)09，上智大(総外文)09，成城大(経)09，明治大(営)08，青学大(文)07</small>

閔妃殺害事件

日清戦争前後の朝鮮情勢は，日本軍の（　朝鮮王宮占拠　）【日清戦争開戦の契機】→日本軍が（　閔氏　）政権を倒して（　大院君　）親日政権樹立→戦後の三国干渉後に親露派（　閔氏　）勢力が大院君政権を倒す→（　三浦梧楼　）公使が公使館守備隊を使って朝鮮王宮を占拠し（　閔妃　）を殺害→（　高宗　）はロシア公使館に逃れ親露政権誕生。1897年，日本との対抗から国号を（　大韓帝国　）とする。日本がロシアに警戒感をもったのは，ロシアが（　北清事変　）を機に中国東北部【満州】を事実上占領状態において，清に同地域の独占的権益を認めさせており，それが韓国と隣接する地域だったからである。シベリア鉄道の支線である（　東清鉄道　）でハルビンから旅順までの支線が建設されたことが出た。

<small>成蹊大(経)13，早大(商)10，慶応大(法)09，明治大(営)08</small>

日英同盟論　日露協商論

日露協商論は，ロシアに満州経営の自由を認め，代わりに日本の韓国への優越権を認めさせようという「　満韓交換　」論で，（　伊藤博文　）（　井上馨　）らが主張した。日英同盟論は，ロシアと対立するイギリスと結んで実力で韓国権益を守ろうとするもので，1901年から首相となっていた

第9章　近代国家の成立　**197**

（　桂太郎　）らが中心であった。桂らは，ロシアと交渉しつつ開戦準備を進めた。

国士舘大(2/1)14，中央大(文)14，日女大(文)14，早大(商)14，青学大(文教)13，成蹊大(経)13，関東学院大(2/5)12，中央大(文)12，東洋大(2/6)12，早大(法)10，上智大(総外文)09，成蹊大(経)09，東女大(文理文系)08，早大(商)08，青学大(文)07

主戦論
非【反】戦論

主戦論は，（　近衛篤麿　）（　頭山満　）らの（　対露同志会　），（　戸水寛人　）（　小野塚喜平次　）ら（　東京帝国大学七博士　），『　万朝報　』の（　黒岩涙香　），『国民新聞』の（　徳富蘇峰　）らが主張した。1901年に黒岩涙香が（　理想団　）という社会改良団体を設立したことが出た。非【反】戦論は，キリスト教徒（　内村鑑三　），（　平民社　）を起こして『平民新聞』を発行した（　幸徳秋水　）（　堺利彦　）ら。内村鑑三が（　日清戦争　）を「義のための戦」と評価していたが，日露戦争開戦前年には「　戦争廃止論　」を『万朝報』に掲載していることが出題された。（　幸徳秋水　）も『万朝報』に文を書いたが，黒岩涙香に幸徳を紹介したのは中江兆民である。（　与謝野晶子　）（　大塚楠緒子　）ら女性の非戦的作品も重要。「君死にたまふこと勿れ」の（　堺　），遼東半島の（　旅順　）という地名が穴埋めとして出て，この詩が雑誌『明星』に掲載されたことも出題された。この詩を扱い，反戦論を大きく取り上げた問題が出たことがある。そのなかで，堺利彦・幸徳秋水らが主戦論の場となった『万朝報』を退社し，（　平民社　）を立ち上げたこと。そのうちの一人だった（　片山潜　）が，戦争相手国ロシアの社会民主主義者代表（　プレハーノフ　）と第2インターナショナル大会壇上で握手したこと等が出題された。また，①『東京日日新聞』『国民新聞』は当初，外交による解決を主張していたこと，②実業家は，経済や財政への影響を憂慮して戦争回避を望んでいたこと，を指摘する問題もあった。『平民新聞』の社説が史料として出され，戦争名，執筆者名とともに，史料中の「公債」「歳費の膨張」「増税」が実際どのように行われたか説明する問題が出た。堺利彦の号が（　枯川　）であることが出され，彼が『家庭の新風味』という著書で箱膳は家父長的であるので脱却すべしと説いたことが紹介されている。

津田塾大(学芸)14，一橋大(前)13，青学大(文教)13，津田塾大(学芸)13，明治大(商)13，早大(政経)13，関東学院大(2/5)12，聖心女子大(文)12，東洋大(2/9)12，学習院大(法)11・10，國學院大(全)11，明学大(経社法)11，立教大(2/12)10，早大(社)(商)09，学習院大(法)08，東女大(文理文系)08，獨協大(国法経)08，明治大(営)08

《日露戦争》
日露戦争

p.295-296

1904年2月，日露両国が互いに宣戦布告。（　第1次桂太郎　）内閣の時である。日本は，（　イギリス　）と（　アメリカ　）の経済的支援を受ける。大きな戦闘としては，1905年初めの（　旅順　）要塞陥落，3月の（　奉天　）会戦，5月の（　日本海　）海戦がある。日本の国力の限界と，ロシアの革命機運【　血　の日曜日事件が出た】から，（　セオドア＝ローズヴェルト　）米大統領の斡旋で講和した。彼はこの功績から（　ノーベル平和賞　）を受賞した。アメリカはロシアの満州占領を警戒し，満州への進出を意図していたとある。日露戦争は本格的な物量戦で，日本の補給力・財政力は限界であった。（　17　）億円の戦費のうち，（　13　）億円が債券によって賄われ，そのうち（　7　）億円がイギリス・アメリカ等に引き受けてもらった外債であったことが出た。国内でも国税の増税が行われた。1899

年に第2次山県有朋内閣が行った地租増徴【2.5% → 3.3 %】は元来5年限定であったが，日露戦争で延長され，戦争中にまた増税された。営業税【1878年に制定された地方三新法の地方税規則では地方税であったが，後に国税化された】も大幅に増税されている。こうした財政問題が出た。また，(100万)人以上の兵が動員されたことも確認せよ。全国各地から戦場に赴く兵士があり，多くの町村で戦死者が出た。従って遺族保護をどうするかが問題になっている。

センター14，国士舘大(2/1)14，成蹊大(経)14・13，日女大(文)14，早大(国際)14，学習院大(経)13，早大(政経)13，専修大(全)09，東洋大(2/8)09，中央大(文)08，法政大(法文経営)07

日露講和条約【ポーツマス条約】

1905年9月，アメリカのポーツマスで締結された。日本側全権(小村寿太郎)，ロシア側全権(ウィッテ)であった。内容は，①ロシアは日本に対し(韓国)における指導・監督権を認めること，②ロシアが持つ(旅順)(大連)【この2つの都市とその付属地をあわせて 関東州 と呼んだ】の租借権と(長春)以南の東清鉄道南満州支線及びその付属利権を譲渡すること，③北緯50度以南の(樺太)=(サハリン)と付属諸島を譲渡すること，④(沿海州)と(カムチャツカ)の漁業権を認めること，等であった。当時の領水【領海】が(1)カイリであったことが出た。

国士舘大(2/1)14，津田塾大(学芸)14，東洋大(2/9)14，日女大(文)14，早大(政経)14・13，國學院大(2/3)13，中央大(法)13，立教大(2/6)13，中央大(法)11，帝京大(1/31)11，明治大(政経)11，上智大(神総法外)10，東洋大(2/9)10，高経大(前)09，慶応大(商)09，早大(商)(社)09，成城大(文芸)08，中央大(文)08，早大(教)08，成蹊大(法)07，法政大(法文経営)07，立教大(全)07

日比谷焼打ち事件

国民の負担感が，講和条約で賠償金が取れなかったことへの不満となって現われ，講和反対国民大会が暴徒化した。この事件を(吉野作造)が「民衆が政治上の一つの勢力として動く」はじまりと見ていたことがある問題文で紹介されている。また，この事件が(戒厳令)の出た最初である。このあと(関東大震災)と(二・二六事件)に出された。戒厳令は，天皇が布告の権限を持ち，大日本帝国憲法に規定されている。

早大(政経)14，神奈川大(2/6)13，関東学院大(2/5)12，早大(政経)(法)11，高経大(前)09，成蹊大(経)09，日本大(法)09，早大(教)09，成城大(文芸)08，専修大(文)08，立教大(全)07，東海大(政経)07

《日露戦後の国際関係》 p.296-298

桂・タフト協定 第2次日英同盟協約

日本の韓国保護国化を承認させるため締結した。桂・タフト協定の内容は，①アメリカは日本の韓国保護国化を承認，②日本はアメリカ植民地(フィリピン)に野心を持たない，というもの。この時のアメリカ大統領は(セオドア=ローズヴェルト)である。第2次日英同盟協約は，その適用範囲をイギリスの要求で(インド)まで拡大した。また第3次日英同盟では(アメリカ)を条約の適用外としたことがで出た。

早大(商)14，中央大(法)11，明治大(営)11，早大(政経)11，上智大(外法経)08，明治大(政経)08，青学大(文)07

日韓議定書

1904年2月，日露戦争開戦直後，日本は軍事行動に必要な便宜を得るため

第9章 近代国家の成立　**199**

韓国と議定書を結んだ。①韓国における行動の自由，②軍事基地の提供，等である。
明治大(営)11，上智大(外法経)08，早大(教)08

日韓協約 1904年8月，戦争中に締結された第1次日韓協約は，韓国政府に日本政府推薦の（ 財政 ）（ 外交 ）顧問を採用させるものであった。第2次日韓協約は，日露戦争後の1905年11月，韓国から（ 外交権 ）を奪い，韓国に対する外国の干渉を排除しようとした。韓国ではこれを（ 乙巳保護条約 ）と呼んだことも知っておきたい。この協約に基づき日本は（ 統監府 ）を（ 漢城 ）に設置し，外交権の行使，内政への関与を行った。初代統監は（ 伊藤博文 ）である。以上のことは第1次（ 桂太郎 ）内閣が行ったことも記憶せよ。この協約の内容を説明する論述問題が出た。第3次日韓協約は，（ ハーグ密使事件 ）を契機として締結された。韓国の（ 内政権 ）をも奪い，（ 韓国軍 ）を解散させた。内政に関しても，統監の同意・承認が必要となった。
津田塾大(学芸)14，学習院大(法)13，國學院大(2/3)13，中央大(文)12，早大(文)12，成蹊大(経)11，中央大(法)11，明治大(営)11，明学大(全)10，東女大(現)09，早大(社)09，上智大(外法経)08，明治大(政経)08，早大(商)08，日本大(法)07，法政大(法文営)07

ハーグ密使事件 韓国皇帝＝（ 高宗 ）は（ ハーグ万国平和会議 ）に密使を送り，第2次日韓協約の無効を訴えようとしたが，列強に受け入れられなかった。日本はこの事件をきっかけに高宗を退位させ，第3次日韓協約を結ばせた。
早大(教)13，成蹊大(経)11，明治大(営)11，上智大(外法経)08，法政大(法文営)07

義兵運動 第3次日韓協約締結後に激化した韓国民衆の反日武装闘争。解散させられた韓国軍兵士等を中心に民衆が参加し，全土で日本軍と対決した。こうした状況のなかで，1909年10月，初代統監伊藤博文がハルビンで暗殺された。暗殺したのは（ 安重根 ）である。氏名を記憶せよ。
明治大(営)11，慶応大(経)10

韓国併合条約 1910年8月，漢城で日本側は統監（ 寺内正毅 ），韓国側は首相（ 李完用 ）が調印。日本は韓国を朝鮮と改めた。これにより，統監府を（ 朝鮮総督府 ）に改組，（ 京城 ）【日本が漢城を改称させたことが出た】に置いた。初代総督は寺内正毅。彼は後の（ シベリア ）出兵時の総理大臣で，それとの関係でこの経歴が出題されることがある。朝鮮統治は，軍人を総督とする武断政治を実施。警察の要職を（ 憲兵 ）が兼任したことも出た。日露講和から韓国併合までの経過を論述する問題が出た。
青学大(2/7)14，津田塾大(学芸)14，高経大(前)11，慶応大(商)11，中央大(法)11，明治大(営)11，慶応大(経)10，上智大(外法経)08，法政大(法文経営)07

土地調査事業 総督府は，地税賦課の基礎となる土地の測量・所有権の確認を実施したが，その際に所有権の不明確等を理由として広大な農地・山林を接収し，その一部を（ 東洋拓殖会社 ）や日本人地主に払い下げた。
立教大(文)13，早大(教)13，明治大(営)11

関東都督府 ロシアから得た関東州の統治機関で（ 旅順 ）に置かれた。その陸軍部隊

南満州鉄道株式会社
が後の(関東軍)となる。南満州鉄道株式会社【満鉄】は半官半民で本社は(大連)。同鉄道が(長春)以南であることは重要。満鉄の初代総裁が(後藤新平)であったことが出た。アメリカの鉄道王(ハリマン)が満鉄の共同経営を提案したこと、満鉄が(撫順)炭鉱等を経営したことも出る。第一次世界大戦前後には(鞍山)製鉄所を設立している。(アメリカ)は、日本の満州権益独占に反対したため、日米関係が悪化した。アメリカでは日本人移民排斥運動が起こり、カナダのバンクーバーでも騒動が起こった。この問題に関し1908年(高平・ルート)協定が結ばれた。内容は清の独立及び領土保全、ジョン・ヘイの門戸開放政策の確認、アメリカによるフィリピンに対する管理権とハワイ併合の承認、満州での日本権益の承認である。暗黙のうちにアメリカが日本の韓国併合と満州南部の支配を認め、日本がカリフォルニアへの移民制限を認めたといわれる。

センター15, 立教大(2/8)10, 専修大(文)08, 法政大(法文営)08

辛亥革命 中華民国
1911年(辛亥革命)起こり、翌年、(中華民国)が成立した。(孫文)が臨時大総統となった。清の政府に追われていた孫文は、東京に逃れ活動していた。辛亥革命の出発点となる(中国同盟会)の発足は、1905年東京で行われた。フランスからの独立運動を行うベトナムの青年も日本で学ぶために来日していた。これを(東遊運動)という。1907年に(日仏)協約が締結されると、フランス政府は日本政府にこの運動への対応を求め、青年たちは国外追放となった。

《桂園時代》
桂園時代 p.298-299

桂園体制ともいう。桂太郎は、長州藩出身の軍人【陸軍大将】で、(山県有朋)の後継者という立場にあった。拓殖大学の前身である台湾協会学校を創立しているので、拓殖大学受験者は記憶していた方がよい。桂太郎には(大山巌)(品川弥二郎)に同行して(普仏戦争)の実情を視察した経験があることも出た。西園寺公望は、藤原氏の西園寺家出身で、貴族院議員。伊藤博文の後継として(立憲政友会)第2代総裁となる。若い頃自由民権運動に傾倒し『 東洋自由新聞 』の社主を務めた経験もある。西園寺公望についても出ている。この2人が10年以上にわたって交代で首相を務めた。

法政大(営文人)14, 中央大(文)12, 駒澤大(文営経)11, 立教大(2/12)11, 早大(政経)11, 早大(商)10, 慶応大(法)09, 上智大(文法総)09, 明治大(全)08

第1次桂太郎内閣
1901～1906年の長期内閣。第1次(日英同盟協約)締結、(日露戦争)、(日韓議定書)締結、(桂・タフト)協定締結、第2次(日英同盟協約)締結、第1次・第2次の両(日韓協約)締結といった重要な歴史事項はこの内閣の時である。これらの出題例は数え切れない。

第1次西園寺公望内閣
1906～1908年。(原敬)が内務大臣であった。この内閣の間に、(鉄道国有法)制定、(関東都督府)設置、(南満州鉄道株式会社)設立、第3次(日韓協約)締結等を行った。1908年の衆議院議員総選挙では政友会が圧勝したが、西園寺は桂に首相の座を譲った。

國學院大(2/2)13, 聖心女子大(文)13, 中央大(文)12, 立教大(2/12)11

第9章　近代国家の成立　**201**

第2次桂太郎内閣	1908～1911年。1908年（　戊申詔書　）発布。日露戦争後の個人主義的・浪費的な風潮と労働運動の高揚を抑えるため上下一致と倹約を説く。この詔書が史料として出て、「（　福利　）ヲ共ニス」という穴埋めが出題された。また、この詔書に基づく（　地方改良運動　）が内務省を先頭に行われた。この運動により青年団・（　在郷軍人会　）・産業組合の組織化も進められた。詔書発布の少し前、和歌山県で（　南方熊楠　）が神社合祀に反対していたことが出た。この内閣の間、1910年（　大逆事件　）が起こった。また、日清戦争後各地で成立していた在郷軍人会を統合して、1910年（　帝国在郷軍人会　）を設立している。1911年には、（　工場法　）が制定された。日本初の労働者保護法で、この当時、幼少年の就業、婦人労働、長時間労働が社会問題化していた。資本家の反対で難航した。1916年施行【第2次（　大隈重信　）内閣時】。第2次桂太郎内閣時に起こった（　伊藤博文　）暗殺、（　韓国併合条約　）締結、（　朝鮮総督府　）設置、（　土地調査事業　）開始、（　関税自主権　）回復は多くの大学で出ている。 駒澤大(2/7)14、成蹊大(経)14、青学大(文教)13、学習大(文)(経)13、中央大(文)12、早大(教)12、駒澤大(文営経)11、早大(商)10・09、中央大(法)09、立教大(2/12)09、中央大(文)08、東経大(全)08、東洋大(文)08、明学大(社経)07
社会民主党	1901年、（　安部磯雄　）（　片山潜　）（　幸徳秋水　）（　木下尚江　）らにより結成された。（　治安警察法　）に基づき、直ちに解散命令が出る。この組織の前に1898年（　社会主義研究会　）が片山潜・幸徳秋水・安部磯雄らにより組織され、1900年（　社会主義協会　）と改称された。安部は（　キリスト教　）社会主義者であった。また、幸徳秋水に『　社会主義神髄　』という著作があり、中江兆民に師事したことから『　兆民先生　』という著作もあることが出た。木下尚江は、（　キリスト教　）社会民主主義者で、（　廃娼　）運動や、足尾鉱毒事件に関わった。小説『　火の柱　』を書いている。結成参加者の語群に（　堺利彦　）（　中江兆民　）がある問題が一度ならず出題されているが、彼らは参加していない。この党の解散命令が第4次（　伊藤博文　）内閣によって出されたことも記憶せよ。 中央大(経)14、早大(商)14、慶応大(法)13、國學院大(2/2)13、津田塾大(学芸)13、法政大(経社現)12、学習院大(法)11、明治大(営)11、センター09、上智大(総外文)09、中央大(法)09・08、早大(商)09、東女大(文系)08、明学大(社経)07
日本社会党	1906年結成。第1次西園寺公望内閣は、即時解散にはしなかったが、（　片山潜　）らの議会政策派が、（　幸徳秋水　）らの直接行動派に劣勢になると、翌年、解散させられた。社会民主党の解散命令が「直後」、日本社会党の解散命令が「翌年」である点も出ることがある【正誤問題等】。 法政大(営文)14、早大(政経)11、法政大(経社スポ)10、上智大(総外文)09、法政大(文営)08、國學院大(全)07、明学大(社経)07
大逆事件	頻出であるからp.299注①の内容をしっかり把握せよ。明治天皇暗殺計画の容疑で（　幸徳秋水　）・（　管野スガ　）ら26人が捕らえられ、12人が死刑となった。社会主義者弾圧が強まり、社会主義は（　冬の時代　）となった。この事件後、東京の警視庁に（　特別高等課　）が置かれたことも出た。石川啄木がこの事件に衝撃を受けて、『　呼子と口笛　』という作品を発表した。

駒澤大(2/7) 14，上智大(文総法) 13，学習院大(法) 11，東女大(2/8) 10，明治大(営) 09，早大(教) 09，中央大(法) 08，日本大(文理) 08，國學院大(全) 07，明治大(社経) 07

5 近代産業の発展

《《産業革命》》 p.299-300

企業勃興
1886〜89年，（ 鉄道 ）や（ 紡績 ）を中心に会社設立ブーム。しかし，（ 1890年恐慌 ）で最初のブームは去った。これが日本最初の恐慌である。
早大(文) 14，法政大(文法営) 13，学習院大(法) 12，立教大(2/13) 11，中央大(法) 08

貨幣法
各種特殊銀行
1897年制定。日清戦争の賠償金の一部を準備金として，欧米諸国にならって念願の（ 金本位制 ）を確立した。このときの内閣が第2次（ 松方正義 ）内閣であることを記憶せよ。外相が（ 大隈重信 ）であることも覚えたい。この頃に各種特殊銀行が設立された。（ 日本興業銀行 ），各府県の（ 農工銀行 ），（ 台湾銀行 ）（ 日本勧業銀行 ）である。また，金融ではないが，この時期は日清戦後経営ということで，1900年に（ 産業組合法 ）（ 重要物産同業組合法 ）等が制定された。1900年に過剰生産による資本主義的恐慌が起こったことも出た。
学習院大(法) 14，駒澤大(2/7) 14，成蹊大(経) 14・13，東経大(2/9) 14，法政大(2/8) 14，学習院大(経) 13，慶応大(文)(経) 13，立教大(2/6) 13，慶応大(経) 12，獨協大(国経法) 12，立教大(2/13) 11，早大(商) 11・10・09，津田塾大(学芸) 10，東経大(全) 10，法政大(法文営) 10，國學院大(全) 09，上智大(総外文) 09，明治大(政経) 09，学習院大(経) 08・07，上智大(神) 08，中央大(文) 08，法政大(経社総) 08，明学大(社経) 07

横浜正金銀行
日清戦後経営で設立された特殊銀行に混じって，正誤文問題や語群になることもあるが，この銀行は日清戦後ではなく1880年開業で，日清戦争よりかなり前である。混乱しないようにしたい。1887年外国貿易関係業務専門銀行となった。後に多くの内閣で大蔵大臣を歴任した（ 高橋是清 ）がこの横浜正金銀行の頭取となった経歴があることを知っていると有利だ。
成城大(経) 14，法政大(文法営) 13，法政大(法文営) 10，専修大(文) 08，明治大(政経) 07，國學院大(全) 07

海運業奨励政策
1896年（ 造船奨励法 ）（ 航海奨励法 ）公布。戦時の輸送力確保と平時の外貨節約をねらう。海運業大手の（ 日本郵船会社 ）は1885年に（ 三菱会社 ）と半官半民の（ 共同運輸会社 ）が合併して設立され，1893年にインドの（ ボンベイ ）航路，1896年には，（ ヨーロッパ ）（ アメリカ ）（ オーストラリア ）への各航路を開いた。ボンベイ航路は（ 綿花 ）輸入のためだと出た。こうした動きと関係して，少し前だが，（ 長崎造船所 ）が，1887年（ 三菱 ）に払い下げられたことも記憶せよ。
慶応大(商) 14，法政大(2/8) 14，成蹊大(経) 13，日女大(文) 13，早大(商) 11，成城大(文芸) 10

《《紡績・製糸・鉄道》》 p.300-303

大阪紡績会社
ガラ紡
大阪紡績会社は，①1883年に（ 渋沢栄一 ）らにより設立，②政府の推奨する2000錘紡績は不振であったが，（ 1万 ）錘を超える大規模経営に成功，③（ イギリス ）製の（ ミュール ）紡績機を使用，④（ 電灯 ）を

第9章 近代国家の成立 **203**

使って昼夜2交替制，⑤動力は（　蒸気力　），等が特徴である。p.301の「政府の奨励する2000錘紡績の不振を尻目に」と説明されている官営紡績所が問題に出た。内務省勧業寮【大蔵省から内務省へ移管された】が設立した（　愛知紡績所　）（　広島紡績所　）である。薩摩藩が設立した（　堺紡績所　）【廃藩置県後官営化】も1セットで語群に出た。大阪紡績会社の成功を受けて機械生産の紡績会社が相次いで設立された。三越，白木屋，大丸の共同出資で「東京綿商社」が設立され，それが後に（　鐘淵紡績　）となったことが出た。そうした反面（　ガラ紡　）による生産が衰退したことが出た。これを発明したのは（　臥雲辰致　）で第1回（　内国勧業博覧会　）で最高賞を取ったことはよく出る。

青学大(営)14，学習院大(法)14，慶応大(商)14，津田塾大(学芸)14，早大(商)14，学習院大(文)13，獨協大(国経法)13，法政大(文法営)13，成蹊大(経)13，法政大(経社現)13，駒澤大(2/6)12，明治大(商)11，早大(商)11，成蹊大(経)11，明学大(全)11，獨協大(国経法)11，センター10，明治大(政経)09，法政大(法文営)09，中央大(経)08，慶応大(文)07，明学大(社経)07

綿糸輸入と輸出

1890年，日本の綿糸（　生産高　）が輸入高を超え，1897年には，（　輸出高　）が輸入高を超えた。このあたりは，西暦年が出題されることが多い。原料綿花は（　中国　）（　インド　）（　アメリカ　）から主に輸入されていたことが出た。p.302の円グラフは重要。1899年の綿業関連輸出入，すなわち輸入額1位＝（　綿花　），輸出額2位＝（　綿糸　）が出題された。綿糸が貿易の中心になると，紡績会社の同業組織がカルテル化して，綿花輸入税，綿糸輸出税撤廃等を政府に働きかけた。この団体は（　大日本紡績連合会　）【1902年創設】である。

獨協大(経国法)14，明治大(営)14，法政大(文法営)13，駒澤大(2/6)12，法政大(経社現)12，成蹊大(経)11，獨協大(国経法)11，明学大(全)11，東経大(全)10，法政大(法文営)10，明治大(営)10，明学大(社経)07

綿織物業

日本が初めて公式参加した（　ウィーン万国博覧会　）を機に，ジョン＝ケイが発明した（　飛び杼　）が日本に普及し，一時は壊滅状態になった綿織物の問屋制家内工業が復活した。最初，輸入糸が使われていたが，大阪紡績会社の成功によって輸入綿花を使った国産綿糸が主流となった。日露戦争後は輸入大型力織機も使用される反面，（　豊田佐吉　）が発明した国産力織機【1897年に発明され木製であった】によって，小工場での生産も盛んになった。

成蹊大(経)13，獨協大(国経法)13，日女大(文)13，立教大(文)13，獨協大(国経法)11，明学大(経社法)10，上智大(法)09，中央大(法)09

生糸生産

1894年，（　器械製糸　）の生産高が，（　座繰製糸　）の生産高を凌いだ。1909年には，日本は（　中国　）を追い越して世界最大の生糸輸出国となった。（　アメリカ　）向け輸出が中心だった。生糸だけでなく力織機が導入されて輸出向け（　羽二重　）生産が盛んになった。

慶応大(商)14，駒澤大(2/7)14，早大(商)14，神奈川大(2/6)13，関東学院大(2/5)13，法政大(文法営)13，法政大(経社現)12

日本鉄道会社

1881年設立。華族の（　金禄公債　）を資金として設立された日本初の民営鉄道【私鉄】。第1区線は，1883年に上野―熊谷間で開業，第2区線は，大

宮で第一区線と分岐して1885年に宇都宮までが開業した。その後，前橋〜赤羽〜品川が完成し官営鉄道と連絡して生糸を横浜まで運んだ。華族の金禄公債を主な資金として設立されたものには，第（ 十五 ）国立銀行がある。この銀行は，第一国立銀行とともに，最も資金の潤沢な国立銀行であった【しかし，後継の十五銀行は金融恐慌で破綻した一行でもある】。

東経大(2/9)14, 早大(文化)13, センター10, 慶応大(経)10, 成城大(文芸)10, 早大(商)10, 明治大(政経)09, 中央大(経)08, 慶応大(文)07

東海道線全線開通　1889年のことである。しかし，民間鉄道も幹線の建設を進め，1889年には民営鉄道が営業キロ数で官営鉄道を上回った。民間の五大幹線会社は，日本鉄道，（ 山陽鉄道 ）（ 九州鉄道 ）（ 関西鉄道 ）（ 北海道炭礦鉄道 ）である。

法政大(2/8)14, 早大(文化)13, 早大(国)12, 國學院大(全)10, 早大(商)10, 中央大(法)09, 明治大(営)09, 慶応大(文)07

鉄道国有法　1906年，第1次（ 西園寺公望 ）内閣のときに公布。主要幹線民営鉄道17社を国有化した。この法律の制定理由を説明させる問題が出た。

センター15, 早大(文化)13, 明学大(全)11, 慶応大(経)10, 中央大(文)10, 明学大(経社法)10, 早大(商)10, 青学大(文)09, 法政大(法文)08, 慶応大(文)07, 國學院大(全)07

《《重工業の形成》》 p.303-304

官業払い下げ
財閥の形成

優良鉱山・会社の各財閥への払い下げ例が出た。p.303の表を参照。官業払い下げが軌道に乗ったのは，（ 工場払下げ概則 ）制定に依ってではない。同概則の廃止後である。三池炭鉱→（ 三井 ），佐渡金山→（ 三菱 ），長崎造船所→（ 三菱 ），兵庫造船所→（ 川崎 ），深川セメント製造所→（ 浅野 ），富岡製糸場→（ 三井 ）である。長崎造船所が一番出る。表にない（ 別子銅山 ）は，もともと（ 住友 ）の民営で払下げではない。これが払下げ鉱山のダミーとしてたびたび語群に登場する。（ 足尾銅山 ）は，生産が落ち込んでいたとき，（ 古河市兵衛 ）が経営権を取得し【1877年】再建した。これは不明な点が多いためか教科書や図表類に載らないことが多い。新町紡績所は，綿紡績ではなく，絹のくず糸の紡績である。財閥は，（ 三井 ）（ 三菱 ）（ 住友 ）等の政商が銀行・商社・重工業等の分野に進出し，（ コンツェルン ）形態で日本経済を独占的に支配するようになっていく。各財閥の持ち株会社名が出た。三井＝（ 三井合名会社 ），三菱＝（ 三菱合資会社 ），住友＝（ 住友総本店 ）【後に住友合資】，安田＝（ 安田保善社 ）。p.304注②を見よ。三井は金融・貿易・鉱山が主力だと出た。貿易に関しては，1885年頃の輸出は（ 銅 ）も比較的多く，増産したため別子や小坂等の鉱山で煙害が発生したという事実もある。横浜正金銀行は，1887年外国貿易関係業務専門となった。

センター15, 青学大(営)14, 学習院大(経)14, 早大(文)(商)14, 学習院大(文)13, 関東学院大(2/5)13, 獨協大(国経法)12, 立教大(2/13)11, 東経大(全)10, 立教大(2/12)10, 慶応大(法)09, 國學院大(全)09, 法政大(法文営)09, 東洋大(文)08, 早大(商)08, 慶応大(文)07, 専修大(全)07

鉄鋼生産
工作機械

幕末から現代まで鉄鋼生産がテーマ的に出たことがある。鉄鋼生産の中心道府県は，1880年代（ 島根 ），1890年代（ 岩手 ），1900年代（ 福岡

第9章　近代国家の成立　205

)である。古来からの製鉄が（ 砂鉄 ）を原料とする（ たたら吹き ）【たたら製鉄】で，中心地は中国地方であると知っていると1880年代の想像がつく。1890年代の岩手は，（ 釜石 ）があるからで，（ 工部省 ）による釜石高炉の近代化が挫折した後，1884年，田中長兵衛が木炭燃料の小型高炉で経営を軌道に乗せていった。そして，1901年に（ 官営八幡製鉄所 ）が，（ ドイツ ）の技術を導入して（ 筑豊炭田 ）の石炭を燃料に操業を始め，福岡が1900年代以降の製鉄の中心となる。また，（ 室蘭 ）郊外に民間の北海道炭礦汽船輪西製鉄所が作られ，北海道が2位になったことも出た。その他，幕末の反射炉，1934年の（ 日本製鉄会社 ）設立，戦後の解体，1970年の合併が出ている。八幡製鉄所は，中国の（ 漢冶萍公司 ）【漢陽の製鉄所で大冶の鉄鉱山，萍郷の炭鉱を統合して経営する会社である】に借款を与えた見返りに鉄鉱石を安価に入手した。筑豊炭田は（ 日清戦争 ）後に国内最大の採炭地となったことが出た。日本製鋼所，工作機械分野の（ 池貝鉄工所 ）についても出た。

センター15，学習院大（法）14・13，津田塾大（学芸）14，早大（商）14，青学大（営）13，成蹊大（経）13，駒澤大（2/6）12，獨協大（国経法）12・11，法政大（法文営）12，日女大（文）11，明治大（全）11，立教大（2/13）11，早大（商）11，センター10，國學院大（全）10，成城大（経）10，中央大（文）10，立教大（法文営）10，明学大（経社会）10，立教大（2/12）10，中央大（法）09，法政大（法文営）09，中央大（経）08

《《農業と農民》》 p.305-306
商品作物生産
（ 綿花 ）・麻・菜種は輸入により衰えたが，生糸輸出の伸張を背景に（ 養蚕 ）と餌の（ 桑 ）栽培は伸びた。
駒澤大（2/7）14

寄生地主
地主が耕作から離れて小作料収入に依存し，それを企業経営に投下したり，公債や株式に投資するといったことが起こった。そうした一方，下層農民の小作人化がいっそう進んだ。組織化により農家経営の維持を図った。
1899年（ 農会法 ）制定，1900年（ 産業組合法 ）制定。
センター15，法政大（2/8）14，慶応大（商）12，東洋大（2/8）12

《《社会運動の発生》》 p.306-308
足尾鉱毒事件
渡良瀬川流域とは（ 茨城 ）（ 栃木 ）（ 群馬 ）（ 埼玉 ）の4県である。政府は鉱毒調査会を設けた。1900年には被害地の人々が警官隊と衝突して数十人が逮捕されている＝（ 川俣 ）事件。1901年田中正造【 立憲改進党 所属の衆議院議員】が天皇に直訴しようとした訴状は（ 幸徳秋水 ）が起草したものである。（ 内村鑑三 ）（ 木下尚江 ）（ 島田三郎 ）らが世論を喚起した。政府は鉱毒問題を治水問題にすり替えて解決しようとした。
津田塾大（学芸）13，明治大（法）13，法政大（経社現）12，首都大（前）11，明治大（全）（営）11，立教大（2/13）11，中央大（法）10，早大（商）10，上智大（総外文）09

女工
鉱山労働
ストライキ
産業革命期の労働者の現状について，松岡好一が雑誌『 日本人 』に書いた高島炭鉱のルポ【1888年】，（ 横山源之助 ）の『 日本之下層社会 』【1899年】，農商務省の『 職工事情 』【1903年】，細井和喜蔵の『 女工哀史 』【1925年】がある。横山源之助【 横浜毎日 新聞記者】は，『職工事情』の調査にも参加している。『女工哀史』は，細井和喜蔵と妻の紡績工場

での体験がもとになっているという。なお，高島炭鉱は当時三菱の経営であったが，払下げは当初（　後藤象二郎　）に対し行われた。また，当時の女工の実態に関する問題も出ている。男工より女工の数が多かったことについてグラフを参照して論述する問題が出た。ストライキについては，1886年（　雨宮製糸　）【山梨県】，1894年（　天満紡績　）【大阪府】が有名。

<small>駒澤大(2/7)14，中央大(経)14，東経大(2/9)14，法政大(経社現)14，武蔵大(全)14，立教大(異経法)13，慶応大(商)12，東経大(2/8)12，法政大(経社現)12，東大(前)11，成蹊大(経)11，明治大(全)11，明学大(全)11，立教大(2/13)11，早大(政経)11・10，法政大(法文営)10，上智大(総外文)09，中央大(法)09，立教大(2/12)09，早大(商)09，中央大(経)08，東経大(全)07，明学大(社経)07</small>

職工義友会 労働組合期成会

職工義友会は，1890年（　高野房太郎　）らがサンフランシスコで組織したのが始まり。帰国後，1897年東京で同名の団体を組織し，労働組合の必要性と組織方法を示した『職工諸君に寄す』と題する冊子を配り，同年，労働組合期成会を結成した。高野房太郎が（　アメリカ　）で労働運動を体験したことは頻出事項。この組織は『　労働世界　』を発行。（　片山潜　）の著作『　日本の労働運動　』を覚えよ。労働組合期成会の指導で結成された（　鉄工組合　）や日本鉄道会社の機関方【機関手】を中心に結成された（　日本鉄道矯正会　）等の男性熟練労働者の労働組合が誕生した。

<small>法政大(営文人)14，早大(法)(商)14，津田塾大(学芸)13，立教大(異経法)13，法政大(経社現)12，成蹊大(経)11，明治大(全)11，早大(政経)10，上智大(総外文)09，中央大(法)09，明治大(営)09，早大(商)09，明学大(社経)07</small>

治安警察法

集会条例→1890年（　集会及び政社法　）→1900年（　治安警察法　）と変遷することが出た。この法律の実施によって労働組合期成会は弾圧され衰退した。また，この法律に関しては，女性の政治運動参加を禁じた（　第5条　）に対する改正運動が出題されることも多いので注意。運動の主体が出た。（　新婦人協会　）→（　婦人参政権獲得期成同盟会　）【p.331】で，運動の結果，1922年に第5条が改正された【政治演説会への女性の参加が認められた】。

<small>立教大(異経法)14・13，関東学院大(2/5)13，津田塾大(学芸)13，東経大(2/9)13，早大(商)13，法政大(経社現)12・11，上智大(神総法外)11，成蹊大(経)11，東経大(全)11，明治大(営)11，日本大(経)10，早大(政経)10，青学大(経)09，上智大(法)(総外文)09，立教大(2/12)09，早大(商)09，中央大(法)08，東洋大(文)08，國學院大(全)07，成蹊大(法)07，専修大(全)07，東経大(全)07，明学大(社経)07，早大(商)07</small>

工場法

1911年，（　第2次桂太郎　）内閣時に制定。少年【最低年齢 12 歳】・女性の12時間労働制と深夜業禁止等が規定されたが，適用範囲は15人以上の従業員がいる企業に限られた。しかも，（　製糸　）業では14時間労働，（　紡績　）業では深夜業【期限付きではあるが】が認められた。それでも資本家団体の反対があり，実施は1916年にずれ込んだ。

<small>駒澤大(2/7)14，早大(商)14，津田塾大(学芸)13，成蹊大(経)11，日本大(経)10，法政大(法文営)10，中央大(法)09，立教大(2/12)09，早大(商)09，東洋大(文)08，明治大(政経)07</small>

6 近代文化の発達

《明治の文化》 p.308

明治の文化
「新しいものと古いもの，（ 西洋 ）的なものと（ 東洋 ）的なものが無秩序に混在・併存する，独特の二元性」【p.308】という部分の類似問題が出た。
中央大(経)11

《思想と信教》 p.308-310

徳富蘇峰
1887年（ 民友社 ）設立，雑誌『 国民之友 』創刊，（ 平民的欧化 ）主義の立場。「平民主義」と書く問題文も出ているので注意を要する。徳富蘇峰は1890年に『 国民新聞 』を創刊，国権論へ転向後，日露戦争前には（ 主戦論 ）を盛り上げた。国民新聞社は（ 日比谷焼打ち事件 ）で襲撃された。
慶応大(文)14，青学大(文教)13，中央大(文)13，東洋大(2/9)12，明治大(文)12，法政大(経社スポ)11，学習院大(法)10，東洋大(2/14)10，法政大(経社スポ)10，津田塾大(学芸)09，法政大(経社現)09，明治大(営)08

三宅雪嶺
志賀重昂
杉浦重剛
1888年（ 政教社 ）設立　雑誌『 日本人 』創刊，（ 国粋保存 ）主義を唱える【p.308では 近代的民族主義 と大きく捉えた思想を載せている】。『日本人』には，「 高島炭鉱の惨状 」が掲載されたことも重要。三宅雪嶺には『 真善美日本人 』という著書がある。政教社創立の一員であった（ 井上円了 ）は，自ら（ 哲学館 ）を創設，これが後に東洋大学となる。東洋大学を受験する人は，絶対覚えておかねばならない。彼は，妖怪の研究【迷信打破のため】でも有名である。
慶応大(文)14，立教大(文)14，早大(政経)14，学習院大(経)10，法政大(経社現)09，立教大(2/12)09，中央大(経)08，日女大(文)07，明学大(社経)07

陸羯南
1888年政府を退官して，新聞『 日本 』を刊行。（ 国民 ）主義を唱える。
早大(政経)11，早大(商)11，センター10，学習院大(法)10，法政大(経社スポ)10

高山樗牛
雑誌『 太陽 』で（ 日本主義 ）を説いた。この雑誌は近代の新聞・雑誌の歴史を取り上げた問題で出た。この問題では（ 巌本善治 ）の『 女学雑誌 』等も出ている。
慶応大(文)14，センター10，学習院大(法)10，神奈川大(法経)10，東洋大(2/14)10，上智大(総外文)09

戊申詔書
国民道徳の強化が企図された。戊申詔書が出された背景を押さえよ。それを解説する問題文として p.309の13〜20行目の文章がほぼそのまま出され，「 国家 」「 青年 」等の語句が問題となった。
駒澤大(文営経)11

島地黙雷
浄土真宗【本願寺派】の僧侶で，神道国教化に反対し，信仰の自由を主張。仏教界の（ 廃仏毀釈 ）からの回復に努めた。
慶応大(法)13，早大(教)12，早大(商)11，立教大(2/14)10，法政大(経社現)09，明治大

(政経)07

キリスト教布教西洋近代思想の普及	(内村鑑三)(海老名弾正)(新渡戸稲造)らがキリスト教や西洋近代思想の啓蒙家として活躍。他に日本基督教会の(植村正久)が出た。ジェーンズが熊本洋学校で聖書を講じたことが出た。新渡戸稲造が『武士道』を著わしたこと，(国際連盟)事務局次長であったこと等は重要。 慶応大(法)12，明学大(全)11，早大(商)11，学習院大(法)10，法政大(経社現)09
《教育の普及》 p.310-311 教育令 学校令	1879年公布。(アメリカ)の教育制度を参考に，文部大輔の(田中不二麿)を中心に立案し，学制を改正。地方の自主性を認め，小学校の設立・経営を町村の自由裁量とした。義務教育期間は(16カ月)とした。しかし，自由主義的だとして翌年すぐに改正され，中央集権化された。1886年，第1次(伊藤博文)内閣の文部大臣(森有礼)の時，学校令公布。学校令とは小学校令・中学校令・(師範学校令)・(帝国大学令)よりなる。その他，1894年に(高等学校令)が，1899年に(高等女学校令)(実業学校令)が，1903年に(専門学校令)が出た。学制・教育令についてもちろん出題されるが，頻度としては学校令が一番出る。その後，1900年には義務教育期間の授業料廃止。1902年には就学率が(90)％を超え，1905年には女子の就学率も90％を超えた。このことも出たことがある。1907年に義務教育期間は(6)年に延長された。就学率は意外と出るので，p.310のグラフを確認しておきたい。明治末期には(98)％を超えたと出た。 一橋大(前)14，学習院大(法)(文)14，上智大(文法)14，日本大(法)14，武蔵大(全)14，早大(商)14，国士舘大(2/1)13，中央大(経)13，立教大(異法)13，早大(教)13，慶応大(経)12，明治大(文)12，早大(政経)12，慶応大(文)11，明治大(学芸)11，明学大(全)(経社法)11，早大(商)11，駒澤大(文経営)10，津田塾大(学芸)10，東女大(2/8)10，東洋大(2/14)10，日本大(経)10，法政大(法社)10，上智大(総外文)09，法政大(経社現)09，専修大(全)08，中央大(法)08，学習院大(経)07
教育に関する勅語 国定教科書	1890年に発布。大日本帝国憲法制定で活動した(井上毅)【軍人勅諭にも】をはじめ(元田永孚)らが起草に関わったことが出ている。いわゆる(内村鑑三)不敬事件について出た。関連して国定教科書について出た。国定教科書制度は(教科書疑獄)事件を契機に導入されたことが出た。 学習院大(文)14，上智大(文法)(外神総法)14，武蔵大(全)14，立教大(文)14，早大(商)14，津田塾大(学芸)13，明治大(文)12，明治大(政経)11，明学大(経社法)11，東洋大(2/14)10，青学大(文)09，上智大(総外文)09，成城大(文芸)09，法政大(経社現)09，日本大(文理)08
民間高等教育機関	福沢諭吉の(慶応義塾)，新島襄の(同志社)に続き，大隈重信の(東京専門学校)等が創設された。今日の私立大学の前身である私立法律学校について，日本大学の前身の日本法律学校と創設者(山田顕義)が出た。私立大学の日本史では，それぞれの大学の創設者や出身著名人が取り上げられることが少なくないので，受験する大学の沿革に目を通しておくことも大切。 明治大(政経)11，日本大(経)10

第9章 近代国家の成立 *209*

《科学の発達》 p.311-312

お雇い外国人
ヘボン（米），フルベッキ（米），ケプロン（米），クラーク（米），モース（米），ナウマン（独），ミルン（英），ベルツ（独），フォンタネージ（伊），ワーグマン（英），キヨソネ（伊），コンドル（英）らが出たことがある。札幌農学校については，クラーク【 新島襄 がアマースト大学留学中に同大学で指導を受けた】だけでなく（ ケプロン ）を記憶せよ。オランダ生まれのアメリカ人（ フルベッキ ）が，宣教師として布教活動をし，また，翻訳や法律に関することで活躍したことが出た。また，フルベッキが大学南校でも教えた人物であり，政府顧問として（ 岩倉 ）使節団派遣を提言したこと，提言集「 ブリーフ・スケッチ 」を著わしたことが出た。地質学の（ ナウマン ）は，（ フォッサマグナ ）の命名者である。（ ミルン ）は日本地震学会を創設。その他「お雇い外国人」という語が出た。明治法律学校【現明治大学】創設期に（ 岸本辰雄 ）がフランスに留学して法曹界に大きな役割を果たしたことが出た。

青学大(2/13)14，関東学院大(2/5)14，上智大(外神総法)14，立教大(全)14，東経大(2/9)13，獨協大(国経法)13，明治大(文)13，慶応大(法)12，東洋大(2/9)12，中央大(経)11，東経大(全)11，法政大(法社)(文営人)11，早大(商)11，学習院大(経)10，駒澤大(文経営)10，上智大(法外)10，明治大(政経)10，明治大(全)08，早大(社)08

久米邦武事件
「 神道は祭天の古俗 」という論文が，神道家の攻撃を受け，著者久米邦武は帝国大学の職を追われることとなった。これ以後，歴史学は天皇の権威に関わる問題に関する研究を大きく制約されることになった。久米邦武は，佐賀藩主（ 鍋島直正 ）に仕えた儒学者で，岩倉使節団に同行し，『 特命全権大使米欧回覧実記 』を書いている。

中央大(法)14，早大(文化)13，慶応大(法)12，慶応大(法)09，早大(政経)09，センター08

人文・社会科学
『 日本開化小史 』を著わした（ 田口卯吉 ）を，嚶鳴社にも加わっていたというヒントから答えさせる問題があった。民法典論争の（ 穂積陳重 ），哲学者（ 井上哲次郎 ）らがドイツの法学や哲学から学んだことも出た。

立教大(全)14

自然科学
（ 北里柴三郎 ）の（ ペスト菌 ）発見。志賀潔の（ 赤痢菌 ）発見，（ 高峰譲吉 ）の（ アドレナリン ）抽出・（ タカジアスターゼ ）創製，（ 鈴木梅太郎 ）の（ オリザニン ）抽出，（ 本多光太郎 ）の（ KS磁石鋼 ）発明等が出た。夏目漱石『我輩は猫である』の苦沙弥先生が飲用する場面から高峰譲吉が問われた。

学習院大(法)14，立教大(全)14，東経大(2/9)13，獨協大(国経法)13，早大(文化)13

《ジャーナリズムと近代文学》 p.312-314

新聞
政治評論中心の（ 大新聞 ）と，瓦版の伝統をひく報道・娯楽中心の大衆紙である（ 小新聞 ）がある。「小新聞」の説明を求める論述問題が出た。

中央大(経)14，早大(教)13，津田塾大(学芸)11，津田塾大(学芸)09

坪内逍遥
二葉亭四迷
坪内逍遥は1885年『 小説神髄 』を著わし，西洋文芸理論をもとに写実主義を提唱。自らも『 当世書生気質 』・戯曲『 桐一葉 』を書いたことを

戯作文学	覚えよ。また，仮名垣魯文の『 安愚楽鍋 』，（ 末広鉄腸 ）の『 雪中梅 』，立憲改進党系の政治家（ 矢野龍溪 ）の『 経国美談 』，東海散士の『 佳人之奇遇 』を軒並み出した問題があった。仮名垣魯文は『 仮名読新聞 』発行に携わり，『 西洋道中膝栗毛 』を書いた。二葉亭四迷の『 浮雲 』は，逍遙の提唱を文学的に結実させたものといわれる。（ 言文一致体 ）で書かれた。 成蹊大（経）14，関東学院大（2/5）13，明治大（文）12，法政大（経社スポ）11，上智大（法外）10，中央大（経）10，早大（文）10，上智大（法）09，津田塾大（学芸）09，青学大（営）08
硯友社	（ 尾崎紅葉 ）らが設立。坪内逍遙の写実主義を受け継ぎながら大衆化。尾崎紅葉の『 金色夜叉 』が読売新聞に連載されたことが出た。一方，（ 幸田露伴 ）は，内面尊重を受け継ぎ，理想主義的な作品を生んだ。 学習院大（法）08，学習院大（経）07
ロマン主義	（ 北村透谷 ）らの『 文学界 』が拠点。小説では初期の（ 森鷗外 ）や（ 泉鏡花 ），新体詩の（ 島崎藤村 ），短歌の（ 与謝野晶子 ）（ 樋口一葉 ）も影響下にあった。『文学界』，『 明星 』，島崎藤村『 若菜集 』が出た。 成蹊大（経）14，青学大（文教）13，関東学院大（2/5）13，國學院大（全）11，東経大（全）11，上智大（法外）10，津田塾大（学芸）09，青学大（営）08
定型詩	（ 正岡子規 ）は，俳句の革新と万葉調和歌の復興を進めた。正岡子規の協力で俳句雑誌『 ホトトギス 』が創刊された。子規と親交があった夏目漱石は1905年，この雑誌に『 吾輩は猫である 』を連載したことが出た。また，子規の門下（ 長塚節 ）『土』の作者〕が出た。 学習院大（法）14，東経大（2/9）13，上智大（法外）10，学習院大（経）07，獨協大（経法国）07
自然主義	（ フランス ）（ ロシア ）の自然主義文学の影響を受けた。文壇の主流となり（ 国木田独歩 ）（ 田山花袋 ）（ 島崎藤村 ）（ 徳田秋声 ）らが出た。 津田塾大（学芸）09
夏目漱石 森鷗外	漱石が『 朝日新聞 』紙上で小説を連載したこと，鷗外の『 即興詩人 』，『 阿部一族 』，『 舞姫 』がドイツで生まれたこと等が出た。また，鷗外の短編『 牛鍋 』が出た。徳冨蘆花の『 不如帰 』が出た。 明治大（商）13，立教大（2/12）11，上智大（法外）10，立教大（2/12）10，学習院大（法）08，学習院大（経）07
《明治の芸術》	p.314-316
歌舞伎 新派劇 新劇	（ 河竹黙阿弥 ）の脚本で新作が生まれた。「 団菊左 時代」の出現で社会的地位が向上した。団菊左とは，9代目（ 市川団十郎 ），5代目（ 尾上菊五郎 ），初代（ 市川左団次 ）である。河竹黙阿弥の『 三人吉三廓初買 』が出た。（ 歌舞伎 ）座は，1889年（ 福地源一郎 ）が開設した。新派劇は，（ 川上音二郎 ）らの壮士芝居が日清戦争前後から通俗小説の劇化を加えて発展したもの。新劇は，（ 坪内逍遙 ）（ 島村抱月 ）の（ 文芸協会 ），（ 小山内薫 ）の（ 自由劇場 ）が西洋の近代劇を翻

第9章 近代国家の成立　*211*

訳・上演した。
一橋大(前)14，青学大(2/13)14，立教大(異経法)14，東洋大(2/9)13，慶応大(法)12，東経大(全)11，上智大(法外)10，中央大(経)10，國學院大(全)09

西洋音楽
1887年（ 東京音楽学校 ）創設。唱歌と（ 伊沢修二 ）に関する問題が出た。
青学大(2/13)14，東経大(2/9)13，立教大(2/12)11

西洋美術 伝統美術
（ 工部美術学校 ）が創設され，西洋美術が教授された。（ フォンタネージ ）らが教鞭を執り，（ 浅井忠 ）らが育つ。初期の西洋画として高橋由一の（ 鮭 ）が図版で出た。しかし，アメリカ人（ フェノロサ ）や（ 岡倉天心 ）【フェノロサが薬師寺東塔の（ 水煙 ）の美を高く評価したことが出た。フェノロサは帝国大学で政治・経済を教えていた。岡倉天心には『 茶の本 』という著書がある】の影響で伝統美術見直しが進み，（ 狩野芳崖 ）（ 橋本雅邦 ）らが現われた。工部美術学校は閉鎖され，西洋美術を排除した（ 東京美術学校 ）【1887年】が設立された。狩野芳崖は東京美術学校開校前に没し，橋本雅邦は同校教授となった。代表的作品として，橋本雅邦「 龍虎図 」，横山大観「 無我 」，下村観山「 大原御幸 」等を記憶せよ。その後，岡倉天心らによる伝統美術団体（ 日本美術院 ）が創設された。政府の伝統美術保護政策の歴史が出た。1897年（ 古社寺保存法 ），1929年（ 国宝保存法 ），1949年（ 文化財保護法 ）である。
青学大(文教)13，学習院大(法)13，明治大(文)13，法政大(経社スポ)11，明治大(営)11，明学大(全)11，学習院大(経)10，上智大(法外)10，津田塾大(学芸)10，東洋大(2/8)10，センター09，青学大(総社)09，國學院大(全)08，中央大(文)08，日本大(文理)08，センター07

西洋画の興隆
浅井忠らによる日本初の西洋美術団体（ 明治美術会 ）が創設された。1896年東京美術学校に（ 西洋画科 ）を創設。（ 黒田清輝 ）らが創設に努力した。また，（ 白馬会 ）が黒田清輝らにより創設され画壇の主流となった。
センター15，青学大(文教)13，明治大(営)11，中央大(文)08

文展
1907年から（ 文部省美術展覧会 ）。開設時の文部大臣は（ 牧野伸顕 ）【第1次西園寺公望内閣】で大久保利通の子。後に内大臣を務める。1919年には（ 帝国美術院美術展覧会 ）に改組された。
慶応大(法)12，津田塾大(学芸)11，早大(政経)10

建築
西洋建築が建設され始め，明治末期にはコンクリート建築も始まる。ニコライ堂は（ コンドル ），日本銀行本店は（ 辰野金吾 ），赤坂離宮【現迎賓館】は（ 片山東熊 ）の設計。ニコライ堂は（ ビザンチン ）様式，日本銀行本店は（ ルネサンス ）様式，赤坂離宮は（ ヴェルサイユ宮殿 ）を模している。p.316以外には，コンドルの（ 鹿鳴館 ），辰野金吾の（ 東京駅 ），片山東熊の（ 京都国立博物館 ）等がある。
中央大(経)11，神奈川大(法経)10，明治大(政経)10，青学大(総社)09，明治大(営)09

第10章　二つの世界大戦とアジア

1　第一次世界大戦と日本

《大正政変》 p.318-320

大正天皇即位
1912年7月，明治天皇が没し，大正天皇が即位した。明治天皇の死去は，悲しみとともに，国民に重圧から解放された雰囲気を醸し出したといわれている。また，この頃，（ 美濃部達吉 ）が『 憲法講話 』を著わしたことも重要である。（ 天皇機関説 ）【 国家法人説 】と，政党内閣論は，時代の雰囲気とともに，国民の政治的関心を高めたといわれる。美濃部の学説について出た。
上智大（文総法）13，東洋大（2/8）12，上智大（神総法外）11，法政大（文営人）10，早大（政経）10，千葉大（前）09，中央大（法）08，東洋大（文）08，専修大（全）07，早大（商）07

2個師団増設問題
日露戦争後の1907年，軍ははじめての（ 帝国国防方針 ）を定め，陸軍は17個師団から25個師団へ増強，海軍は八・八艦隊の創設を目標とした。しかし，このときまでに実現していたのは陸軍の2個師団増設【ここで問題になっているのとは別】のみであった。第2次（ 西園寺公望 ）内閣に対しては，海軍からの建艦計画実現，商工業者の減税等もあり，内閣は厳しい財政運営をせざるを得なかった。併合した韓国に陸軍部隊を常駐させるため，陸軍は強く2個師団増設を要求し，首相が拒絶すると，陸軍大臣（ 上原勇作 ）は天皇に（ 帷幄上奏 ）して単独辞任した。その結果，内閣は，陸軍大臣の後任を得られず総辞職した。これが出たら陸軍大臣の氏名は出るので必ず覚えよ。
中央大（文）14，東洋大（2/9）14，首都大（前）12，中央大（文）11

第3次桂太郎内閣
元老会議により桂太郎に3度目の組閣の大命が下った。しかし，桂は，新たに即位した大正天皇の（ 内大臣 ）兼（ 侍従長 ）という宮中の要職に就いたばかりであったので，府中と宮中の境界を乱すという非難の声が上がった。

第一次護憲運動
立憲政友会（ 尾崎行雄 ），立憲国民党（ 犬養毅 ）を中心とする野党勢力とジャーナリスト，商工業者，都市民衆による運動が高揚。スローガンは，「 閥族打破 」「 憲政擁護 」。政党嫌いであった桂も，この期に及んで政党を組織して対抗しようとしたが【桂の死後，立憲同志会 として結成された】，立憲政友会・立憲国民党による内閣不信任案の提出と，それを支持し帝国議会を取り巻いた民衆の圧力により総辞職＝（ 大正政変 ）。2個師団増設問題から第3次桂内閣総辞職までの経過が多数出た。尾崎行雄の議会演説史料はよく出る。『 時事新報 』の記事が史料として出たこともある。スローガン，大正政変の過程を250字で説明する論述問題が出た。立憲同志会は，第一次世界大戦中の第2次（ 大隈重信 ）内閣の与党であるし，後の（ 憲政会 ）の母体となる政党であるので記憶せよ。初代総裁は（ 加藤高明 ）。
東洋大（2/9）14，関東学院大（2/5）13，國學院大（2/2）13，上智大（文総法）13，聖心女子大

第10章　二つの世界大戦とアジア　**213**

(文)13，明治大(法)13，中央大(経)12，東洋大(2/8)12，帝京大(1/31)11，早大(法)11，上智大(経)10，津田塾大(学芸)10，東洋大(2/9)10，早大(商)(文)10，青学大(文)09，成城大(経)09，東女大(現)09，女子大(文)09，センター08，慶応大(法)08，聖心女子大(文)08，法政大(文営)08，明治大(政経)08，國學院大(全)07，上智大(法)07，成蹊大(法)07，専修大(全)07，東海大(政経)07，法政大(法文営)07，早大(商)07

第1次山本権兵衛内閣　薩摩出身の海軍大将であった。（ 立憲政友会 ）を与党とし，政党の影響力を広げる政策を実行したが，（ ジーメンス ）事件で退陣した。（ ヴィッカース ）事件も出た。ジーメンス事件に続いて，イギリスのヴィッカースの日本代理店である三井物産が，1910年に巡洋戦艦「金剛」をヴィッカースに注文させるため海軍高官に贈賄した事件である。
慶応大(経)14，早大(国)13，帝京大(1/31)11，上智大(経)10，津田塾大(学芸)10，立教大(2/8)10，聖心女子大(文)08，明治大(政経)07

軍部大臣現役武官制　①第2次（ 山県有朋 ）内閣で制定→②第1次護憲運動→③第1次山本権兵衛内閣で改正【軍部大臣の任用資格を予備役・後備役の大将・中将にまで広げた。ただし，現実にはこうした人が任用されたことはない】→④（ 二・二六事件 ）→⑤（ 広田弘毅 ）内閣で再改正し復活。
慶応大(経)14，聖心女子大(文)13，東洋大(2/8)12，青学大(経)11，上智大(経)10，早大(商)10，慶応大(法)09，東経大(全)08，明学大(経社)08，明治大(政経)07

第2次大隈重信内閣　立憲同志会を与党として成立。総選挙に勝った後，大正政変のきっかけとなった2個師団増設案を通過させた。第1次大隈重信内閣は，はじめての（ 政党内閣 ）【隈板内閣】だった。よく覚えておくこと。中国に対する二十一カ条要求と関連する部分は，本書p.215「二十一カ条の要求」参照。
慶応大(法)14，立教大(全)07

《第一次世界大戦》　p.320

三国同盟 三国協商　三国同盟側は（ ドイツ ），（ オーストリア＝ハンガリー ），ブルガリア，トルコ。三国協商側は，（ イギリス ），（ フランス ），（ ロシア ），イタリア，ポルトガル，ベルギー，ルーマニア，ギリシア，セルビア，モンテネグロ。日本はイギリスと（ 日英同盟協約 ），ロシアと（ 日露協約 ）を結んでおり，三国協商側にあった。
成蹊大(経)13，早大(国)13

サライェヴォ事件　オーストリア帝位継承者が親露的な（ セルビア ）人に暗殺された事件。第一次世界大戦の発端となった。イタリアは（ 三国同盟 ）の一員であったが，大戦が始まると中立の態度を取り，1915年には（ 協商 ）側に立って参戦した。ドイツのいわゆる（ 無制限潜水艦作戦 ）が契機となって（ アメリカ ）は1917年に参戦した。
國學院大(全)11，中央大(文)09

《日本の中国進出》　p.320-322

参戦　1914年8月，第2次（ 大隈重信 ）内閣は，（ イギリス ）がドイツに宣戦布告したことを受けて，（ 日英同盟協約 ）を理由に参戦。参戦を主導したのは（ 加藤高明 ）外務大臣であった。宣戦布告時はイギリスとの間で軍事行動の範囲について合意に達していなかったことが出題された。加

藤外相の閣議での発言が史料として出され,「参戦目的」「行動」「結末」の説明が求められる問題が出た。ヨーロッパでの戦闘には,海軍艦艇を(地中海)に派遣した。アジアでは,中国の(山東)半島に進撃し,(青島)を占領した。太平洋の南洋諸島とは(マーシャル)諸島,(カロリン)諸島等のことである。井上馨が,第一次世界大戦を「 天佑 」と表現したことも出た。
関東学院大(2/5)14, 一橋大(前)13, 中央大(経)12, 國學院大(全)11, 早大(社)11, 早大(商)08

二十一カ条の要求

加藤高明外務大臣が(袁世凱)政権に対し要求。①(山東省)のドイツ利権の継承,②(南満州)及び(東部内蒙古)の権益の強化,③(福建省)の他国への不割譲の再確認,④日中(合弁)事業の承認,⑤中国政府顧問として(日本人)を雇用,といった内容である。この史料の,(独逸国)(南満州)を穴埋めする問題が出たことがある。これら要求のうち⑤は撤回され,他は最後通牒を発して承認させた。その結果,「 山東省に関する条約 」と「 南満州及東部内蒙古に関する条約 」の２条約が締結された。特に,第五号条項を取り下げたこと,旅順・大連等の租借期限を(99)年延長要求したこと等がよく出る。中国政府が日本の要求を受諾した５月９日は(国恥)記念日として記憶された。五・四運動と混乱しないように。こうした動きに対し,国内では(石橋湛山)が「青島は断然領有すべからず」【小日本主義】を主張した。掲載した『東洋経済新報』の名称とともに記憶せよ。後に政党内閣の首相となる加藤高明は,このとき,伯爵で,原のような「平民」ではなかった。
慶応大(経)14, 学習院大(法)13, 中央大(法)13, 日本大(法)13, 早大(教)13, 慶応大(商)13, 聖心女子大(文)12, 東洋大(2/8)12, 早大(商)12, 國學院大(全)11, 津田塾大(学芸)11, 帝京大(1/31)11, 日女大(文)11, 明治大(政経)11, 立教大(全)11, 早大(政経)(商)(社)11, 上智大(経)10, 東洋大(2/9)10, 獨協大(経法国)09, 早大(政経)09, 早大(教)08, 駒澤大(文経法)07, 明治大(政経)07

西原借款

1917年(寺内正毅)内閣が(段祺瑞)政権【袁世凱死後の実権を握る】に対し無担保で巨額の借款を供与した。この名称は,首相の秘書(西原亀三)に由来,金額は,(1億4500万)円といわれる。
中央大(法)13, 立教大(2/6)13, 早大(商)12, 学習院大(経)11, 帝京大(1/31)11, 早大(政経)(商)(社)11, 東経大(全)09

石井・ランシング協定

アメリカは,日本の中国進出を警戒していたが,第一次世界大戦への参戦にあたって太平洋の安定が必要なことから,日本と協定した。当事者は,特派大使(石井菊次郎)と(ランシング)米国務長官。中国の(領土保全)(門戸開放)というアメリカの建前と日本の特殊権益を地理的理由から認めるという内容を併記している。史料中に(合衆国)や門戸開放・機会均等を穴埋めする問題が出た。協定の内容に「中国の安定政権樹立に協力すること」が入っているかが出されたが,入っていない。これ以前に1916年に第４次(日露協約)でロシアと両国の東アジア権益を確認し合い,1917年にイギリスと覚書を交換した。
慶応大(経)14, 日本大(法)13, 明治大(法)10, 明治大(政経)07

ロシア革命

1917年３月ロシアの(ロマノフ)朝滅亡＝(三月革命),11月(ソ

第10章 二つの世界大戦とアジア **215**

ヴィエト政権)の樹立＝(十一月革命)。三月革命で退位した(ニコライ2世)が，(大津事件)の被害者であったことが出た。アメリカが，チェコスロヴァキア軍救援を名目とする派兵を提案，1918年8月，日本も出兵を決定＝(シベリア出兵)。日本のシベリア撤兵が(加藤友三郎)内閣の時であったことが出た。

東洋大(2/9)12，國學院大(全)11，帝京大(1/31)11，早大(教)11，センター09，高経大(前)09，明治大(法)09，センター08，上智大(法)07，法政大(法文経営)07

《大戦景気》 p.322-323

輸出超過
債務国から債権
国へ

アジア向け輸出繊維は，(綿糸)と，それを原料にする(綿織物)が中心である。1897年にはイギリスからの綿糸輸入高を，日本の輸出高(主にアジア向け)が上回ったが，第一次世界大戦後は，綿織物のアジア向け輸出も増大した。アメリカに対しては(生糸)の輸出が好調。また，ヨーロッパ向け(軍需品)の輸出もあった。その結果，貿易収支は一時黒字となり，1914年と1920年の数値＝(11)億円の債務→(27)億円以上の債権，が出ることもあるので数字も覚えておこう。また，1914～18年の貿易収支の動向が問題となったこともあるのでp.323のグラフも把握しておきたい。

関東学院大(2/5)14，慶応大(経)14，法政大(2/8)14，國學院大(2/3)12，東洋大(2/8)(2/9)12，法政大(法文営)12，明治大(全)11，早大(商)(社)11，東女大(2/8)10，高経大(前)09，上智大(経神)08，東洋大(営)08

海運業
造船業

世界的船舶不足→海運業・造船業の発達→「 船成金 」の輩出という筋で出ることがある。海運業は世界第(3)位となったことはよく出る。山下亀三郎，勝田銀次郎と並ぶ三大船成金の一人である(内田信也)が出た。

関東学院大(2/5)14，駒澤大(2/6)13，明治大(商)13，関東学院大(2/5)12，東洋大(2/9)12，早大(商)11，成城大(経)10，東女大(2/8)10，早大(商)10，高経大(前)09，中央大(法)09，上智大(経神)08，東洋大(営)08

鉄鋼業

ポイントは，①(八幡製鉄所)の拡充，②満鉄の(鞍山製鉄所)設立，③民間製鉄所の設立である。②では(撫順)の石炭を使用することが出た。(1919)年に，民間製鉄所の銑鉄生産量が，官営製鉄所を抜いたことが出た。

法政大(2/8)14，青学大(営)13，早大(政経)13，東洋大(2/9)12，早大(商)11

化学工業

ヨーロッパ諸国が一時アジア市場から撤退したので(薬品)(染料)(肥料)等の輸入がとまり，国内の化学工業が発展した。輸入は主に(ドイツ)からであった。重化学工業は工業生産額のうち(30)％の比重を占めるようになったことはよく出る。

慶応大(経)14，法政大(2/8)14，関東学院大(2/5)12，東洋大(2/9)12，法政大(法文営)12，立教大(2/13)11，早大(商)11，東女大(2/8)10，東洋大(営)08

水力発電

(猪苗代)(東京)間の長距離送電が開始された。猪苗代湖が(福島)県であることが出た。なお，この変電所が埼玉県鳩ヶ谷に建設され，五・一五事件の時には，クーデタを起こした海軍青年将校と連携する「農

216　第Ⅳ部　近代・現代

民決死隊」が東京の停電をねらって手榴弾を投げたりした。工業原動力は，（ 蒸気力 ）から（ 電力 ）への転換が進んだが，追い越した訳ではない。電力事情，電気の普及率が昭和初年には8割前後に達し，アメリカ・イギリスを凌いだことが出た。

<small>法政大(2/8)14，関東学院大(2/5)12，東洋大(2/8)(2/9)12，法政大(法文営)12，早大(商)11，東経大(全)10，東女大(2/8)10，立教大(2/12)10，中央大(法)09</small>

工業生産額 労働人口　工業生産額が農業生産額を追い越し，工場労働者は（ 150万 ）人を超えた。特に重工業の発達で男性労働者が増加し，女性労働者の数に迫った。

《政党内閣の成立》　p.323-325

天皇超政論　天皇は最高の統治機関であると同時に政治に直接関わらないとの解釈で立憲政治を推進した。天皇機関説の一つの柱である。美濃部達吉は天皇機関説事件の関連で多くの大学で出ている。本書 p.239「天皇機関説問題【事件】」参照。

<small>法政大(文営人)10，早大(政経)10，中央大(法)08，東経大(全)08，学習院大(法)07，専修大(全)07，明学大(全)07，早大(商)07</small>

民本主義　（ 吉野作造 ）「憲政の本義を説いて其の有終の美を済すの途を論ず」（『中央公論』1916年1月号）で説く。掲載雑誌である『中央公論』が問われることがある。本書 p.222「普通選挙運動」「黎明会」「新人会」参照。

<small>慶応大(経)14，東洋大(2/8)14，上智大(文総法)13，國學院大(2/3)12，駒澤大(営経文)12，早大(政経)12，慶応大(法)11，上智大(神総法外)11，日本大(商)10，成蹊大(経)09，明治大(法)07</small>

寺内正毅内閣　第2次大隈重信内閣の後に成立。第一次世界大戦下で（ 挙国一致 ）を掲げたが，海軍大臣以外は（ 山県有朋 ）閥という超然内閣であった。第2次大隈内閣の与党であった立憲同志会等が合同して（ 憲政会 ）を組織して内閣に対抗すると，総選挙で勝利した立憲政友会の（ 原敬 ），立憲国民党の（ 犬養毅 ）を同内閣が設置した（ 臨時外交調査委員会 ）に取り込んで基盤を安定させた。

米騒動　1918年7〜9月（ 米騒動 ）が発生。（ シベリア出兵 ）をあて込んだ米の投機的買占めが横行し米価が急騰。（ 富山県 ）での騒動から全国に波及した。この時，神戸の（ 鈴木商店 ）【後の金融恐慌の主役】も焼き打ちされたことが出ている。軍隊は出動したが戒厳令は出なかった。新聞では（ 女一揆 ）や（ 越中女房一揆 ）と書かれた。（ 寺内正毅 ）内閣は，世論から責任を追及され総辞職した。後に米価安定策として（ 植民地 ）からの米移入が行われたことが出た。

<small>関東学院大(2/5)14，獨協大(経国法)14，成蹊大(経)13，明治大(商)13，立教大(2/6)13，早大(法)(教)(商)13，慶応大(商)12，東洋大(2/9)12，法政大(法文営)12，帝京大(1/31)11，早大(法)(商)11，上智大(経)10，センター09，学習院大(法)09，成城大(経)09，日本大(法)09，明治大(法)09，東洋大(文)08，日女大(文)08，明治大(政経)08</small>

原敬内閣　1918年9月成立。（ 立憲政友会 ）を基盤とする政党内閣で，外務大臣，陸海軍大臣以外は，全員立憲政友会の党員であった。外務大臣（ 内田康哉 ），陸軍大臣（ 田中義一 ），海軍大臣（ 加藤友三郎 ）。原内閣に

ついて説明する論述問題が出た。原は，衆議院の議席を持つはじめての総理大臣であり，奥羽越列藩同盟の盛岡藩【南部藩】出身であったから，維新の朝敵藩初の総理大臣でもあった。若い頃には『　郵便報知新聞　』【前島密が発刊し，後に立憲改進党機関紙となった】記者も経験したことが出題された。政治家になってからは第1次・第2次（　西園寺公望　）内閣，第1次（　山本権兵衛　）内閣の内務大臣を歴任した。また，原が爵位を持たなかったことが「　平民宰相　」と呼ばれる由来であることは出る。原と親しく外務大臣となった内田康哉は，満州事変後の1932年に（　焦土演説　）【「国を焦土にしても満州国の権益を譲らない」旨の演説】を行っている。

学習院大（経）14，慶応大（法）14，日女大（文）14，法政大（営文人）14，立教大（異経法）13，慶応大（商）12，津田塾大（学芸）12，早大（商）10，センター09，学習院大（法）09，成城大（経）09，明治大（法）09，早大（文）（教）09，東洋大（文）08，日本大（法）08，日女大（文）08，青学大（営）07，國學院大（全）07，聖心女子大（文）07，明治大（政経）07

八・八艦隊の建設
1927年までに戦艦8隻，巡洋艦8隻，それに応じた補助艦を建造する計画。1907年の（　帝国国防方針　）で目標とされた。

國學院大（全）07，法政大（法文営）07

選挙制度
原敬は普選時期尚早論者で（　憲政会　）等の野党が提出した男性普通選挙法案を拒否して衆議院を解散。選挙権の納税資格を（　3　）円以上に引き下げ，（　小選挙区制　）を導入して圧勝した。小選挙区，選挙権の納税資格について出た。

慶応大（経）14，東洋大（2/9）12，早大（法）11，早大（文）（商）10

関東州支配の整備
関東都督府を（　関東庁　）と（　関東軍　）司令部に分け，関東庁長官には文官を充てた。これにより南満州支配は，関東軍司令官・関東庁長官・（　満鉄　）社長・（　奉天総領事　）の「四頭政治」となった。関東軍の本来の任務は遼東半島租借地と満鉄沿線の守備であったが，後に大陸侵略の急先鋒となった。

早大（教）08

高等教育の充実
（　高等学校令　）は1894年に公布された旧令と，1918年に公布された新令がある。また，大学令によって（　私立大学　）の設置が認められた。その他，原内閣の積極政策について出た。原内閣時の1919年，（　都市計画法　）が制定されたことも出た。

早大（政経）（商）10，明学大（経社法）10，慶応大（経）10，駒澤大（文経）10，上智大（経）10，法政大（法社）10，立教大（2/12）10，一橋大（前）08，中央大（法）08

高橋是清内閣
1921年，原敬が暗殺されると，高橋是清が原内閣をそのまま引き継いで組閣した。2006年度は高橋是清個人の年譜的問題が複数校で出された。彼が，（　横浜正金銀行　）頭取，（　日本銀行　）総裁を歴任したことも覚えておくべき。また，原を引き継いで彼が立憲政友会総裁となった際に（　床次竹二郎　）が立憲政友会から出て政友本党を結成。この政党は後に（　憲政会　）と合同して（　立憲民政党　）となる。

成城大（経）09，明治大（政経）08，上智大（法）07

加藤友三郎内閣
本書 p.220-221「協調外交・加藤友三郎内閣」参照。

2 ワシントン体制

《パリ講和会議とその影響》 p.325-327

パリ講和会議 ヴェルサイユ条約

1919年，パリで講和会議開催。アメリカ大統領（ ウィルソン ）が提唱した14ヵ条が，講和の基礎とされたが，賠償問題等には言及がなく，6月に締結されたヴェルサイユ条約では，ドイツに対し，①巨額の（ 賠償金 ），②（ 軍備 ）の制限，③本国領土の割譲という厳しい条件が課された。日本の全権は（ 西園寺公望 ）（ 牧野伸顕 ），随員として（ 近衛文麿 ）がこの会議に出席したことを記憶せよ。近衛はこの会議後『日本及日本人』誌上に「 英米本位の平和主義を排す 」を執筆していることが出た。この時期「戦争の違法化」が進んだとして，それを象徴する組織と国際条約を説明させる問題も出題された。日本は（ 赤道 ）以北のドイツ領（ 南洋諸島 ）を委任統治領とし，（ 山東省 ）の旧ドイツ利権を継承する権利を認められた。また，ヴェルサイユ条約締結にあたり，日本は（ 人種差別撤廃案 ）を熱心に主張したが，列国の反対で条約には反映されなかった。アメリカでの日本人移民排斥運動が激しかったからともいわれる。1924年にアメリカでは日本移民入国禁止法＝（ 排日移民 ）法が成立していることも出ている。

中央大(文)14，法政大(営文人)14，国士舘大(2/1)13，早大(国)13，慶応大(商)12，國學院大(2/3)12，早大(政経)12，一橋大(前)11，津田塾大(学芸)11，上智大(経神)09，早大(商)08，学習院大(文経法)07，駒澤大(文経法)07

国際連盟

14ヵ条に基づき国際連盟【国際紛争の平和的解決と国際協力のため】が1920年に結成された。提唱国アメリカは上院の反対で加盟できず【伝統的な モンロー主義 から】，（ イギリス ）（ 日本 ）（ フランス ）（ イタリア ）が常任理事国となった。敗戦国ドイツとロシア革命が起きたソ連は当初加盟を許されなかったが，ドイツは（ 1926 ）年，ソ連は（ 1934 ）年に加盟した。14ヵ条の（ 民族自決 ）の原則や常任理事国4ヵ国名が出た。ウィルソンの14ヵ条に「 人種差別の禁止 」が入っているかという問題が出たが，これは入っていない。また，1920～26年事務局次長を務めたのが日本人（ 新渡戸稲造 ）であった。

神奈川大(2/6)13，青学大(全)11，國學院大(全)11，帝京大(1/31)11，明治大(文)11，上智大(経神)09，東海大(2/7)09，早大(商)08

五・四運動

（ パリ講和会議 ）が，（ 民族自決 ）の原則をうたいながら，（ 山東省 ）の旧ドイツ利権を日本に継承させる決定を行ったことに対する抗議のデモが起こり【1919年5月～】，その後の民族主義高揚のきっかけとなった。この運動の過程で（ 日貨 ）排斥があったことが出た。また，中国の山東省返還要求に理解を示した日本人もいた。（ 吉野作造 ）【東京帝国大学】，（ 石橋湛山 ）【東洋経済新報社】らである。

中央大(文)14，首都大(前)13，立教大(2/6)13，早大(国)13，津田塾大(学芸)12，学習院大(経)11，帝京大(1/31)11，上智大(経神)09，駒澤大(文経法)07

三・一独立運動

1919年3月1日独立宣言書朗読会。（ パリ講和会議 ）の最中に，（ ソウル ）で朝鮮の独立を宣言する集会と，デモが行われた。運動はたちま

第10章 二つの世界大戦とアジア

ち全土に広がった。日本は軍隊・憲兵を出動させ，逮捕，投獄，拷問を行い，多数の犠牲者が出た。堤岩里村全村焼き払い事件も起こったことが出た。弾圧後，上海に（　大韓民国臨時政府　）がつくられた。朝鮮民衆の運動に理解を示す日本人もいた。（　吉野作造　）（　柳宗悦　）らである。「反抗する彼等よりも一層愚かなのは圧迫する吾々である」(柳宗悦『読売新聞』1919年5月）等の史料が出ることがある。朝鮮の独立運動に対する日本の対応を論述する問題が出た。この運動をきっかけに「　武断主義　」から「　文治主義　」へ，新任の（　斎藤実　）【海軍大将】朝鮮総督によって改められた。原内閣時に朝鮮総督の資格を文官に拡大したり，憲兵警察を廃止したりしたことが出た。

立教大 (2/6)13，早大 (国)(政経)(教)13，一橋大 (前)11，学習院大 (経)11，國學院大 (全)11，明学大 (全)10

《ワシントン会議と協調外交》　p.327-329

ワシントン会議　1921年11月〜1922年2月，アメリカ大統領（　ハーディング　）の提唱で，米国の首都ワシントンで開かれた国際軍縮会議。（　原敬　）首相が暗殺されたのが1921年11月4日，ワシントン会議開催が同年11月12日であるから，ワシントン会議期間の大半は（　高橋是清　）【11月13日に任命される】内閣時である。しかし，出席者や会議に向けての方針は原内閣時に固まっていた。したがって，「(c)日本政府は国際的孤立の回避と日中関係正常化のため，同年11月から開催のワシントン会議に海相(エ)らを全権として派遣した。」という問題文で下線部(c)にあたる内閣を問うた問題で，語群に高橋是清内閣でなく原敬内閣が入っている場合は，それを選ぶことになる。日本の全権は，海軍大臣（　加藤友三郎　）と駐米大使（　幣原喜重郎　）。中国問題・軍縮問題を中心とする会議の内容と日本の対応を説明する論述問題が出た。ここで締結された条約としては，四カ国条約が（　太平洋　）に関するもので，四カ国は（　アメリカ　）（　イギリス　）（　日本　）（　フランス　）であること。この結果，（　日英同盟協約　）が終了【廃棄】されたことは絶対覚えよ。九カ国条約は，（　中国　）問題に関するもので，上の四カ国と中国は絶対記憶せねばならない。他の国も何度も出ているので覚えておいた方がいい。この条約で（　石井・ランシング協定　）が廃棄されたことは重要。また，九カ国条約に関連する（　山東懸案解決条約　）で，山東半島の旧ドイツ利権を中国に返還したことも重要。海軍軍縮条約については，各国の総トン数比率がよく出ている。

学習院大 (経)(文)14，中央大 (文)14，明治大 (文)14，國學院大 (2/3)13，上智大 (文総外)13，成蹊大 (経)13，中央大 (法)13，東洋大 (2/9)13，日本大 (文)13，早大 (国)(政経)13，慶応大 (法)(経)(商)12，早大 (商)12，一橋大 (前)11，学習院大 (経)11，國學院大 (全)11，成蹊大 (経)11，聖心女子大 (文)11，早大 (社)11，青学大 (全)10，駒澤大 (全)10，東洋大 (2/11)10，明学大 (経社法)10，センター09，中央大 (経)(文)09，東海大 (2/7)09，早大 (政経)09，センター08，明治大 (営)08，上智大 (法)07，青学大 (文)07，中央大 (法)07

協調外交　高橋是清内閣が，このワシントン会議の決定を積極的に受け入れ，政党内**加藤友三郎内閣**　閣ではないが，加藤友三郎内閣・第2次山本権兵衛内閣もその路線を継承した。加藤友三郎は，第2次（　大隈重信　）（　寺内正毅　）（　原敬　）（　高橋是清　）4内閣で海軍大臣を務めた。高橋内閣時のワシントン会議では全権となり，海軍軍縮条約にも賛成した。首相となってからは，自身が調印した軍縮条約を履行し，陸軍の軍縮【（　山梨半造　）陸軍大臣によ

り軍縮が実施された。約6万人を削減した。これを（　山梨　）軍縮と呼ぶ】も実現したことが出た。1923年8月24日首相在任中に没。外務大臣（　内田康哉　）が臨時代理となった。加藤友三郎内閣のもとで，1922年に北樺太を除く（　シベリア　）から完全撤兵したことも出題される。1920年3〜5月，原敬内閣の時（　尼港事件　）＝（　ニコライエフスク事件　）【ニコライエフスク港で日本軍が抗日武装ロシア人に包囲され，日本人居留民・将兵が殺害された事件】が起こって，これが撤兵が遅れた一つの理由とされる。またこの時期は協調外交が基本であったものの，経済面では非妥協的で，在華紡のストライキを契機として（　五・三〇　）事件等も発生している。協調外交は，立憲政友会内閣から始まったが，立憲政友会が陸軍大将（　田中義一　）総裁によって軍部と親和的になった後は，（　憲政会　）→（　立憲民政党　）の政党内閣が（　幣原喜重郎　）を外務大臣に起用して協調外交を引き継いだ。

学習院大（経）14，津田塾大（学芸）14，上智大（文総外）13，中央大（文）13，早大（政経）（国）13，首都大（前）12，慶応大（経）12，早大（商）12，学習院大（経）11，成蹊大（経）11，明治大（政経）11

《《社会運動の勃興と普選運動》》　p.329-331

友愛会　1912年，（　鈴木文治　）によって組織。労働者修養団体から労働組合へ発展した。彼の師は（　吉野作造　）である。1919年には，（　市川房枝　）が友愛会婦人部に入っている。その後，友愛会は，1919年に（　大日本労働総同盟友愛会　）となり，1920年には第1回（　メーデー　）を主催して，1921年には，（　日本労働総同盟　）となったことはよく出る。日本労働総同盟は，（　労使協調　）から次第に方向転換し，神戸の（　三菱　）・（　川崎　）両造船所争議を指導したことが出た。

センター15，学習院大（経）14，慶応大（経）14，成蹊大（経）13，早大（商）13，早大（政経）12，法政大（経社現）11，明治大（全）（政経）11，早大（商）11，日本大（経）10，中央大（法）09，津田塾大（学芸）09，明治大（法）（営）09，明治大（政経）08，早大（商）08，明治大（法）07，明学大（社政）07

日本農民組合　第一次世界大戦後から，（　小作争議　）が頻発し，そうした状況を背景に，日本農民組合が結成された。日本農民組合から労働団体に呼びかけて（　農民労働党　）が結成されたが，即日結社禁止となったことが出た。また，1920年から21年にかけて労働争議・小作争議が急増したことが出た【p.330の図を参照】。背景に（　米騒動　）を契機とする（　朝鮮　）や（　台湾　）での米増産と日本国内への移入があり，それが米価を低迷させたと出題された。1924年に（　小作調停法　）が制定され，1925年に（　大日本地主協会　）が設立されたことが出た。

センター15，東経大（2/9）14，日女大（文）14，法政大（経社現）14，武蔵大（全）14，明治大（営）14，関東学院大（2/4）13，津田塾大（学芸）13，立教大（異法）13，早大（政経）13・12，慶応大（商）12，法政大（経社現）11，東女大（2/8）10，日本大（経）10，早大（教）10，中央大（法）09，津田塾大（学芸）09，明治大（営）09，専修大（全）07，獨協大（経法国）07，明学大（社政）07

普通選挙運動　民本主義については本書p.217「民本主義」参照。友愛会系労働団体によって，（　普選期成労働連盟　）が結成されたことが出た。また，大井憲太郎・河野広中・黒岩涙香・（　片山潜　）・堺利彦・（　幸徳秋水　）らが加盟する普通選挙期成同盟会が組織されたことが出た。1910〜20年の思想状

第10章　二つの世界大戦とアジア　　**221**

況を「民本主義」「青鞜社」「山川均」「治安維持法」という用語を使用して論述する問題が出た。吉野作造「憲政の本義を説いて其の有終の美を済すの途を論ず」が『 中央公論 』に掲載されたことが出た。普選運動の背景には，労働者や学生の運動の盛り上がりがあったことが指摘されている。

武蔵大(全)14，早大(文)12，慶応大(法)11，早大(法)11，法政大(法社)(経社スポ)10，津田塾大(学芸)09，筑波大(前)08，大東大(営)08

黎明会

1918年発足，吉野作造が提唱者となる。他に，(福田徳三)が中心。(大山郁夫)(新渡戸稲造)(与謝野晶子)らも会員であったといわれる。1920年8月に解散した。

早大(政経)(商)13

新人会

1918年発足，(東京大学)の学生を中心に組織される。社会科学の啓蒙・運動を行い，(普通選挙)運動・(労働)運動にも参加。新人会は(赤松克麿)らが設立したことが出た。早稲田大学では(建設者同盟)が組織され，中心は(浅沼稲次郎)だった。京都大学では(労学会)が類似の組織である。

社会主義運動

1920年(日本社会主義同盟)結成，翌年結社禁止される。1922年(日本共産党)非合法結成。これらは意外と出る。(森戸辰男)のクロポトキン研究に対する弾圧も出た。

慶応大(経)14，立教大(異経法)14，東洋大(2/9)13，早大(商)(文化)13，國學院大(2/3)12，東洋大(2/9)12，早大(政経)12，上智大(神総法外)11，法政大(経社現)11，明学大(経社法)11，日本大(経)10，法政大(経社スポ)10，中央大(法)08，早大(商)08・07

女性解放運動

1911年(青鞜社)結成，この創刊の辞「元始，女性は実に太陽であった。…」が出た。1920年(新婦人協会)結成。1921年結成の(赤瀾会)=最初の女性社会主義者団体，新婦人協会を母体にした(婦人参政権獲得期成同盟会)等しっかり整理せよ。この同盟会の委員長が(市川房枝)であったことが出た。(治安警察法)第5条の問題が出ている。1922年，女性の政治運動参加を禁じた第5条が改正され，女性も政治演説会に参加できるようになった。また，『婦人公論』誌上で，女性の経済的自立を強調する(与謝野晶子)と母性保護の権利を強調する(平塚らいてう)との間で母性保護論争が起こったことが出た。この論争には後に(山川菊栄)も参加した。与謝野晶子の主張が史料として出ている。山川菊栄・(伊藤野枝)らによる赤瀾会についても出た。こうした運動に関わった(奥むめお)が戦後参議院議員となり，主婦連会長となったことが出た。

学習院大(経)14，中央大(経)14，日本大(法)14，武蔵大(全)14，立教大(異経法)14，早大(法)(教)14，青学大(2/7)13，東経大(2/9)13，立教大(異経法)13，早大(商)13，関東学院大(2/3)12，上智大(神総法外)11，早大(全)11，法政大(経社現)11，センター10，日本大(経)10，法政大(経社スポ)10，早大(教)10，青学大(文)09，日本大(法)09，明治大(営)09，立教大(2/12)09，中央大(法)(文)08，明治大(政経)08，専修大(全)07，明学大(社経)07，早大(商)07

部落解放運動

被差別部落の解放を目指し，1922年(全国水平社)結成。創立の中心は(西光万吉)(阪本清一郎)ら。(水平社宣言)が史料に出て，

（　水平社　）を穴埋めする問題が出た。
慶応大（経）14，武蔵大（全）14，早大（政経）11，津田塾大（学芸）09，明治大（営）09，専修大（全）07，明学大（社経）07

国家主義運動　パリ講和会議等で，アメリカ・中国等から山東省ドイツ権益問題で批判を受けたあたりから，国家主義運動が現われてくる。猶存社（　大川周明　）（　北一輝　），国本社（　平沼騏一郎　），行地社（　西田税　），土木請負業者の一部が主導した（　大日本国粋会　）等がある。

関東大震災
第2次山本権兵衛内閣
1923年9月1日正午前，相模湾北西部を震源とするマグニチュード7.9の地震が起こり，関東一円で罹災者340万人，死者・不明者14万人の被害が出た。2日に戒厳令が出され「時勢ニ妨害アリト認ムルモノ」に対する検問設置等が指示された。（　朝鮮人　）暴動などに関する流言を信じた民衆・軍隊・警察によって約8000人の朝鮮人・中国人が虐殺された。（　大杉栄　）と（　伊藤野枝　）が殺された甘粕事件は出る。犯人の（　甘粕正彦憲兵大尉　）は軍法会議で10年の懲役判決を受け服役後，満州に渡って「満州事変」に関わり，満州国で（　満州映画協会　）の2代目理事長となり大きな影響力を保持した。亀戸警察署内で，（　平沢計七　）（　川合義虎　）ら労働運動家が警官・軍隊に殺害された亀戸事件も出ることがある。関東大震災は，前任首相（　加藤友三郎　）が8月24日に死去し，（　山本権兵衛　）が組閣中の9月1日に発生した。そこで急ぎ9月2日に山本権兵衛は総理大臣に任命され処理にあたった。したがって，関東大震災の時の首相を尋ねる問題は出ないのが普通である。この内閣の時，（　国民精神作興に関する詔書　）が出ている。内務大臣は，（　後藤新平　）で，教科書の扱いは小さいが実はよく出題される人物である。彼は，台湾植民地化後に（　児玉源太郎　）総督のもと，民政局長・民政長官として腕を振るい，1906年には（　南満州鉄道株式会社　）の初代総裁となった。東京市長にもなったが，その時，100メートル幅道路を計画しており，大震災後，内務大臣兼（　帝都復興院総裁　）としてそれを実現しようとした。達成できなかったが，それが現在の「昭和通り」となった。加藤友三郎内閣，第2次山本権兵衛内閣は，（　普通選挙制　）の準備を始めていたが，加藤首相の病死，関東大震災，（　虎の門事件　）【無政府主義者　難波大助　が摂政皇太子裕仁親王をステッキ銃で狙撃した事件】等によって山本内閣が辞任し，日の目を見ずに終わったこともよく出た。
センター15，獨協大（経国法）14，青学大（経国法）13，中央大（文）13，東洋大（2/9）13・12，早大（商）12・11，明治大（全）11，立教大（全）11，センター09，日本大（法）09，慶応大（法）08，上智大（文法経）08，専修大（文）08，上智大（法）07，立教大（全）07

《護憲三派内閣の成立》 p.332-333

清浦奎吾内閣　1924年，枢密院議長であった清浦奎吾が元老の推薦で組閣。陸海軍大臣以外は，全閣僚を貴族院から選出した。

第二次護憲運動
第1次加藤高明内閣【護憲三派内閣】
清浦奎吾内閣に対し（　憲政会　）（　立憲政友会　）（　革新倶楽部　）3党が憲政擁護運動を展開した。憲政会は，（　立憲同志会　）が1916年に改称して成立。革新倶楽部は，（　犬養毅　）が中心となって立憲国民党・無所属倶楽部・憲政会からの脱党者で1923年に結成された。なお，加藤高明は，

第10章　二つの世界大戦とアジア　**223**

（ 岩崎弥太郎 ）の女婿にあたる。清浦内閣は，立憲政友会反高橋是清派が（ 床次竹二郎 ）を中心に党を割って（ 政友本党 ）を結成すると，これを味方につけ総選挙を断行したが，3党は（ 護憲三派連盟 ）を発足させ，「 普選断行 」「 貴族院改革 」「 行政整理 」をスローガンとして選挙で圧勝した。結局，清浦奎吾内閣は総辞職し，第一党となった憲政会総裁の（ 加藤高明 ）を首相とする3党連立内閣が誕生した。当時の政治システムは議院内閣制ではないが，加藤に組閣の大命が下ったため，結果的に加藤高明は，明治憲法下で唯一の選挙結果による総理大臣となった。この内閣から五・一五事件で（ 犬養毅 ）内閣が倒れるまで政党内閣が続くが，「 憲政の常道 」とは，衆議院の第1党党首が総理大臣になる制度では必ずしもない。立憲政友会と憲政会【後の立憲民政党】との間で，内閣が総辞職をした場合などは，内閣を組織する政党が交代し，首相が没したり，遭難した場合には，同じ政党から首相が出ている。第二次護憲運動全般については多数出ている。

センター14，成蹊大(経)14，明治大(文)14，上智大(文総法)13，中央大(文)13，東洋大(2/9)13・12，駒澤大(営経文)12，成城大(経)12，中央大(経)12，津田塾大(学芸)12・11，早大(文)11，明治大(法)11，立教大(法経異)11，早大(政経)11，慶応大(法)10，法政大(経社スポ)10，早大(政経)(文)10，センター09，國學院大(全)09，上智大(経神)09，成城大(経)09，日女大(文)09，慶応大(法)08，上智大(法)07，早大(商)07

治安維持法　1925年，普通選挙法に先立って成立。制定の理由は，①（ 日ソ基本 ）条約締結によるソ連との国交回復で共産主義思想が国内に波及することを防ぐ，②普通選挙法施行で，労働者階級の政治的影響が大きくなることに備える，③普通選挙法制定を危惧する貴族院勢力等を懐柔する，といったものであるといわれる。（ 尾崎行雄 ）は議会においてこの法案に反対していること，最初に適用されたのは（ 京都学連事件 ）であったこと等が出た。この法で（ 治安警察法 ）が廃止された訳ではないことは重要。また，他の取締り法令として，1900年の行政執行法，1909年の（ 新聞紙法 ）【新聞紙条例の改正】等がある。

成蹊大(経)14，神奈川大(2/6)13，上智大(文総法)13，中央大(文)13，中央大(経)12，獨協大(国経法)12，明治大(法)12・11，早大(商)12，青学大(文)11，日女大(文)11，上智大(文外)10，法政大(法社)(経社スポ)10，センター09，上智大(外法総)(経神)09，日女大(文)09，中央大(文)08，専修大(全)07

普通選挙法　「普通選挙法」というが厳密にいうと「衆議院議員選挙法」の改正であって，普通選挙法という法律があるわけではないので，問題がそのように厳密に出てもあわてないこと。また，普通選挙法は，1911年に衆議院を通過したが，貴族院で否決され成立しなかった歴史もある。被選挙権規定は（ 25 ）歳以上の男性であって，納税要件は，1900年の改正で廃止されたことが出たことがある。また，小選挙区制から中選挙区制となった。1889年の（ 黒田清隆 ）内閣→（ 第2次山県有朋 ）内閣→（ 原敬 ）内閣→（ 第1次加藤高明 ）内閣→第二次世界大戦後の（ 幣原喜重郎 ）内閣までの選挙権の変遷を理解しよう。

成蹊大(経)14，上智大(文総法)13，東洋大(2/9)13，青学大(文)11，上智大(神総法外)11，明治大(法)11，明学大(経社法)11，センター10，明治大(営)10，専修大(全)07

第2次加藤高明　1925年，立憲政友会が陸軍大将で長州閥であった（ 田中義一 ）を総裁に

224　第Ⅳ部　近代・現代

内閣
第1次若槻礼次郎内閣

迎え、財政危機に苦しむ（ 革新倶楽部 ）を吸収したことで三派連合に亀裂が生じ、連立は解消された。憲政会は、単独で第2次加藤高明内閣を成立させた。この田中義一総裁就任以来、立憲政友会は変わりはじめ、もともと自党ではじめた（ 協調外交 ）路線をやめ、軍部と接近することとなる。加藤高明は、1926年病没。憲政会総裁を継いだ（ 若槻礼次郎 ）が第1次内閣を組織した。憲政会は、1927年に（ 政友本党 ）と合同し、（ 立憲民政党 ）となった。
上智大(法)07

3　市民生活の変容と大衆文化

《都市化の進展と市民生活》 p.333-335

都市の生活

（ 俸給生活者 ）が大量に出現した。特に仕事をもつ女性=（ 職業婦人 ）の出現は特徴的である。その代表的な職種が（ タイピスト ）（ 電話交換手 ）であったことが出た。都市郊外に和洋折衷の（ 文化住宅 ）が建ち、全国的に（ 電灯 ）が普及、都市では（ 水道 ）（ ガス ）供給事業が本格化した。東京と大阪では、（ 地下鉄 ）が開通し、呉服屋に起源を持つ（ 百貨店 ）=【デパート、三越　が日本ではじめて】とともに私鉄の多角経営から、（ ターミナルデパート ）、沿線の住宅開発、遊園地、温泉、（ 宝塚少女歌劇団 ）【 小林一三　により1913年に設立】等の娯楽施設が誕生した。また、食事と服装の洋風化が進行した。出題としては、トンカツ・カレーライスという洋食からモガ、卓袱台まで出ているから安心ならない。センター試験は、近現代の文化や社会が難しいから、このあたりも油断なく覚えよう。他では、（ 帝国 ）劇場建設、都心の（ 同潤会 ）アパート等が出た。
センター14、東洋大(2/8)14、日本大(法)14、武蔵大(全)14、立教大(文)14、関東学院大(2/5)12、東洋大(2/9)12、東経大(全)11、明治大(商)11、早大(商)10、青学大(経)09、中央大(法)09、日本大(法)09

《大衆文化の誕生》 p.335-336

高学歴者・給与生活者の増大

1918年の（ 大学令 ）で、帝国大学だけでなく、（ 単科 ）大学や公立・私立の大学設置が認められた。昭和初期の帝国大学は（ 東京 ）（ 京都 ）（ 東北 ）（ 九州 ）（ 北海道 ）（ 台北 ）（ 大阪 ）（ 名古屋 ）（ 京城 ）にあり、そのうち、台北・京城が出たこともある。高等教育機関の充実についての問題が出て、論述問題も出た。また、高等教育ではないが、1918年から、『国語読本』に、口語体の文章が使われ始めたこと、20世紀初めには、義務教育就学率が100%に近づいたことが出ている。
学習院大(文)14、東洋大(2/8)14、早大(文化)14、中央大(経)13、津田塾大(学芸)13、早大(政経)11、駒澤大(文経営)10、上智大(経)10、法政大(法社)10、立教大(2/12)10、一橋大(前)08、中央大(法)08

新聞
総合雑誌
大衆娯楽雑誌
児童文学

『 大阪朝日新聞 』『 東京朝日新聞 』系列、『 大阪毎日新聞 』『 東京日日新聞 』系列のように100万部を超える新聞が登場した。また、総合雑誌の『 中央公論 』『 改造 』が発展し、週刊誌や女性誌・経済誌などの刊行も続いた。元は浄土真宗系の雑誌だったという本文から『中央公論』

第10章　二つの世界大戦とアジア　225

を選択する問題が出たことがある。児童文学では，鈴木三重吉が雑誌『 赤い鳥 』を刊行し，(円本)や(岩波)文庫が普及していった。大衆娯楽誌『 キング 』も発行部数100万部を超える人気雑誌となったことはよく出る。『中央公論』は(滝田樗陰)，『改造』は(山本実彦)という氏名とセットで覚えよ。他に長谷川如是閑が『 我等 』【1919〜1934年】を創刊し，自ら「日本の二枚舌」等鋭い評論を発表したこと。吉野作造・大山郁夫らが発行した『 解放 』も出た。代表的円本として『 現代日本文学全集 』(改造社 刊)等がある。『赤い鳥』創刊号に芥川龍之介の「 蜘蛛の糸 」が掲載されたことも重要。岩波文庫についても出た。

センター15, 中央大(経)14, 東洋大(2/8)14, 立教大(文)14, 神奈川大(2/6)13, 東経大(2/9)13, 國學院大(2/3)12, 東洋大(2/9)12, 立教大(全)12, 明治大(政経)11, 早大(政経)11, 上智大(文外)10, 津田塾大(学芸)10, 日本大(経)10, 立教大(2/12)10, 中央大(法)09

日本放送協会
ラジオ放送
トーキー

1925年に(東京)(大阪)(名古屋)でラジオ放送開始。翌年これらを統合して日本放送協会が設立された。ラジオ放送と日本放送協会は頻出。日本初の映画スターといわれる(尾上松之助)，浅草六区の軽演劇スター(榎本健一)が出た。スポーツでは，(全国中等学校優勝野球大会)【1915年〜】や(東京六大学野球)【1925年〜】も出る。また，(日活)や(松竹)等が映画製作に乗り出し，1930年代には(トーキー)が始まったことも出る。

中央大(経)14, 日本大(法)14, 立教大(異経法)14, 神奈川大(2/6)13, 東洋大(2/9)12, 明治大(法)12, 明治大(政経)11, 明治大(商)11, 上智大(文外)10, 津田塾大(学芸)10, 立教大(2/12)10, 早大(商)10, 上智大(経神)09, 中央大(法)09, 早大(文)09, センター07

《学問と芸術》 p.336-338

マルクス主義
急進的自由主義

社会科学の世界では，マルクス主義が知識人に影響を与えた。(河上肇)の『貧乏物語』【1916年】，野呂栄太郎，羽仁五郎，山田盛太郎らの『 日本資本主義発達史講座 』【1932〜33年】が出題された。また，(石橋湛山)が『東洋経済新報』に依って，植民地放棄と平和的経済発展を主張するいわゆる(小日本主義)の論陣を張ったことも出る。その他，明治大学の前身の明治法律学校出身の(尾佐竹猛)が大審院判事として活躍したこと，(柳田国男)が民俗学を確立し，南方熊楠も活躍したこと，(津田左右吉)が『古事記』『日本書紀』に科学的分析を加えたこと，等が出た。津田の『神代史の研究』は軍国主義の深まりの中で1940年に出版禁止となった。

慶応大(経)14, 成蹊大(経)14, 中央大(経)14, 東洋大(2/8)14, 日本大(法)14, 神奈川大(2/6)13, 駒澤大(文経営)10, 日本大(商)10, 立教大(2/12)10, 慶応大(法)09, 上智大(経神)09, 中央大(法)08, 明治大(法)07

理化学研究所

1917年設立。
早大(政経)11

白樺派
新思潮派
大衆小説
プロレタリア文

文学では，(横光利一)の『日輪』，(有島武郎)の『或る女』，(中里介山)の『大菩薩峠』，吉川英治の『 宮本武蔵 』，大佛次郎の『 鞍馬天狗 』，永井荷風の『 断腸亭日乗 』等も出ている。プロレタリア文学関係では，小林多喜二の『 蟹工船 』，徳永直の『 太陽のない街 』等の

| 学 | 頻度が高いが，中野重治の略歴や宮本百合子も出た。『蟹工船』が1929年『　戦旗　』に発表されたことも出る。作品ではないが，芥川龍之介の自殺に関わって「ぼんやりした不安」が出ている。大衆小説として（　林不忘　）の『丹下左膳』も出た。 |

センター15，青学大(2/13)14，成蹊大(経)14，東洋大(2/8)14，立教大(文)14，津田塾大(学芸)13，東ретр大(2/9)13，早大(法)(商)13，慶応大(法)12，東洋大(2/9)12，法政大(法文営)12，國學院大(全)11，法政大(経社現)11，明治大(政経)11，早大(政経)11，津田塾大(学芸)10，法政大(社)10，明治大(営)10，明学大(経社法)10，立教大(2/12)10，早大(教)10，上智大(経神)09，中央大(法)09，日本大(法)09，明治大(法)(商)09，立教大(2/12)09，早大(文)09，明治大(政経)(法)08，明治大(全)07，明治大(営)07

| 演劇 | 新劇運動が盛んになり，小山内薫・（　土方与志　）の（　築地小劇場　）がよく出る。（　芸術座　）が出た。 |

津田塾大(学芸)13，早大(法)13

| 美術 | 第1次西園寺公望内閣時に，文相（　牧野伸顕　）によって創始された文展は，1919年，（　帝国美術院　）美術展覧会に改組された。洋画の在野勢力として，（　二科会　）や（　春陽会　）が創立され，（　梅原龍三郎　）らが活躍した。梅原龍三郎と（　安井曽太郎　）は日本洋画壇の双璧といわれ，二人とも1888年京都生まれであると問題文に書いた大学もある。また，（　岸田劉生　）の「麗子微笑」のモデルは自分の娘である。日本画では，横山大観らが（　日本美術院　）を再興した。 |

センター15，東洋大(2/8)14，武蔵大(全)14，東洋大(2/9)12，明治大(営)11，立教大(2/12)10，津田塾大(学芸)10

4　恐慌の時代

《戦後恐慌から金融恐慌へ》　p.339-340

| 戦後恐慌 | 欧州経済の第一次世界大戦からの復興→アジア市場における国際競争の復活→1919年日本の貿易が（　輸入超過　）→（　1920　）年の株価大暴落＝（　戦後恐慌　），というのが理解のポイント。実は，このとき発生した不良債権が，震災恐慌の不良債権に潜り込んだ。 |

慶応大(経)14，成蹊大(経)13，関東学院大(2/5)12，成蹊大(経)10，東洋大(2/9)10，東洋大(営)08，津田塾大(学芸英文)07

| 震災恐慌 | 1923年の関東大震災により，東京や京浜工業地帯の企業が大きな打撃を受けた。その結果，銀行が割り引いていた（　手形　）が現金化できず，不良債権化した【　震災手形　と呼ばれる】。震災の翌日発足した第2次（　山本権兵衛　）内閣は，1カ月の（　モラトリアム　）を実施し，同時に，（　震災手形割引損失補償令　）に基づいて，日本銀行に銀行に対する（　4億3082万　）円【約4億3000万円として入試に出ることもあるので，数字を覚えよ】の特別融資を実施させた。これが金融恐慌の引き金となっていくのであるが，銀行は震災手形のなかに戦後恐慌で不良債権化した手形も潜り込ませていたといわれる。 |

慶応大(経)14，成蹊大(経)13，東洋大(2/9)12，中央大(経)10，東女大(2/8)10，上智大(経神)09，日本大(法)09，中央大(法)08，東洋大(営)08，明学大(経社)08

第10章　二つの世界大戦とアジア　**227**

金融恐慌

震災恐慌から金融恐慌への経過をたどると次のようである。大震災前に割り引いていた手形を銀行が回収できなくなったので、日本銀行がその手形の再割引に応じた【これが4億3000万円】。銀行が割り引いた手形を取り立てる期間として2年間が設定され、2年以内に銀行は日本銀行に返済することが決まった。しかし、手形のなかに戦後恐慌からの不良手形が混ざっていたこともあって、2年たっても回収できない手形が多数あり、回収期間は2年間延長された。その延長の期限が1927年3月末であったので、期限を前に第1次（　若槻礼次郎　）内閣は、（　震災手形処理法案　）を帝国議会で成立させ、政府予算で日銀の損失【銀行から返済されていない部分】を補填しようと審議していた。その審議中に（　片岡直温　）【　土佐　出身】大蔵大臣が、間違えて（　東京渡辺銀行　）の破綻を口にした。ここから、取り付け騒ぎ等が起こって、銀行の休業が続出した。この大臣や銀行の名前がよく出る。約4億3000万円という金額も出た。

センター14，東経大(2/9)14，東洋大(2/9)14，法政大(2/8)14，早大(文)14，神奈川大(2/6)13，明治大(商)13，筑波大(前)12，慶応大(法)12，成城大(経)12，東洋大(2/9)12，獨協大(国経法)12，学習院大(経)11，聖心女子大(文)11，立教大(2/13)11，東大(全)10，東洋大(2/9)10，法政大(経)10，早大(商)10，上智大(経神)09・08，中央大(文)08，明治大(法)08，学習院大(経)07，國學院大(全)07，津田塾大(文芸英文)07，立教大(全)07

鈴木商店
台湾銀行

金融恐慌はそれだけでは終わらなかった。鈴木商店は、第一次世界大戦中に急成長した商社で、財閥系の（　三井物産　）（　三菱商事　）に迫ったが、戦後恐慌で破産に瀕していた。台湾銀行は、その鈴木商店に不正常な融資を行い、大量の不良債権を抱えていた。台湾銀行は、日清戦争で獲得した台湾に政府が1899年に設立した台湾の（　発券　）銀行であり、第1次（　若槻礼次郎　）内閣は、緊急勅令を発してこれを救済しようとしたが、（　枢密院　）の了解が得られず、内閣は総辞職した。このとき枢密顧問官であった（　伊東巳代治　）の伝記『伯爵伊東巳代治』は、よく史料問題に出る。また、辞職した若槻礼次郎の『　古風庵回顧録　』は、金融恐慌時だけでなく、近代の史料問題として意外によく出る。台湾銀行以外に金融恐慌で破綻した銀行としては、華族の金禄公債証書を元手に設立され、宮内省の御用銀行でもあった（　十五銀行　）【第十五国立銀行が1897年に普通銀行へ改組】があり、出ることがある。

センター14，法政大(2/8)14，早大(文)14，学習院大(法)13，神奈川大(2/6)13，明治大(法)(商)13，慶応大(法)12，獨協大(国経法)12，学習院大(経)11，立教大(2/13)11，早大(商)11，東経大(全)10，日本大(商)10，法政大(経)10，明治大(法)10，立教大(2/12)10，早大(商)10，法政大(法文営)09，慶応大(法)08，東洋大(営)08，明治大(法)08，明学大(経社)08，学習院大(経)(経)07，國學院大(全)07，上智大(法)07，津田塾大(文芸文)07

北伐
協調外交
立憲政友会

第1次若槻内閣の緊急勅令案を枢密院が否決したのは、（　協調外交　）に対する不満からであった。中国では（　蔣介石　）による（　北伐　）が進展しており、中国に（　在華紡　）を設立している綿業資本を中心に、財界が協調外交を（　軟弱外交　）と非難し始めた。（　宇垣一成　）陸軍大臣も若槻首相に「積極政策」を説き、立憲政友会も協調外交を非難した。立憲政友会に呼応して、枢密院の伊東巳代治顧問官らは台湾銀行救済のための緊急勅令案を否決して、若槻内閣を辞職に追い込んだのである。協調外交は、もともと立憲政友会がすすめたものであったが、護憲三派内閣以降、外務

大臣幣原喜重郎を中心に（　憲政会　）→（　立憲民政党　）が推進した。一方、立憲政友会は田中義一陸軍大将が総裁になると、三派の一角（　革新倶楽部　）を吸収し【これにより護憲三派は解消され第2次加藤高明内閣＝憲政会単独内閣となった】、軍部と接近して積極外交を主張するようになっていく。立憲政友会・軍部とともに若槻内閣倒閣に動いた枢密顧問官は、伊藤博文のもとで大日本帝国憲法策定を行った伊東巳代治であった。

高橋是清大蔵大臣

第1次若槻礼次郎内閣総辞職の後を受けた立憲政友会（　田中義一　）内閣は、高橋是清大蔵大臣を中心に金融恐慌の終息をはかった。この時、高橋は、全国の銀行を（　2　）日間休業させ、また、裏面を印刷していない高額紙幣＝【　裏白　紙幣と呼ばれる】を大量印刷し、資金を市場に供給した。この裏白紙幣が出たことがあった。こうした対策の結果、取り付け騒ぎは収まった。また、（　3　）週間のモラトリアムを発して、日本銀行から巨額の救済融資を行ったことも出る。

<small>東経大(2/9)14、東洋大(2/9)14、神奈川大(2/6)13、国士舘大(2/1)13、明治大(文)(商)13、法政大(法文営)12、立教大(法経異)11、早大(商)11、中央大(経)10、慶応大(商)09、東経大(全)09、早大(政経)09、明治大(法)08、國學院大(全)07、東経大(全)07</small>

五大銀行

金融恐慌で、中小の銀行が整理統合された反面、財閥系五大銀行の金融支配が強まった。該当する銀行は（　三井銀行　）（　三菱銀行　）（　住友銀行　）（　安田銀行　）（　第一銀行　）である。こうしたなかで、三菱と（　憲政会　）、三井と（　立憲政友会　）のつながりが世間に知られて、政党に対する反感を強める原因となったことが出た。また、大企業や農村から出た過剰労働力を基礎に（　中小企業　）が増加する傾向にあったことも出た。ついでに時代は少し後だが、中小企業対策として1931年に（　工業組合法　）が制定されたことが出た。

<small>津田塾大(学芸)14、神奈川大(2/6)13、関東学院大(2/5)12、獨協大(国経法)12、立教大(2/13)11、東経大(全)10、法政大(経社総)08、國學院大(全)07、津田塾大(学芸)07、明治大(政経)07</small>

金輸出禁止と解禁

第一次世界大戦下、金本位制をとるほとんどの国が、1917年に、一時金輸出を禁止した。同じ年に何があったか出た。（　ロシア革命　）（　石井・ランシング協定　）である。大戦後、経済が安定するなかで、1920年代半ばまでに欧米の国々は次々と金輸出を解禁した。しかし、（　戦後恐慌　）→（　震災恐慌　）→（　金融恐慌　）と続いた日本は、容易に金輸出解禁ができなかった。金輸出を解禁した順番が出た。（　アメリカ　）【1919年】→（　ドイツ　）【1924年】→（　イギリス　）【1925年】→（　イタリア　）【1927年】→（　フランス　）【1928年】である。

<small>早大(政経)14、慶応大(文)13、東洋大(2/9)13、明治大(商)13</small>

《社会主義運動の高まりと積極外交への転換》 p.340-343

労働農民党

1926年結成。1925年結成の（　農民労働党　）が、日本共産党との関係から即日禁止となったため、共産党系を除外して組織されたが、やはり共産党系の影響力が強まった。そこで、議会主義・国民政党路線の右派（　社会民衆党　）と労働農民党と社会民衆党の中間派である（　日本労農党　）に分裂し、無産政党は3党となった。

第10章　二つの世界大戦とアジア　**229**

神奈川大(2/6)13，慶応大(商)12，上智大(神総法外)11，明治大(全)11，明治大(営)10，立教大(2/12)09，國學院大(全)09，獨協大(総法国)07

第1回普通選挙

1928年実施。「有権者が従前に比し4倍の約1200万人に急増」という問題文からこの選挙を選ばせる問題が出た。この選挙は第(16)回衆議院議員選挙である。無産政党で(8)名当選者【労働農民党2，日本労農党2，社会民衆党4】が出た。また，選挙のなかで日本共産党が公然と活動し，立憲政友会(田中義一)内閣に衝撃を与えた。彼の名は常識であるが，このときの立憲民政党総裁が出題された。「動物にちなんだ異名」から(浜口雄幸)を想起させた問題である。

センター14，慶応大(法)14，成蹊大(経)14，早大(政経)14，神奈川大(2/6)13，法政大(経社スポ)10，日女大(文)09，上智大(法)07

三・一五事件
治安維持法改正
特別高等警察
四・一六事件

1928年3月15日，田中義一内閣は，共産党員の一斉検挙を実施し，(日本労働組合評議会)等を関係団体として解散させた。また，治安維持法を(緊急勅令)によって改正，最高刑を(死刑)または(無期)としたことが出た。治安維持法改正に(山本宣治)議員【労働農民党】が反対し，右翼に殺害されたことも出た。特別高等警察が各道府県に設置された。東京の(警視庁)だけは，すでに(大逆事件)の時，置かれていることに注意。翌1929年4月16日にも，大規模な検挙が実施され，共産党は大きな打撃を受けた。

センター15，学習院大(文)14，慶応大(経)14，立教大(文)14，早大(政経)14，上智大(文総法)13，早大(商)13，立教大(全)12，早大(政経)12，青学大(文)11，上智大(経)(神総法外)11，明治大(全)11，法政大(経社スポ)10，明治大(営)10，早大(社)10，中央大(法)(経)08，東洋大(文)08，日本大(文理)08，上智大(法)07

北伐

1924年に(孫文)は，国民党と中国共産党との第1次国共合作を成立させたが，翌年死去。彼の後を継いだ(蔣介石)は北方軍閥を打倒して中国を統一するため，広州から北伐を開始。南京に国民政府を樹立して北伐を継続した。南京政府樹立を契機に第1次国共合作は崩れた。

高経大(前)11，日女大(文)11，早大(文)11，明治大(法)10，慶応大(商)09，青学大(総社)08，日本大(法)08

田中義一内閣
山東出兵

協調外交路線を採る第1次(若槻礼次郎)内閣が金融恐慌を利用して総辞職に追い込まれると，立憲政友会総裁(田中義一)が内閣を組織して対中国積極外交を展開，3次にわたる(山東出兵)を実行した。出兵は日本人居留民の保護が名目であった。また，第1次山東出兵中に東京で中国関係に携わる外交官・軍人を集めて(東方会議)を開催，「対支政策綱領」を決定した。東方会議について出た。また，第2次出兵の際には，日本軍は国民革命軍と軍事衝突を起こし，一時，山東省の(済南城)を占拠した。これを(済南事件)と呼んでいる。これも比較的出る。田中内閣の時，(拓務)省が設置され，大臣を田中が兼務したことも出た。

東洋大(2/9)14，立教大(全)14，中央大(法)13，日本大(法)13，慶応大(経)12，東洋大(2/9)12，立教大(全)12，國學院大(全)11，成蹊大(経)11，津田塾大(学芸)11，日女大(文)11，法政大(経社スポ)10，早大(社)10，早大(政経)09，明学大(総社)08，慶応大(経)07，上智大(法)07

張作霖爆殺事件 田中義一内閣総辞職	田中義一内閣は，満州軍閥の（ 張作霖 ）を利用して国民革命軍に対抗させようとしていたが，張作霖軍が敗北すると，関東軍の一部に張作霖を排除して関東軍が直接満州を支配しようと考える勢力が生まれ，満州への帰還途上にあった張作霖を（ 奉天 ）郊外で爆殺した。当時，日本国民にはこの真実は知らされず，（ 満州某重大事件 ）といわれた。以上のことはよく出る。この事件について，田中首相は，元老（ 西園寺公望 ）の助言を受け，天皇に真相公表・徹底処分を上奏したが，軍関係者からの反対で首謀者（ 河本大作 ）大佐を停職にしただけだった。この点について，天皇が田中をとがめた。田中がご説明申し上げたいといったのに対し，天皇は聞く必要なしといい，田中は恐れおののいて御前を退出したという。これで田中内閣は総辞職したが，結局，河本大作は停職処分で軍法会議にもかけられなかった。関東軍については，その成り立ちと，その後の関東軍配置に至る事情を説明する問題が出た。張作霖爆殺事件は，子の（ 張学良 ）の怒りをかい，張学良は満州を国民政府支配下の国と認めた。これにより北伐は完了し，中国の統一はほぼ達成された。 東洋大(2/9)14，明治大(文)14，首都大(前)13，中央大(法)13，日本大(法)13，東洋大(2/9)12，國學院大(全)11，獨協大(国経法)11，日女大(文)11，慶応大(経)10，法政大(経)10，早大(社)10，センター09，高経大(前)09，慶応大(商)09，上智大(文法総)09，中央大(文)09，早大(政経)09，早大(教)08
ジュネーヴ海軍軍縮会議	（ イギリス ）（ アメリカ ）（ 日本 ）（ フランス ）（ イタリア ）の5カ国が参加予定であったが，フランス・イタリアは参加せず，参加国間でも，太平洋覇権をめぐって日本・アメリカの対立，多数小艦主義のイギリスと少数大艦主義のアメリカとの対立等があり，まとまらなかった。また，日本は「俘虜に関するジュネーヴ条約」に調印しなかった。 日本大(法)13，成蹊大(経)11，中央大(文)11，早大(社)11
パリ不戦条約会議	1928年開催。（ 不戦条約 ）を締結した。第1条で，締約国は国際紛争解決のため戦争に訴えることを非とし，相互の関係において，国家の政策の手段としての戦争を抛棄することを，各国の人民の名において厳粛に宣言する旨を謳っている。この条約の英文が史料として出たことがある。国内では批准をめぐり第1条の「其ノ各自ノ人民ノ名ニ於テ」の字句が帝国憲法に抵触するという非難が起こり，そのため政府は批准にあたって，同字句は天皇の統治権を規程した大日本帝国憲法の条項に適合しないとの立場から，「日本国ニ限リ適用ナキモノト了解スル」という帝国政府宣言書を発表して決着をつけた。パリ不戦条約が出る場合には，この批准の経過がよく出る。アメリカ国務長官（ ケロッグ ）とフランス外相（ ブリアン ）の名をとってケロッグ＝ブリアン条約ともいう。日本全権は（ 内田康哉 ）。 早大(国際)14，東洋大(2/9)14，中央大(経)12，青学大(営)11，センター09，中央大(文)(経)09

《金解禁と世界恐慌》　p.343-344

浜口雄幸内閣	1929年7月成立。（ 立憲民政党 ）の内閣である。浜口雄幸は，初めての（ 土佐 ）出身首相であることを指摘する問題があった。（ 幣原喜重郎 ）が外務大臣となり，協調外交が復活した。また，大蔵大臣には，前日本銀行総裁であった（ 井上準之助 ）が任命された。 早大(政経)14，学習院大(経)13，上智大(文総経)13，東洋大(2/9)13，日本大(法)13，明

第10章　二つの世界大戦とアジア　***231***

治大(文)13, 学習院大(経)11, 上智大(経)11, 聖心女子大(文)11, 日女大(文)11, 法政大(法社)11, 慶応大(経)10, 早大(商)10, 東洋大(2/9)10, 立教大(2/12)10, 慶応大(商)09, 上智大(文法経)09

金輸出解禁 / 旧平価解禁 / 金本位制

為替相場の安定→貿易の振興を図るため金本位制への復帰が望まれており，1930年1月に実施された。金輸出が（ 1917 ）年から停止されていることが出た。旧平価解禁が与えた影響について出題された。金解禁当時の実質為替レートは1ドル＝（ 2円25銭 ）程度。解禁は旧平価で行われたので，1ドル＝（ 2円 ）程度。（ 生糸 ）価格等がアメリカで暴落しているにもかかわらず，実質上円切り上げでの解禁であったので，生糸輸出は益々困難になったことがポイント。金本位制の経過をまとめると，1871（ 新貨条例 ）制定【金本位制を目指すが実質は金銀本位制】→1897（ 貨幣法 ）【金本位制確立，準備金は（ 日清戦争 ）の賠償金から】→1917年第一次世界大戦中欧米諸国とともに金本位制停止→1920年代半ば欧米諸国はつぎつぎと金本位制に復帰するも日本は連続する恐慌で復帰できず→為替の不安定に苦しむ→1930年金輸出（ 解禁 ）【金本位制復帰】→昭和恐慌→1931年金輸出（ 再禁止 ），となる。解禁から再禁止までを120字以内でまとめる論述問題が出た。

センター14, 獨協大(経国法)14, 法政大(経社現)(2/8)14, 明治大(文)14, 早大(政経)14, 学習院大(経)13, 上智大(文総法)13, 成蹊大(経)13, 筑波大(前)12, 津田塾大(学芸)12, 日女大(文)11, 成城大(経)10, 東洋大(2/9)10, 法政大(経)10, 國學院大(全)09, 上智大(文法総)09, 上智大(経神)08, 中央大(文)08, 法政大(経社経)08, 國學院大(全)07

世界恐慌 / 昭和恐慌

1929年10月にニューヨークの（ ウォール ）街で始まった株価暴落が世界恐慌に発展し，日本は金解禁による不況と相まって，昭和恐慌と呼ばれる深刻な恐慌状態に陥った。日本の輸出の中心は（ 生糸 ）であったが，生糸は贅沢品であったため恐慌下の（ アメリカ ）では需要が急激に縮小した。このため生糸の対米輸出が激減し，生糸価格の暴落につながった。また，（ 正貨 ）が海外へ流出したこと，すでに（ 植民地米 ）の移入で低迷していた米価が暴落したこと，（ 都市失業者 ）の帰農が東北農村の窮乏を激しくしたこと，（ 欠食児童 ）が生じ，女子の身売りが続出したこと，等が出た。昭和恐慌について120字で説明する論述問題が出た。

法政大(経社現)14, 明治大(文)14, 学習院大(経)13, 成蹊大(経)13, 東洋大(2/9)13, 駒澤大(文)10, 慶応大(商)09, 成城大(経)09, 明治大(経営)07

重要産業統制法

1931年制定。指定産業での不況カルテル結成を容認し，後の統制経済の先駆けとなった。しかし，戦時に経済を統制する法律そのものではない。戦時経済構築には，1918年公布の（ 軍需工業動員法 ）があり，第1次（ 近衛文麿 ）内閣の1937年9月に適用された。この法律適用は戦時の生産に民間企業を動員するためであったが，（ 国家総動員法 ）の成立で廃止された。この2つの法律との違いとともに記憶せよ。重要産業統制法制定の経済的背景を論述する問題が出た。また，浜口内閣は（ 労働組合法 ）案を準備したが，財界団体である（ 日本工業倶楽部 ）が反対し，実現しなかったことが出ている。

学習院大(法)14, 成蹊大(経)14, 日本大(法)14, 早大(文)14, 一橋大(前)13, 国士舘大(2/1)13, 明治大(商)13, 立教大(2/6)13, 筑波大(前)12, 津田塾大(学芸)12, 立教大(経法異)12, 学習院大(経)11, 成城大(経)10, 法政大(経)10, 慶応大(商)09, 國學院大(全)

09，上智大（文法総）09，上智大（経神）08，法政大（経社総）08，早大（商）08，明治大（政経）（営）07

恐慌の影響
昭和恐慌により（ 労働争議 ）（ 小作争議 ）が激増したことが出た。また，財閥が禁輸出再禁止を予測して（ 円売り ）（ ドル買い ）に走ったことが出た。
センター14，明治大（営）14，神奈川大（2/6）13，法政大（経）10，慶応大（商）09，明治大（政経）07

《《協調外交の挫折》》 p.344-345

日中関税協定
1930年成立。条件付きではあるが，日本は，中国の（ 関税自主権 ）を認めた。
成蹊大（経）14・13，日本大（法）13

ロンドン海軍軍縮条約
統帥権干犯問題
1930年4月，ロンドン海軍軍縮会議開催。目的は，①（ ワシントン ）海軍軍縮条約で締結された主力艦制限を（ 5 ）年間延長すること，②補助艦保有量を取り決めること，であった。日本の要求のうち，補助艦総トン数の対（ アメリカ ）（ イギリス ）7割は認められたが，大型巡洋艦の7割は受け入れられないまま，日本は条約に調印した。これに対し，（ 立憲政友会 ），軍令部，右翼は海軍（ 軍令部長 ）の反対を押し切って条約を調印したことは，天皇の（ 統帥権 ）を干犯するものであると浜口内閣や海軍大臣を攻撃した。浜口首相は，（ 枢密院 ）の同意を取り付け条約批准に成功したが，東京駅で右翼に狙撃され，退陣後まもなく死亡した。海軍の内部では，軍縮条約賛成派の（ 条約 ）派と，反対派の（ 艦隊 ）派に分かれて対立した。全権の一人（ 財部彪 ）海軍大将は，浜口内閣の海軍大臣で，首相経験者の（ 山本権兵衛 ）の娘婿。軍縮条約では当時の海軍軍令部長の加藤寛治と対立。加藤は天皇に単独で（ 帷幄 ）上奏して辞任。結局，財部も辞任せざるを得なくなり，ここで現役を引退した。加藤寛治は，ワシントン会議のとき中将で，当時の加藤友三郎海軍大臣の随員として会議に出席していた。また，狙撃された浜口の首相代理は（ 幣原喜重郎 ）であった。
法政大（経社現）14，成蹊大（経）13，日本大（法）13，慶応大（法）12，津田塾大（学芸）12，早大（文）（商）12，國學院大（全）11，上智大（経）11，成蹊大（経）11，中央大（文）11，立教大（法経異）11，法政大（経）10，明学大（経社法）10，早大（商）10，一橋大（前）09，上智大（文法総）09，センター08，青学大（営）08，國學院大（全）08，明治大（文）（社）08，國學院大（全）07，明治大（法）07

5 軍部の台頭

《《満州事変》》 p.345-346
国権回収運動
（ 張作霖爆殺事件 ）で，父を関東軍に殺された（ 張学良 ）は，国民政府に合流するとともに，抗日を推進，日本の利益を回収し，中国権益を回復しようとした。例えば，南満州鉄道に並行する鉄道路線である（ 満鉄並行線 ）を建設し，日本の鉄道権益独占を打破しようとしている。
神奈川大（2/6）13，上智大（文総法）13，日本大（法）13

第10章　二つの世界大戦とアジア　**233**

「満蒙の危機」

軍や右翼は，第2次（ 若槻礼次郎 ）内閣【浜口雄幸首相の遭難後，同じ立憲民政党内閣を組織】の（ 幣原喜重郎 ）外相が進める協調外交を（ 軟弱外交 ）と非難し，「満蒙の危機」を叫んだ。幣原は，イギリス・アメリカが1928年に中国に関税自主権を認めたことを前提に対中関係改善のため，1930年に（ 日中関税協定 ）を締結し，条件付きであったが中国に関税自主権を認めたりしている。こうした状況のなか，1931年の帝国議会で（ 松岡洋右 ）【立憲政友会】が「満蒙は我が国の（ 生命線 ）である」と述べて幣原外交を非難したことが出ている。1931年6月，参謀本部参謀（ 中村大尉 ）が，中国東北部の間島地方を密偵旅行中，中国軍隊によって殺害された事件＝中村大尉事件。1931年7月，長春近くの（ 万宝山 ）で朝鮮人農民と現地中国人が水利権・耕作権をめぐって起こした事件＝万宝山事件等は，「満蒙の危機」が叫ばれた背景となった事件である。

中央大(法)13，上智大(文法経)09，早大(教)08

柳条湖事件

関東軍の内部では，満州を長城以南の中国主権から切り離して日本の勢力下に置こうとする考えがあり，（ 石原莞爾 ）（ 板垣征四郎 ）らは1931年9月18日，（ 奉天 ）郊外の（ 柳条湖 ）で南満州鉄道の線路を爆破し【柳条湖事件】，これを中国軍によるものとして，軍事行動を開始した。これが満州事変の開始である。柳条湖が奉天郊外であることはよく出る。石原莞爾が，彼の主張する「 世界最終戦争論 」に基づき満州領有を主張したことも出た。第2次若槻礼次郎内閣は，不拡大方針をとったが，関東軍は軍事行動を拡大し，世論・マスコミは軍事行動を支持した。このとき，関東軍からの要請を受けた朝鮮の日本軍が（ 林銑十郎 ）司令官のもと，参謀本部の許可なく独断で国境を越え中国に入った。このことから林は越境将軍と呼ばれる。これは重大な軍紀違反で本来なら軍法会議にかけられる行動であったが，処分はなかった。このことが起きた第2次若槻礼次郎内閣の陸軍大臣は（ 南次郎 ）であった。閣内でも（ 安達謙蔵 ）内務大臣らが，協調外交や金解禁政策を批判して立憲政友会と提携する動きを見せたため，第2次若槻内閣は，閣内不統一で総辞職した。

神奈川大(2/6)14・13，上智大(外神総法)14，日本大(法)14・13，明治大(営)14，学習院大(法)13，上智大(文総法)13，成蹊大(経)13，早大(法)13，首都大(前)12，慶応大(法)(経)12，東洋大(2/9)12，高経大(前)11，青学大(全)11，東洋大(2/8)11，獨協大(国経法)11，日女大(文)11，明治大(政経)11，上智大(文総外)10，東女大(2/8)10，明治大(営)10，早大(商)10，センター09，高経大(前)09，慶応大(商)09，中央大(経)09，センター08，青学大(総社)08，東洋大(文)08，日本大(法)08，早大(教)08，明治大(経営)07

犬養毅内閣

立憲民政党の第2次若槻礼次郎内閣が総辞職。元老（ 西園寺公望 ）の推薦で大命を受け，立憲政友会の犬養毅が組閣した。彼の経歴を概観すると，①（ 立憲改進党 ）結党に参加，②第1次（ 大隈重信 ）内閣で（ 尾崎行雄 ）に代わって文部大臣，③第1次（ 護憲 ）運動で，桂太郎を追い詰める，④（ 田中義一 ）没後に立憲政友会の総裁，⑤第2次（ 若槻礼次郎 ）内閣後の総理大臣，⑥（ 五・一五事件 ）で暗殺される，となる。このどれもが出る内容である。また，陸軍大臣（ 荒木貞夫 ），参謀次長（ 真崎甚三郎 ）【参謀総長は閑院宮載仁親王で実権は次長】という陣容で十月事件の効果は絶大であった。

神奈川大(2/6)13

234　第Ⅳ部　近代・現代

第1次上海事変	1932年1月，日本軍は上海で中国軍と衝突。日本人僧侶死傷事件がきっかけ。国際都市上海は外国人特派員が多く，上海で騒ぎを起こすことによって満州から国際世論の目をそらし，「満州国」樹立の時間稼ぎをしようとした結果といわれる。いわゆる（　爆弾三勇士　）の美談はこの時のものである。1937年の第2次上海事変も出ることがある。 神奈川大(2/6)14，明治大(営)14，立教大(異経法)14，早大(教)11，慶応大(商)09
満州国	1932年3月成立。清の最後の皇帝だった（　愛新覚羅溥儀　）を執政として日本の手で発足させた。領域は奉天省【　遼寧　省を日本が改称】，（　吉林　）省，（　黒龍江　）省の（　東三省　）に熱河省を加えた4省であった【図表等に興安省と出ている場合があるが，これは満州国成立時に作られた省】。首都は（　新京　）【　長春　を改称】。溥儀がすぐに満州国皇帝になったのではないことを覚えよ。1934年，帝制が施行され，溥儀を皇帝とする満州帝国となった。 神奈川大(2/6)14，武蔵大(全)14，津田塾大(学芸)13，慶応大(商)12，青学大(全)11，中央大(経)09，明治大(全)09，日本大(法)08，早大(教)08，上智大(法)07
リットン調査団	1932年3〜6月，国際連盟理事会が，（　イギリス　）人リットンを団長とする調査団を現地及び日中両国に派遣した。 上智大(外神総法)14，神奈川大(2/6)13，津田塾大(学芸)13，早大(法)13，慶応大(商)12，早大(教)09

《政党内閣の崩壊と国際連盟からの脱退》　p.346-347

三月事件 十月事件	三月事件は，（　橋本欣五郎　）率いる陸軍青年将校の秘密結社である（　桜会　）が右翼（　大川周明　）と協力，一部陸軍首脳の賛同を得て（　宇垣一成　）を首班とする軍部内閣樹立を企図したクーデタ未遂事件。十月事件も，同じく桜会と大川が提携していた。満州事変と連携して，（　若槻礼次郎　）首相，（　幣原喜重郎　）外相をはじめとする政財界と軍部の要人を殺害し，首相（　荒木貞夫　）中将，内務大臣（　橋本欣五郎　），大蔵大臣（　大川周明　）という軍事政権を樹立する計画であった。
血盟団事件	1932年2〜3月，（　井上日召　）が指導する血盟団が一人一殺主義を唱えて暗殺に走った。（　井上準之助　）前蔵相が選挙活動中に血盟団員小沼正に暗殺され，（　団琢磨　）三井合名理事長【三井財閥の最高責任者】が血盟団員菱沼五郎に暗殺された。団琢磨は，元福岡藩士で（　岩倉使節団　）に参加。マサチューセッツ工科大学で鉱山学を学び，帰国後，（　工部　）省に入省。三井三池炭鉱に入り三井合名理事長にまでなった。彼を「三菱合資」理事長とする誤文問題も出ているので正確に覚えよ。リットン「調査団を歓迎する主催者の一人であった財界人」という文章から団琢磨を答えさせる問題が出た。 上智大(外神総法)14，中央大(法)14，津田塾大(学芸)14，日本大(法)14，法政大(2/8)14，上智大(文総法)13，日女大(文)13，慶応大(法)12，獨協大(国経法)12，立教大(経法異)12，早大(商)12，青学大(全)11，センター10，法政大(経)10，立教大(2/8)10，國學院大(全)09，上智大(文法総)09，法政大(経社総)08，明治大(法)08，國學院大(全)07，明学大(全)07
五・一五事件	海軍青年将校の一部と民間右翼が連携して起こしたクーデタ事件。首相官

邸・日本銀行・警視庁・立憲政友会本部等が襲われ，(犬養毅)首相が暗殺された。血盟団の井上日召と連携を取っており，暗殺が第一弾，クーデタが第二弾であった。資金は大川周明が援助した。(橘孝三郎)が指導する愛郷塾生が農民決死隊を組織し，鳩ヶ谷等の変電所を襲って東京を停電させる計画であった。犯人らは首相を殺害したにも関わらず，軽罪であった。軍部はこの事件を利用してかえって発言力を増した。襲撃された場所を二・二六事件と比較して覚えておくとよい。

神奈川大(2/6)14，上智大(外神総法)14，中央大(文)13，日女大(文)13，早大(政経)13，慶応大(商)12，駒澤大(営経文)12，津田塾大(学芸)12，立教大(経法異)12，青学大(全)11，東洋大(2/8)11，センター10，上智大(文総外)10，東女大(2/8)10，上智大(文法総)09，センター08，大東文(営)08，中央大(文)08，東経大(全)08，法政大(文営)08，明治大(法)08，國學院大(全)07，上智大(法)07

斎藤実内閣

立憲政友会の(犬養毅)内閣が五・一五事件で倒れた後，当時ただ一人の元老であった(西園寺公望)は，政党内閣の継続をあきらめ，(挙国一致内閣)と称する海軍大将斎藤実内閣を天皇に進言した。これにより護憲三派内閣【 第1次加藤高明内閣 】以来の政党内閣は終わった。(立憲政友会)(立憲民政党)の2大政党を与党としたので挙国一致内閣の名称がある。

法政大(経社現)14，関東学院大(2/5)13，東洋大(2/8)13，日女大(文)13，慶応大(商)12，駒澤大(営経文)12，早大(商)12，早大(文)11，中央大(経)10，東女大(2/8)10，明治大(法)08

満州国承認

斎藤実内閣は，1932年9月，満州国と(日満議定書)を締結して満州国を承認した。日本軍の(無条件駐屯)が認められている。あたかも独立国であるかのように承認して国交を開いたが，満州国の実権は関東軍司令官に握られていた。

学習院大(文)14，早大(政経)14，日本大(法)13

国際連盟脱退

国際連盟が派遣したリットン調査団の報告書は，①満州事変は日本の合法的な軍事行動によるものではない，②満州国は，自発的な民族独立運動によって建国されたものではない，としながらも，③満州における日本の権益は認め，日中間で新しい条約を締結することを勧告していた。国際連盟総会は，この報告に基づいて，日本が満州国の承認を撤回することを求める勧告案を採択，日本全権団【松岡洋右全権】は総会を退場し，1933年3月，正式に国際連盟脱退を通告した。このときは(斎藤実)内閣で(内田康哉)外相である。松岡はこの時外相ではない。また，日本は第2次ロンドン海軍軍縮会議を脱退してロンドン海軍軍縮条約が失効し，廃棄を通告していたワシントン海軍軍縮条約も失効して，国際的な孤立の道を選んだ。国際連盟脱退から1938年までの日中関係の推移について指定語句を使って説明する問題が出た。

慶応大(経)14，上智大(外神総法)14，神奈川大(2/6)13，津田塾大(学芸)13，東洋大(2/8)13，早大(政経)(法)13，慶応大(経)(商)12，東洋大(2/9)12，青学大(全)11，國學院大(全)11，明治大(政経)11，上智大(文外)10，慶応大(商)09，國學院大(全)09，早大(教)09，青学大(総社)08，学習院大(法)08，明学大(全)08，早大(教)08

日中軍事停戦協定

1933年5月締結。通常(塘沽停戦協定)と呼ばれる。1933年2月以降，日本軍は河北省にも侵攻していたが，河北省(冀東)地区から日中両軍

が撤兵し，そこを非武装地帯として中国警察が当該地域の治安維持にあたるという内容であった。この協定によって，満州事変はいちおう終息した。
<small>立教大(異経法)14，津田塾大(学芸)13，日本大(法)13，明治大(法)13，慶応大(商)12</small>

《恐慌からの脱出》 p.347-349

金本位制離脱　犬養毅内閣の大蔵大臣高橋是清は，就任後すぐに（　金輸出再禁止　）を行い，金本位制から離脱，（　管理通貨制度　）に移行した。金本位制から離脱した法令は（　銀行券金兌換停止令　）である。管理通貨制度といっても，第二次世界大戦後の（　国際通貨基金　）による国際的な体制は当時にはなく，政府が日本銀行券最高発行額を管理統制する制度となったということである。
<small>日本大(法)14，早大(文)14，慶応大(文)13，國學院大(2/2)13，上智大(文総法)13，津田塾大(学芸)13・12，東洋大(2/9)13，日本大(法)13，日女大(法)13，明治大(法)13，高経大(前)11，國學院大(全)11，法政大(法社)11，立教大(2/12)11，中央大(経)10，東洋大(2/14)10，國學院大(全)09，法政大(総社総)08，明治大(営)07</small>

円相場下落
輸出拡大　高橋蔵相は，（　低為替政策　）で意図的に円安をつくり出し，飛躍的に輸出を伸ばした。1933年には（　外国為替管理法　）を制定し，（　横浜正金銀行　）によって外国為替管理を強化した。（　円相場　）の下落→特に（　綿織物　）の輸出拡大はよく出る。綿織物輸出が（　イギリス　）を抜いて世界第1位の規模となったことは大切。
<small>早大(文)14，学習院大(経)13，東洋大(2/8)13，学習院大(経)11，東洋大(2/14)10，上智大(経神)08</small>

ソーシャル＝ダンピング　欧米諸国は，世界恐慌からの脱出に苦しんでいたので，円安のもとで，安価な日本製品が輸出を伸ばすことをソーシャル＝ダンピングと非難した。そうしたなかで，イギリス植民地である（　インド　）が，1932年綿布関税引上げ，1933年日本との通商協定破棄，綿布関税再引上げを実施し，それに対抗して日本はインド産綿花買入れ停止をしている。こうした結果，日本の（　アメリカ　）に対する輸入依存度が高まっていった。（　綿花　）（　石油　）（　くず鉄　）（　機械　）が代表例で出るから記憶せよ。
<small>東洋大(2/8)13，津田塾大(学芸)12，東洋大(2/9)(2/14)10，明学大(経社法)10，上智大(経神)08</small>

恐慌からの脱出　日本は，世界に先駆けて1933年には，大恐慌以前の生産水準を回復した。このこともよく出る。高橋是清は，犬養・斎藤・岡田という連続する3内閣の大蔵大臣を歴任したが，この時実施した財政は（　高橋財政　）という。高橋は，低為替政策で輸出を伸ばしただけでなく，（　赤字　）国債を発行して歳入不足を補いつつ，（　軍事費　）（　時局匡救事業　）【農村救済策】に積極的な財政出動を行い産業界を活気付けた。日本のいち早い恐慌からの脱出はこうして実行されたが，同時に，軍備拡張へ大きく道を開くことにもなった。
<small>早大(文)14，東洋大(2/8)13，上智大(経神)08</small>

重化学工業の発展
新興財閥　1933年には金属・機械・化学の生産額合計が繊維工業生産額を上回り，1938年には重化学工業生産額が工業生産額の過半を占めた。この部分をグラフを参照して論述する問題が出た。1934年には八幡製鉄所を中核として

第10章　二つの世界大戦とアジア　***237***

製鉄大合同が行われ，(日本製鉄会社)が発足した。また，新興財閥が軍部と結び付いて植民地・勢力圏に積極的に投資した。(鮎川義介)の日産コンツェルン＝【 日産自動車・日立製作所 】→満州【満州重工業開発会社】，(野口遵)の(日本窒素肥料会社)→朝鮮の水力発電所・化学コンビナートに投資し日窒コンツェルンを形成。その他，(森矗昶)の(昭和肥料会社)も出た。この会社は同じく森の経営する日本電気工業と合併して(昭和電工)となった。

<small>センター14，学習院大(法)14，津田塾大(学芸)14，明治大(営)14，学習院大(経)13，慶応大(商)13，駒澤大(2/6)13，東洋大(2/8)13，中央大(文)12，獨協大(国経法)12，法政大(法文営)12，立教大(法経異)12，東大(前)11，学習院大(経)11，成蹊大(経)11，東洋大(2/9)10，法政大(経)10，明治大(政経)10，日本大(法)08，明治大(営)08・07，明学大(全)07</small>

時局匡救事業

農業恐慌下の農村救済請願運動の高まりのなかで，1932年から政府が実施した農村救済策。(斎藤実)内閣時であることが出た。中心は公共土木事業で，農民を日雇い労働に雇用し現金収入を得る途を与えた。また，(産業組合)の拡充等を通して農民の自力更生を図るため，官製の(農山漁村経済更生運動)を始めた。「時局匡救事業」と農山漁村経済更生運動を説明する論述問題が出た。

<small>学習院大(法)14，法政大(経社現)14，駒澤大(2/6)13，日女大(文)13，慶応大(商)12，東洋大(2/9)10，立教大(2/12)10，首都大(前)09</small>

《転向の時代》 p.349

国家社会主義

満州事変後，社会主義者のなかで国家社会主義へ方向転換する者が多かった。1932年，赤松克麿らが(日本国家社会党)を結成。同年，無産政党が合同して(社会大衆党)が誕生したが，同党も次第に国家社会主義化した。また，1933年に獄中の共産党幹部(佐野学)(鍋山貞親)が転向声明を出した。

滝川事件

京都帝大の(滝川幸辰)法学部教授が，自由主義的刑法学説を理由に，文相(鳩山一郎)の圧力で休職処分を受けた事件。法学部教授会は全員が辞表を提出して抵抗したが敗北した。天皇機関説事件に先立つ学問自治が侵害された事件を挙げてその事件を説明せよという問題が出た。滝川は第二次世界大戦後，京大に復帰した。また，同年信濃毎日新聞主筆桐生悠々は「 関東防空大演習を嗤ふ 」を書いて，圧力で信濃毎日新聞を追われた。(小林多喜二)が拷問死したのもこの年である。

<small>一橋大(前)14，中央大(文)14，獨協大(経国法)14，日本大(法)14，明治大(文)14，東経大(2/9)13，早大(文化)(商)13，東洋大(2/9)12，法政大(経社現)12，立教大(全)12，青学大(全)11，上智大(神総法外)11，明治大(法)11，明学大(経法)11，立教大(法経異)11，法政大(文営人)10，千葉大(前)09，慶応大(商)09，上智大(文法総)09，中央大(法)08，東経大(全)08，明学大(全)07</small>

《二・二六事件》 p.349-352

陸軍パンフレット事件

1934年，陸軍省新聞班が配布した『 国防の本義と其強化の提唱 』と題するもの。総力戦・国家総動員体制を主張する内容で，軍部の政治介入との批判があり議論を巻き起こしたが，以後，軍部が公然と政治に介入するきっかけとなった。統制派の永田鉄山はこの作成を承認していた。美濃部達吉はこのパンフレットを批判しており，それが，陸軍の恨みとなって，天

238　第Ⅳ部　近代・現代

皇機関説事件の伏線となった。
日本大(法)14，早大(文)(教)11，青学大(経)11，早大(政経)10，立教大(2/8)10

天皇機関説問題【事件】

1935年貴族院で（ 菊池武夫 ）が美濃部学説を攻撃，陸軍・立憲政友会の一部・右翼・在郷軍人会が呼応して排撃運動が展開された。岡田啓介内閣は（ 国体明徴声明 ）を出す。美濃部の著書は発禁処分。美濃部は不敬罪で告発され貴族院議員を辞任した。この学説は大正・昭和初期には憲法の通説的地位を獲得し，その業績で勅選貴族院議員に任命されていた。天皇機関説を80字以内で説明する問題が出た。美濃部説と反対の学説として（ 上杉慎吉 ）らの学説がある。統治権は神聖不可侵の天皇に属し，無制限であるとする。（ 天皇主権 ）説と呼ばれている。天皇機関説と天皇主権説の相違点が明確になるよう説明する論述問題が出た。天皇機関説事件の経過とその憲政に与えた影響を説明する論述問題も出た。この岡田内閣の時，（ ロンドン海軍軍縮 ）条約から脱退したことも記憶しよう。
一橋大(前)14，慶応大(経)14，東洋大(2/8)14，日本大(法)14，慶応大(法)13・12，成蹊大(経)13，早大(文化)(商)13，東洋大(2/9)12，神奈川大(2/9)11，上智大(神総法外)11，明治大(経社法)11，上智大(法経異)11，早大(文)11，上智大(法経)10，法政大(文営人)10，國學院大(全)09，東女大(現)09，中央大(法)08，東経大(全)08，東洋大(文)08，日本大(文理)08，学習院大(法)07，専修大(全)07，明学大(全)07

皇道派

（ 荒木貞夫 ）が陸軍大臣となり，自分の人脈で人事を行うなかで形成された。（ 真崎甚三郎 ）も中心人物の一人。（ 北一輝 ）（ 西田税 ）ら国家主義者と交流があり，思想は精神主義的でクーデタ等の直接行動による国家改造をもくろむ青年将校らに支持された。統制派の中心と目されていた陸軍省軍務局長（ 永田鉄山 ）を殺害した（ 相沢中佐事件 ）等を起こした。二・二六事件以後衰退していった。北一輝について詳しく出たことがある。北は（ 社会主義 ）に影響を受けながらもそれと対抗し，皇道派と深い関係を持った。（ 大川周明 ）とともに（ 猶存社 ）を結成した。大川周明はイスラム研究に基づく（ 大アジア主義 ）思想を持っていたという内容である。
慶応大(文)14，上智大(外神総法)14，神奈川大(2/6)13，上智大(文総法)13，成蹊大(経)13，早大(文)12，東洋大(2/8)11，学習院大(経)10，早大(政経)10，國學院大(全)09

統制派

武力クーデタによる国家改造ではなく，合法的に覇権を確立することを目指した。（ 永田鉄山 ）を中心に，参謀本部・陸軍省の中堅将校が中心。そのなかには（ 桜会 ）の流れをくむ者が多くいた。二・二六事件以降粛軍の名で皇道派を一掃，次第に軍部独裁を実現して第二次世界大戦の指導を行った。

二・二六事件

1936年2月26日に起きた陸軍（ 第一師団 ）青年将校によるクーデタ事件。粛軍の名目で皇道派の一掃を目指す統制派が，皇道派の拠点であった第一師団を大陸に派遣する計画を進めていたことが，皇道派にクーデタを急がせたとの指摘もある。（ 斎藤実 ）【前首相，内大臣】，（ 高橋是清 ）【大蔵大臣，高橋財政は，時局匡救事業とともに軍事費の増大を一つの柱としていたが，それを続けた結果インフレ懸念が生じ，高橋が財政支出を抑えようとしていたことが軍の恨みをかった原因ともいわれる】，（ 渡辺錠太郎 ）【陸軍教育総監】らを殺害し，東京中心部を占拠。陸軍内にクー

デタに便乗する動きもあり、クーデタは成功するかに見えた。しかし重臣を殺傷された天皇が「朕自ら近衛師団を率い、此が鎮圧に当たらん」という強い意志を見せたこと【天皇の側近であった　鈴木貫太郎　侍従長も重傷を負った】、重鎮を殺害された海軍が、怒って連合艦隊を佐世保から東京湾に向かわせ、陸軍と海軍の戦闘に発展しそうであったこと、等から陸軍も鎮圧の方向を明確にしたといわれる。（　戒厳令　）が出され鎮圧の体制がとられて、29日反乱軍が帰順した。難を免れた（　岡田啓介　）首相とその内閣は辞職した。首謀者は、五・一五事件よりも厳しい処分【死刑含む】を受けたが、軍部はこの事件の威圧効果を利用して発言力を一層強めた。戒厳令が出たのは（　日比谷焼打ち事件　）（　関東大震災　）、二・二六事件であった。二・二六事件の「　蹶起趣意書　」には、「元老、重臣、軍閥、財閥、官僚、政党」、ロンドン海軍軍縮条約、教育総監更迭【1935年7月（　真崎甚三郎　）が更迭されたことを指している】のほか、「三月事件、学匪＝（　自由主義的学者　）、共匪＝（　共産党　）、大逆教団＝（　大本教団　）」を悪い例として挙げ、「血盟団、五・一五事件、相沢中佐事件」を共感できるものに挙げている。また、統制派につながる（　桜会　）の起こしたクーデタ計画事件は排撃されており、統制派への敵愾心がわかる。皇道派と統制派の対立について、100字の論述が出た。「蹶起趣意書」が史料として出た。

國學院大(全)09，学習院大(法)07

広田弘毅内閣　1936年3月成立。二・二六事件によって軍の発言権が増大したことを示した内閣である。（　広義国防国家　）建設を目標に準戦時体制を構築した。首相・外相・蔵相・陸相・海相で「　国策の基準　」を決定して南進政策・大軍拡・国家総動員を目指し、（　軍部大臣現役武官制　）の復活【陸軍大臣　寺内寿一　が皇道派一掃の先頭に立ち、荒木・真崎ら退役した皇道派将官が軍部大臣にならないようにという名目で復活させたといわれる】、（　日独防共協定　）の締結等を実行した。陸海軍は、この1936年に（　ワシントン　）（　ロンドン　）両海軍軍縮条約が失効するため、新たな軍拡を目指し（　帝国国防方針　）を改訂している。海軍は、巨大戦艦の建造に着手し、戦艦（　大和　）（　武蔵　）の建造を開始した。帝国国防方針がはじめて作成されたのは、1907年で、第一次護憲運動との関わりで重要。その後、1918年、1923年と改訂され、この時4度目の改訂が行われた。広田内閣の総辞職は、衆議院議員（　浜田国松　）と陸相（　寺内寿一　）とのいわゆる（　腹切り問答　）がきっかけとなった。浜田は、軍部の政治関与に反対する気骨ある議会人で、斎藤隆夫や加藤勘十と反ファシズムの書籍を出版したりしている。

神奈川大(2/6)13，上智大(文総法)13，明学大(経社)08，明治大(営)07，明学大(全)07

林銑十郎内閣　最初は陸軍穏健派の（　宇垣一成　）に組閣大命が下ったが、穏健派の登場を嫌う陸軍が陸軍大臣を推薦せず、宇垣は組閣を断念。林が首相となった。林は、財界から（　結城豊太郎　）を蔵相に迎え、財界と軍部の調整を図ろうとしたが、内閣は短命に終わった。結城財政は（　軍財抱合　）と呼ばれた。

慶応大(法)14

6　第二次世界大戦

《三国防共協定》 p.352

ドイツ
イタリア
ソ連

ドイツでは，1933年（　ナチス　）による政権奪取が行われ全体主義体制が構築されて，日本に続き（　国際連盟　）を脱退した。そして，1935年には再武装を開始した。また，ファシスト党の一党独裁であったイタリアは，エチオピアに侵攻して国際連盟と対立し，スペイン内戦が始まるとドイツとともに（　枢軸　）を形成した。ソ連については，1933年にアメリカが承認し，1934年には国際連盟に加盟して国際的地位を高めた。

日独伊三国防共協定

（　広田弘毅　）内閣時に締結された日独防共協定に，1937年イタリアが加わり日独伊三国防共協定が成立した。イタリアは続いて国際連盟を脱退した。名称が示すとおり反ソ連の立場で枢軸陣営が成立した。協定成立時の内閣は第1次（　近衛文麿　）内閣であることが出た。
駒澤大(2/7)13，早大(法)13

《日中戦争》 p.352-354

華北分離工作

1935年から（　関東軍　）が推進。中国国民政府の幣制改革による経済統一の進展のなかで，1936年には日本政府も華北分離工作を国策とした。万里の長城より南の北京・天津東方地区を国民政府から切り離そうとした政策である。塘沽停戦協定によって（　河北省　）東部に非武装地帯が設けられ，中国警察が治安維持活動をすることになっていたが，日本軍はその場所がゲリラの足場になっているとして同省から中国政府機関を撤退させた。これを決めた協定を（　梅津・何応欽　）協定という【この協定は時として入試に出るので，他の協定とともにまとめること】。また，土肥原・秦徳純協定によって（　チャハル省　）からも中国政府機関が撤退させられ，日本軍は，これらの省で勢力を伸ばした。華北5省とは，これら両省と（　綏遠　）（　山西　）（　山東　）である。これらの省名と位置関係は記憶した方が良い。
明治大(文)14，日本大(法)13，早大(教)11

冀東地区防共自治政府

河北省東部で（　殷汝耕　）に自治宣言をさせ発足した【最初は冀東防共自治委員会】。中国政府の4分の1以下の関税で日本製品を輸入し，中国国内に販売する密貿易や，モルヒネ・ヘロイン等の麻薬を密造・密売する行為を自治政府公認で行った【冀東特殊貿易という】。
日本大(法)13

西安事件

中国共産党は，国民政府からの攻撃で根拠地を南方の瑞金から西北の（　延安　）に移動した。共産党との戦いを重視する（　蔣介石　）は，（　張学良　）に戦いを督励するため西安を訪れたが内戦停止と抗日を要求する張に軟禁され，蔣軍と張軍との戦闘も一部起こった。共産党幹部の（　周恩来　）が調停し，蔣は解放され，国共内戦の停止が実現した。この事件は，第2次国共合作との関連でよく出題される。
神奈川大(2/6)14，中央大(法)13，津田塾大(学芸)13，日本大(法)13，慶応大(経)11，早大(文)11，明治大(政経)09，明治大(営)07

第10章　二つの世界大戦とアジア　**241**

日中戦争	1937年7月，北京郊外の（ 盧溝橋 ）付近で日中両軍の衝突事件が発生【盧溝橋事件】，現地では停戦協定が成立したが，軍部に押された第1次（ 近衛文麿 ）内閣は，軍を増派して戦線を拡大した。この戦争を当初日本では（ 北支事変 ）と呼んだ。8月に（ 第2次上海事変 ）も起こって戦線はより拡大し，（ 支那事変 ）と呼ばれるようになった。これに対し，9月には，中国の国民党と共産党との提携が実現し【＝ 第2次国共合作 】，（ 抗日民族統一戦線 ）が成立した。こうした経過で日中両国間の全面戦争となって，戦闘はアジア太平洋戦争の終結まで続いた。日本が中国に対し宣戦布告しなかった理由の一つは，アメリカの（ 中立法 ）適用を避けるためであることも比較的出題が多い。 センター15，立教大（異法法）14，中央大（法）13，日本大（法）13，早大（政経）12，高経大（前）11，慶応大（経）11，上智大（経）11，明治大（法）11，東洋大(2/8)11，上智大（文総外）10，高経大（前）09，慶応大（商）09，青学大（営）09，早大（商）08，明治大（営）08，慶応大（経）07，明治大（営）07
南京事件【南京大虐殺】	1937年12月，日本軍は国民政府の首都南京を占領したが，国民政府は漢口→（ 重慶 ）と首都を遷し抵抗した。日本軍は，占領した南京で虐殺暴行事件を引き起こした。事件は，（ 中島今朝吾 ）第1師団長の日記に記事があり，戦後の極東国際軍事裁判では，（ 松井石根 ）中支那派遣軍司令官が，その責任を問われ死刑となっている。 センター15，神奈川大(2/6)14，日本大（法）13
和平工作	1937年10月，近衛文麿内閣は，各国に和平斡旋を申し入れ，ドイツがこれにこたえ和平工作を開始した。中心はドイツ駐華大使であった（ トラウトマン ）である。和平工作は，南京占領後も約1ヵ月間続けられたが，成功しなかった。南京占領後も続いたことが出た。 立教大（全）14，日本大（法）13
近衛声明 汪兆銘【汪精衛】	ドイツによる和平工作の難航と，南京占領を前提として1938年1月，第1次近衛声明を発表，和平に関して「 国民政府を対手にせず 」とした。近衛声明のなかでは，これが最も出題される。声明直前の御前会議で決定した「 支那事変処理根本方針 」では，国民政府が「和をもとめ来らざるばあいにおいては帝国は爾後これを相手とする事変解決に期待をかけず，新興支那政権の成立を助長し，これと両国国交の調整を協定」することになっており，声明はこの方針に基づくものであった。また，この方針に基づいて（ 汪兆銘 ）【汪精衛】工作が行われ，1938年11月，第2次近衛声明を機に彼は（ 重慶 ）【国民政府の根拠地】を脱出した。第2次声明は，戦争目的を日・満・華の3国連帯による（ 東亜新秩序 ）の建設であるとし，「華」として汪兆銘を首班とする政権を各地の傀儡政権を統合する形で成立させる意図であった。汪兆銘脱出後の1938年12月には，第3次近衛声明が出され，日・満・華体制にむけて，近衛三原則（ 善隣友好 ）（ 共同防共 ）（ 経済提携 ）が示された。1940年3月，汪兆銘を中心とする新国民政府が南京に成立し，同年11月に日本と汪兆銘政権との間で（ 日華基本条約 ）が締結された。しかし，中国国民の支持がない政権との条約で戦争終結できることはなかった。汪兆銘は，国民政府行政院長，国民党副総裁を歴任した，蔣介石に次ぐ実力者であったが，彼に従って重慶の国民政府から脱出する者は少なく，日本の目論見ははずれた。

神奈川大（2/6）14, 首都大（前）13, 学習院大（法）13, 早大（法）13, 青学大（営）11, 慶応大（経）（商）11, 明治大（法）11, 青学大（営）09, 明治大（全）09, 東洋大（文）08, 明治大（文）08, 慶応大（経）07, 中央大（商）07

《戦時統制と生活》 p.354-357

戦時経済の構築
臨時資金調整法
輸出入品等臨時措置法

概略，第1次近衛内閣は経済の戦時統制。第2次近衛内閣は政治の戦時統制と考えておくとわかりやすい。第1次近衛内閣は，戦時経済の構築にあたり大蔵大臣兼商工大臣に財界の大物（ 池田成彬 ）を起用。財政運営でも（ 臨時軍事費特別会計 ）を運用した。この会計は，日清戦争，日露戦争，第一次世界大戦とシベリア出兵，日中戦争〜太平洋戦争の4回使用された。また，1937年9月，「（ 軍需工業動員法 ）の適用に関する法律」によって同法が全面的に発動された。同法は総力戦となった第一次世界大戦の教訓から1918年に制定された戦時の生産に民間企業を動員するための法律であることが出た。この法律は1938年に（ 国家総動員法 ）が制定されると廃止された。同じ1937年9月には臨時資金調整法と輸出入品等臨時措置法も制定されている。前者は軍需産業等に優先的に融資する法律。後者は貿易に関する物資を統制する法律であるが，配給等も命令事項にあり，国家総動員法の前身ともいうべき内容であったことは覚えておきたい。臨時資金調整法は1948年，輸出入品等臨時措置法は1945年，ともに戦後改革で廃止された。近衛のブレーンとして後藤隆之助らが（ 昭和研究会 ）を組織したことが出たことがある。

早大（文）14, 日本大（法）13, 法政大（経社現）12, 立教大（全）12, 早大（政経）12, 東洋大（2/8）11, 明学大（経社法）11, 明治大（政経）10, 早大（商）09・08, 津田塾大（文芸）08, 明治大（営）08

国家総動員法

1938年4月制定。この法律により，政府は，戦時には帝国議会の定める法によらず勅令で戦争遂行に必要な動員を実施する権限を得た。この法案の政府説明員であった陸軍の佐藤賢了が議員のヤジに対して「だまれ」と怒鳴る事件が起きたことが出たことがある。同時に制定された（ 電力国家管理法 ）は，民間の電力会社を一挙に半官半民の単一国策会社に統合するものであった。この会社＝（ 日本発送電株式会社 ）を問う問題が出た。国家総動員法に基づき出された勅令としては1939年3月（ 賃金統制令 ），同7月（ 国民徴用令 ），同10月（ 価格等統制令 ）を記憶せよ。国民徴用令が（ 平沼騏一郎 ）内閣時に公布されたことが出題された。同令は1945年3月の国民勤労動員令発令にともない廃止された。価格等統制令が（ 阿部信行 ）内閣時に公布されたことも出た。これら勅令と大日本帝国憲法下で戦後民主改革時に出されたいわゆるポツダム勅令を混同させる問題が出ることがある。代表的なポツダム勅令の例は（ 物価統制令 ）と（ 金融緊急措置令 ）である。

学習院大（法）14, 中央大（文）14, 東経大（2/9）14, 立教大（異経済）14, 早大（法）（文）（教）14, 国士舘大（2/1）13, 成蹊大（経）13, 日本大（法）13, 立教大（2/6）13, 関東学院大（2/5）12, 慶応大（商）12, 中央大（文）12, 法政大（経社現）12, 早大（商）12, 早大（政経）12, 成蹊大（経）11, 東洋大（2/8）11, 東経大（2/9）10, 日本大（商）10, 青学大（営）09, 國學院大（全）09, 中央大（経）09, 明学大（法経）09, 津田塾大（文芸）08, 東洋大（文）08, 明治大（営）08, 早大（政経）（商）08, 明治大（政経）07

企画院

1938年度から企画院が（ 物資動員計画 ）を作成。企画院は，内閣直属の

第10章 二つの世界大戦とアジア　**243**

企画庁【その前身は内閣直属の内閣調査局】と内閣資源局が1937年10月に合同して内閣直属として設置された。よく「（ 国家総動員法 ）により設置された」という選択肢が出るがこれは誤文。

センター14, 中央大(文)14, 日本大(法)14, 明治大(営)14, 国士舘大(2/1)13, 法政大(経社現)12, 明治大(政経)10, 青学大(営)09, 明学大(法経)09, 早大(商)09, 津田塾大(学芸)08, 明治大(営)08, 早大(政経)08

国民生活の統制

1940年（ 七・七禁令 ）が施行され，贅沢品の製造・販売が禁止となった。禁止された贅沢品のなかには嗜好品である（ タバコ ）（ 酒 ）は入っていないことが出た。同年（ 切符制 ）も施行され，（ 砂糖 ）（ マッチ ）等が対象とされた。農家に対しては米の強制買上げ制度【 供出制 】も実施され，翌1941年には米の（ 配給制 ）と切符制の衣料に対する追加施行が行われた。切符制の物資と配給制の物資を区別して記憶すること。また，この頃食糧増産のため自作農創設が図られ，（ 農地調整法 ）【1938年】が制定された。国民生活統制の始めから米穀配給通帳での管理までの経過を説明する問題が出た。「産めよ殖せよ」という標語も出たことがある。

津田塾大(学芸)14, 日本大(法)14・13, 武蔵大(全)14, 立教大(全)12, 早大(商)12, 専修大(全)10, 明治大(法)10, 青学大(営)09, 國學院大(全)09, 津田塾大(文芸)08, 獨協大(経法国)08

思想統制と弾圧

1937年5月，文部省が『 国体の本義 』を発行し学校・官庁に配布。同年12月（ 矢内原忠雄 ）が，論説「国家の理想」を反戦思想として右翼から攻撃され東大教授を辞任。著作『 帝国主義下の台湾 』で軍部から睨まれていた。翌1938年には（ 河合栄治郎 ）東大教授の4著作が発禁処分を受け，その後，教授は起訴される。『社会政策原理』『 ファシズム批判 』『時局と自由主義』など。思想弾圧が共産主義・社会主義のみならず，自由主義的学問にも及んできたことがはっきりした事件である。よく出るので人名とその著書名を記憶すること。同年，（ 大内兵衛 ）ら労農派と呼ばれた学者グループが人民戦線結成を図ったとして治安維持法違反で検挙される（ 人民戦線 ）事件【第2次】も起こった。前年の1937年に（ 加藤勘十 ）・山川均・鈴木茂三郎らの主に（ 日本無産党 ）・全評に所属する運動家も反ファッショ人民戦線結成を企図したとして検挙されている【第1次】。第2次で検挙された学者には，大内兵衛の他に（ 有沢広巳 ）【戦後の経済改革で傾斜生産方式を提唱した経済学者】・（ 美濃部亮吉 ）【天皇機関説の美濃部達吉の長男。戦後革新統一候補として東京都知事選に立候補して当選】らがいる。戦時下の（ 横浜 ）事件も出題された。

中央大(文)14, 津田塾大(学芸)14, 東経大(2/9)13, 中央大(文)12, 法政大(経社現)12, 立教大(全)12, 上智大(神総法外)11, 成蹊大(経)11, 獨協大(国経法)11, 法政大(法社)11, 中央大(全)11, 明学大(経社法)11, 上智大(文外)10, 明治大(営)10, 立教大(2/8)10, センター09, 津田塾大(学芸)09, 明治大(法)09, 明学大(法経)09, 東経大(全)08, 東洋大(文)08, 明治大(法)08, 明学大(全)07

国民精神総動員運動

1937年10月から展開。実施組織として部落会・町内会・隣組等が整備された「部落会・町内会・隣保班・市町村常会整備要項」に基づく】。「 挙国一致 」「 尽忠報国 」「 堅忍持久 」というスローガンであった。産業報国運動を提唱したのが1919年に設立された（ 協調会 ）であると出た。

同会は第一次世界大戦後の社会運動発展期に，調査研究機関として（ 徳川家達 ）（ 渋沢栄一 ）らの提唱で設立された財団法人である。1922年に内務省の外局となる（ 社会局 ）の社会政策畑の官僚とつながりが深い。
センター14，日本大（法）14，明治大（営）14，成蹊大（経）13，立教大（2/6）13，津田塾大（文芸）08，東経大（全）08

《戦時下の文化》 p.357-358

転向文学
日本浪曼派
戦争文学

国家主義的機運が高揚するなかでマルクス主義は衰退し，転向者による文学が生まれた。中野重治の『 村の家 』，島木健作の『 生活の探求 』が出た。それに対し，日本の伝統的文化を優越したものとして，それに回帰する文化が盛んになった。1935年に（ 亀井勝一郎 ）（ 保田与重郎 ）らが雑誌『日本浪曼派』を刊行した。戦争文学として火野葦平の『 麦と兵隊 』，石川達三『 生きてゐる兵隊 』がある。後者は発売禁止となった。1942年には，（ 徳富蘇峰 ）を会長として（ 日本文学報国会 ）が結成された。彼の日清戦争と三国干渉による思想の転換まで遡った問題が出ているので復習しよう。絵画では，藤田嗣治の（ アッツ島玉砕 ）が出された。
センター15，学習院大（文）14，日本大（法）14，立教大（異経法）（文）14，東経大（2/9）13，早大（商）（法）13，國學院大（2/3）12，東洋大（2/9）12，早大（教）11，法政大（法社）10，立教大（2/8）10，津田塾大（学芸）09，明治大（法）08

《第二次世界大戦の勃発》 p.358-359

張鼓峰事件

1938年7月，ソ連と日本が領土とした（ 朝鮮 ）との国境付近の張鼓峰で起こったソ連と日本の武力衝突事件。日本が敗北して8月に停戦協定が結ばれた。
早大（法）13，青学大（営）09，明学大（経法）09，東洋大（文）08

ノモンハン事件

1939年5月，「満州国」とモンゴル人民共和国との国境紛争から起きた。日本はモンゴル人民共和国軍とソ連軍戦車部隊と戦い大打撃を受け敗北して，9月に停戦協定が結ばれた。開始時は（ 平沼騏一郎 ）内閣で停戦協定時は（ 阿部信行 ）内閣であったことが出た。この戦闘の最中の8月に，（ 独ソ不可侵条約 ）が締結され，日本が衝撃を受けたことを記憶せよ。また，張鼓峰とノモンハンの地図上の位置は必ず確認せよ。
早大（法）13，明治大（全）09

独ソ不可侵条約

1939年8月，（ 日独伊防共協定 ）の仮想敵国であったソ連とドイツが不可侵条約を締結したことは，日本に大きな衝撃を与えた。日本は，ドイツから防共協定をイギリス・アメリカも仮想敵国に加えた軍事同盟に変える提案を受けていたが，日本としては米英に配慮して軍事同盟の共通の敵をソ連とするようドイツと交渉をしている最中の出来事であった。1939年1月に成立していた（ 平沼騏一郎 ）内閣は，「欧州の天地は（ 複雑怪奇 ）」と声明して総辞職した。穴埋めで出ている。
駒澤大（2/7）13，上智大（外神総法）12，東経大（全）08，明治大（経社）08，早大（商）08

日米通商航海条約廃棄

アメリカは，自由貿易の立場から東亜新秩序の形成を進めようとする日本の動きに神経を尖らせていたが，日独間の軍事同盟交渉が伝えられると，1939年7月，日米通商航海条約廃棄を日本に通告した。この出来事もノモ

ンハンでの戦闘の最中で，通告は（　平沼騏一郎　）内閣時，発効は（　米内光政　）内閣時であったことが出た。
中央大(文)14，日本大(法)13，慶応大(商)12，立教大(2/8)10，東女大(現)09

阿部信行内閣
米内光政内閣

阿部信行は陸軍大将，この内閣は1939年8月に成立し，その翌月に，ドイツの（　ポーランド　）侵攻が始まった。米内光政は海軍大将で1940年1月に内閣が成立。両内閣とも大戦不介入を表明し，ドイツとの軍事同盟に慎重な態度をとった。しかし，この間も（　援蔣ルート　）の遮断と資源獲得を目指して南進は進んでおり，米英との関係はますます悪化していた。最後の元老（　西園寺公望　）【1940年没】が天皇に首相の推挙を行ったのは米内内閣まで。この内閣の時，行われた立憲民政党（　斎藤隆夫　）のいわゆる（　反軍演説　）が出た。演説は事変の拡大と近衛声明以降も遅々として進まない和平交渉に根本的疑問を投げかけた。「ただいたずらに聖戦の美名に隠れて，国民的犠牲を閑却し，曰く国際正義，曰く道義外交，曰く共存共栄，曰く世界の平和，かくのごとき雲をつかむような文字を並べ立てて，そうして千載一遇の【和平の】機会を逸し，国家百年の大計を誤るようなことがありましたならば…(議場騒然)」【史料問題で出ている】。この演説は陸軍を怒らせ，彼は議員除名となる。彼の除名に反対した議員はわずか7名に過ぎず，衆議院は自ら言論の場を放棄したのである。彼はまた，二・二六事件後に軍の行動を批判するいわゆる（　粛軍演説　）を行ったことでも有名で，出題されたことがある【広田弘毅内閣の時】。
駒澤大(2/7)13，上智大(外神総法)12，中央大(文)12，津田塾大(学芸)12，早大(文)11，明学大(経法)09，中央大(法)08，東経大(全)08

援蔣ルート

（　重慶　）に根拠地を移した蔣介石政権を支援する米英などの物資支援ルート。ソ連は中ソ不可侵条約締結後，広東ルートから支援した。イギリスは（　香港　）ルートが最大であったが，日本が南進して広州占領によって広東・香港両ルートを遮断すると，ソ連は新疆ルート，イギリスは（　仏印　）ルート・（　ビルマ　）ルートから支援した。日本は，ドイツが東南アジアを支配するイギリス・フランス・オランダをヨーロッパで危機に陥れているのを見てドイツとの同盟を決心し，同時に仏印ルート遮断と資源獲得を目的に，（　北部仏印　）に進駐した。
中央大(文)14

《《新体制と三国同盟》》 p.359-360

第2次近衛文麿内閣

このとき近衛は（　新体制運動　）を展開していた。これは国家総力戦体制を樹立するため，全国民勢力を結集した組織を結成し，強力な政治体制を目指したもので，日本におけるファシズム運動であった。米内内閣は，（　畑俊六　）陸軍大臣の単独辞任によって倒れた。近衛内閣発足の7月に閣議決定された（　基本国策要綱　）が出た。ドイツ・イタリアと連携して日中戦争の打開を図る方向を明確化した。9月に（　北部仏印　）に進駐したことも出た。ほぼ同時に（　日独伊三国同盟　）を結び，これには（　ソ連　）の除外規定があったこと，（　アメリカ　）を仮想敵国としていたことが出た。この二つの日本の動きに前後して，アメリカは（　航空機用ガソリン　）や（　屑鉄　）の対日輸出禁止措置をとったことも出る。
中央大(文)14，駒澤大(2/7)13，成蹊大(経)13，東洋大(2/8)13，日本大(法)13，法政大

(経社現)13, 青学大(営)12, 慶応大(商)12, 上智大(外神総法)12, 津田塾大(学芸)12, 早大(政経)12, 慶応大(経)11, 成蹊大(経)11, 明治大(法)(文)11, 中央大(文)10, 立教大(2/8)10, 中央大(文)(経)09, 明治大(法)09, 明学大(経社)08, 早大(商)08, 慶応大(経)07, 明治大(経営)07

大政翼賛会	立憲政友会, 立憲民政党から社会大衆党まで合法政党はすべて解党して大政翼賛会に合流した。また, 1938年から(産業報国連盟)の指導下で組織されていた産業報国会が, 1939年官製化され, 労働組合も解散を命じられて, 産業報国会の全国組織として(大日本産業報国会)が結成された。そして, この組織も大政翼賛会の傘下に入った。大政翼賛会は当初企図した政党組織ではなく, 総裁が(首相), 支部長が(知事)で, 下に部落会・町内会・(隣組)【=隣保班】があったことを覚えよ。(上意下達)機関という言葉も出たことがある。また, 傘下の大日本産業報国会, 青年組織として(大日本青少年団)が出た。青年組織が, 1925年(大日本連合青年団)→1939年(大日本青年団)→1941年(大日本青少年団)となったことを理解せよ。婦人組織では(大日本国防婦人会)【1932年設立】, (愛国婦人会)【1901年設立】, (大日本連合婦人会)【1931年設立】が統合して, 1942年に(大日本婦人会)となったが, これが最も出る。 センター14, 武蔵大(全)14, 学習院大(法)13, 立教大(2/6)13, 首都大(前)12, 青学大(営)12, 中央大(文)12, 早大(商)12, 東経大(全)11, 東洋大(2/8)11, 明学大(経社法)11, 早大(教)11, 中央大(経)09, 東女大(現)09, 明治大(法)09, 早大(教)09, 慶応大(法)08, 津田塾大(文芸)08, 東洋大(文)08, 明治大(営)08, 早大(政経)08, 東経大(全)07
国民学校	1941年, 小学校を改めた。「皇国の道」という理念のもと, 戦時体制を支える「(小国民)」を育成するとされた。 中央大(文)14, 立教大(全)12, 獨協大(国経法)10, 明学大(経法)09, 中央大(経)07
「皇民化」政策	皇国臣民化ということ。朝鮮に建設した朝鮮神宮の参拝, 宮城遙拝, 日本語常用強制などが実施された。特に, 1940年2月から実施された(創氏改名)【日本式の氏名に変えさせること】の強制は記憶せよ。法的には届出制であったが, 実質的には強制であったという。なお, 以前から台湾では, 同様のことが実施されていたが, これは(改姓名)と呼ぶ。 神奈川大(2/6)14, 学習院大(法)13, 津田塾大(文芸)08, 中央大(経)07

《太平洋戦争の始まり》 p.360-362

日ソ中立条約	1941年4月, 第2次近衛内閣の外相(松岡洋右)が独伊訪問の帰りにモスクワで, ソ連の(モロトフ)外相と結んだ。中立友好と領土保全・不可侵を約す。ソ連は, 対独戦の備えのため, 日本は南進政策遂行のためといわれるが, 教科書には「アメリカとの関係を日ソ提携の力で調整しようとするねらい」もあったとあり, この観点からの問題もあった。 駒澤大(2/7)13, 上智大(外神総法)12, 法政大(法社)11, 明治大(法)11, 中央大(文)10, 東女大(現)09, 東洋大(文)08, 明治大(営)08
日米交渉	1941年4月開始。日米開戦の回避を目指す国交交渉。日本側代表は駐米大使(野村吉三郎), 米国代表は国務長官(ハル)。野村の応援のため(来栖三郎)が派遣されたことを覚えよ。 慶応大(商)12, 上智大(外神総法)12, 青学大(営)11, 明治大(営)08, 明学大(経社)08,

第10章 二つの世界大戦とアジア

早大（政経）08

関東軍特種演習

1941年6月，ドイツが（ 独ソ不可侵条約 ）を破ってソ連を奇襲し，独ソ戦争が開始されたことを背景に，7月の御前会議で南方進出とともに，情勢有利の場合には対ソ戦も視野に入れる決定がなされた。これを受けて陸軍が極東ソ連領の占領計画を立て，関東軍特種演習と称して約70万人の兵力を満州に結集させた。

南部仏印進駐

対米英強硬派の（ 松岡洋右 ）を除くため，内閣改造を行って成立した第3次近衛文麿内閣は，1941年7月南部仏印進駐を実行，これに対しアメリカは（ 在米日本資産 ）凍結と（ 対日石油輸出 ）禁止の措置を決めた。この措置と1939年7月の（ 日米通商航海条約 ）廃棄の措置，1940年9月の北部仏印進駐・日独伊三国同盟前後における（ 航空機用ガソリン ）（ 屑鉄 ）の対日禁輸措置と混同しないこと。その後形成されたいわゆる「ABCD包囲陣」については，「C」をカナダの頭文字と誤解させる問題が出たので，A=（ アメリカ ），B=（ イギリス ），C=（ 中国 ），D=（ オランダ ）を記憶せよ。また，当時の東南アジア地域がどの国の植民地であったかが出た。インドネシア→（ オランダ ），マレーシア→（ イギリス ），フィリピン→（ アメリカ ）である。

センター14，神奈川大(2/6)14，日本大(法)13，法政大(経社現)13，関東学院大(2/5)12，上智大(外神総法)12，青学大(営)11，慶應大(経)11，成蹊大(経)11，立教大(2/8)10，明治大(営)08，明学大(経社)08，早大(政経)08

帝国国策遂行要領

1941年9月6日の御前会議で決定。日米交渉の区切りを10月上旬とし，交渉が成立しない場合は，対米英開戦を決意して10月下旬までに戦争準備を完了するとした。この場での天皇と杉山元陸軍参謀総長とのやりとりは有名。杉山が対米戦争に楽観的見通しを述べたのに対し，天皇が「汝は（ 支那事変 ）勃発当時の陸相であるが，あのとき事変は3カ月で終わると申したのに今になっても終わっていないではないか。」と詰問。杉山が「支那は奥地が広うございますので。」と答えると，天皇は「太平洋は支那より広いぞ」とさらにたたみかけたという。他の御前会議も出たので記憶せよ。7月2日＝対米英戦覚悟の（ 南進 ）と情勢有利の場合の（ 北進 ）方針。11月5日＝11月末までに要求が容れられない場合は対（ アメリカ ）（ イギリス ）（ オランダ ）と開戦。12月1日＝対米交渉不成功と判断→3国との開戦決定。これらが出た。

日本大(法)13，慶応大(経)11，東洋大(2/8)11，津田塾大(学芸)10

東条英機内閣

交渉での妥結を望む近衛首相と，開戦を主張する東条英機陸相との間で対立が頂点に達し，近衛内閣は総辞職。最後の元老（ 西園寺公望 ）が前年に死去し，そのあとの首相選定は（ 木戸幸一 ）内大臣を中心とする重臣会議で合議の形で決められた。木戸は9月6日の御前会議決定の白紙還元を条件として東条を首相に推挙し，東条内閣が成立した。東条内閣は日英交渉を継続したが（ ハル＝ノート ）がアメリカから提案され，交渉成立の余地はなくなった。

センター15，慶應大(商)12，上智大(外神総法)12，青学大(営)11，法政大(法社)11，明治大(法)11，中央大(文)10，明学大(経法)09，慶応大(法)08，國學院大(全)08，明治大

（営）08

ハル＝ノート	正式には「Outline of Proposed Basis for Agreement Between the United States and Japan」という。この文書はアメリカも日米開戦を決意し，交渉に厳しい最終条件を設けたものといわれる。しかし，ハル＝ノートは，「（ 満州事変 ）以前の状態への復帰」を求めたわけであるから，大陸におけるすべての権益放棄を求めたわけではない。日露戦争で得た日本の権益，朝鮮半島の植民地化といったことは問題となっていない。このことが正誤問題に出る。史料の「五」「団匪事件議定書」とは北清事変の「 北京議定書 」のことである。この議定書に規定されている日米両国の諸権利を放棄するのが「五」の内容である。「九」は日独伊三国同盟の実質的廃棄を求めたものである。開戦を最終的に決定した契機となったアメリカの動きを論述する問題が出た。 一橋大（前）13，日本大（法）13，慶応大（経）11，中央大（文）10，津田塾大（学芸）10，立教大（2/8）10，明学大（経法）09，早大（政経）08，慶応大（経）07，中央大（商）07，明治大（営）07
真珠湾攻撃	1941年12月1日，御前会議で開戦を最終決定し，8日，海軍はハワイ諸島を奇襲し，真珠湾のアメリカ太平洋艦隊に大損害を与えた。陸軍は，イギリス領（ マレー半島 ）に奇襲上陸したことも出た。日本では12月8日を「真珠湾戦勝日」とした。 早大（政経）13，慶応大（商）12，高経大（前）11，青学大（営）11，津田塾大（学芸）10，國學院大（全）08，日本大（文理）08，明治大（営）08

《戦局の展開》 p.362-365

翼賛選挙	1942年4月の第21回衆議院総選挙で，政府推薦候補者が多数当選した。この選挙を翼賛選挙という。当選した推薦議員により（ 翼賛政治会 ）が結成された。当選者は，推薦議員381人，非推薦議員85人。非推薦のなかには，護憲運動で活躍し，憲政の神様といわれた（ 尾崎行雄 ），「反軍演説」で議員除名されていた（ 斎藤隆夫 ），戦後総理大臣となった（ 鳩山一郎 ），（ 三木武夫 ）らがいる。p.363注②にはない斎藤・三木も記憶せよ。 早大（政経）13，明治大（法）12，東洋大（文）08，早大（政経）08
戦域拡大	1942年5月までに（ 東南アジア ）を中心に西太平洋からビルマに至る広大な地域を占領した。日本軍は占領地で資源・物資を確保するため，（ 軍用手票【軍票】 ）を発行した。また，インドネシアのビンタン島に（ ボーキサイト ）が豊富だったことも出た。 神奈川大（2/6）14，明治大（政経）10
ミッドウェー海戦	1942年6月，ミッドウェー島沖の海戦で，日本海軍は大敗した。戦史的な出題では圧倒的にこのミッドウェー海戦が多い。 センター14，慶応大（経）13，早大（政経）13，慶応大（商）12，学習院大（経）10，成城大（文芸）10，津田塾大（学芸）10，明学大（経法）09，明治大（経営）07
大東亜会議	1943年11月，「 大東亜共栄圏 」の結束を示そうとした。出席は，汪兆銘

第10章 二つの世界大戦とアジア　　**249**

政権，満州国，(　タイ　)のタヤコン，(　フィリピン　)のラウレル，(　ビルマ　)のモウ，自由インド仮政府。東京で開催。初代議長はインドの(　ボース　)であった。しかし，組織的な抗日運動も展開されるようになり，その力が日本敗戦後の元植民地本国からの独立運動を成功させることにもなった。仏印の独立運動指導者(　ホーチミン　)が出題された。
神奈川大(2/6)14，立教大(全)14，早大(政経)12，青学大(営)11，学習院大(経)10，立教大(2/8)10，成蹊大(経)09，専修大(全)09，早大(政経)08

サイパン島陥落
1944年7月，(　マリアナ　)諸島のサイパン島陥落，この結果，空襲が激化したことが出た。(　絶対国防圏　)の一角が崩れたことを理由に東条内閣は総辞職した。それに代わり陸軍大将の(　小磯国昭　)が首相となった。
センター14，立教大(全)14，慶応大(経)13，学習院大(経)10，専修大(全)10，津田塾大(学芸)10，成蹊大(経)09，明学大(政法)09，センター08

《国民生活の崩壊》　p.365-366
学徒出陣
1943年，大学・高等学校・専門学校に在学中の徴兵適齢(　文科　)系学生を軍に徴集。
早大(教)14，成蹊大(経)13，立教大(2/6)13，駒澤大(文経営)10，日本大(経)10，高経大(前)09，成蹊大(経)09

勤労動員　徴兵年令
学校に残る学生・生徒は，1943年の学徒戦時動員体制確立要綱で勤労強制化が進み，1944年の(　学徒勤労令　)で中学生以上の全員を工場に配置したことが出た。女性は1943年5月の女子勤労報国隊に始まり，同年9月には(　女子挺身隊　)に14～25歳の未婚女性全員が加入させられ，工場などに動員されたことも出題された。また，朝鮮や中国の占領地から朝鮮人・中国人を(　強制連行　)し，鉱山や工事現場で強制的に労働させた。1930年代末以降のグラフを参考に在日韓国・朝鮮人の人口急増を日本の朝鮮半島政策と関連付けて説明する論述問題が出た。1945年6月に秋田県で起きた中国人の蜂起＝(　花岡事件　)も出た。1943年には(　朝鮮　)で，44年には(　台湾　)で徴兵制が実施された。日本人に対しては1943年12月に徴兵年齢を19歳に引き下げ，1944年11月から17歳以上を兵役に編入している。徴兵年令に関する問題も出題された。
センター14，慶応大(経)14，日本大(法)14，早大(教)14，日本大(経)10，青学大(経)09，津田塾大(学芸)08

学童疎開
(　1944　)年7月頃から国民学校生の集団疎開が始まった。始まった西暦年も出た。
センター15，立教大(2/7)13，専修大(全)10

空襲の激化　東京大空襲
1944年以降，(　サイパン島　)の米軍基地から飛来する本土空襲が激化していたことが出た。1945年3月10日の東京大空襲では米国軍の(　焼夷弾　)による空襲があり，約(　10万　)人の死者が出たことも出題された。
神奈川大(2/6)14，関東学院大(2/5)14，早大(教)14

《敗戦》　p.366-368
沖縄戦
1944年10月，米国軍は(　レイテ島　)を占領し，45年3月には続いて(

	(硫黄島)も占領した。そのうえで1945年4月，沖縄本島に上陸し，6月には占領した。この戦闘の死者は軍民計約18万人といわれる。沖縄戦の民間戦争犠牲者が約10万人であることや（ ひめゆり部隊 ）【沖縄師範学校女子部・沖縄第一高等女学校の教師・生徒で構成された看護要員部隊】，（ 平和の礎 ）【1995年に建設された沖縄戦等で死亡した国内外すべての人々を慰霊する施設】等が問題に出た。 センター14，神奈川大(2/6)14，関東学院大(2/5)14，慶応大(経)13，専修大(全)10，津田塾大(学芸)10，専修大(全)09，早大(教)08
鈴木貫太郎内閣	米国軍の沖縄上陸直後，（ 小磯国昭 ）内閣は総辞職して海軍の鈴木貫太郎が組閣。鈴木は（ ソ連 ）に和平交渉の仲介を依頼する等終戦に動いた。彼はA級戦犯として訴追されていないことが問われた。外相は（ 東郷茂徳 ），この時の参謀総長は（ 梅津美治郎 ）であった。 法政大(経社現)13，慶応大(商)12，國學院大(全)10，成蹊大(経)09，東女大(現)09，明治大(法)08，獨協大(経法国)07
カイロ会談 ヤルタ会談 ポツダム会談	連合国のこれらの会談は，戦時期で最もよく出る部分。各会談を整理して記憶することが大切。1943年11月，カイロ会談【エジプト】でカイロ宣言を発表。出席者（ ローズヴェルト ）【アメリカ】，（ チャーチル ）【イギリス】，（ 蔣介石 ）【中国】。内容は，①日本の（ 無条件 ）降伏まで一致して戦うこと，②（ 満州 ）（ 台湾 ）（ 澎湖 ）諸島を中国に返還すること，③（ 朝鮮 ）を独立させること，④委任統治領である（ 南洋 ）諸島を剥奪すること，等である。1945年2月のヤルタ会談【クリミア半島】出席者は米英がカイロと同じで，ソ連から（ スターリン ）であった。主な内容はドイツの戦後処理問題であったが，秘密協定があり，①ドイツ降伏から2～3カ月後の（ ソ連 ）の対日参戦，②ソ連への（ 南樺太 ）返還と（ 千島列島 ）の譲渡，③（ 旅順 ）（ 大連 ）の自由港化，等である。1945年7月，ポツダム会談【ベルリン郊外】で（ ポツダム ）宣言を発表。出席者は（ トルーマン ）【アメリカ】，（ チャーチル ）→（ アトリー ）【イギリス】，（ スターリン ）【ソ連】。内容は，①敗北したドイツの戦後処理問題，②対日無条件降伏勧告，③日本の戦後処理問題，等である。宣言は，アメリカ・イギリス・（ 中国 ）の連名で出されたことは注意せよ。ソ連はこのときはまだ交戦国ではない。 センター14，関東学院大(2/5)14，立教大(全)14，慶応大(文)(経)13，法政大(経社現)13，早大(文)13，慶応大(商)12，獨協大(国経法)12，明治大(法)12，神奈川大(2/9)10，國學院大(全)10，駒澤大(経)10，日女大(文)10，慶応大(商)09，成蹊大(経)09，専修大(全)09，中央大(文)09，東女大(現)09，明治大(全)09，明学大(経法)09，上智大(経文外)08，日本大(文理)08，明治大(法)08，早大(政経)08，専修大(全)07，獨協大(経法国)07，明治大(法)07
原爆投下	1945年8月6日（ 広島 ），8月9日（ 長崎 ）。8月8日には，ソ連が日本に対し宣戦布告。（ 関東軍 ）が壊滅。 センター14，神奈川大(2/6)14，日女大(文)10，専修大(全)09，日本大(文理)08，明治大(法)08
ポツダム宣言受諾	8月14日，受諾を連合国側に通告。このとき天皇制維持に関し日本側が質問したが，米国務長官（ バーンズ ）は天皇制維持に関することに言及し

なかった。また，天皇のいわゆる（　玉音放送　）について出た。
<small>神奈川大(2/9)11，東女大(現)09，上智大(経文外)08</small>

降伏文書　1945年9月2日，アメリカ軍艦（　ミズーリ　）号で。日本側代表は，政府（　重光葵　），軍（　梅津美治郎　）であった。
<small>中央大(法)13，津田塾大(学芸)13，早大(政経)13，慶応大(商)12，獨協大(国経法)12，早大(政経)12，高経大(前)11，成城大(経)11，神奈川大(2/9)10，國學院大(全)10，東女大(現)09</small>

第11章　占領下の日本

1　占領と改革

《戦後世界秩序の形成》 p.369-370

ベトナム ビルマ フィリピン インドネシア	1945年9月，ベトナム民主共和国独立宣言が行われたが，日本敗戦とともに（　フランス　）軍が戻り，同国に対する独立戦争が始まった。1945年3月，ビルマ（　反ファシスト人民自由連盟　）が抗日武装蜂起。日本の降伏後は，反英独立闘争を展開。1945年8月，インドネシア独立宣言【1954年8月完全独立】。
朝鮮 中国	1945年8月15日，朝鮮解放。アメリカ大統領（　トルーマン　）が，ソ連首相（　スターリン　）に対して，対日武装解除境界線を北緯38度とすることを提案し，受け入れられる。北部をソ連，南部をアメリカが占領したことが，後の分断国家へと結び付く。中国では，（　中国共産党　）軍が，日本の武装解除と占領地接収を目指していっせいに行動開始。（　中国国民政府　）軍は，汪兆銘政権軍も使ってそれに対抗。満州はソ連軍が占領。ソ連の撤退とともに両軍間で激しい戦闘が起こる。
国際連合	1945年10月発足。国連は英語では（　The United Nations　）で連合国と同じ。（　アメリカ　）（　イギリス　）（　ソ連　）3国が大戦中から国際秩序に関する討議を続け，それが国際連合に結び付いていることが出た。また，発足時は連合国（　51　）カ国であったことが出た。 関東学院大（2/5）14，明治大（法）13，センター08，東洋大（文）08

《初期の占領政策》 p.370-372

東久邇宮稔彦内閣	1945年8月成立。（　近衛文麿　）が国務大臣として参加。この内閣は，（　人権指令　）実行をためらい総辞職したことがポイント。 慶応大（法）11，國學院大（全）10，東洋大（2/11）10，中央大（法）09，明治大（営）09，中央大（経）08
GHQ	（　マッカーサー　）が到着し，（　連合国軍最高司令官総司令部　）＝GHQが東京に置かれた。日本政府に勧告や指令を行う（　間接統治　）の方法がとられた。GHQの日本政府に対する要求は勅令【いわゆる　ポツダム勅令　】によって法律制定を待たずに実施された。憲法をもしのぐ超法規的性格を持っていた。GHQの上部機関は1946年2月に設置された（　極東委員会　）【はじめ11カ国，後に13カ国】。設置された場所は（　ワシントン　）で，これが問題となる。また，最高司令官の諮問機関＝（　対日理事会　）は（　東京　）に置かれ，これも出る。以上2機関の名称・設置場所が出た。極東委員会の決定は，一度アメリカ政府を通じて指令として最高司令官に送られた。対日理事会は，（　農地改革　）の際を除いて大きな影響力がなかったことも記憶せよ。また，戦後初期のアメリカの極東政策は，中国国民政府をアメリカの同盟国とし，日本を徹底的に非軍事化して2度とアメリカの対抗者とならないようにすることであった。

第11章　占領下の日本　**253**

	神奈川大(2/6)14，上智大(外総法)14，日女大(文)14，明治大(文)14，早大(法)14，国士舘大(2/1)13，慶応大(商)13，早大(政経)13，明治大(法)13，学習院大(文)12，成城大(経)11，東洋大(2/11)10，成蹊大(経)09，中央大(法)09，獨協大(経法国)09，明治大(全)09，明治大(政経)09，中央大(経)08，明治大(文)08，法政大(経社)07
人権指令	正式には「政治的公民的及宗教的自由に対する制限の除去の件(覚書)」という。これと東久邇宮稔彦内閣との関係が出た。一方で，占領軍に対する批判では，言論が制限された。いわゆる(プレス＝コード)で，新聞等が事前検閲を受け，ラジオ放送は(ラジオ＝コード)で検閲を受けたことが出た。 早大(国)14，関東学院大(2/5)13，早大(政経)13，獨協大(国経法)12，慶応大(法)11，慶応大(経)11，東洋大(2/11)10，センター09，上智大(外法総)09，成蹊大(経)09，中央大(法)09，中央大(経)08，立教大(全)07
幣原喜重郎内閣	1945年10月成立。人権指令，五大改革指令，戦争協力者・職業軍人・国家主義者等の(公職追放)，(金融緊急措置令)を実行。女性の参政権を認めた(衆議院議員選挙法)が成立したのもこの内閣の時で，1946年の戦後第一回衆議院議員総選挙後，総辞職。 獨協大(国経法)14，日女大(文)14，立教大(異経法)14，明治大(文)13，成城大(経)11，東洋大(2/11)10，上智大(外法総)09，早大(商)09，青学大(文)09，明治大(法)09，明学大(全)09，専修大(全)07，中央大(経)07
五大改革指令	1945年10月，(マッカーサー)が幣原首相に口頭で指示した。人権指令と内容が混同しないように理解せよ。大まかにいって，人権指令は「除去」，五大改革指令は「建設」の内容と考えればいい。 獨協大(国経法)14，立教大(文)14，学習院大(法)13，早大(政経)13，慶応大(法)11，上智大(経)11，法政大(法社)10，成蹊大(経)09，中央大(法)09，早大(商)09，中央大(経)07
神道指令	1945年12月，GHQが出した政府による神社・神道への支援・監督を禁止した指令。翌年1月には，天皇がいわゆる(人間宣言)を行い神格化を否定するとともに，「他ノ民族ニ優越セル民族」「架空ナル観念」を否定した。 センター14，学習院大(法)13，立教大(2/12)10，立教大(文)09，明治大(営)09，センター08，日本大(文理)08，専修大(全)07，立教大(全)07，専修大(経営商文)06
極東国際軍事裁判	1945年9月からの戦争犯罪人の逮捕，1946年1月からの軍国主義者の公職追放があり，1946年5月からは戦争指導者28人の裁判が始まった。1948年結審し，途中死亡した3人を除き全員が有罪となった。特に東条英機ら7人は死刑判決を受け死刑が執行された。インドの裁判官(パル)，オランダの裁判官(レーリンク)が法理上の問題で反対していることは出る。天皇の戦争責任も議論されたが，戦犯容疑者とはならなかった。この理由を論述する問題が出た。BC級戦犯が約5700人起訴され，984人が死刑，475人が終身刑となったことが出た。 センター14，立教大(異経法)14，一橋大(前)13，立教大(2/8)10，神奈川大(2/9)10，一橋大(前)09，立教大(文)09，東女大(現)09，法政大(経社)07，獨協大(経法国)07，センター06

《民主化政策》 p.372-374

財閥解体

1945年11月，GHQが財閥解体の促進を指示。(三井)(三菱)(住友)(安田)等の15財閥資産の凍結命令が出た。1946年4月，(持株会社整理委員会)令が公布され，同委員会は84社の持株会社と大財閥家族を指定して，株式を持株会社整理委員会に譲渡させた。これら株式は一般に売り出され，経済の民主化が推進された。また，1947年4月には(独占禁止法)が公布され，私的独占とカルテル行為が禁止された。この法律は，①将来にわたって独占を予防する措置法，②冷戦の進展とともに規制内容を大幅に緩める，③監視機関は(公正取引委員会)，であると出た。さらに1947年12月(過度経済力集中排除法)が公布され，各産業分野の巨大独占企業が分割される予定となった。「資産の(凍結)・(解体)」「株式などの(譲渡)を受けて(一般)に売り出し」【p.372】等，言葉を正確に記憶しないと正誤問題が解けない。持株会社解体，独占禁止に対し，企業の分割は不徹底であった。分割された代表例は(日本製鉄)【この会社が八幡製鉄と富士製鉄とに分割されたことが出た】(王子製紙)(三菱重工)(大日本麦酒)等である。商事会社の(三井物産)(三菱商事)も解体されたが，これは持株会社指定によるもので，過度経済力集中排除法に基づいて実施されたものではない。過度経済力集中排除法に基づいては，1948年2月までに(325)社が指定を受けたが，実際に分割されたのは上記の企業をはじめ(11)社に過ぎなかった。同年5月には多くの会社が指定解除となった。この数字がよく問題となる。

<small>学習院大(経)14，上智大(外総文)14，日女大(文)14，立教大(文)14，早大(文)14，青学大(営)13，関東学院大(2/5)13，慶応大(商)13，国士舘大(2/1)13，成蹊大(経)13，慶応大(法)12，獨協大(国総法)12，慶応大(経)11，上智大(経)11，明学大(経社法)11・10，東洋大(2/11)10，明治大(営)10，立教大(2/12)10，センター09，慶応大(法)09，東経大(全)09，法政大(法文営)09，明治大(営)09，早大(商)09・08，東経大(全)07，法政大(経社)07，明治大(営)07</small>

農地改革

第1次農地改革は，日本政府の自主的決定に基づいて1945年12月(農地調整法)を改正して実施された。この法律は，1938年に(国家総動員法)(電力国家管理法)とともに制定された戦時統制法であり，戦争遂行の立場から耕作者の安定と農業生産力の増進を図るためのものであった。この法律が活用されたが，地主制解体は不徹底であった。(幣原喜重郎)内閣時に始まったことが出た。1946年10月に制定された(自作農創設特別措置法)と再改正農地調整法に基づいて第2次農地改革が始められた。これは第1次(吉田茂)内閣時に開始されたことが出た。(対日理事会)の答申に基づいてGHQの勧告案が出て自作農創設特別措置法ができたこと，「(国)が(強制)的に買い上げ，小作人に優先的に安く売り渡した」こと，1950年頃までに農地改革がほぼ完了し「(小作地)が1割程度にまで減少し」たこと，5反以下の農家が増えたこと【p.373】，等を正確に記憶せよ。国が強制的に買い上げる基準である都府県(1町歩)，北海道(4町歩)も出た。農地委員会の構成＝地主(3)，自作農(2)，小作農(5)が出た。関連して，1946年には(日本農民組合)が再結成されていることを記憶せよ。また，農村の変化に関わって，(川島武宜)著の『日本社会の家族的構成』が出た。

<small>上智大(外総文)14，日女大(文)14，明治大(営)(政経)14，神奈川大(2/6)13，成蹊大(経)</small>

第11章 占領下の日本 **255**

13, 慶応大(法)(商)12, 東洋大(2/8)12, 獨協大(国経法)12, 慶応大(経)11, 明学大(経社法)11, 東洋大(2/11)10, 立教大(2/12)10, 早大(教)10, 駒澤大(文法営)09, 中央大(法)09, 東経大(全)09, 法政大(法社人)09, 明治大(営)09, 獨協大(経社国)07

労働組合法　1945年12月に制定され，労働者の（ 団結権 ）（ 団体交渉権 ）（ 争議権 ）が保障された。労働組合法の制定後，つぎつぎに労働組合が結成され，全国組織も1946年に（ 日本労働組合総同盟 ），（ 全日本産業別労働組合会議 ）が結成された。
学習院大(経)14・13，上智大(外総文)14，日女大(文)14，武蔵大(全)14，成蹊大(経)13，獨協大(国経法)12，成城大(経)11，日本大(経)(商)10，東洋大(2/11)10，法政大(経社スポ)10，成蹊大(経)09，中央大(法)09，明治大(営)09，早大(商)09

労働関係調整法
労働基準法　労働関係調整法は1946年9月に制定。中央と地方に（ 労働委員会 ）が置かれたことが出た。労働基準法は1947年4月に制定。8時間労働制等が定められた。男女同一賃金は定められているが，「雇用における男女同一基準」は定められていないことが出た。関連して（ 片山哲 ）内閣の時（ 労働省 ）が設置されたのが出た。
慶応大(商)14，上智大(外総文)14，日女大(文)14，東洋大(2/9)14，立教大(文)14，関東学院大(2/5)13，獨協大(国経法)12，法政大(経社現)12，明治大(法)12，神奈川大(2/9)11，成城大(経)11，津田塾大(学芸)10，日本大(経)10，法政大(経社スポ)10，立教大(2/12)10，センター09，法政大(法社人)09，立教大(2/12)09，早大(商)09，明治大(営)07

教育改革
教育基本法
学校教育法　1945年に（ 修身 ）（ 日本歴史 ）（ 地理 ）の授業が一時禁止されたことが出た。教育基本法・学校教育法ともに1947年3月制定。GHQが招聘したアメリカの（ 教育使節団 ）の勧告に基づいて教育の民主化が行われた。日本側は（ 南原繁 ）を委員長とする（ 教育家委員会 ）を組織して使節団に協力。教育基本法には，教育の（ 機会均等 ）（ 男女共学 ）（ 義務教育9年制 ）等が定められている。学校教育法には（ 6・3・3・4制 ）が定められている。教育基本法に6・3・3・4制が定められているか否かの問題がよく登場するので正確に記憶せよ。この制定の後，1948年6月の国会で（ 教育勅語 ）の失効が決議された。
獨協大(経国法)14，明治大(文)14，立教大(文)14，早大(国)14，関東学院大(2/5)13，明治大(法)13，立教大(異経法)13，成城大(経)11，センター10，駒澤大(文経営)10，東洋大(2/11)10，獨協大(国経法)10・09，法政大(法社)10，センター09，成城大(文芸)09，法政大(法社人)09，明治大(営)09，中央大(法)08，法政大(経社)07，明治大(営)07，立教大(全)07

《政党政治の復活》 p.374-375
政党の復活　（ 日本共産党 ）は，ほとんど影響力はなかったものの，戦争に一貫して反対，1945年10月，合法政党として活動を再開した。1945年10月10日，共産党の指導者（ 徳田球一 ）（ 志賀義雄 ）（ 宮本顕治 ）ら政治犯が釈放されたことが出た。10月13日，軍機保護法・言論出版集会結社等臨時取締法廃止。10月15日思想犯保護観察法・（ 治安維持法 ）廃止。11月21日（ 治安警察法 ）廃止。改めて①治安警察法が，治安維持法制定で廃止されたのではないこと，②ともに戦後改革のなかで廃止されたことを確認せよ。（ 日本社会党 ）は戦前の無産政党各派が糾合して結成。（ 日本自由党 ）は（ 鳩山一郎 ）を総裁に，主に旧立憲政友会の翼賛選挙非推

薦議員を糾合した保守政党。（　日本進歩党　）は町田忠治を総裁に，旧立憲民政党系と，立憲政友会系の旧大日本政治会系を合わせた保守政党。（　日本協同党　）は協同組合主義・労使協調を標榜する中間的保守政党で委員長は（　山本実彦　）。共産党を含めた戦後政党の結成に関する問題が出た。

上智大(外総文)14，津田塾大(学芸)14，明学大(経社法)11，明治大(営)10，専修大(全)(営)07

衆議院議員選挙法改正　戦後第一回総選挙

1945年12月，衆議院議員選挙法が改正され，性別（　男女　），年齢（　20　）歳以上が選挙権を得た。1946年4月，戦後初の総選挙が行われた。GHQが公職追放指令を出したので，翼賛選挙の推薦議員が全員失格となっていた。1942年の翼賛選挙で当選していたのは現職では，日本自由党46人，日本進歩党274人であったが，失格とならなかったのは，それぞれ14人，13人であった。選挙の結果，当選者は日本自由党140名（女性5名），日本進歩党94名（6名），日本協同党14名，日本社会党92名（8名），日本共産党5名（1名），諸派38名（10名），無所属81名（9名）だった。（　39　）人の女性議員が誕生したことはよく出る。

センター15，武蔵大(全)14，東経大(全)11，法政大(経社現)11，立教大(2/12)11，日本大(経)10，成蹊大(経)09，獨協大(経法国)09，法政大(法社人)09，中央大(法)08

第1次吉田茂内閣

吉田茂は，戦前の立憲政友会田中義一内閣の外務次官，立憲民政党浜口雄幸内閣の外務次官であった。外務省同期の（　広田弘毅　）が組閣した際に外務大臣の候補となったが，吉田が自由主義的であるとする軍部の反対があり，実現しなかったという。（　鳩山一郎　）日本自由党総裁が公職追放となったので吉田が組閣したことが出た。この内閣は，日本進歩党の協力を得て成立した。蔵相が（　石橋湛山　）であったことが出た。吉田が牧野伸顕の女婿であったことも出ている。

センター15，中央大(経)14，津田塾大(学芸)14，立教大(全)14，明治大(文)13，学習院大(法)12，立政大(全)12，法政大(経社現)11，明治大(営)11，東洋大(2/11)10，法政大(法社人)09，明学大(全)09，立教大(文)09，早大(政経)08，東洋大(文)07

《日本国憲法の制定》　p.375-376

日本国憲法

1946年11月公布，1947年5月施行。日本国憲法の公布・施行は第1次（　吉田茂　）内閣。（　幣原喜重郎　）内閣のとき設置された（　憲法問題調査会　）【委員長　松本烝治　顧問　美濃部達吉　】で，松本が私案をGHQに示し，その上で憲法問題調査会の正式な案＝憲法改正要綱とするはずだった。しかし，松本私案は天皇の統治権を認める保守的なものであり，GHQが作成した案が憲法の草案となった。そのGHQ草案【マッカーサー草案】には，（　高野岩三郎　）（　鈴木安蔵　）（　森戸辰男　）ら憲法研究会の「憲法草案要綱」が反映されたこと等が出ている。また，草案の一院制が日本政府の強い要望で二院制となったこと，9条2項に「前項の目的を達するため」という文言が加えられたことが出た。国会では，吉田茂が，共産党の野坂参三の質問に対し，この件を答えている。日本国憲法が大日本帝国憲法を改正するという形で定められたことが出た。GHQが草案を直接起草した理由の説明と草案の内容に与えた日本側の試みの説明が，論述問題として出された。前文と第9条が史料として出た。三原則と象徴天

皇制等の内容はそれほど出なかったが，時節柄これからは出るかもしれない。
センター15, 関東学院大(2/5)14, 慶応大(経)14, 成蹊大(経)14, 東洋大(2/9)14, 早大(国)14, 神奈川大(2/9)11, 関東学院大(2/5)13, 慶応大(経)13, 一橋大(前)12, 首都大(前)11, 慶応大(法)(経)11, 立教大(法経異)(2/12)11, 神奈川大(2/9)10, 明治大(法)10, 立教大(2/12)10, 千葉大(前)09, 成蹊大(文芸)09, 中央大(法)09, 立教大(文)09, 青学大(営)08, 國學院大(全)08, 中央大(経)08, 中央大(商)07

民法　　　1947年12月改正公布。(　戸主　)制度を廃止し，男女同権の家族制度を定める。(　家督　)相続制度に代えて均分相続が定められた。憲法14条と24条のもとで改正された二つの法律を取り上げて説明する論述問題が出た。
津田塾大(学芸)14, 日本大(法)14, 一橋大(前)12, 関東学院大(2/5)12, 明治大(法)12, 獨協大(経法)09, 中央大(法)08

刑法　　　1947年10月改正公布。(　大逆罪　)(　不敬罪　)(　姦通罪　)を廃止。
武蔵大(全)14, 早大(文化)14, 獨協大(国経法)12, 中央大(法)08

地方自治法　1947年4月公布。都道府県知事・市町村長が公選制となった。施行は憲法と同日。地方行政・警察行政を管轄した(　内務省　)の廃止が出た。
早大(文化)14, 国士舘大(2/1)13, センター10, 慶応大(法)10, 東洋大(2/11)10, 明治大(政経)09, 法政大(経)07

《生活の混乱と大衆運動の高揚》 p.376-379

インフレ・食糧難　　インフレ・食糧難の背景として，「将兵の(　復員　)や(　引揚げ　)で人口がふくれあがり，失業者が急増した」【p.377】が挙げられる。敗戦時の海外居留民数や海外引揚げ者の多かった地域，(　シベリア　)抑留で死亡した人数などが出た。また，都市住宅の33%が空襲で失われたことが出ている。「焼跡闇市派」を名乗る(　野坂昭如　)と，それに関連して闇買いのための(　闇市　)が出た。
センター15, 上智大(外総文)14, 武蔵大(全)14, 早大(教)14, 成城大(文芸)11, 早大(商)11, 専修大(全)10, 日本大(経)10, 早大(教)10, 青学大(営)09, センター07, 獨協大(経法国)07

金融緊急措置令　1946年2月公布。(　幣原喜重郎　)内閣時であることは大事。インフレの抑制を目指して，従来の日本銀行券を停止し，(　新円切替え　)を行った。また，旧円による預金を封鎖して払戻額を制限した。同時に(　物価統制令　)により新物価体系を作り，旧日本銀行券流通は大幅に縮小した。この令には，戦時利得を吸収する目的もあったという。物価統制令とともに，国家総動員法に基づく勅令のダミーとして語群によく登場するから注意せよ。
上智大(外神総法)14, 神奈川大(2/6)13, 慶応大(商)13, 成蹊大(経)13, 慶応大(経)12, 早大(教)12, 上智大(経)11, 成城大(文芸)11, 専修大(全)10, 日本大(経)10, センター09, 東経大(全)09, 法政大(経社総)08, 國學院大(全)07

傾斜生産方式　第1次吉田茂内閣は，(　経済安定本部　)【経済企画庁の前身。同庁は2001年の中央省庁再編で内閣府に統合された。経済企画庁の発行する『経済白書』は重要。特に1956年版】を設置し，傾斜生産方式を採用。この

政策の提唱者が（　有沢広巳　）であったことが出た。彼は，戦前に（　第2次人民戦線事件　）の被告となり弾圧された経験を持つ経済学者である。（　復興金融金庫　）が創設され，重要産業部門である（　石炭　）（　鉄鋼　）等に集中して資本が投下された。金庫創設時の大蔵大臣は（　石橋湛山　）であったこと。吉田内閣から（　片山哲　）内閣に政策が引き継がれたこと等も重要である。復興金融金庫が財政赤字のなか巨額の資金投資を行ったためインフレになったこと，したがって，（　ドッジ＝ライン　）のもとで復興金融金庫が新規貸出停止となったこと等も出ている。

学習院大(法)14，上智大(外総文)14，成蹊大(経)14・13，関東学院大(2/5)13，慶応大(商)13，慶応大(経)12，法政大(経社現)12，早大(教)12，成城大(文芸)11，明治大(営)11，早大(商)11，國學院大(全)10，明治大(政経)10，法政大(法文営)09，明治大(営)09，立教大(文)09，早大(政経)08，法政大(経社総)07，明治大(営)07

二・一ゼネスト

賃金抑制・インフレ・失業といった状況で労働者の生活危機は深刻となった。そうしたなかで官公庁労働者を中心に基幹産業も含む吉田内閣打倒を掲げたゼネラル＝ストライキが1947年2月1日に予定されたが，GHQの指令で中止された。（　全官公庁共同闘争委員会　）という組織名が出た。

上智大(外総文)14，慶応大(経)12，慶応大(法)10，専修大(全)10，法政大(経社スポ)10，法政大(経社総)08，中央大(商)07

片山哲内閣

1947年の衆議院総選挙で（　日本社会党　）が第1党となり，民主党【1947～1950】・国民協同党と3党連立で（　片山　）内閣ができた。自由党は政権協議には参加したが，政権には参加せず野党となった。この内閣下で（　国家公務員法　）が制定されたことが出た。

慶応大(商)(法)13，早大(政経)11，明治大(全)11，立教大(法経異)11，明学大(経社法)11，立教大(2/12)10，専修大(全)10

芦田均内閣

1948年，片山内閣と同じ3党連立で芦田均内閣が成立。（　昭和電工　）疑獄事件で倒れる。後に民主社会党を結成する（　西尾末広　）らが関連した。昭和電工は，戦前の新興財閥のうち，（　森コンツェルン　）であることを確認せよ。

津田塾大(学芸)14，東洋大(2/9)14，慶応大(商)13，明治大(文)13，明治大(全)(営)11

2　冷戦の開始と講和

《冷戦体制の形成と東アジア》　p.379-380

トルーマン＝ドクトリン
マーシャル＝プラン

1947年，アメリカの（　トルーマン　）大統領が，ソ連【共産主義】を封じ込める政策の必要を唱え，マーシャル＝プランに基づいて西欧諸国の復興と軍備増強を支援した。東側は（　コミンフォルム　）（　コメコン　）を組織して対抗した。

慶応大(経)12，神奈川大(2/9)11，法政大(経社スポ)10，東洋大(文)07

北大西洋条約機構
ワルシャワ条約機構

1949年，アメリカと西欧諸国の集団安全保障機構である北大西洋条約機構【　NATO　】が組織された。対する東側は，ソ連を中心に1955年，ワルシャワ条約機構を組織した。

神奈川大(2/6)13，関東学院大(2/5)13，早大(社)11，神奈川大(2/9)11，成蹊大(経)10

第11章　占領下の日本　**259**

朝鮮南北分裂	1948年，朝鮮半島のソ連占領地域に（　朝鮮民主主義人民共和国　）が，アメリカ占領地域に（　大韓民国　）が建国され，分断固定化した。 立教大（法経異）11
中華人民共和国	1949年，国共内戦を中国共産党が制して（　中華人民共和国　）が成立，敗れた（　国民党　）は台湾で中華民国を存続させる。中華人民共和国初代首相は，日本留学の経験を持つ（　周恩来　）であった。日本政府はこの国家を承認せず，1952年に台湾と（　日華平和条約　）を締結した。 慶応大（商）11，中央大（法）11，神奈川大（2/9）11

《占領政策の転換》　p.380-381

対日政策転換表明	1948年1月，アメリカの対日政策転換表明＝（　ロイヤル　）陸軍長官の演説であり，この名前は出る。アメリカは当初，中国国民政府との関係を東アジア政策の基本としていたが，中国の内戦で共産党の優勢がはっきりしてくると，日本経済を復興させ日本との関係を東アジア政策の中心とする考えに転換した。日本を（　反共の防波堤　）にしようとしたと出た。 慶応大（経）14，上智大（外神総法）（外総文）14，明治大（文）14，慶応大（経）12，獨協大（経法国）09，明治大（文）08，中央大（商）07
政令201号	GHQの指令で政令201号が出され（　国家公務員法　）が改正され，公務員の争議権が否認された。（　芦田均　）内閣の時である。戦後，労働組合の全国組織として，右派の（　日本労働組合総同盟　）と左派の（　全日本産業別労働組合会議　）が結成されていた。官公庁の労働組合は後者の中心であった。 慶応大（経）14，上智大（外総文）14，慶応大（経）12，神奈川大（2/9）11，早大（商）11，慶応大（法）10，東洋大（2/11）10，獨協大（経法国）09，明治大（営）09
経済安定九原則	1948年12月に実行指令が出された。（　第2次吉田茂　）内閣の時である。九原則とは，（　予算均衡　）（　徴税強化　）（　資金貸出制限　）（　賃金安定　）（　物価統制　）（　貿易改善　）（　物資割当改善　）（　増産　）（　食糧集荷改善　）である。「通貨供給量の増加」という項目があるか問われたが，これはない。アメリカの（　エロア資金　）【占領地域経済復興援助資金】が出た。日本は1949〜1951年にかけて貸与を受けた。 学習院大（法）14，上智大（外神総法）（外総文）14，東経大（2/9）14，学習院大（経）13，関東学院大（2/5）13，慶応大（経）13，津田塾大（学芸）13，明治大（文）13，上智大（経）13，成城大（文芸）11，明治大（営）11，明学大（経社法）11，青学大（経）10，東洋大（2/11）10，法政大（経社スポ）10，早大（政経）10，青学大（営）09，明治大（政経）09，法政大（経社総）08，中央大（商）07，法政大（経社）07，中央大（商）07
ドッジ＝ライン	1949年3月，アメリカの銀行家ドッジが特別公使として派遣され，超均衡予算をはじめ，一連の施策を指示。 神奈川大（2/6）14，上智大（外神総法）14，学習院大（経）13，国士舘大（2/1）13，慶応大（経）12，立教大（経法異）12，中央大（法）11，法政大（経社スポ）10，青学大（営）09，中央大（商）07，法政大（経社）07
単一為替レート シャウプ勧告	1949年3月に1ドル＝（　360　）円の単一為替レートが設定された。1949年9月のシャウプ勧告に基づく税制改正で，（　直接税　）中心主義と（

	(累進)所得税制が採用されたことが出た。単一為替レート以前は、品目によって異なる複数レートであったことが出た。 上智大(外神総法)14、学習院大(経)13、慶応大(商)13、成蹊大(経)13、獨協大(国経法)13、立教大(経法異)12、早大(教)12、学習大(経)11、成蹊大(経)11、成城大(文芸)11、津田塾大(学芸)11、明治大(営)11、立教大(2/12)11・10、青学大(経)10、東洋大(2/11)10、法政大(経社スポ)10、東経大(全)09、法政大(法人)09、青学大(経)08、中央大(商)07、法政大(経社)07、立教大(全)07
失業者の増大	ドッジ＝ラインによってデフレ状態となり、いわゆる(安定恐慌)という状態となった。中小企業の倒産が続き、失業者が増大した。労働運動が激しくなるなか、国鉄を巡る(下山事件)(三鷹事件)(松川事件)が発生し、これらに国鉄労働組合が関与しているという嫌疑をかけられたこともあって運動は成果をあげられないまま沈静化した。これらの事件が出た。 神奈川大(2/6)14、関東学院大(2/5)13、成蹊大(経)13

《《朝鮮戦争と日本》》　p.381-382

朝鮮戦争	1950年6月、朝鮮民主主義人民共和国軍の南進により始まった。アメリカ軍が国連軍として介入した。アメリカ軍の北進、中国人民義勇軍の参戦等を経て、1953年7月、(板門店)で休戦協定が調印された。この時の韓国大統領は(李承晩)である。 センター14、成蹊大(経)14、早大(政経)14、立教大(異経法)13、成城大(文芸)11、聖心女子大(文)11、早大(政経)10、センター08
警察予備隊	朝鮮戦争に動員されたアメリカ軍の空白を埋めるため、GHQの指令で1950年8月に設置された。定員は(7万5000)人。1949年5月頃から旧軍人に対する公職追放が解除され始めていたが、警察予備隊の設置により解除がより進み、彼らが警察予備隊に採用されていった。1950年代前半の防衛体制を300字で論述する問題が出た。 慶応大(経)14・13、成蹊大(経)14、神奈川大(2/6)13、津田塾大(学芸)13、明治大(文)13、青学大(経)11、慶応大(経)11、聖心女子大(文)11、法政大(経社スポ)10、早大(政経)10、法政大(法社人)09、明治大(全)(政経)09、明学大(全)09、明治大(法)08
レッドパージ	朝鮮戦争勃発直前、GHQの指令で共産党幹部の公職追放が実施され、一般共産党員・支持者の排除もマスコミ関係から企業・官公庁へと広がった。アメリカでも1950～1954年、(マッカーシズム)と呼ばれる幅広い思想弾圧政治が起こった。1949年に出された(団体等規正令)が出た。これが1952年5月の(血のメーデー)事件を契機に補強されて、1952年7月に(破壊活動防止法)として成立した。 成蹊大(経)14、東洋大(2/11)10、法政大(経社スポ)10、明学大(全)09
総評	(日本労働組合総評議会)の略。反産別会議系の組合がGHQの後押しで全国組織を結成した。しかし、講和問題を契機に日本社会党と提携し、保守政治に対する対決的姿勢を強めた。第2回大会の「行動綱領」が史料で出た。総評のこうした変化に対して、1964年、労使協調の(全日本労働総同盟)が発足したことが出た。 慶応大(法)14、上智大(外総文)14、早大(教)12、中央大(法)11、早大(教)09、立教大

第11章　占領下の日本

《講和と安保条約》 p.382-384

単独講和
全面講和

アメリカは，中華人民共和国の成立，朝鮮戦争の勃発という情勢で，日本を早期に独立させ，自陣営に組み入れる手だてをとろうとした。アメリカの（ ダレス ）外交顧問らは，講和から（ ソ連 ）を除外し，講和後もアメリカ軍が日本に駐留し続けられる可能性のある講和を目指した＝単独講和。それに対し，一部知識人・日本社会党・日本共産党等は，ソ連・中国を含むすべての交戦国と講和する＝全面講和を主張して対立した。全面講和を説く東大総長だった（ 南原繁 ）に対して吉田首相が（ 曲学阿世の徒 ）と非難したことが出た。一方，単独講和賛成派には慶應義塾塾長（ 小泉信三 ）らがいたことも出た。

慶応大（法）14, 津田塾大（学芸）14, 早大（政経）14・13, 慶応大（経）13, 東女大（2/8）11, 東洋大（2/11）10, 明治大（経営）07

サンフランシスコ平和条約

1951年9月，サンフランシスコ講和会議が開催され，（ 48 ）カ国と平和条約を結んだ。（ ソ連 ）（ チェコスロバキア ）（ ポーランド ）は講和会議に出席したが調印せず，（ インド ）（ ビルマ【ミャンマー】 ）（ ユーゴスラビア ）は招かれたが参加しなかった。日本の主要交戦国であった中国は（ 中華人民共和国 ）（ 中華民国 ）ともに招かれなかった。これらの国との関係はよく出る。この条約で，日本は正式に朝鮮の独立を認めるとともに，日清戦争・日露戦争で獲得した（ 台湾 ）・（ 澎湖 ）諸島・（ 南樺太 ）等を放棄した。しかし，（ 樺太千島交換 ）条約で確定した日本領土である千島列島を放棄したことは，ソ連→ロシアとの領土問題を発生させることになった。また，（ 沖縄 ）・（ 奄美 ）諸島【1953年に日本に返還】・（ 小笠原 ）諸島は国連の（ 信託統治 ）が予定されていたが，アメリカはそれを行わず自国の施政権下に置いた。これら地域の返還時期も出題される。講和条約は，アメリカ国務省顧問として対日講和に関し各国と交渉した（ ダレス ）が起草したものといわれる。何カ国と調印したか，会議の日本主席全権が（ 吉田茂 ）であったか，等もよく出るので記憶せよ。日本は，（ フィリピン ）（ インドネシア ）（ ビルマ ）（ 南ベトナム ）と賠償協定を結んだが，建設サービスや商品の提供という形となったので，後の日本商品輸出や資本進出の足がかりとなった。サンフランシスコ平和条約を締結しなかった国々とは1952年に中華民国と（ 日華平和条約 ）を結び，（ インド ）【1952年】，ビルマ【1954年】とも平和条約を結んだ。日本の主権回復が戦後処理に関して多くの問題を残した背景としての1949～52年の国際政治・軍事情勢の変化を論述する問題が出た。サンフランシスコ平和条約批准を巡って，（ 日本社会党 ）が左右両派に分裂したことが出た。日本が交戦国に対し「おもに役務の供与により賠償を支払う」と条約に定められたことが出た。

獨協大（経国法）14, 明治大（文）14, 早大（政経）14, 学習院大（法）13, 慶応大（経）（文）13, 中央大（経）13, 立教大（2/6）13, 早大（政経）（法）（教）13, 慶応大（経）12, 明治大（法）12, 上智大（経）11, 成蹊大（経）11, 東女大（2/8）11, 明学大（経社系）11, 早大（法）11, 成蹊大（経）10, 東洋大（2/11）10, 日女大（文）10, 上智大（外法総）09, 成城大（文芸）09・08, 青学大（経）08, 専修大（全）07, 中央大（商）07, 東洋大（文）07

日米安全保障条

平和条約と同日に締結され，アメリカ軍が引き続き駐留することになった。

262　第Ⅳ部　近代・現代

| 約 | その前月に（　米比相互防衛条約　）が締結されたことが出た。1952年2月には日米安全保障条約に基づいて（　日米行政協定　）が締結されたことも出る。日米行政協定は，1960年の新日米安全保障条約締結後に（　日米地位協定　）に引き継がれた。
慶応大(経)14，明治大(営)14，早大(法)(教)13，成城大(文芸)11，中央大(法)11，明治大(法)11，日女大(文)10，センター09，上智大(外法総)09，青学大(経)08，成城大(文芸)08，明治大(法)08，中央大(商)07 |

《占領期の文化》 p.384-385

| 総合雑誌の活況 マルクス主義 ノーベル賞 | 『　中央公論　』の復刊，『　世界　』『　思想の科学　』の創刊等。また，マルクス主義が急速に復活し，社会科学分野で大きな影響力を持った。（　湯川秀樹　）が日本人初のノーベル賞【物理学賞】を受賞した。その他，水泳古橋広之進の世界記録樹立，（　黒澤明　）「羅生門」のベネチア映画祭金獅子賞受賞が出た。（　丸山真男　）著『超国家主義の論理と心理』等，丸山真男関連が出た。（　日本学術会議　）の設立も出た。
センター14，獨協大(経国法)14，武蔵大(全)14，立教大(文)14，成蹊大(経)13，國學院大(2/3)12，早大(文化)12，津田塾大(学芸)11，法政大(法社)11，獨協大(国経法)10，日本大(経)10，明治大(法)10，立教大(文)09，早大(商)08 |
| 文化財保護法 | 1949年の（　法隆寺　）焼損を機に文化財の保護が議論され，1950年に制定されたことが出た。
明治大(文)14，獨協大(国経法)10 |

第12章 高度成長の時代

1 55年体制

《冷戦構造の世界》 p.386-387

多極化　米ソ対立のなかで，第三勢力が結束。1954年，中国の(周恩来)とインドの(ネルー)が会談して(平和五原則)が確認された。ヨーロッパでも1957年(ヨーロッパ経済共同体)が組織された。1961年に(非同盟諸国会議)開催。1963年には(アメリカ)(ソ連)(イギリス)の3国により(部分的核実験禁止条約)が調印された。反面，アメリカは，(北ベトナム)への爆撃を1965年に開始した。

《独立回復後の国内再編》 p.387-388

破壊活動防止法　1952年7月成立。破壊活動を行った団体の取締りを目指した法律。その調査機関として(公安調査庁)が設置された。同年5月の(血のメーデー事件)を契機に団体等規正令が補強され，法律化された【本書 p.261「レッドパージ」参照】。
成蹊大(経)14, 早大(教)12, 聖心女子大(文)11, 成蹊大(経)10

保安隊　1952年7月，(警察予備隊)が改組されて発足。
慶応大(経)11, 明治大(文)11, 学習院大(経)10

池田・ロバートソン会談
日米相互防衛援助協定
自衛隊
1953年10月，吉田茂【このとき第5次内閣を組織】の腹心であった(池田勇人)とアメリカ国務次官補(ロバートソン)が会談し，日本の再軍備が合意された。この方向性で，1954年3月に日米相互防衛援助協定＝(MSA協定)が成立した。同年7月には自衛隊が組織された。1952年に第3次吉田茂内閣が海上保安庁内に海上警備隊を設置，(警備隊)と改称した。保安隊は(保安庁)のもとにあったが，これを発展・改組して(防衛庁)とし，そのもとで保安隊と警備隊を統合し，陸・海・空の3自衛隊を設置した。自衛隊の最高指揮権は(内閣総理大臣)にある。出題されるときは，こうしたことが一連のものとして出されることが多い。
慶応大(法)14, 成蹊大(経)14, 慶応大(経)13, 首都大(前)12, 青学大(経)11, 慶応大(経)11, 立教大(全)(2/12)11, センター08

新警察法
教育2法
国内政治でも戦後民主化のもとで実施された体制が変更された。新警察法によって(自治体警察)が廃止され，警察庁指揮下の都道府県警察(国家警察)に一本化された。また，いわゆる教育2法「教育公務員特例法の一部改正法」と「義務教育諸学校における教育の政治的中立の確保に関する臨時措置法」によって公立学校教員の政治活動と政治教育が禁止された。また，1956年には新教育委員会法が制定され，教育委員会が公選から(自治体首長)による任命に変わった。
成蹊大(経)14, 中央大(経)07, 法政大(経社)07

米軍基地反対闘　1954年，石川県の(内灘)や東京都の(砂川)で米軍基地反対闘争が

| 争 原水爆禁止運動 | 激化した。こうした闘争のなかで，自由民主党は憲法改正と（　アメリカ　）依存の安全保障を主張し，日本社会党は，憲法擁護と（　非武装中立　）を主張した。また，同年，アメリカの（　ビキニ環礁　）における水爆実験により，焼津のマグロ漁船（　第五福龍丸　）が被爆し乗組員１人が死亡。これを契機に原水爆禁止運動が高まった。「第五福龍丸・原水爆禁止運動・非核三原則・沖縄」という語句を使って，1945〜1972年までの核兵器をめぐる問題を論述する問題が出た。ビキニ環礁という地名をはじめ，運動が東京の（　杉並区　）から始まったこと，1955年に（　原子力基本法　）が制定されたこと，1963年に（　東海村　）で原子力発電が始まったこと，ここで1999年に（　臨界事故　）が発生したことが出た。福島第一原発事故を踏まえてこうした問題が今後も出題されることはあり得る。
慶応大（経）13，立教大（2/6）13，青学大（2/7）13，津田塾大（学芸）12，関東学院大（2/5）12，学習院大（法）11，早大（社）11，学習院大（経）10，青学大（経営）07 |

《《55年体制の成立》》　p.388-389

| 鳩山一郎内閣 | 1954年の（　造船疑獄　）事件で吉田内閣への批判が強まり，鳩山一郎らが（　日本民主党　）を結成した。同年末に吉田内閣が退陣し，鳩山内閣が誕生。鳩山内閣は（　憲法改正　）（　再軍備　）を改めて強く打ち出した。
上智大（総文法）12 |
| 日本社会党 自由民主党 | 日本社会党の左右両派は，（　サンフランシスコ平和条約　）批准をめぐり対立して分裂していたことが出た。統一社会党の初代委員長が（　鈴木茂三郎　）であったことが出た。保守合同に関して鳩山一郎＝（　日本民主党　）と吉田茂＝（　日本自由党　）と，その人脈のその後の動きが出た。宮沢喜一を軸とした問題であった。これからしばらく日本社会党・自由民主党両党で議席の９割を占め続けたことが出た。この保革２大政党体制を（　55年体制　）という。
立教大（文）13，上智大（総文法）12，上智大（神総法経）11，立教大（法経異）11，明治大（文）11，早大（政経）10，慶応大（文）10，明治大（法）10，成蹊大（経）10，上智大（外法総）09，獨協大（経法国）09，青学大（経）08 |
| 日ソ国交回復 | 1956年10月，鳩山一郎首相とソ連の（　ブルガーニン　）首相との間で（　日ソ共同宣言　）が調印され，国交が回復した。日ソ共同宣言について120字の論述問題が出た。戦後は日ソ共同宣言で，戦前は（　日ソ基本条約　）【1925年，第１次加藤高明内閣＝いわゆる護憲三派内閣のとき】で，国交回復していることを覚えておくこと。戦後，北方領土問題と漁業問題で交渉が行き詰まった時，（　河野一郎　）が大きな役割を果たしたことが出た。この国交回復の結果，日本の（　国際連合　）加盟をソ連が賛成し，それが実現できたことは重要。
慶応大（経）13，立教大（2/6）13，中央大（経）13，東大（前）12，上智大（総文法）12，立教大（全）12，早大（社）11，立教大（2/12）11，中央大（法）11，成蹊大（経）11，明学大（経社法）11，早大（政経）10，明治大（法）10，成蹊大（経）10，成城大（文芸）10，神奈川大（2/9）10，早大（政経）09，明治大（法）09，専修大（全）07，東洋大（文）07 |
| 憲法調査会 国防会議 | 憲法調査会は，1956年６月，第３次鳩山一郎内閣によって成立。1964年，報告書を当時の（　池田勇人　）内閣と国会に提出して解散した。国防会議は，同内閣が1956年７月に設置。ここで「　国防の基本方針　」が決められ |

第12章　高度成長の時代　**265**

たことが出た。その他にも第3次鳩山一郎内閣は，原子力委員会の設置，（ 経済企画庁 ）の設置をしている。

上智大（総文法）12，成蹊大（経）11，早大（政経）09，獨協大（経法国）09

《安保条約の改定》 p.389-390

岸信介内閣 1957年2月，病気退陣の（ 石橋湛山 ）内閣の後を受けて組閣。ともに公職追放解除後政界に復帰したが，戦前の経歴は大きく異なる。岸信介は，農商務省官僚から（ 満州国 ）産業部次長となる。満州で当時関東軍参謀長であった（ 東条英機 ）や，日産の（ 鮎川義介 ）と知り合い，鮎川とともに満州重工業開発株式会社の設立に参画。東条が内閣を組織するとその商工大臣，次いで国務大臣兼軍需省次官となる。1945年にA級戦犯容疑者として逮捕。不起訴釈放後，1957年に組閣。安倍晋三の母方の祖父にあたる。このとき岸内閣は，1958年，教員の（ 勤務評定 ）を全国で実施し，日本教職員組合の激しい抵抗を受けた。また，（ 警察官職務執行法 ）を改正して，警察官の権限を拡大しようとしたが，反対運動が激しく起こって改正は断念された。岸内閣の外交の方針が「（ 国際連合 ）中心主義」「（ アジア ）外交重視」「対米外交見直し」であり，（ インドネシア ）との平和条約を締結したことが出た。石橋湛山は，戦前，（ 小日本主義 ）を主張し，朝鮮・満州などの植民地の放棄等を提言した人物である。雑誌『 東洋経済新報 』の記者，後に社長となったこととともに記憶せよ【本書 p.215「二十一ヵ条の要求」参照】。

津田塾大（学芸）14，獨協大（経国法）14，早大（政経）14，上智大（総文法）12，立教大（2/8）10，早大（政経）09，明学大（全）09，獨協大（経法国）09，早大（教）07

第一次防衛力整備計画
新日米安全保障条約
岸内閣は，「防衛の基本方針」とともに（ 第1次防衛力整備計画 ）を策定した。また，日本側からの要請で日米安全保障条約の改定交渉が実施され，（ 日米相互協力及び安全保障条約 ）が1960年1月に調印された。アメリカの日本（ 防衛義務 ）が明記され，さらにアメリカの日本と極東での軍事行動に関する（ 事前協議制 ）が定められたという2点が最も重要。その他に日本の（ 防衛力増強義務 ）と条約期限（ 10 ）年が定められた。1970年に自動延長され今日に至っている。1960年の条約改定を前に，社会党・総評・共産党等が（ 安保改定阻止国民会議 ）を立ち上げ，国民的な大反対運動が展開された。条約は衆議院でのみ批准され，参議院の議決を経ないまま自然成立となった。岸内閣は総辞職し，（ アイゼンハワー ）アメリカ大統領の訪日は中止された。安保闘争が高揚した理由を説明する論述問題が出た。新日米安全保障条約締結に伴い，従来の（ 日米行政協定 ）も改定され（ 日米地位協定 ）となったことが出た。

津田塾大（学芸）14，早大（政経）14，一橋大（前）13，立教大（2/6）13，上智大（総文法）12，青学大（経）11，成蹊大（経）11，明治大（法）11，立教大（法経異）11

《保守政権の安定》 p.390-392

池田勇人内閣 1960年7月に成立。（ 寛容と忍耐 ）を唱え，「 所得倍増 」をスローガンとする。10年後の1970年までに国民総生産と一人当たり国民所得を2倍にする（ 国民所得倍増計画 ）が立てられた。この目標は1967年に早期達成された。以上のことが池田内閣の基本事項として出る。この計画は，官庁エコノミスト（ 下村治 ）の理論が基礎にあった。①国民総生産を26兆

円に引き上げること，②（ 社会資本 ）の充実，③産業構造の高度化，④貿易と国際協力の促進，⑤人的能力と（ 科学技術 ）の振興，⑥二重構造の緩和，等を目標としていることも出た。また，（ 全国総合開発計画 ）も策定した。その他，（ ケネディ ）米大統領暗殺と（ ジョンソン ）大統領の就任が池田内閣の時期であったこと，（ 太田薫 ）総評議長との間で民間に準じて公務員給与を引き上げる合意をしたこと，等も出た。池田首相の国会での所信表明演説が史料として出題されたこともある。

神奈川大 (2/6) 14，慶応大 (経) (法) 14，日本大 (法) 14，明治大 (商) 14，早大 (文) 14，慶応大 (経) (商) 13，獨協大 (国経法) 13，関東学院大 (2/5) 12，上智大 (総文法) 12，成城大 (経) 11，中央大 (法) 11，明治大 (文) 11，立教大 (法経異) 11，早大 (政経) 11，学習院大 (法) 10，上智大 (外法総) 09，明治大 (営) 09

LT貿易

1962年，池田内閣は国交のない（ 中華人民共和国 ）との準政府間貿易の取決めを結んだ。交渉にあたった中国の（ 廖承志 ）＝ L，日本の（ 高碕達之助 ）＝ T の頭文字を取り LT 貿易と名付けられた。

慶応大 (法) 14，明治大 (商) 14，成蹊大 (経) 13，上智大 (総文法) 12，立教大 (全) 12，明治大 (法) 12，中央大 (法) 11，明治大 (政経) 09

佐藤栄作内閣

1964年11月に成立。1964年の（ 東京オリンピック ）の開催や（ 東海道新幹線 ）の開通が池田・佐藤のどちらの内閣か，たまに問題に出るが双方とも池田内閣期である。

日韓基本条約

1965年6月に調印。（ 佐藤栄作 ）内閣期である。大韓民国の大統領は（ 朴正熙 ）であった。この条約で，1910年以前の諸条約の失効が確認されたが1910年に何があったのか，それ以前の条約にはどんなものがあるか，改めて確認せよ。また，朝鮮半島にある唯一の政府と認めたということは，朝鮮民主主義人民共和国を承認しないということである。条約締結にあたり，（ 竹島 ）【日本名】の帰属が問題となったことが出た。この条約とともに四つの協定が結ばれたが，その一つである漁業協定で（ 李承晩ライン ）が廃止されたことが出た。また，この条約で韓国は（ 対日賠償請求権 ）を放棄した。ただし，韓国国民の賠償権まで放棄したかどうかは論争がある。

慶応大 (法) 14，日本大 (法) 14，学習院大 (法) 13，慶応大 (経) 13，成蹊大 (経) 13，中央大 (経) 13，立教大 (2/6) 13，早大 (文) 13，法政大 (経社現) 12，慶応大 (商) 11，成蹊大 (経) 11，中央大 (法) 11，立教大 (全) 11，明学大 (全) 09，成城大 (文芸) 08，東洋大 (文) 08，中央大 (商) 07

非核三原則

1967年の国会答弁で佐藤首相が打ち出した。「核兵器を（ もたず ）（ つくらず ）（ もち込ませず ）」。

早大 (法) 13，東女大 (2/8) (2/11) 11，早大 (教) 11

沖縄返還

1968年，アメリカは（ 小笠原諸島 ）を返還。この年（ 核兵器拡散防止条約 ）が締結されたことが出た。また，同年，沖縄で琉球政府主席の公選が実施され，（ 屋良朝苗 ）が選出される。1969年日米首脳会談で沖縄返還を合意【 ニクソン 米大統領 と 佐藤栄作 首相 】。1971年（ 沖縄返還協定 ）調印，翌年返還されたがアメリカ軍基地はそのまま存続した。沖縄返還の前提として，（ ベトナム戦争 ）にともなう基地用地接収とアメリカ兵の犯罪増加から（ 祖国復帰 ）の運動が行われていたこと

第12章 高度成長の時代　**267**

が出た。双方の当時の政権担当者，この条約の問題点等，核兵器持ち込みに関する日米の密約がはっきりしたこともあり，これからも十分出る可能性のある箇所である。
<small>関東学院大(2/5)14，慶応大(文)13，成蹊大(経)13，早大(国)(法)13，慶応大(経)12，法政大(経社現)12，中央大(法)11，東女大(2/8)11，明治大(法)11，早大(法)11，神奈川大(2/9)10，慶応大(経)10，國學院大(全)10，明治大(全)09，中央大(商)07</small>

多党化　1964年の（ 公明党 ）結成が出た。また，市民運動としてのベトナム戦争反対が盛り上がり，小田実，鶴見俊輔，開高健らによる（ ベ平連 ）が活動したことが出た。
<small>東女大(2/8)11，センター08，早大(教)08</small>

2　経済復興から高度成長へ

《朝鮮特需と経済復興》　p.392-394

特需景気　（ 朝鮮戦争 ）を原因とするアメリカ軍の膨大な需要から，経済は活況を呈した。（ 繊維 ）や（ 金属 ）で特に需要があったことから，「 糸へん・金へん景気 」と呼ばれる。
<small>神奈川大(2/6)14，慶応大(経)14，駒澤大(2/6)14，早大(教)12，成蹊大(経)11，明治大(法)11，青学大(経)10，東洋大(2/11)10，早大(政経)10，中央大(商)07</small>

IMF
GATT　1952年，IMF＝（ 国際通貨基金 ），1955年，GATT【ガット】＝（ 関税及び貿易に関する一般協定 ）に加入した。加入の年が出た。IMFは，アメリカのドルを基軸通貨として為替レートの安定と国際決済の円滑化を目的とする組織。各加盟国はドルに対する平価を定める固定相場制である。日本は経済安定九原則の実行のなかで定められた1ドル＝（ 360 ）円の為替レートであった。IMFで，この時日本は（ 14 ）条国，1964年に（ 8 ）条国となる。GATTは，自由貿易の拡大と関税引き下げを目的とする組織。この時12条国。1963年に（ 11 ）条国となる。この時（ 世界銀行 ）にも加入したことが出ている。
<small>明治大(商)14，早大(政経)14，慶応大(商)13，関東学院大(2/5)13，早大(国際)13，学習院大(経)11，明治大(営)09</small>

《高度経済成長》　p.394-396

好景気　1955年頃から高度経済成長と呼ばれる経済の発展が始まるが，その最初の好景気が1955〜57年の（ 神武景気 ）である。1956年には造船量で（ イギリス ）を抜き，世界一となった。また，1956年度に（ 経済企画庁 ）は『 経済白書 』のなかに「 もはや戦後ではない 」と記した。経済企画庁とこの年の白書及び言葉はよく出題されるので絶対に記憶せよ。各好景気の名称もよく出るところで，整理して記憶しよう。神武景気の他に，1958〜61年（ 岩戸 ）景気，1963〜64年（ オリンピック ）景気，1966〜70年（ いざなぎ ）景気等は必須。
<small>センター14，神奈川大(2/6)14，慶応大(経)(商)14，駒澤大(2/6)14，明治大(営)(商)14，早大(文)14，青学大(2/7)13，学習院大(経)13，関東学院大(2/5)13，慶応大(商)13，獨協大(国経法)13，早大(商)13，國學院大(2/3)12，早大(教)12，成城大(文芸)11，明治大</small>

268　第Ⅳ部　近代・現代

（法）（商）11，早大（社）11，慶応大（文）10，明治大（営）10，立教大（2/12）10，早大（政経）10・09，津田塾大（学芸）09，東洋大（営）08

高度経済成長

日本は，（ 1955 ）～（ 1973 ）年の実質経済成長率がほとんどの年度で5％を超え，（ 10 ）％を超えた年もあった。1968年には国民総生産【GNP】がアメリカに次いで資本主義国第（ 2 ）位となった。「 投資が投資を呼ぶ 」といわれた時代であったことが出ている。こうした背景として，海外の技術を積極的に取り入れた（ 技術革新 ），エネルギーの（ 石炭 ）から（ 石油 ）への転換，（ 終身雇用 ）と（ 年功序列賃金 ）等の日本型経営の定着等による生産性の向上が挙げられ，トヨタ自動車の（ かんばん ）方式が取り上げられている。エネルギー転換としては，1955年から85年までのエネルギー自給の変遷と，1955年成立の（ 原子力基本法 ）が出題されている。この転換の過程で，三井鉱山三井炭鉱で激しい労働争議【 三池争議 】が起こったことが取り上げられている。1963年公布の（ 中小企業基本法 ）も出題された。また，経済成長のなかで（ 春闘 ）方式が定着し，労働者の賃金が上昇したことも出た。

センター14，慶応大（経）（商）14，駒澤大（2/6）14，津田塾大（学芸）14，明治大（商）14，早大（文化）（商）（文）14，慶応大（商）13，立教大（文）13，早大（商）（国）13，慶応大（経）12，早大（教）12，立教大（2/12）10，中央大（法）10，早大（政経）10，青学大（営）09

食糧管理制度
農業基本法

食糧管理法は戦後の法律ではなく，戦時統制のための法律であった。1939年の（ 米穀配給統制法 ）が前身で，1942年に食糧管理法となり，戦後の食糧難時代に役割を果たした。しかし，高度経済成長期には米の消費が低迷し，米が生産過剰に陥って食糧管理特別会計が深刻な赤字となった。このため，1970年からは米の（ 減反 ）政策が始められた。1961年，農業基本法が制定され，（ 米 ）（ 果樹 ）（ 畜産 ）の選択的拡大路線が打ち出された。米以外の（ 穀物 ）生産は切り捨て，輸入依存を推進した。しかし，果樹・畜産の生産者価格は低迷し，全体として（ 農業人口 ）と（ 農地面積 ）の減少をもたらした。

明治大（商）14，神奈川大（2/6）13，慶応大（商）12，立教大（全）12，成蹊大（経）10，立教大（2/12）10，獨協大（経法国）09，明治大（営）09，明学大（全）09，青学大（経営）07，東経大（全）07

為替と資本の自由化

1963年に（ GATT ）11条国，1964年に（ IMF ）8条国となった。このことはよく出題される。前者で「 国際収支上の理由から輸入制限ができない国 」となり，後者で，「 貿易支払や資本移動に対する制限が禁止される国 」となった。また1964年に，（ 経済協力開発機構 ）【OECD】に加盟し，（ 資本の自由化 ）が義務付けられたこともよく出る。こうした状況下で，国際競争に備えて，企業の大型合併と巨大企業集団の形成，日本的労使関係の形成【（ 終身 ）雇用制度，（ 年功序列 ）賃金体系，（ 企業 ）内労働組合】が図られたことを論述する問題が出た。（ 三井 ）（ 三菱 ）（ 住友 ）（ 富士 ）（ 三和 ）（ 第一勧銀 ）の六大企業集団が形成されたことが出た。

センター14，学習院大（経）（法）14，慶応大（法）（商）14，東経大（2/9）14，明治大（営）14，早大（政経）（文）14，慶応大（商）13，津田塾大（学芸）13，獨協大（国経法）13，早大（国）（文化）（商）13，慶応大（経）12，上智大（総文法）12，立教大（全）12，慶応大（経）10，中央大

第12章 高度成長の時代　**269**

（法）10，立教大（2/12）10，津田塾大（学芸）09

《大衆消費社会の誕生》 p.397-400

太平洋ベルト地帯
産業と人口の集中が激しくなり，そのなかで形成された。これに関連して1962年の（ 新産業都市建設促進法 ）が制定されたことが出た。一方，農村部では農業人口の減少と過疎化が進んだ。1970年には，農業人口が（ 2 ）割を割り込んだことが出た。また，都市部での（ 核家族化 ）について出た。

慶応大（法）（商）14，早大（文化）14，立教大（異経法）13，立教大（2/12）10，早大（商）09，青学大（経営）07

耐久消費財の普及
1950年代から普及した（ 白黒テレビ ）（ 電気洗濯機 ）（ 電気冷蔵庫 ）は三種の神器と呼ばれ，1960年代後半から普及した（ 自動車 ）（ カラーテレビ ）（ クーラー ）は新三種の神器【または 3C 】といわれた。関連のある（ 1953 ）年のテレビ放送開始が出た。こうしたなかで（ 中流意識 ）が高まり，高校や大学・短大への進学率が高まったことが出た。

センター14，慶応大（商）14，獨協大（経国法）14・13，立教大（文）14，早大（文化）14，青学大（2/7）13，成蹊大（経）13，立教大（異経法）13，早大（商）13，國學院大（2/3）12，早大（教）12，成城大（経）11，明治大（政経）11，センター10，明治大（営）10，津田塾大（学芸）09，早大（商）08，センター07

新幹線 高速道路
1964年の（ 東海道新幹線 ）の開業，1969年の（ 東名高速道路 ）の開通等が出た。関連のある（ 東京オリンピック ）開催も出た。1970年開催の（ 日本万国博覧会 ）も出た。

センター14，学習院大（経）14，立教大（2/6）13，上智大（総文法）12，明治大（法）12，早大（政経）12，成蹊大（経）11，センター10，明治大（営）10，立教大（2/12）10，青学大（営）09，センター08，東洋大（文）08

マス＝メディアの発達 文学 学問
松本清張，司馬遼太郎，純文学の（ 大江健三郎 ）（ 高橋和巳 ）が出た。（ 朝永振一郎 ）（ 江崎玲於奈 ）のノーベル賞受賞が出た。

立教大（2/6）13，早大（国）13

《高度成長のひずみ》 p.400-401

公害 学生運動 革新自治体
1967年に制定された（ 公害対策基本法 ），1970年の（ 環境庁 ）設置，（ 四大公害訴訟 ）について出た。これらは，地域・原因・病名等をまとめて覚えたい。1993年には公害対策基本法に代わって（ 環境基本法 ）が制定された。石牟礼美智子『 苦海浄土 』が出た。（ 東京大学 ）での学生運動，（ 美濃部亮吉 ）の東京都知事当選が出た。

センター14，学習院大（経）（法）14，慶応大（商）14，駒澤大（2/6）14，獨協大（経国法）14・13，日本大（法）14，明治大（営）14，青学大（2/7）13，成蹊大（経）13，立教大（異経法）13，早大（国）13

270　第Ⅳ部　近代・現代

第13章　激動する世界と日本

1　経済大国への道

《ドル危機と石油危機》　p.402-404

ドル危機
1971年8月，（ ニクソン ）アメリカ大統領は新経済政策を発表して，（ 金 ）と（ ドル ）の交換停止と（ 西ドイツ ）（ 日本 ）等の国際収支黒字国に為替レート引き上げを要求した。（ ニクソン ）ショックという。1971年末（ 10カ国蔵相会議 ）を（ スミソニアン ）博物館で開催して1ドル＝360円を1ドル＝（ 308円 ）としたが【スミソニアン体制】，1973年には，日本も為替の（ 変動為替相場制 ）に移行した。ドル危機と石油危機について「生産コスト」「国際競争力」「原油価格」の語を用いて論述する問題が出た。ドル危機前後の動きに関する論述問題が出た。
神奈川大(2/6)14，明治大(営)(商)14，学習院大(経)13，津田塾大(学芸)13，関東学院大(2/5)12，明治大(営)11，慶応大(経)10，法政大(経社スポ)10，立教大(2/12)10，法政大(経社総)08

ベトナム和平
1972年，ニクソン米大統領が中国を訪問して，米中の敵対関係改善【米中国交正常化は1979年】。（ ベトナム ）戦争の早期解決を模索して，中国に和平工作を期待した。
慶応大(経)13，早大(国)13，上智大(経)11，中央大(法)11

石油危機
1973年10月に（ 第4次中東戦争 ）勃発。（ OAPEC ）【アラブ石油輸出国機構】，ついで（ OPEC ）【石油輸出国機構】が原油価格を大幅に値上げした。第1次（ 石油危機 ）という。経済停滞のなかでの物価上昇を表わす（ スタグフレーション ）という言葉が出た。
学習院大(経)14，駒澤大(2/6)14，早大(商)14，青学大(2/7)13，慶応大(経)13，関東学院大(2/5)12，成蹊大(経)11，國學院大(全)10，立教大(2/12)10，青学大(営)09，津田塾大(学芸)09，明学大(全)09

サミット
1975年，（ アメリカ ）（ 日本 ）（ 西ドイツ ）（ イギリス ）（ フランス ）（ イタリア ）の6カ国首脳が（ ランブイエ ）で（ 先進国首脳会議 ）＝サミットが開催される。1976年に（ カナダ ）が加わった。第1回会議には日本から（ 三木武夫 ）首相が出席した。
慶応大(経)13，早大(政経)12，明治大(営)11，立教大(2/12)10

《高度経済成長の終焉》　p.404-405

日中国交正常化
1972年に（ 田中角栄 ）内閣が成立し，同年，田中首相が訪中を実現し，（ 日中共同声明 ）を発表，日中国交正常化が図られた。これにより，1952年の（ 日華平和条約 ）は無効となり，中国は対日賠償請求を放棄した。サンフランシスコ講和会議から日中共同声明までの日中・日台関係を「日華平和条約」・「池田勇人」・「ニクソン」の3語を使って論述する問題が出た。この声明が沖縄返還協定と同じ年の出来事であったことが出た。
神奈川大(2/6)14，津田塾大(学芸)14，立教大(全)14，早大(文化)14，学習院大(法)13，

慶応大(経)(商)13, 国士舘大(2/1)13, 立教大(2/6)13, 明治大(法)12, 慶応大(商)11, 津田塾大(学芸)11・10, 東女大(2/8)11, 明治大(営)11, 立教大(2/12)10, 上智大(外法総)09, 明治大(全)09, 明学大(全)09, 一橋大(前)08, 中央大(商)07

日本列島改造論　田中首相は「 列島改造 」政策を打ち出し, 公共投資を拡大。その結果, 土地や株式への投機が起こり, 地価が高騰。また, 第1次石油危機が重なり(狂乱)物価と呼ばれたインフレが発生した。政府は金融引き締めを実施したが, インフレが収束しないままに不況に突入し, (1974)年, 戦後初のマイナス成長となった。また, (国土庁)が設置されたことも出た。

神奈川大(2/6)14, 慶応大(商)14, 早大(文化)(商)14, 慶応大(商)11, 早大(政経)11, センター10, 國學院大(全)10, 津田塾大(学芸)10, 成城大(経)09, 一橋大(前)08

金脈問題　田中首相は, 1974年, 政治資金調達をめぐる疑惑が出て辞職。1976年には, (ロッキード社)からの収賄に絡んで逮捕された。

上智大(経)11, 津田塾大(学芸)10, 早大(政経)09

日中平和友好条約　(福田赳夫)内閣により, 1978年締結。この条約で日本は中華人民共和国を中国で唯一の(合法政府)と認めた。また, (ソ連)を覇権主義とする条項を中国が入れる主張をしたので交渉が難航した。このときの外相は(園田直), 中国外交部長は(黄華)である。覇権と園田直が出た。この年(成田空港)が開港したことも関連で出ることがある。その他, 福田内閣では, 1978年(日米防衛協力のための指針【ガイドライン】)が決められたことが出た。

明治大(営)14, 早大(政経)14, 国士舘大(2/1)13, 中央大(経)13, 早大(国)13, 國學院大(全)10, 明学大(全)09, 東洋大(文)08・07

大平正芳内閣　鈴木善幸内閣　鈴木善幸首相の時, 第2次(臨時行政調査会)が設置された。また, (増税なき財政再建)という言葉も出た。

早大(商)14, 慶応大(経)10, 青学大(営)10

《経済大国の実現》 p.406-407

安定成長　経済大国　高度成長期に比して成長率は鈍化したが(減量経営)やハイテク産業の成長により安定的な経済成長となった。問題文中の「産業の米」という言葉から, (半導体)を答える問題が出た。しかし, 日本の貿易黒字が大きく拡大したため, (貿易摩擦)が深刻化した。特に, 自動車輸出を中心とする日米貿易摩擦により, (1980)年代, ジャパン=バッシングが起こった。1980年, 日本のGNPは世界の約10%に達し, (政府開発援助)【ODA】も世界最大規模となった。この時期の(青函トンネル)と(成田空港)の完成が出た。

神奈川大(2/6)14, 慶応大(商)14, 駒澤大(2/6)14, 成蹊大(経)14, 関東学院大(2/5)13, 立教大(2/6)13, 早大(国)13

《バブル経済と市民生活》 p.407-409

農産物輸入自由化　対日貿易赤字解消策として, アメリカは日本の農産物輸入自由化を求めた。その結果, 1991年(牛肉)と(オレンジ)の自由化【決定は1988年】が

	実施された。1993年には（　米　）の部分的自由化も実施。こうした動きがGATTの（　ウルグアイ＝ラウンド　）【1986～94年】で協議されたこと，日本では，いわゆる（　新食糧法　）が施行されたことが出た。 成城大（経）14，関東学院大（2/5）13，明治大（商）13
プラザ合意	1985年の（　5カ国蔵相・中央銀行総裁会議　）【G5】でドル高是正を合意【プラザ合意】。円高が進んで日本は輸出産業を中心に不況が深刻化した。（　中曽根康弘　）内閣の時である。この後，円高が急速に進行した。 神奈川大（2/6）14，成蹊大（経）14，早大（商）14，立教大（2/6）13，津田塾大（学芸）13，明治大（商）12，早大（教）11，慶応大（経）10，立教大（2/12）10，専修大（全）09，立教大（文）09，東洋大（文）08
中曽根康弘内閣	1982年成立。「　戦後政治の総決算　」を唱え，行財政改革を推進。（　電電公社　）（　専売公社　）（　国鉄　）を民営化。中曽根首相が（　靖国神社　）公式参拝を戦後はじめて行ったことも重要。（　男女雇用機会均等　）法が出た。（　国際婦人会議　）開催→（　女子差別撤廃条約　）の批准→（　育児休業法　）の成立→（　高校家庭科男女共修　）開始の年代順が問われた。大型間接税の導入には失敗した。中曽根内閣の施策は，この時期では最も出るところ。臨時行政調査会の会長は（　土光敏夫　）。（　臨時教育審議会　）も出た。ドル高是正のため，G5で為替介入を合意したのもこのときである。 慶応大（経）（商）14，法政大（営文人）14，武蔵大（経）14，明治大（営）14，立教大（異経法）（文）14，関東学院大（2/5）13，慶応大（経）12，明治大（営）11，早大（教）11，青学大（営）10，慶応大（経）10，駒澤大（文）10，青学大（経）08，東洋大（文）08，法政大（法文）08，早大（教）08，中央大（経）07，明治大（法）07
バブル経済	1987年から進行。超低金利政策がバブルの引き金となった。また，バブル経済で円高が進行し，国内産業の（　空洞　）化が進んだ。この時期に「安田火災」がゴッホの「ひまわり」を58億円で購入したこと，1989年から日米構造協議が行われたこと，等が出た。 東経大（2/9）14，明治大（商）12，慶応大（経）10
消費税	1988年度税制改革で成立。1989年から導入された。（　竹下登　）内閣の時。 成蹊大（経）13，慶応大（経）12，青学大（営）10，慶応大（経）10，早大（政経）09，東洋大（文）08，中央大（経）07
連合	1989年に（　日本労働組合総連合会　）＝連合結成【1987年にできた全日本民間労働組合連合会を母体とする。（　総評　）が合流】。これに対して左派は（　全国労働組合総連合　）＝全労連を結成。 立教大（2/12）09，青学大（経営）07

2　冷戦の終結と日本社会の動揺

《冷戦から内戦へ》　p.409-411

ペレストロイカ	1985年，ソ連が（　ゴルバチョフ　）の指導のもとで実施。計画経済に市場原理の導入を図った。

第13章　激動する世界と日本　***273***

冷戦の終結	1989年12月，マルタ島で（　ブッシュ　）（　ゴルバチョフ　）の米ソ首脳会談が開かれ，「冷戦の終結」が宣言された。その後，東ヨーロッパ諸国がつぎつぎと社会主義陣営から離脱し，1990年に東西ドイツが統一し，1991年末には（　ソ連邦　）が解体した。 関東学院大(2/5)13，慶応大(経)10
湾岸戦争	1991年，（　イラク　）の（　クウェート　）侵攻に対し，国連決議を背景に多国籍軍が編成され，イラクに武力制裁を行使した。日本は，資金援助を行ったが，これ以降，アメリカの要請を背景に自衛隊の海外での活動を求める動きが高まった。
PKO協力法	1992年，（　宮沢喜一　）内閣はPKO協力法を成立させ，国連平和維持活動【PKO】に自衛隊派遣を開始した。PKO法に基づき自衛隊が派遣された地域は，92年（　カンボジア　），93年（　モザンビーク　），94年（　ザイール　），96年（　ゴラン高原　），2002年（　東ティモール　）等。特に，最初のカンボジアがよく出る。 慶応大(経)14・13，成蹊大(経)14，慶応大(経)13，青学大(経)11，立教大(文)09，青学大(経済)08，青学大(営)07
アフガン戦争 イラク戦争	2001年のアフガン戦争，2003年のイラク戦争については，PKO法の規定を満たしていないため，それぞれの特別措置法を成立させ，自衛隊を派遣した。 慶応大(経)14，青学大(営)07

《《55年体制の崩壊》》　p.411-412

竹下登内閣	1989年，（　リクルート　）事件の疑惑で退陣した。この内閣の時（　消費税　）が導入されたことは記憶せよ。 青学大(営)10，早大(政経)09，青学大(経)08，中央大(経)07
宮沢喜一内閣	1991年成立。（　PKO協力法　）を成立させた。1993年に自由民主党が分裂し，総選挙で過半数割れ，1955年以来続いた同党の政権は一時中断した。従軍慰安婦問題に関するいわゆる（　河野談話　）はこの内閣で出された。 早大(政経)13，慶応大(経)13
細川護煕内閣	1993年の衆議院議員総選挙で自由民主党が過半数割れしたことを受けて，非自民非共産8党派による連立内閣が誕生し，55年体制は崩壊した。日本社会党・新生党・公明党・日本新党・民社党・新党さきがけ・社会民主連合・民主改革連合の8党派である。この内閣の時，選挙制度改革が実施され，衆議院は（　小選挙区比例代表制　）となった。 津田塾大(学芸)14，早大(政経)13，上智大(総文法)12，学習院大(経)10，慶応大(文)10，獨協大(経法国)09，立教大(文)09，青学大(経)08，青学大(営)07，中央大(経)07
村山富市内閣	細川護煕内閣を継いだ羽田孜内閣は短命に終わり，日本社会党・自由民主党・新党さきがけが連立し，（　日本社会党　）の委員長であった村山富市が首相となった。いわゆる（　村山談話　）が出題された。 成蹊大(経)14，慶応大(経)13，立教大(2/6)13，明治大(全)11，慶応大(文)10，立教大

(文)09, 青学大(営)07, 中央大(経)07, 立教大(全)07

《平成不況下の日本経済》 p.412-413

バブル経済崩壊 1990年頃から，株価の下落が始まり，次に地価が激しく下落したことが出た。バブル経済は崩壊して（ 平成不況 ）と呼ばれる複合不況が到来した。問題に示されたグラフを参考に，複合不況への製造業の対応とその日本経済への影響を論述する問題が出た。
慶応大(経)(商)14

《日本社会の混迷と諸課題》 p.413-415

社会の混迷 1995年，（ 阪神・淡路大震災 ）が発生。同年，（ オウム真理教 ）による大規模テロ事件＝（ 地下鉄サリン事件 ）も起こった。

橋本龍太郎内閣 1996年成立。冷戦後の日米安保体制に関する共同宣言をアメリカと発表し，在日米軍の行動範囲を「アジア太平洋地域」とし，「日本有事」時には，自衛隊の米軍後方支援が可能になるよう「日米防衛協力の指針」【ガイドライン】を見直した。アメリカは（ クリントン ）大統領であったことが出た。1997年9月，その（ 新ガイドライン ）は両国政府間で決定された。1999年，国会で（ 新ガイドライン関連法 ）【 周辺事態安全確保法 等】が可決された。また，この内閣が消費税率を3％から（ 5 ）％に引き上げたことが出た。
慶応大(経)14・13, 成蹊大(経)14, 早大(政経)14

小渕恵三内閣 この内閣のもとで，大韓民国（ 金大中 ）大統領との間で（ 日韓共同宣言 ）が出されたことが出題された。
立教大(全)14

小泉純一郎内閣 小泉首相が北朝鮮を訪問し，（ 日朝平壌宣言 ）に署名したことが出た。
立教大(全)14

民主党政権 2009年の衆議院議員総選挙で，民主党が圧勝し（ 鳩山由紀夫 ）内閣が誕生。その後（ 菅直人 ）内閣ができたが，彼が市民運動出身で（ 市川房枝 ）に師事していたことが出題された。
法政大(営文人)14

原子力関連事故 1995年高速増殖炉（ もんじゅ ）の事故が起こり，1996年には新潟県（ 巻町 ）が住民投票で原発建設を中止させた。その後も1999年茨城県（ 東海村 ）で臨界事故が起こり，2011年（ 東日本大震災 ）での東京電力（ 福島第一原子力発電所 ）の事故が起こった。
青学大(2/7)13

第13章 激動する世界と日本　*275*

関東難関私大・センター試験対策用
こんなふうに出題される日本史

2015年11月20日　第1版1刷発行
2017年11月30日　第1版2刷発行

編　者　川﨑英明
発行者　野澤伸平
印刷所　明和印刷株式会社
製本所　有限会社　穴口製本所

発行所　株式会社　山川出版社
〒101-0047　東京都千代田区内神田1-13-13
　　　　　電話　03-3293-8131（営業）　03-3293-8135（編集）
　　　　　　　　https://www.yamakawa.co.jp/
　　　　　　　　振替　00120-9-43993

装幀　菊地　信義

© 2015　Printed in Japan　　ISBN978-4-634-01055-0
●造本には十分注意しておりますが，万一，落丁・乱丁などがございましたら，小社営業部宛にお送りください。送料小社負担にてお取り替えいたします。
●定価はカバーに表示してあります。